Des interviews exclusives

Des entretiens vidéo exclusifs de des écrivains, journalistes, metteurs en scène...

« Pour la comédie, le costume est fondamental. »
Pascale Bordet, créatrice de costumes, explique aux élèves l'évolution de son métier depuis l'époque de Molière et le rôle du costume dans la comédie.
→ **p. 213, 214, 219**

« Les enfants […] sont prêts à voir des tas de choses, ils ne sont pas encore entrés dans des cadres. »
Marie Desplechin, écrivain, parle aux élèves du regard sur la différence et la « monstruosité ». → **p. 39**

« Je n'avais pas encore les mots, mais j'avais déjà les images. »
François Place, auteur-illustrateur, raconte aux élèves la genèse de son œuvre *Les Derniers Géants*. → **p. 117**

« Dans le théâtre, il doit y avoir une surprise due au travail collectif. »
Olivier Py, dramaturge et metteur en scène, explique aux élèves les choix de mises en scène qu'il a réalisés pour sa pièce *La Jeune Fille, le Diable et le moulin*. → **p. 227**

Retrouvez d'autres interviews dans la collection *Jardin des Lettres*.

- **En 5ᵉ :**
  Florence Aubenas (journaliste et écrivain)
  Azouz Begag (écrivain et homme politique)
  Marie Desplechin (écrivain)
  Jean-Christophe Rufin (diplomate, écrivain et médecin)
  Michel Tozzi (philosophe)

- **En 4ᵉ :**
  Florence Aubenas (journaliste et écrivain)
  Gérard Audinet (directeur des Maisons de Victor Hugo)
  Jérôme Mesnager (peintre de rue)
  Michel Vuillermoz (comédien, sociétaire de la Comédie-Française)

- **En 3ᵉ :**
  Myriam Anissimov (écrivain et journaliste)
  Côme Fabre (conservateur au musée du Louvre)
  Sophie Hélène (lauréate du concours d'éloquence Lysias)
  Jean Métellus (poète)
  Éric-Emmanuel Schmitt (écrivain et metteur en scène)
  Michel Vuillermoz (comédien, sociétaire de la Comédie- Française)

Des extraits vidéo

Pour rendre plus vivantes certaines œuvres, aborder avec les élèves le travail de mise en scène ou leur faire découvrir des techniques cinématographiques.

Voici la liste des extraits vidéo proposés dans ce manuel :
- *Conte de la princesse Kaguya*, film d'animation d'I. Takahata, 2014 → **p. 18**
- *La Belle et la Bête*, film de J. Cocteau, 1946 → **p. 35**
- *La Belle et la Bête*, film de C. Gans, 2014 → **p. 35**
- *L'Homme qui rit*, film de J.-P. Améris, 2012 → **p. 43**
- *Le Hobbit : la Bataille des Cinq Armées*, film de P. Jackson, 2015 → **p. 89**
- *Harry Potter et l'Ordre du phénix*, film de D. Yates, 2007 → **p. 91**
- *Harry Potter et les Reliques de la mort*, film de D. Yates, 2010 → **p. 91**
- *Molière*, film d'A. Mnouchkine, 1978 → **p. 210**
- *Les Fourberies de Scapin*, mise en scène de J. Échantillon 1973 → **p. 212**
- *Les Fourberies de Scapin*, mise en scène de C. Roumanoff, 2011 → **p. 212**
- *Le Bourgeois gentilhomme*, mise en scène de B. Lazare → **p. 217**

Des exercices interactifs

Dans la partie « Étude de la langue », vous trouverez des EXOS ➕ :

- 88 fiches d'**exercices complémentaires** sous forme modifiable ;
- 44 **exercices interactifs** en auto-évaluation.

+ un « **Tuto vidéo** » pour apprendre à créer une carte mentale

Collège

20..... - 20..... : ....

20..... - 20..... : ....

20..... - 20..... : ....

20..... - 20..... : ....

20..... - 20..... : ....

Carte d'activation Manuel Numérique Élève 5 ans

Rendez-vous sur
www.activation.bimanuel.fr

Clé d'activation
à conserver dans ce manuel papier :

5b5e98-633b40-e524a2

*Voir conditions détaillées sur www.bimanuel.fr/cgu

Français 6ᵉ
CYCLE 3

Sous la direction d'Évelyne Ballanfat

Yves Caron
Professeur au collège Darras-Riaumont,
Liévin (62)

Cécile Kohn
Professeur au collège Didier Daurat,
Le Bourget (93)

Karine Hurtevent
Professeur au collège Molière,
Ivry-sur-Seine (94)

Apolline Larroumets
Professeur au collège Molière,
Ivry-sur-Seine (94)

Élise Jaillet
Professeur au lycée Baudelaire,
Roubaix (59)

Claire Montanari
Professeur au collège Molière,
Chennevières-sur-Marne (94)

Ont également participé : Alexandra Bonvalot (Aubervilliers, 93), **Magali Brunel** (Chambéry, 73), **Pierre-Alain Caltot** (Saint-Denis, 93), **Stéphane Chantoiseau** (Vitry-sur-Seine, 94), **Claire Chauvin** (Saint-Sébastien-sur-Loire, 44), **Florence Digne** (Les Pavillons-sous-Bois, 93), **Coralie Doux-Pouget** (Douai, 59), **Myriam Dufour** (Lomme, 59), **Amandine Herse** (Aubervilliers, 93), **Maud Lapoussière** (Rosny-sous-bois, 93), **Guillaume Loock** (Pierrefitte-sur-Seine, 93), **Anne-Paule Paes** (Aubervilliers, 93), **André Rehbinder** (Sarcelles, 95), **Hélène Solnica** (Aubervilliers, 93), **Coraline Soulier** (Lille, 59), **Irène Stavridis** (Stains, 93), **Séverine Yvon** (Neuville-en-Ferrain, 59).

Remerciements à Claire Brieu (Pont-du-Château, 63), Marie-Thérèse Bron (Grenoble, 38), Pierre Bury (Cannes, 06), Maryline Jouvet (Guilherand-Granges, 07), Anne-Lise Vacherot (La Guerche-de-Bretagne, 35) pour leurs relectures et suggestions, ainsi qu'à tous les enseignants qui ont participé aux études menées sur ce manuel.

Les auteurs et les éditions Magnard remercient vivement pour leur contribution :
Pascale Bordet, créatrice de costumes,
Marie Desplechin, écrivain,
François Place, auteur-illustrateur,
Olivier Py, dramaturge et metteur en scène.

Ce manuel applique les recommandations orthographiques de 1990, mentionnées dans le BO n° 11 du 26 novembre 2015. Seuls les extraits d'œuvres littéraires n'ont pas été modifiés.

www.magnard.fr

Code offre 105966
Valable jusqu'au 31/07/2021

Programme d'enseignement du cycle de consolidation (cycle 3) – Français

Bulletin officiel spécial n° 11 du 26 novembre 2015

Le cycle 2 a permis l'acquisition de la lecture et de l'écriture. Le cycle 3 doit consolider ces acquisitions afin de les mettre au service des autres apprentissages dans une utilisation large et diversifiée de la lecture et de l'écriture. Le langage oral, qui conditionne également l'ensemble des apprentissages et constitue aussi un moyen d'entrer dans la culture de l'écrit, continue à faire l'objet d'une attention constante et d'un travail spécifique. De manière générale, la maitrise de la langue reste un objectif central du cycle 3 et l'intégration de la classe de 6e au cycle doit permettre d'assurer à tous les élèves une autonomie suffisante en lecture et écriture pour aborder le cycle 4 avec les acquis nécessaires à la poursuite de la scolarité.

Le champ du français articule donc des activités de lecture, d'écriture et d'oral, régulières et quantitativement importantes, complétées par des activités plus spécifiques dédiées à l'étude de la langue (grammaire, orthographe, lexique) qui permettent d'en comprendre le fonctionnement et d'en acquérir les règles. Les **activités langagières** (s'exprimer à l'oral, lire, écrire) sont prépondérantes dans l'enseignement du français, en lien avec l'étude des textes qui permet l'entrée dans une culture littéraire commune. En **lecture**, l'enseignement explicite de la compréhension doit être poursuivi, en confrontant les élèves à des textes et des documents plus complexes. La pratique de l'**écriture** doit être quotidienne, les situations d'écriture variées, en lien avec les lectures, la conduite des projets ou les besoins des disciplines. La **langue** fait l'objet d'une attention constante en lecture et dans les situations d'expression orale ou écrite afin de faire réfléchir les élèves à son fonctionnement et des séances spécifiques sont consacrées à son étude de manière à structurer les connaissances. Le transfert de ces connaissances lors des activités d'écriture en particulier et dans toutes les activités mettant en œuvre le langage fait l'objet d'un enseignement explicite.

La **littérature** est également une part essentielle de l'enseignement du français : elle développe l'imagination, enrichit la connaissance du monde et participe à la construction de soi. Elle est donnée à lire ou à entendre et nourrit également les activités d'écriture. Au cycle 3, les textes littéraires font l'objet d'une approche plus approfondie qui vise à développer des compétences d'interprétation et à construire une première culture littéraire et artistique. Cette culture littéraire est structurée autour de grandes entrées pour chaque année du cycle. En 6e, une thématique complémentaire est au choix du professeur.

En CM1 et CM2, l'ensemble de l'enseignement du français revient aux professeurs des écoles et les activités d'oral, de lecture et d'écriture sont intégrées dans l'ensemble des enseignements.

En 6e, cet enseignement est assuré par le professeur de français, spécialiste de littérature et de langue française. Tous les autres enseignements concourent à la maitrise de la langue.

Compétences travaillées	Domaines du socle
Comprendre et s'exprimer à l'oral • Écouter pour comprendre un message oral, un propos, un discours, un texte lu. • Parler en prenant en compte son auditoire. • Participer à des échanges dans des situations diversifiées. • Adopter une attitude critique par rapport au langage produit.	1, 2, 3
Lire • Lire avec fluidité. • Comprendre un texte littéraire et l'interpréter. • Comprendre des textes, des documents et des images et les interpréter. • Contrôler sa compréhension, être un lecteur autonome.	1, 5
Écrire • Écrire à la main de manière fluide et efficace. • Écrire avec un clavier rapidement et efficacement. • Recourir à l'écriture pour réfléchir et pour apprendre. • Produire des écrits variés. • Réécrire à partir de nouvelles consignes ou faire évoluer son texte. • Prendre en compte les normes de l'écrit pour formuler, transcrire et réviser.	1
Comprendre le fonctionnement de la langue • Maitriser les relations entre l'oral et l'écrit. • Acquérir la structure, le sens et l'orthographe des mots. • Maitriser la forme des mots en lien avec la syntaxe. • Observer le fonctionnement du verbe et l'orthographier. • Identifier les constituants d'une phrase simple en relation avec son sens ; distinguer phrase simple et phrase complexe.	1, 2

Culture littéraire et artistique en classe de 6ᵉ

Extrait du *Bulletin officiel spécial* n° 11 du 26 novembre 2015

Le monstre, aux limites de l'humain

Enjeux littéraires et de formation personnelle :
- découvrir des œuvres, des textes et des documents mettant en scène des figures de monstres ;
- comprendre le sens des émotions fortes que suscitent la description ou la représentation des monstres et le récit ou la mise en scène de l'affrontement avec eux ;
- s'interroger sur les limites de l'humain que le monstre permet de figurer et d'explorer.

Indications de corpus :
On étudie :
- en lien avec des documents permettant de découvrir certains aspects de la figure du monstre dans la peinture, la sculpture, l'opéra, la bande dessinée ou le cinéma, des extraits choisis de l'*Odyssée* et/ou des *Métamorphoses*, dans une traduction au choix du professeur ;

et
- des contes merveilleux et des récits adaptés de la mythologie et des légendes antiques, ou des contes et légendes de France et d'autres pays et cultures ;

ou bien
- des extraits de romans et de nouvelles de différentes époques.

Récits d'aventures

Enjeux littéraires et de formation personnelle :
- découvrir des œuvres et des textes qui, par le monde qu'ils représentent et par l'histoire qu'ils racontent, tiennent en haleine le lecteur et l'entrainent dans la lecture ;
- comprendre pourquoi le récit capte l'attention du lecteur et la retient ;
- s'interroger sur les raisons de l'intérêt que l'on prend à leur lecture.

Indications de corpus :
On étudie :
- un classique du roman d'aventures (lecture intégrale) ;

et
- des extraits de différents classiques du roman d'aventures, d'époques variées et relevant de différentes catégories ;

ou bien
- des extraits de films d'aventures ou un film d'aventures autant que possible adapté de l'un des livres étudiés ou proposés en lecture cursive.

Récits de création ; création poétique

Enjeux littéraires et de formation personnelle :
- découvrir différents récits de création, appartenant à différentes cultures et des poèmes de célébration du monde et/ou manifestant la puissance créatrice de la parole poétique ;
- comprendre en quoi ces récits et ces créations poétiques répondent à des questions fondamentales, et en quoi ils témoignent d'une conception du monde ;
- s'interroger sur le statut de ces textes, sur les valeurs qu'ils expriment, sur leurs ressemblances et leurs différences.

Indications de corpus :
On étudie :
- en lien avec le programme d'histoire (thème 2 : « Croyances et récits fondateurs dans la Méditerranée antique au 1ᵉʳ millénaire avant Jésus-Christ »), un extrait long de La Genèse dans la Bible (lecture intégrale) ;
- des extraits significatifs de plusieurs des grands récits de création d'autres cultures, choisis de manière à pouvoir opérer des comparaisons ;

et
- des poèmes de siècles différents, célébrant le monde et/ou témoignant du pouvoir créateur de la parole poétique.

Résister au plus fort : ruses, mensonges et masques

Enjeux littéraires et de formation personnelle :
- découvrir des textes de différents genres mettant en scène les ruses et détours qu'invente le faible pour résister au plus fort ;
- comprendre comment s'inventent et se déploient les ruses de l'intelligence aux dépens des puissants et quels sont les effets produits sur le lecteur ou le spectateur ;
- s'interroger sur la finalité, le sens de la ruse, sur la notion d'intrigue et sur les valeurs mises en jeu.

Indications de corpus :
On étudie :
- des fables et fabliaux, des farces ou soties développant des intrigues fondées sur la ruse et les rapports de pouvoir ;

et
- une pièce de théâtre (de l'Antiquité à nos jours) ou un film sur le même type de sujet (lecture ou étude intégrale).

... pour faciliter l'ÉTUDE DE LA LANGUE

- des **Ateliers de classe** pour **réfléchir collectivement** au fonctionnement de la langue, au sens des mots de la grammaire ; pour faire des hypothèses avant de formuler des règles ;
- des **LEÇONS** synthétiques, accompagnées de schémas visuels variés ;
- des **exercices progressifs** mettant en œuvre la **pédagogie différenciée**, pour permettre à chacun de travailler selon ses besoins ;
- la **Grammaire pour dire et pour écrire** dans les Parcours et les Ateliers, pour **lier l'étude de la langue et des textes**.

... des ATELIERS

pour **S'EXPRIMER** et **SE METTRE EN ACTIVITÉ**.
- À réaliser, **seul(e) ou en groupe**, une production définie dans un **projet**.
- Pour chaque atelier, des **Méthodes** aident à maitriser les compétences nécessaires.
- Voici quelques exemples d'ateliers : **créer un conte musical, décrire** pour tenir le lecteur en haleine, **lire et écrire des poèmes** exprimant des sensations...

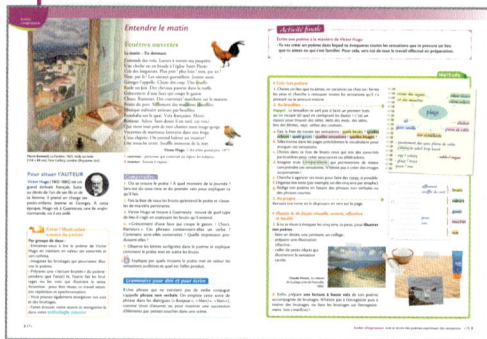

... des interviews

pour partager « 5 minutes avec » un metteur en scène (**Olivier Py**), un écrivain (**Marie Desplechin**), un auteur-illustrateur (**François Place**), une créatrice de costumes (**Pascale Bordet**), pour comprendre pourquoi et comment ils écrivent, créent leurs œuvres.

Feuilletez votre manuel ! Vous y trouverez...

...des PARCOURS

pour **COMPRENDRE** et **ANALYSER** des textes et des images à travers :
- un **thème**, un **genre** littéraire, une vie/une œuvre d'**écrivain** ;
- des axes de lecture, des **questionnaires** ouverts avec des **objectifs** clairs, qui aident à entrer dans les textes ;
- des **activités** à faire individuellement ou en groupe, pour construire une réflexion personnelle.

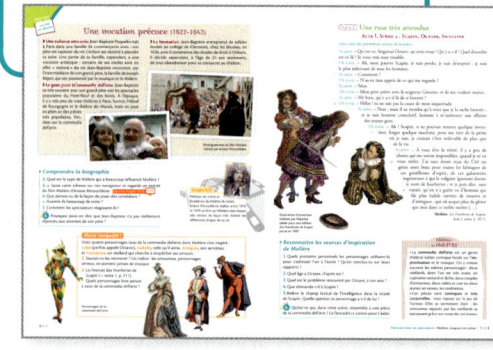

... des ANIMATIONS des extraits AUDIO et VIDÉO

pour accéder aux textes et à l'art par **les yeux et par la voix**, en favorisant la dimension **orale** et en proposant une approche **interactive**.

... des DOSSIERS

pour **APPRENDRE** et **SE CULTIVER** en découvrant de manière **ludique** des **œuvres d'art**, des **textes fondateurs**, des **thèmes littéraires et culturels**. Ces dossiers permettent de travailler en **interdisciplinarité**.

Compétences langagières & Culture littéraire et artistique travaillées dans le manuel

À l'oral

- Exprimer des sentiments ou des sensations, défendre un point de vue ➡ p. 13, 19, 43, 79, 89, 101, 106, 113, 222
- Débattre, participer à des échanges dans des situations diversifiées ➡ p. 19, 42, 63, 113, 116, 117, 144, 150
- Lire de manière expressive ➡ p. 31, 32, 33, 39, 98, 162-168, 173, 178-186, 243
- Créer une anthologie sonore ➡ p. 18-19, 21, 32-34, 39, 98, 174
- Dire de mémoire un texte littéraire ➡ p. 64, 337
- Faire une mise en voix collective ➡ p. 14, 21, 27, 33, 51, 174, 180-181, 186
- Jouer une scène, mettre en scène un jeu de rôle ➡ p. 37, 71, 75, 87, 115, 123, 189, 205, 221-227, 239
- Imaginer un dialogue ➡ p. 49, 237, 313, 319
- Raconter à l'oral ➡ p. 18, 53, 89, 123, 182, 185, 283, 333
- Faire une description à l'oral ➡ p. 17
- Imaginer un récit à plusieurs ➡ p. 247, 249, 317, 321
- Comparer des mises en scène ➡ p. 212, 216
- Écouter pour comprendre un texte lu ➡ p. 19, 29, 67, 79, 111, 112, 115, 155, 178, 182, 184, 187, 199, 209, 223, 227
- Écouter pour comprendre un message oral, un propos, un discours ➡ p. 39, 117, 213, 214, 219, 227

À l'écrit

- Exprimer des sentiments ou des sensations, défendre un point de vue ➡ p. 20, 25, 26, 38, 49, 95, 196, 200, 204
- Créer un album de lecture ➡ p. 15, 37, 171
- Pratiquer l'écriture d'invention ➡ p. 21, 55, 69, 79-89, 101, 109, 115, 117, 135, 149, 155, 166, 167, 237, 243, 268-269, 283, 293, 294-295, 309, 321, 324-325, 335, 344, 345
- Écrire « à la manière de » ➡ p. 163, 175
- Pratiquer la réécriture ➡ p. 239
- Rédiger la suite d'un texte ➡ p. 19, 29, 30, 55, 106, 311
- Rédiger une description, un portrait ➡ p. 33, 43, 53, 66, 102-109, 151, 255, 257, 259, 281, 303, 331
- Rédiger un dialogue ➡ p. 32, 180, 250, 251, 273
- Rédiger un poème ➡ p. 165, 167-169, 175
- Comprendre et interpréter une image, un document ➡ p. 18, 25, 35, 45, 61, 62, 65, 67, 90-93, 99, 100, 110, 111, 113, 123, 129, 146-147, 151, 160-162, 164, 181, 198-199, 200, 202, 224
- Comprendre et interpréter un film ➡ p. 18, 35, 43, 90-93, 210
- Créer un carnet de mise en scène ➡ p. 221-227
- Faire une recherche ➡ p. 71, 188

Atelier d'ouverture — Lire des contes, c'est aussi créer !

Le Maître Chat, ou le Chat botté : adapter un conte en bande dessinée 13
- J.-L. Loyer, *Le Chat botté* (bande dessinée)
- C. Perrault, *Le Chat botté*

La Princesse Kaguya : retrouver l'oralité du conte à partir d'un dessin animé ... 16
- I. Takahata, *Conte de la princesse Kaguya* (dessin animé)
- Ainsi que diverses adaptations du *Conte du coupeur de bambous* : *Kaguyahime, princesse de la lune*, chorégraphie de J. Kylián (ballet) • D. Ihara et E. Nishimura, *Le Coupeur de bambous* (bande dessinée) • H. Kamiya, *Okami* (jeu vidéo) K. Ekuni et I. Tachihara, *Taketori Monogatari* (album illustré)

Pierre et le Loup : créer un conte musical 20
- S. Prokofiev, *Pierre et le Loup*

Thème 1 — Le monstre, aux limites de l'humain

E. Dulac, lithographie illustrant *Le Conte des trois Calenders* 22

PARCOURS — Un thème — Les monstres dans les contes du monde entier

- **Des monstres pour affronter ses peurs :** C. Perrault, « Le Petit Poucet » 24
  A. Afanassiev, « Vassilissa-la-très-belle » (conte russe)
  P. Chamoiseau, « La Madame Kéléman » (conte antillais)
- **Des monstres pour expliquer des phénomènes naturels** 28
  J. Muzi, « L'île au monstre » (conte polynésien) • G. Olive et H. Zhihong,
  « Nian le terrible » (conte chinois) • Y. Pinguilly, *Kabura* (conte africain)
- **Des monstres pour transmettre une leçon de vie** 30
  R. et P. Soupault, « Le Vounioupi » (conte australien)
  P. Chamoiseau, « Le Musicien petit bonhomme » (conte antillais)
- **Des monstres pour faire accepter la différence** 32
  Mme Leprince De Beaumont, « La Belle et la Bête » (conte français)
  S. Platiel, « La Fille caillou » (conte burkinabé)
- > Synthèse 39

5 minutes avec... M. Desplechin

Atelier d'expression — Décrire l'apparition d'un personnage monstrueux 40
À partir de *Notre-Dame de Paris* et de *L'Homme qui rit*, de V. Hugo
- Décrire l'aspect physique du personnage • Décrire les sentiments du personnage
- Décrire la réaction des spectateurs

PARCOURS — Un thème — Les monstres dans les récits antiques

- **Le monstre, un avertissement divin :** Virgile, *Énéide*, chant II 44
- **Le monstre, une mise à l'épreuve inévitable :** Homère, extraits de l'*Odyssée* :
  chant IX (Polyphème) • chant XII (Charybde et Scylla) • chant XII (les Sirènes) 46
  Ovide, *Les Métamorphoses* 51
- **Le monstre maitrisé :** Virgile, *Énéide*, chant VI 52
  Apollonius de Rhodes, *L'Expédition des Argonautes*
  R. Riordan, *Percy Jackson* 54
- > Synthèse 55

Dossier — Les périples antiques en Méditerranée 56
À partir d'extraits de l'*Odyssée*, de *L'Expédition des Argonautes* et de l'*Énéide*
- Jason et les Argonautes
- Quitter les rivages de Troie : Ulysse, un retour retardé • L'exil d'Énée, fonder une nouvelle Troie

PARCOURS — Une œuvre intégrale — Les Métamorphoses, d'Ovide

- **La monstruosité révélée :** La cruauté de Lycaon • La vengeance de Bacchus 60
- **Les monstres de la démesure :** La punition d'Atlas • Le châtiment d'Arachné 64
- **Un monstrueux désordre :** Des dieux effrayés par des monstres 68
  Texte écho : Hésiode, *Théogonie* 68
- > Synthèse 69

Atelier d'expression — Participer à un jeu de rôles : interviewer un héros chasseur de monstres 70
À partir de textes présentant **Persée, Hercule, Thésée** et **Bellérophon**
- Se documenter sur le héros • Recueillir le témoignage du héros • Confronter les témoignages
- Prendre en compte le héros

6

Thème 2 — Récits d'aventures

Hokusai, *La Grande Vague de Kanagawa* 76

PARCOURS | **Une œuvre intégrale** — *Le Hobbit*, **J. R. R. Tolkien**
- **Une aventure pour se trouver soi-même :** L'aventure frappe à la porte (chap. 1) 78
- **Étapes d'un voyage périlleux :** Un premier danger sur la route (chap. 2) • Un piège inattendu (chap. 5) • Une issue possible (chap. 5) • Des alliés inespérés (chap. 7) 80
- **Devenir un héros :** Seul face au péril (chap. 8) • Un ennemi trop confiant (chap. 12) • Une sage décision de Bilbo (chap. 17) 85
- › **Synthèse** 89

Dossier — L'aventure d'Hermione dans *Harry Potter* 90
À partir de photogrammes des films *Harry Potter*
• L'évolution d'une jeune sorcière • Le savoir comme arme

PARCOURS | **Un thème** — Tenir le lecteur en haleine dans un récit d'aventure
- **Jouer avec l'effet de surprise :** S. Lagerlöf, *Le Merveilleux voyage de Nils Holgersson à travers la Suède* 94
- **Créer un effet d'attente :** H. Malot, *Sans Famille* — J.-C. Mourlevat, *La Rivière à l'envers*, *Hannah* 96
- **Donner un sentiment d'urgence :** A. W. Eckert, *La Rencontre* 98
- **Rendre visible l'effet d'attente :** É. Brisou-Pellen, *Les Portes de Vannes* 100
- › **Synthèse** 101

Atelier d'expression — *Décrire pour tenir le lecteur en haleine* 102
À partir d'extraits de *Tom Sawyer*, de M. Twain
La description pour se représenter un personnage, pour voir vivre un personnage, pour partager des émotions, pour partager des sensations, pour plonger dans le suspense, pour s'émerveiller, pour impressionner l'auditoire ou les lecteurs

PARCOURS | **Une œuvre intégrale** — *Les Derniers Géants*, de F. Place
- Les premières pages de l'album 110
- À la rencontre de l'autre 111
- Une peau qui parle 112
- L'ambition du scientifique 114
- Les conséquences de la découverte 116
- Une harmonie enfin trouvée 116
- › **Synthèse** 117

5 minutes avec... F. Place

Atelier d'expression — *Jouer avec le temps pour tenir le lecteur en haleine* 118
À partir d'extraits du *Tour du monde en 80 jours*, de J. Verne
• Définir une chronologie de l'action • Rencontrer des contretemps
• Raconter des évènements simultanés • Suspense et tension dramatique

Question complémentaire — 🌸 Rencontre avec l'inconnu 124
À partir d'extraits du *Petit Prince*, d'A. De Saint-Exupéry
et de *Vendredi ou la vie sauvage*, de M. Tournier
• Un lieu coupé du monde • La rencontre avec l'autre • Apprendre de l'autre
• Apprendre à se connaitre soi-même • Débattre

Thème 3 — Récits de création ; création poétique

Z. C. BOYAJIAN, illustrations pour *L'Épopée de Gilgamesh* 126

PARCOURS — Une œuvre intégrale *L'Épopée de Gilgamesh*
- **Gilgamesh, un roi quasi divin** • **La création d'un homme : Enkidu** 128
- **Enkidu, de l'animalité à l'humanité** 130
- **Le combat contre le géant Humbaba : l'épreuve de l'amitié** 131
- **De la perte d'un ami à la peur de la mort** • **La fin d'un déluge** 132
- **La perte de l'immortalité** 134
- > Synthèse 135

Dossier — Récits de création à travers le monde 136
- **La lumière contre les ténèbres** : la déesse Neith (Égypte)
- **L'origine des fléaux** : Pandore (Grèce) ; Izanagi et Izanami (Japon)
- **L'élément liquide et la vie** : Prajâpati (Inde) ; Luonnotar (Finlande) ; Doondari (Mali)
- **La destruction d'un géant** : P'an Kou (Chine) ; le Popol-Vuh (Amérique centrale)

PARCOURS — Un thème Récits de la Création
- **Un récit du commencement :** La Création (« La Genèse », 1) 140
- **L'origine de l'humanité :** Premier récit de la création de l'homme (« La Genèse », 1) 142
  La création de l'homme (« La Genèse », 2) 143
- **Une faute pour expliquer le destin humain :** Le paradis perdu (« La Genèse », 3) 144
- **Représenter des épisodes de « La Genèse » :** L. CRANACH L'ANCIEN, *Paradis* 146
- **Le Déluge :** L'Arche de Noé (« La Genèse », 6) 148
  Texte écho : L'Arche de Noé, *Le Coran*, sourate XI
- **L'origine de la diversité des langues :** La Tour de Babel (« La Genèse », 11) 150
- **L'obéissance à un ordre divin :** Le sacrifice d'Abraham (« La Genèse », 22) 152
  Texte écho : Le sacrifice d'Abraham, *Le Coran*, sourate XXXVII
- **Un interprète de la volonté divine :** Joseph et les songes de Pharaon (« La Genèse », 41) 154
- > Synthèse 155

Dossier — Le vocabulaire des textes fondateurs 156
- Aux sources des textes fondateurs • Les expressions issues de l'Ancien Testament

PARCOURS — Un genre Chanter, enchanter le monde
- **Orphée, premier des poètes :** VIRGILE, *Orphée charme les enfers* 160
- **Le poème pour célébrer le monde :** V. HUGO, « Le poète s'en va dans les champs » 162
  P. NERUDA, « Ode à la vague » • A. LACAUSSADE, « À l'île natale »
- **Le poème et la musique des mots** 164
  P. VERLAINE, « Marine » • É. VERHAEREN, « Le Vent »
- **Les mots enchanteurs** 166
  O. V. DE LUBICZ MILOSZ, « Le Vent » • T. GAUTIER, « Au bord de la mer »
  R. QUENEAU, « Apprendre à voir » • J. SUPERVIELLE, « Un sapin, la nuit… »
- **Le poème comme un monde :** Haïkus de A. MORITAKE et I. KOBAYASHI 168
  J. RENARD, « Le papillon » • D. BRUGÈS, « Quand l'enfant » et « Araignée »
- > Méthode : Bien lire et analyser un poème 170
- > Synthèse 171

Atelier d'expression — Lire et écrire des poèmes exprimant des sensations 172
À partir de poèmes d'A. DE NOAILLES et V. HUGO
- Ressentir la chaleur • Sentir le soir • Entendre le matin

Thème 4 — Résister au plus fort : ruses, mensonges et masques

Les Fables de La Fontaine, mises en scène par **R. Wilson** 176

PARCOURS — Un thème — La ruse au Moyen Âge

- **Le fabliau « Le Vilain Mire »** : ruser pour enseigner 178
- **La Farce de maître Pathelin** : ruser et faire rire 180
- **Le Roman de Renart, ruses et mensonges :** Comment Renart mangea le poisson des charretiers • Renart et Chantecler le coq • Renart et la mésange 182
  - **Le renard rusé dans les œuvres d'art** 187
- > **Méthode :** Créer un diaporama pour rendre compte de recherches documentaires 188
- > **Synthèse** 189

Dossier — Aux origines de la ruse 190

À partir d'extraits de l'*Odyssée* et de l'*Énéide*
- La ruse pour tromper • La ruse pour révéler la vérité

PARCOURS — Une vie, une œuvre — Jean de La Fontaine, sage amuseur

- **Portraits du poète et citations** 192
- **La quête d'une vocation (1621-1658) :** Ésope, « Le Loup et le Héron » 194
  Phèdre, « Le Loup et la Grue » • J. de La Fontaine, « Le Loup et la Cigogne »
- **Le rôle décisif de Nicolas Fouquet (1658-1663)** 196
  « Le Renard et l'Écureuil » • « La Génisse, la Chèvre, et la Brebis, en société avec le Lion »
- **Inventer une fable à partir de plusieurs illustrations** 198
- **Le temps des protectrices (1662-1693) :** « À Monseigneur le Dauphin » 200
  « Le Lion et le Rat » • « Le Laboureur et ses Enfants » • « Le Loup, la Chèvre et le Chevreau »
- **Les dernières années (1693-1695) :** « La Cigale et la Fourmi » 204
- > **Synthèse** 205

Dossier — Les masques au théâtre 206

- Le masque, un accessoire indispensable • Ce que révèlent les masques
- Quand le masque sème la confusion

PARCOURS — Une vie, une œuvre — Molière, toujours en scène !

5 minutes avec... P. Bordet

- **Portraits de l'auteur et citations** 208
- **Une vocation précoce (1622-1643)** 210
  Les Fourberies de Scapin, Acte I, scène 2 et Acte III, scène 2
- **Les débuts d'un auteur de théâtre (1643-1658) :** *Le Médecin volant* 214
- **Succès et scandales (1660-1672)** 216
  Le Médecin malgré lui, Acte I, scène 5 • *Le Bourgeois gentilhomme*, Acte IV, scène 4
- **La fin de Molière (1673) :** *Le Malade imaginaire*, Acte III, scène 10 218
- > **Synthèse** 219

Atelier d'expression — Mettre en scène et jouer 220

5 minutes avec... O. Py

À partir de la pièce *La Jeune Fille, le Diable et le moulin*, d'**O. Py**
- Animer les personnages et le décor • Traduire une intention par les gestes • Choisir un décor
- Choisir une musique pour accompagner le texte • Établir une fiche de mise en scène et jouer

Étude de la langue

Une progression méthodique qui vise à acquérir des connaissances grammaticales mais aussi des savoir-faire pour bien analyser les textes et savoir s'exprimer.

Les ateliers
• Un premier atelier, appelé « **Les gestes du grammairien »,** apprend à identifier les **différentes formes de manipulation** (suppression, déplacement, remplacement, expansion/réduction, transformation) qui seront utilisées tout au long de l'année.
• Au début de chaque chapitre, un **atelier de classe** permet une **mise en activité** pour mener en groupe, à l'écrit et à l'oral, des recherches conduisant à : des **investigations**, des **émissions d'hypothèses,** des mises en commun, des **confrontations,** pour parvenir à la **formulation de règles.** L'atelier fait découvrir ou redécouvrir par soi-même tout ce qu'il faut savoir pour bien comprendre les leçons du chapitre.

Les leçons
44 **leçons synthétiques** proposent **d'apprendre et d'appliquer** selon ce schéma : page de gauche, des « activités » pour découvrir la notion, grâce à des recherches ; page de droite, un encadré de leçon comportant les éléments essentiels pour apprendre, avec un schéma pour retenir, et la rubrique « pour dire, pour écrire », qui donne des conseils à l'écrit ou à l'oral ; des exercices pour appliquer, ainsi que des liens vers d'autres activités en ligne. Ces exercices sont classés **par compétences** : repérer, manipuler, écrire, préparer une dictée, produire à l'oral…

Les bilans
Des **bilans** permettent d'évaluer ce que l'on sait faire, et viennent clore le chapitre. Chacun se compose d'un texte littéraire, assez court, permettant de réinvestir les notions nouvellement acquises et celles vues antérieurement. Trois séries de consignes de niveau différent mais avec le même type d'activités proposent un travail en **pédagogie différenciée** pour permettre une évaluation valorisante.

Atelier d'ouverture
Les gestes du grammairien 230
F. BERNARD ET F. ROCA,
L'Homme-bonsaï

La phrase

Atelier de classe
Qu'est-ce qu'une phrase ? 234
B. FRIOT, *Nouvelles histoires pressées*

1. La phrase, verbale et non verbale 236
2. La phrase verbale minimale 238
3. Les formes de phrase 240
4. Les types de phrase 242
5. **Ortho** L'accord sujet-verbe 244
6. La phrase avec compléments circonstanciels
   Temps, lieu, moyen, manière 246
7. La phrase simple et la phrase complexe . 248

Bilan Pédagogie différenciée
Texte support
MOLIÈRE, *Le Malade imaginaire* 250

Autour du nom

Atelier de classe
Qu'est-ce qu'un groupe nominal ? 252
A. BELOT ET J. CAMESCASSE,
tableau mural « La vie enfantine »

8. **Ortho** Le nom 254
9. Les articles 256
10. Les déterminants possessifs et démonstratifs 258
11. **Ortho** L'adjectif qualificatif 260
12. **Ortho** Le groupe nominal 262
13. Les pronoms personnels, possessifs et démonstratifs 264
14. Distinguer pronom et déterminant 266

Bilan Pédagogie différenciée
Texte support
J. ROUBAUD, « Le téléphone »
in *Les Animaux de personne* 268

Le verbe

Atelier de classe **Comment reconnaitre un verbe et comprendre son fonctionnement ?** 270
C. Perrault, *Le Petit Poucet*

- 15 Le présent de l'indicatif 272
- 16 **Ortho** Les homophones de verbes au présent 274
- 17 Les emplois du présent de l'indicatif . 276
- 18 L'imparfait et les 3e personnes du passé simple 278
- 19 Les emplois de l'imparfait et du passé simple dans le récit 280
- 20 Le futur de l'indicatif 282
- 21 Le conditionnel présent 284
- 22 L'impératif 286
- 23 Les temps composés 288
- 24 **Ortho** La lettre finale et l'accord simple du participe passé 290
- 25 **Ortho** Les terminaison en [e] ou [ɛ] : -er/é/és/ées/ait/ez... 292

Bilan **Pédagogie différenciée**
Texte support
G. Jimenes, *Orphée l'enchanteur* 294

Atelier de classe **Qu'est-ce qu'un complément du verbe ?**... 296
J. W. Waterhouse, *Pénélope et ses prétendants*

- 26 Les compléments COD, COI 298
- 27 Les pronoms compléments 300
- 28 **Ortho** L'attribut du sujet 302

Bilan **Pédagogie différenciée**
Texte support
A. de Saint-Exupéry, *Le Petit Prince* 304

Pour chaque leçon, retrouvez des **EXOS +** :
➡ 2 fiches **d'exercices supplémentaires**
➡ 4 **exercices interactifs** en autoévaluation

Retrouvez également :
➡ **7 dictées**
➡ **9 fichiers audio** (lectures de textes, chansons...), pour mieux lier oral et écrit
➡ un **fond de carte**, pour réaliser une activité sur l'origine des mots

+ un « **Tuto vidéo** » pour apprendre à créer une carte mentale

Le texte

Atelier de classe **Qu'est-ce qu'un texte ?** 306
J. Roba, *Boule et Bill*

- 29 Les reprises nominales et pronominales 308
- 30 Reconnaitre le narrateur d'un récit 310
- 31 S'exprimer correctement à l'oral et à l'écrit 312
- 32 Le récit au présent 314
- 33 Le récit au passé 316
- 34 La ponctuation 318
- 35 La progression d'un texte 320
- 36 Les mots qui organisent le récit 322

Bilan **Pédagogie différenciée**
Texte support
J.R.R. Tolkien, *Le Hobbit* 324

Le lexique

Atelier de classe **Qu'est-ce qu'un mot ?** 326
Peyo, *Les Schtroumpfs*

- 37 L'origine des mots 328
- 38 La formation des mots et les familles de mots 330
- 39 Polysémie et champ lexical 332
- 40 Synonymes et antonymes 334
- 41 **Ortho** Les accents et le tréma 336
- 42 **Ortho** Règles de position : [e] ou [ɛ], [n] ou [m], [ʒ] ou [g] 338
- 43 **Ortho** Le son [s] et les liaisons 340
- 44 **Ortho** Les homonymes lexicaux 342

Bilan **Pédagogie différenciée**
Texte support
M. Twain, *Journal d'Adam, Journal d'Ève* 344

Tableaux de conjugaison
avec des outils pour faciliter la mémorisation .. 346
Index des notions 350
Index des auteurs 351

Atelier d'ouverture

Lire des contes, c'est aussi créer !

Le mot « conte » appartient à la même famille que le mot « raconter ».
Les contes sont faits pour être racontés, reformulés, écrits, adaptés.
Dans cet atelier d'ouverture, tu vas découvrir trois contes et leurs adaptations en bande dessinée, dessin animé et films.
Tu seras amené(e) à réfléchir sur ces contes et leurs variantes et à les adapter toi-même. En effet, tout lecteur est un créateur : il se représente les décors des récits qu'il découvre, il imagine la fin des histoires qu'il lit et peut raconter avec ses propres mots les contes qui lui ont plu.
À toi désormais d'entrer dans la lecture de ces trois contes et d'en proposer ton interprétation personnelle.

À l'oral
- Lire un conte de façon expressive.
- Partager un point de vue personnel et des impressions de lecture.

À l'écrit
- Reformuler un récit.
- Rédiger un conte de façon structurée.

Pour entrer dans l'atelier
1. Quels personnages reconnais-tu ?
2. Relie chaque personnage au conte auquel il appartient.

a. La Princesse Kaguya
b. Pierre et le Loup
c. Le Chat botté

Méthode

▶ Pour accompagner ta lecture et aller au-delà, tu vas constituer cette année une **anthologie sonore** et un **album de lecture**. Les pictogrammes 💬 et ✏️ t'indiqueront les moments où tu pourras t'exprimer à l'oral et à l'écrit.

▶ Une anthologie réunit des extraits d'œuvres variées. Tu vas pouvoir créer ta propre **anthologie sonore**, qui conservera tes lectures à voix haute et tes improvisations orales.

▶ Un **album de lecture** prend la forme d'un cahier personnel dans lequel tu peux réunir des extraits que tu as appréciés, des textes que tu as toi-même écrits et des images. Il accompagne tes lectures au fur et à mesure des ateliers.

Le Maître Chat, ou le Chat botté : adapter un conte en bande dessinée

De nombreux récits ont été adaptés en bande dessinée. Les images et les dialogues permettent de raconter les histoires de façon un peu différente et d'insister sur certains détails.
Tu vas découvrir ici un conte de Charles Perrault, *Le Maître Chat, ou le Chat botté*, et travailler sur son adaptation en bande dessinée.

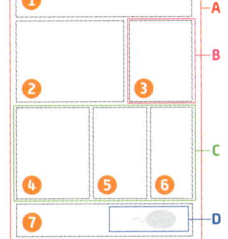

Jean-Luc Loyer, *Le Chat botté*, © Éditions Delcourt, 2003.

Comprendre

1. On utilise un vocabulaire spécifique pour décrire la structure d'une bande dessinée. Retrouve à quelles lettres (A, B, C ou D) du schéma ci-dessus correspondent les mots suivants : bande (ou strip) • vignette (ou case) • phylactère (ou bulle) • planche.

2. Les auteurs de bande dessinée cherchent à varier la taille des images pour donner du dynamisme à leurs planches. Quels numéros de vignettes utilisent :
a. des gros plans ?
b. des plans moyens (les personnages sont vus de la tête aux pieds au milieu du décor) ?
c. des plans américains (les personnages sont cadrés des cuisses jusqu'à la tête) ?

Exprimer son point de vue

Lis attentivement la planche de bande dessinée. À ton avis, dans quelle case le chat est-il le mieux mis en valeur ? Explique pourquoi à tes camarades en utilisant le plus possible le vocabulaire que tu viens d'apprendre.

Atelier d'ouverture : Lire des contes, c'est aussi créer !

Atelier d'ouverture

À vous de jouer !

Suivez les étapes de lecture pour découvrir *Le Maître Chat, ou le Chat botté*, et créez votre *strip* de bande dessinée.

> **Étape 1** — Lecture collective du conte à voix haute
>
> • Grâce aux indices, retrouvez l'ordre de lecture du conte.
> • Lisez devant la classe le conte en entier. Pour cela, répartissez les cinq parties entre vous. Préparez votre lecture en demandant à votre professeur les mots que vous ne comprenez pas.
> • Venez devant la classe pour proposer votre lecture. Les cinq parties devront s'enchaîner sans rupture.

> **Repères littéraires**
>
> Dans les contes, les **personnages principaux sont aidés** par des personnages secondaires, que l'on appelle adjuvants. Ici, l'adjuvant du jeune meunier, le chat botté, **devient** en réalité le **personnage principal**.

A

Lorsque le chat eut ce qu'il avait demandé, il se botta bravement ; et mettant son sac à son cou, il en prit les cordons avec ses deux pattes de devant, et s'en alla dans une garenne où il y avait grand nombre de lapins. […]

Le chat botté réussit à attraper un lapin et l'apporte en cadeau au roi.

[…] il fit une grande révérence au roi, et lui dit : « Voilà, sire, un lapin de garenne que M. le marquis de Carabas » (c'était le nom qu'il prit en gré de donner à son maître) « m'a chargé de vous présenter de sa part. » […]

Le chat continua ainsi, pendant deux ou trois mois, de porter de temps en temps au roi du gibier de la chasse de son maître.

Illustration du *Chat botté* de **Nicolas Duffaut**, © Albin Michel Jeunesse, 2012.

B

Ce dernier ne pouvait se consoler d'avoir un si pauvre lot. « Mes frères », disait-il, pourront gagner leur vie honnêtement en se mettant ensemble ; pour moi, lorsque j'aurai mangé mon chat, et que je me serai fait un manchon de sa peau, il faudra que je meure de faim. »

Le chat, qui entendit ce discours, mais qui n'en fit pas semblant, lui dit d'un air posé et sérieux : « Ne vous affligez point, mon maître ; vous n'avez qu'à me donner un sac et me faire faire une paire de bottes pour aller dans les broussailles, et vous verrez que vous n'êtes pas si mal partagé que vous croyez. »

Quoique le maître du chat ne fît pas grand fonds là-dessus, il lui avait vu faire tant de tours de souplesse pour prendre des rats et des souris, comme quand il se pendait par les pieds ou qu'il se cachait dans la farine pour faire le mort, qu'il ne désespéra pas d'être secouru dans sa misère.

> **Étape 2** — Approfondissement de la lecture des cinq extraits
>
> **1.** Qui semble être, au début du conte, le personnage principal du conte ? et à la fin ?
> **2.** Sous quel nom le chat botté parle-t-il au roi de son maitre, le jeune fils du meunier ?
> **3.** Pourquoi l'ogre décide-t-il de se transformer en souris ?
> **4.** Que penses-tu du personnage du chat botté ? Ressemble-t-il au chat potté de *Shreck* ?

Dino Battaglia, *Le Chat botté*, © Éditions Mosquito, 2012.

C

Le maître chat arriva enfin dans un beau château, dont le maître était un ogre, le plus riche qu'on ait jamais vu […]

L'ogre a le pouvoir de se transformer et fait très peur au chat en prenant l'apparence d'un lion.

« On m'a assuré encore », dit le chat, « mais je ne saurais le croire, que vous aviez aussi le pouvoir de prendre la forme des plus petits animaux, par exemple de vous changer en un rat, en une souris : je vous avoue que je tiens cela tout à fait impossible. »

« Impossible ! » reprit l'ogre, « vous allez le voir », et en même temps il se changea en une souris, qui se mit à courir sur le plancher.

Le chat ne l'eût pas plutôt aperçue, qu'il se jeta dessus et la mangea.

Cependant le roi, qui vit en passant le beau château de l'ogre, voulut entrer dedans. Le chat, qui entendit le bruit du carrosse qui passait sur le pont-levis, courut au-devant, et dit au roi : « Votre Majesté soit la bienvenue dans ce château de M. le marquis de Carabas ! »

« Comment, monsieur le marquis », s'écria le roi, « ce château est encore à vous ? […] »

Le marquis donna la main à la jeune princesse, et suivant le roi qui montait le premier, ils entrèrent dans une grande salle, où ils trouvèrent une magnifique collation que l'ogre avait fait préparer pour ses amis […].

Le roi, charmé des bonnes qualités de M. le marquis de Carabas, de même que sa fille, qui en était folle, et voyant les grands biens qu'il possédait, lui dit, après avoir bu cinq ou six coups : « Il ne tiendra qu'à vous, monsieur le marquis, que vous ne soyez mon gendre. »

Le marquis faisant de grandes révérences, accepta l'honneur que lui faisait le roi ; et, dès le jour même, il épousa la princesse. Le chat devint grand seigneur, et ne courut plus après les souris que pour se divertir.

D

Un jour qu'il sut que le roi devait aller à la promenade sur le bord de la rivière avec sa fille, la plus belle princesse du monde, il dit à son maître : « Si vous voulez suivre mon conseil, votre fortune est faite : vous n'avez qu'à vous baigner dans la rivière, à l'endroit que je vous montrerai, et ensuite me laisser faire. »

Le marquis de Carabas fit ce que son chat lui conseillait, sans savoir à quoi cela serait bon.

Dans le temps qu'il se baignait, le roi vint à passer, et le chat se mit à crier de toute sa force : « Au secours ! au secours ! voilà le marquis de Carabas qui se noie ! »

À ce cri, le roi mit la tête à la portière, et reconnaissant le chat qui lui avait apporté tant de fois du gibier, il ordonna à ses gardes qu'on allât vite au secours de M. le marquis de Carabas.

Pendant qu'on retirait le pauvre marquis de la rivière, le chat s'approchant du carrosse, dit au roi que, dans le temps que son maître se baignait, il était venu des voleurs qui avaient emporté ses habits […]. Le roi ordonna aussitôt aux officiers de sa garde-robe d'aller quérir un de ses plus beaux habits pour M. le marquis de Carabas […] et, comme les beaux habits qu'on venait de lui donner relevaient sa bonne mine (car il était beau et bien fait de sa personne), la fille du roi le trouva fort à son gré […].

Le roi voulut qu'il montât dans son carrosse et qu'il fût de la promenade. […]

Le chat […] allait devant le carrosse […].

E

Un meunier ne laissa pour tous biens à trois enfants qu'il avait que son moulin, son âne et son chat. Les partages furent bientôt faits […]. L'aîné eut le moulin, le second eut l'âne, et le plus jeune n'eut que le chat.

Étape 3 — Interprétation de la lecture

• Quelle leçon tirez-vous de ce conte ?

Étape 4 — Création à partir de la lecture

• Tu vas inaugurer ton **album de lecture** en créant un strip de bande dessinée. Tu devras donc dessiner trois vignettes juxtaposées. Tu t'inspireras de l'une des trois dernières étapes du conte que tu viens de reconstituer.
• Soigne particulièrement les dialogues présents dans tes bulles.
• Pense à varier tes plans (plan d'ensemble, plan moyen, plan américain, gros plan ➜ p. 13) pour mettre en valeur le paysage, les personnages ou certains détails qui te semblent importants.

Atelier d'ouverture

La princesse Kaguya : *retrouver l'oralité du conte à*

Un conte traditionnel japonais anonyme datant du Xe siècle, Le Conte du coupeur de bambou, continue d'inspirer les artistes contemporains. Dans cet atelier, tu vas découvrir plusieurs adaptations de ce conte.

Lecture d'images

1. Observe ces cinq images. Elles font toutes référence à un même personnage, Kaguya, mais elles utilisent des moyens d'expression très différents.

2. Retrouve les légendes qui correspondent aux images et à leurs différents supports.

a. Jeu video
Hideki Kamiya, *Okami,* © Clover Studio et Ready at Dawn, 2006.

b. Bande dessinée
Daisuke Ihara et **Eri Nishimura,** *Le Coupeur de bambous,* © Éditions Delcourt, 2011.

c. Dessin animé
Photogramme extrait du *Conte de la princesse Kaguya* d'**Isao Takahata,** 2014.

partir d'un dessin animé

d. Album illustré
Kaori Ekuni et **Inuki Tachihara**, *Taketori Monogatari*, 2008.

e. Ballet
Kaguyahime, princesse de la lune, chorégraphie de **Jiří Kylián**, à l'Opéra national de Paris en 2012, avec **Marie-Agnès Gillot** dans le rôle de Kaguyahime.

Décrire Kaguya

• Choisis une des cinq images représentant la jeune fille puis choisis trois adjectifs qui te semblent les plus pertinents dans cette liste : pensive – noble – fragile – contemplative – joyeuse – gracile – distante – richement vêtue – rêveuse – souffrante – émerveillée – fascinée – fâchée – imposante – agitée – enthousiaste – désespérée – figée – enfantine – hautaine.
• Explique à tes camarades à quoi ressemble Kaguya dans l'image que tu as choisie en te servant de ces adjectifs :
« Dans mon image, Kaguya est …, … et … »
Tes camarades doivent deviner l'image que tu décris.

Atelier d'ouverture

Entrer dans le conte en regardant un dessin animé

VIDÉO lienmini.fr/jdl6-T001

Photogramme extrait du *Conte de la princesse Kaguya* d'**Isao Takahata**, film d'animation de 2014.

Comprendre

1. Saisis l'adresse ci-dessus dans ton navigateur et regarde le début du dessin animé d'Isao Takahata, *Le Conte de la princesse Kaguya*.
2. Où se passe l'histoire selon toi ?
3. Quel aspect du conte traditionnel retrouves-tu dans le dessin animé ?
4. À partir de quel moment la voix de la narratrice disparait-elle ? Pourquoi, à ton avis ?

ACTIVITÉ + lienmini.fr/jdl6-T002

Saisis cette adresse dans ton navigateur et observe ces estampes japonaises anciennes.
Comment le réalisateur du dessin animé s'en est-il inspiré ? Quels sont les points communs que tu retrouves entre ces estampes et le style de ce dessin animé ?

Raconter

Voici le texte prononcé par la narratrice au début du dessin animé :
« Il y a très longtemps vivait un homme qu'on appelait "le vieux coupeur de bambous." Il allait de colline en colline chercher des bambous qu'il destinait à son usage.
Son vrai nom était Sanuhi Nô Miyatzuko.
Or un jour il vit au loin un bambou dont le pied jetait un vif éclat.
Intrigué qu'il était, il se rapprocha pour l'examiner. »

• Imagine la suite du récit de la narratrice et raconte à tes camarades ce qui se passe ensuite avec tes propres mots. Tu peux t'enregistrer dans ton  anthologie sonore.
• Quelles sont les questions que peut se poser, à ce moment du conte, le spectateur du dessin animé ? Notes-en au moins trois puis interroge-toi. Fais des hypothèses.

Repères littéraires

Le début d'un conte
On appelle le début d'un conte la **situation initiale** : on présente au lecteur le personnage et le contexte dans lequel il vit. Il commence souvent par « Il était une fois » et est, en général, écrit à l'imparfait.
Vient ensuite l'**évènement déclencheur** : la vie quotidienne du personnage est bouleversée par un évènement inattendu. Le passé simple fait son apparition.

Percevoir les différentes étapes du conte en écoutant un récit

AUDIO lienmini.fr/jdl6-T003

Saisis cette adresse dans ton navigateur et écoute la suite du conte en observant les photogrammes ci-dessous.

Photogrammes extraits du *Conte de la princesse Kaguya* d'**Isao Takahata**, film d'animation de 2014.

Repères littéraires

Les différentes étapes d'un conte
On appelle **péripéties** l'enchainement des évènements qui se produisent après l'élément déclencheur.
Le **dénouement** arrive lorsque les difficultés se résolvent.
La **situation finale** correspond à la fin de l'histoire.

Le sais-tu ?
Un conte explicatif ou étiologique cherche à expliquer un phénomène naturel. Ici, le conte de la princesse Kaguya explique l'origine du nom du mont Fuji.

S'exprimer et réagir

• À quels passages du conte les trois images ci-dessus font-elles référence ? Choisis-en une et raconte à tes camarades ce qui se passe. Tu peux enregistrer ton récit dans ton *anthologie sonore*.
• Que penses-tu maintenant de la princesse Kaguya ? Utiliserais-tu les mêmes adjectifs que ceux que tu avais choisis page 17 pour la décrire ?
• Tu avais fait des hypothèses sur la suite du conte. Le récit que tu viens d'entendre répond-il à toutes tes questions ? Avais-tu imaginé que le conte se termine de cette manière ? Débats avec tes camarades : quelles ont été vos réactions à la lecture de ce conte ? Expliquez.

Écrire une suite

Certains éléments du conte de la princesse Kaguya restent mystérieux. On ne sait pas pourquoi elle est venue sur terre ni pourquoi elle est apparue au vieil homme.
Invente un court texte dans lequel les personnages venus de la Lune donnent des explications aux vieillards.

Atelier d'ouverture : Lire des contes, c'est aussi créer !

Atelier d'ouverture

Pierre et le Loup : *créer un conte musical*

Pierre et le Loup est un conte musical écrit par le compositeur Sergueï Prokofiev en 1936. À chaque fois que l'un des personnages est évoqué dans le conte, il est représenté par un instrument et une petite phrase musicale. Le récit devient ainsi très vivant et joue avec l'imaginaire des auditeurs en leur faisant découvrir des instruments de musique.

Étape 1 — Écouter les instruments

Écoute chacune de ces phrases musicales.
AUDIO lienmini.fr/jdl6-T004

Elles sont toutes jouées par un instrument différent, représenté ici dans l'ordre de son apparition dans l'histoire. Associe-les aux adjectifs qui permettent de les décrire.

A. Flute
B. Hautbois
C. Clarinette
E. Timbales
G. Trois cors
F. Instruments à cordes
D. Basson

1. Cristallin et léger
2. Sombre et inquiétant
3. Joyeux et rassurant
4. Mélancolique et nasillard
5. Sonore et rythmé
6. Grave et lent
7. Doux et envoutant

Étape 2 — Découvrir les personnages du conte

• Les instruments que tu as écoutés représentent les personnages du conte. À ton avis, quel pourrait être le caractère de chacun de ces personnages ? Impitoyable • Insouciant • Rêveur • Prudent • Sage • Énergique • Audacieux

• Voici maintenant les sept personnages de l'histoire. Fais des hypothèses : à quels instruments et à quels caractères pourrais-tu les relier ?
Pierre • Les Chasseurs • Le Loup • Le Canard • L'Oiseau • Le Chat • Le Grand-père

Le sais-tu ?

Dans les contes, les personnages sont souvent très simples. Le héros ou l'héroïne sont aidés par des adjuvants – comme l'oiseau – et doivent lutter contre des opposants, violents et cruels. C'est le cas du loup, ici.

Étape 3 — Débattre à propos du conte

Vérifie tes hypothèses en lisant maintenant le texte du conte musical.
• As-tu associé les personnages aux bons caractères d'après ta lecture ?
• Quel animal a moins de chance que Pierre dans le conte ?
• D'après toi, qui a raison : Pierre ou son grand-père ?
• Un conte cherche souvent à éduquer les enfants. Est-ce le cas dans celui-ci ? Pourquoi ?
• Quelle pourrait être la morale du conte, selon toi ?

Un beau matin Pierre ouvrit la porte du jardin et s'en alla dans les prés verts. Sur la plus haute branche d'un grand arbre, était perché un petit oiseau, ami de Pierre. « Tout est calme ici. » gazouillait-il gaiement. Un canard arriva bientôt en se dandinant, tout heureux que Pierre n'ait pas fermé la porte du jardin. Il en profita pour aller faire un plongeon dans la mare, au milieu du pré. […]

Tout à coup Grand-père apparut. Il était mécontent de voir que Pierre était allé dans le pré.

« L'endroit est dangereux. Si un loup sortait de la forêt, que ferais-tu ? »

Pierre ne fit aucun cas des paroles de son grand-père et déclara que les grands garçons n'avaient pas peur des loups. Mais Grand-père prit Pierre par la main, l'emmena à la maison et ferma à clé la porte du jardin.

Il était temps. À peine Pierre était-il parti, qu'un gros loup gris sortit de la forêt. En un éclair, le chat grimpa dans l'arbre. Le canard se précipita hors de la mare en caquetant. Mais malgré tous ses efforts, le loup courait plus vite. Le voilà qui approcha de plus en plus près, plus près, il le rattrapa, s'en saisit et l'avala d'un seul coup.

Et maintenant voici où en était les choses : le chat était assis sur une branche, l'oiseau sur une autre, à bonne distance du

Pierre — Le loup — L'oiseau

chat, bien sûr, tandis que le loup faisait le tour de l'arbre et les regardait tous deux avec des yeux gourmands.

Pendant ce temps, derrière la porte du jardin, Pierre observait ce qui se passait, sans la moindre frayeur. Une des branches de l'arbre, autour duquel tournait le loup, s'étendait jusqu'au mur. Pierre s'empara de la branche, puis monta dans l'arbre.

Alors Pierre dit à l'oiseau :

« Va voltiger autour de la gueule du loup mais prends garde qu'il ne t'attrape. »

De ses ailes, l'oiseau touchait presque la tête du loup qui sautait furieusement après lui pour l'attraper. […]

Pendant ce temps, Pierre fit à la corde un nœud coulant, et le descendit tout doucement. Il attrapa le loup par la queue et tira de toutes ses forces. […]

C'est alors que les chasseurs sortirent de la forêt. Ils suivaient les traces du loup et tiraient des coups de fusil. Pierre leur cria du haut de l'arbre :

« Ne tirez pas. Petit oiseau et moi, nous avons déjà attrapé le loup. Aidez-nous à l'emmener au jardin zoologique. »

Et maintenant, imaginez la marche triomphale : Pierre est en tête ; derrière lui, les chasseurs traînaient le loup, et, fermant la marche le Grand-père et le chat. Le grand-père, mécontent, hochait la tête en disant :

« Ouais ! Et si Pierre n'avait pas attrapé le loup, que serait-il arrivé ? »

Au-dessus d'eux, l'oiseau voltigeait en gazouillant :

« Comme nous sommes braves, Pierre et moi. Regardez ce que nous avons attrapé. »

Sergueï Prokofiev, *Pierre et le Loup*, 1936.

Étape 4 — Interpréter un conte musical

Par groupes, présentez une lecture du conte à la classe.
- Répartissez-vous les voix du conteur, de Pierre, de l'oiseau et du grand-père. L'un(e) d'entre vous est chargé(e) d'intégrer la musique lors de la lecture.
- Observez les **phrases surlignées**. Grâce au lien internet, vous insérerez un passage musical après chacune d'entre elle en faisant une pause dans la lecture. Choisissez la musique qui vous semble convenir le mieux à ce moment-là.

Illustrations de *Pierre et le Loup* d'**Oliver Tallec**, © Gallimard jeunesse, 2009.

Méthode

Créer un conte musical

▸ **Préparer**
- Avant de vous lancer dans l'écriture, souvenez-vous qu'un conte suit souvent le même schéma.
Situation initiale, élément déclencheur, péripéties, dénouement, situation finale.

▸ **Écrire**
- Mettez-vous par groupes de trois.
- Choisissez trois phrases musicales de *Pierre et le Loup*. Imaginez, à partir d'elles, trois nouveaux personnages, un héros ou une héroïne, un adjuvant et un opposant.
- Le héros (ou l'héroïne) de votre conte, accompagné(e) d'un adjuvant, devra affronter un opposant, et sortira grandi(e) de l'épreuve grâce à son intelligence.
- Répartissez-vous les tâches : l'un(e) d'entre vous doit écrire **la situation initiale et l'élément déclencheur**, le/la deuxième raconte **les péripéties** et le/la troisième s'occupe **du dénouement et de la situation finale**. Chacun d'entre vous ne doit pas dépasser dix lignes.
- Relisez-vous ensemble pour voir si votre texte est cohérent.

▸ **Conter**
Présentez votre conte à la classe en l'enregistrant pour votre **anthologie sonore**. Lorsque vos personnages apparaissent, intégrez à votre enregistrement les extraits musicaux qui vous ont inspirés.

Thème 1 — Le monstre, aux limites

de l'humain

« La princesse brûle à mort la créature », d'après *Le Conte des trois Calenders*, lithographie d'**Edmond Dulac** (1882-1953), Victoria & Albert Museum, Londres (Royaume-Uni).

Les monstres dans les contes du monde entier

PARCOURS un thème

Les monstres sont des personnages bien particuliers. Ils n'existent pas mais apparaissent sous des formes diverses dans de **nombreuses cultures**. Ils représentent les peurs qu'éprouvent tous les êtres humains, ils peuvent **provoquer le rejet** mais permettent aussi de **dépasser les préjugés**.

Des monstres pour affronter ses peurs

Un ogre redoutable

Le petit Poucet et ses frères, perdus dans la forêt, au milieu d'une tempête, voient soudain la lumière d'une maison.

Ils heurtèrent à la porte, et une bonne femme vint leur ouvrir. […] le petit Poucet lui dit qu'ils étaient de pauvres enfants qui s'étaient perdus dans la forêt, et qui demandaient à coucher par charité. Cette femme les voyant
5 tous si jolis se mit à pleurer, et leur dit :
« Hélas ! mes pauvres enfants, où êtes-vous venus ? Savez-vous bien que c'est ici la maison d'un ogre qui mange les petits enfants ?
– Hélas ! Madame », lui répondit le petit Poucet,
10 qui tremblait de toute sa force aussi bien que ses frères, « que ferons-nous ? Il est bien sûr que les loups de la forêt ne manqueront pas de nous manger cette nuit, si vous ne voulez pas nous retirer chez vous. Et cela étant, nous aimons mieux que ce soit
15 Monsieur qui nous mange ; peut-être qu'il aura pitié de nous, si vous voulez bien l'en prier. »

Gustave Doré, « Le Petit Poucet », gravures, 1862 (colorisée, page de droite).

Illustration de **Julie Faulques**, © Magnard Jeunesse, 2012.

Biographie
Charles Perrault
(1628-1703)

Cet écrivain français du XVIIe siècle est célèbre pour ses contes « La Belle au bois dormant », « Le Petit Chaperon rouge », « Cendrillon » et « Le Petit Poucet » qui appartiennent au recueil intitulé *Contes de ma mère l'Oye*.

La femme de l'ogre, qui crut qu'elle pourrait les cacher à son mari jusqu'au lendemain matin, les laissa entrer et les mena se chauffer auprès d'un bon feu, car il y avait un mouton tout
20 entier à la broche pour le souper de l'ogre.

Comme ils commençaient à se chauffer, ils entendirent heurter trois ou quatre grands coups à la porte : c'était l'ogre qui revenait. Aussitôt sa femme les fit cacher sous le lit et alla ouvrir la porte. L'ogre demanda d'abord si le souper était prêt […] et aussitôt
25 il se mit à table. Le mouton était encore tout sanglant, mais il ne lui sembla que meilleur. Il flairait à droite et à gauche, disant qu'il sentait la chair fraîche. […] il se leva de table et alla droit au lit.

« Ah ! dit-il, voilà donc comme tu veux
30 me tromper, maudite femme ! […] Voilà du gibier qui me vient bien à propos pour traiter trois ogres de mes amis qui doivent me venir voir ces jours ici. »
35 Il les tira de dessous le lit l'un après l'autre.

Charles Perrault, « Le Petit Poucet », 1697.

▶ Observer comment l'auteur joue avec le suspense

1. Comment la femme de l'ogre réagit-elle en voyant les enfants ? Que décide-t-elle de faire ?

2. Pourquoi le petit Poucet décide-t-il de passer la nuit chez l'ogre, malgré le danger ?

3. Quelle image le petit Poucet donne-t-il de l'ogre (l. 14 à 16) ?

4. Relève les passages qui montrent que l'ogre se comporte plus comme une bête qu'un être d'apparence humaine.

BILAN 5 Relève deux passages du texte qui font penser que la femme de l'ogre va sauver les enfants. Que se passe-t-il cependant à chaque fois ? Que ressens-tu alors ?

Lecture d'image ▲

Comment Gustave Doré s'y prend-il pour provoquer la pitié du spectateur à l'égard des enfants ?

Une sorcière effrayante

Dans ce conte russe, la belle-mère de Vassilissa l'oblige à aller chercher du feu chez la sorcière Baba-Yaga, espérant ainsi se débarrasser de la jeune fille.

Ce n'est qu'au soir tombant que Vassilissa atteignit la clairière où vivait Baba-Yaga. Sa maison d'ossements était faite, des crânes avec des yeux ornaient le faîte, pour montants de portail des tibias humains, pour loquets-ferrures des bras avec des mains, et en guise de cadenas verrouillant la porte, une bouche avec des dents prêtes à mordre. […]

Vassilissa aurait bien voulu se sauver, mais la peur la clouait sur place.

Tout à coup il se fit grand bruit dans la forêt. Les branches craquaient, les feuilles crissaient. Et déboucha dans la clairière Baba-Yaga, vieille sorcière. Dans un mortier elle voyage, du pilon l'encourage, du balai efface sa trace[1]. Le mortier s'arrêta devant le portail, Baba-Yaga huma l'air et s'écria :

– Ça sent la chair humaine par ici ! Montre-toi, qui que tu sois !

Alexandre Afanassiev, « Vassilissa-la-très-belle », *in Contes russes*, trad. de L. Schnitzer, © Seuil jeunesse, 2011.

1. **Dans un mortier elle voyage...** : elle voyage dans un mortier qu'elle encourage avec le pilon et dont elle efface la trace avec le balai.

Illustrations d'**A. Bilibine**, pour *Vassilissa-la-très-belle*, 1899.

▶ Découvrir la poésie d'un conte

Texte 1

1. Lis à voix haute le conte de A. Afanassiev. Quelles remarques peux-tu faire sur les sonorités ?

2. La maison de Baba-Yaga te semble-t-elle vivante ? Pourquoi ?

3. Que penses-tu du moyen de transport utilisé par Baba-Yaga ? Observe l'illustration. T'attendais-tu à cela ?

Texte 2

4. À l'origine, les contes étaient transmis oralement. Qu'est-ce qui le montre dans le conte de P. Chamoiseau ?

5. Que penses-tu de la liste des prénoms proposés par la petite fille ?

6. D'après sa description, comment peut-on qualifier la sorcière ?

7. Pourquoi la petite fille répète-t-elle le nom de la sorcière ? À quel type de texte cela te fait-il penser ?

BILAN 8 D'après toi, les contes d'ogres et de sorcières cherchent-ils uniquement à faire peur aux lecteurs ?

Les mots pour vaincre le danger

L'héroïne de ce conte est une petite fille abandonnée qui rencontre, au milieu de la forêt, une sorcière. Celle-ci menace de la manger si elle ne parvient pas à retrouver son nom.

« Si tu ne prononces pas mon nom, je vais te manger là-même ! »…
Ô frayeur ! la petite fille en perdit la mémoire, et elle balbutia des Charlotte, Jeanne, Geneviève, Thérèse, Armansia, Vovonne, Manotte, Fidéline, Aristophane et Sidonie, ne provoquant qu'un rire sinistre de la vieille madame qui ne dissimulait plus sa véritable nature : un vermicelle de plante parasite lui doublait les cheveux, comme dents de bœuf âgé ses dents avaient forci, ses ongles avaient fait griffes, et quant à ses pieds, s'il vous plaît, ils s'étaient recouverts d'une corne bifide, grise et luisante, appelée sabots par les conteurs exagérants, […] quand la petite fille hurla avec vingt-huit vitesses :

La Madame Kéléman bradiman Kéléman
La Madame Kéléman bradiman Kéléman
La Madame Kéléman bradiman Kéléman
La Madame Kéléman bradiman Kéléman

Ooo ! la vieille madame pivota sur elle-même, gigotante comme si de petits feux lui consumaient chaque poil. « Tu m'as vaincue, tu m'as vaincue ! »…

Patrick Chamoiseau, « La Madame Kéléman », *Veilles et Merveilles Créoles : contes du pays Martinique*, illustrations de **G. Belfi**, © Square éditeur, 2013.

Méthode de lecture : devenir conteur

Choisissez un extrait de conte parmi ceux que vous avez déjà lus et mettez-le en voix, seul(e) ou à deux.

Étape 1
Lisez silencieusement votre conte. Repérez les moments où vous ferez des pauses dans la lecture. Imaginez des gestes pour mettre en valeur les émotions des personnages. Répartissez-vous le texte si vous êtes deux à lire.

Étape 2
Disposez-vous en rond.

Étape 3
Attendez le silence avant de commencer. Lisez votre texte en adressant votre parole à un(e) élève de la classe et en lui envoyant votre voix. Regardez régulièrement le public en faisant des pauses. Lorsque vous êtes deux à lire, passez-vous la parole en vous donnant un objet témoin, comme dans une course. Pendant ce temps, le reste de la classe joue le public et manifeste sa curiosité en demandant : « Raconte ! »

Étape 4
Deux autres élèves sont chargés de raconter, toujours à la façon d'un conteur, l'histoire qu'ils viennent d'entendre.

Graine de savoir

Les contes qu'on lit étaient souvent, à l'origine, transmis oralement. Les auteurs qui transcrivent les contes populaires cherchent parfois à retrouver cette oralité : ils rendent leurs récits très vivants en jouant avec les sonorités des mots ou en s'adressant directement au lecteur.

Des monstres pour expliquer des phénomènes naturels

Texte 1 — Une présence effrayante

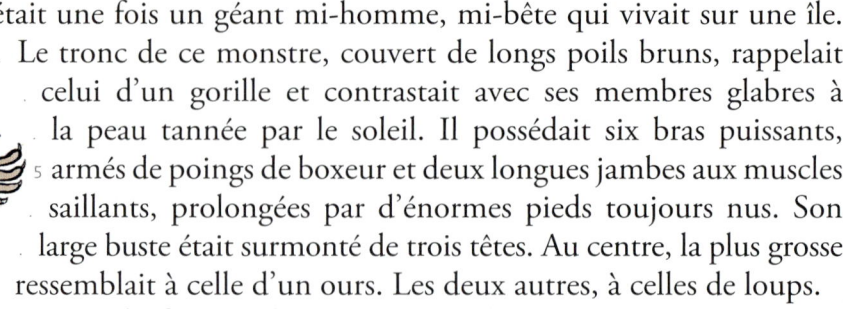

Il était une fois un géant mi-homme, mi-bête qui vivait sur une île. Le tronc de ce monstre, couvert de longs poils bruns, rappelait celui d'un gorille et contrastait avec ses membres glabres à la peau tannée par le soleil. Il possédait six bras puissants, 5 armés de poings de boxeur et deux longues jambes aux muscles saillants, prolongées par d'énormes pieds toujours nus. Son large buste était surmonté de trois têtes. Au centre, la plus grosse ressemblait à celle d'un ours. Les deux autres, à celles de loups.

Ce géant à la force redoutable et aux longs crocs acérés était un 10 dangereux prédateur qui terrorisait tout le monde. Il était apparu soudainement sur l'île et nul ne savait d'où il venait et comment il était arrivé là. En quelques mois, il avait décimé une grosse partie de la population, tuant et dévorant hommes, femmes et enfants. Quelques jeunes gens courageux avaient fini par s'armer pour l'affronter. Le combat 15 avait été très rude. Et malgré leur courage et leur détermination, il avait tourné à l'avantage du monstre qui les avait tués l'un après l'autre avant de les manger. Alors, l'île s'était rapidement vidée de ses habitants encore en vie. Ceux qui étaient pêcheurs avaient pris place dans leurs bateaux avec leurs familles. Les autres, dans des embarcations de fortune. 20 Et tous s'étaient réfugiés sur un îlot voisin où personne ne vivait jusque-là. Ils y étaient en sécurité, car le géant n'avait aucune possibilité de les attaquer. Il ne possédait pas de bateau et ne savait pas nager.

L'île où il régnait maintenant était couverte d'une végétation luxuriante. Sur les arbres centenaires nichaient de nombreux oiseaux. […]

25 L'îlot voisin, quant à lui, était rocheux et sa terre aride, difficile à cultiver. Les rares arbres parvenant à y pousser tendaient leurs bras rachitiques vers le ciel en signe de désespoir. La population qui s'y était installée survivait grâce à la pêche. L'été, les gens souffraient cruellement de la chaleur.

Jean Muzi, « L'Île au monstre » (conte polynésien), *54 contes des sagesses du monde*, © Flammarion, 2015.

Repères culturels

On rencontre **trois types de monstre** dans les contes :
• Certains sont formés par le **mélange de plusieurs animaux**.
• D'autres ont des caractéristiques **à la fois humaines et animales**.
• D'autres **ressemblent à des êtres humains**, mais ils ont des particularités qui permettent de les distinguer. Les ogres, par exemple, ont un odorat très développé et sont immenses.

▶ Répondre à une interrogation sur le monde

Texte 1

1. Quelles sont les caractéristiques animales du monstre ? Quelles sont ses caractéristiques humaines ?

2. Que devient l'île lorsqu'il la tient sous sa domination ?

3. Pourquoi, à ton avis, les hommes vont-ils avoir envie de revenir dans leur île ?

Texte 2

4. Relève les mots appartenant au champ lexical de la violence.

5. Le monstre évoqué ici terrorise les populations, mais fait-il peur au lecteur d'après toi ?

Texte Écho

6. Quel est le temps utilisé dans le premier paragraphe de ce texte ? À quoi sert-il ici ?

7. Que penses-tu de l'expression surlignée ? Quelle impression donne-t-elle ?

8. À quel type de créature les monstres qui poursuivent Kabwa te font-ils penser ? Pourquoi ?

9. BILAN À quels phénomènes naturels pourraient correspondre ces monstres dans la réalité ?

Texte 2 ## Rendez-vous avec un monstre

Autrefois, au fond des mers de Chine, vivait un monstre terrifiant. Féroce et cruel, il avait les cornes pointues et les dents acérées. On l'appelait Nian. La dernière nuit de chaque année, il émergeait sourdement des entrailles de l'océan pour ramper jusqu'aux berges.

Alors, dissimulé dans la brume, il s'attaquait sauvagement au bétail et aux hommes, dévorant tout sur son passage. Même les guerriers les plus valeureux ne pouvaient se défendre contre les assauts de ce démon sanguinaire. À la simple évocation de son nom, on tremblait d'effroi.

C'est pourquoi chaque année, avant le dernier soir de la douzième lune, les gens fuyaient leurs maisons, soutenant les plus âgés, portant les plus jeunes, pour trouver refuge dans les hautes forêts de montagnes.

Guillaume Olive et He Zhihong, « Nian le terrible », *Contes de Chine : l'origine des grandes fêtes*, © Seuil jeunesse, 2014.

Reproduction d'une peinture ancienne représentant un être hybride mi-dragon, mi-cervidé de la mythologie chinoise, 1897.

AUDIO lienmini.fr/jdl6-T101
Écoute la suite de ces deux contes. Leur fin correspond-elle à ce que tu avais imaginé ?

Lecture d'image ▲

1. Quels animaux reconnais-tu dans ce monstre ?
2. Lequel des deux textes (1 et 2) illustre-t-il le mieux ? Pourquoi, à ton avis ?

Texte écho ## Échapper aux monstres

Kabwa est un chasseur à qui un vieil homme a demandé de rapporter l'aile d'un monstre. Kabwa coupe l'aile d'une créature endormie et se fait poursuivre par ses frères et sœurs, furieux.

Dans la nuit, leurs gueules béantes bavaient, leurs ailes battaient l'air et leurs pattes tambourinaient la peau de la terre. Leurs corps de feu donnaient l'impression que c'était la foudre elle-même qui poursuivait Kabwa.

Kabwa avait un peu d'avance, et il courait assez vite pour ne pas être rattrapé. Il retrouva ses chiens qui se mirent à courir près de lui, prêts à le défendre. Derrière eux, les gueules béantes et les corps de feu des monstres se rapprochaient. Heureusement, Kabwa et ses chiens arrivèrent à un fleuve qu'ils traversèrent sans crainte de se mouiller. Les monstres s'arrêtèrent. Le fleuve était leur ennemi. Il pouvait éteindre le feu de leur corps et les faire mourir.

Yves Pinguilly, « Le Chasseur plus fort que le lion qui avale l'orage », *Contes et légendes d'Afrique d'ouest en est*, © Nathan Jeunesse, 2012.

Imaginer la fin d'un conte

Choisis l'un des trois contes et imagine une fin. Tu es libre de donner ou non une explication à la présence de ces monstres.

Des monstres pour transmettre une leçon de vie

Une grande imprudence

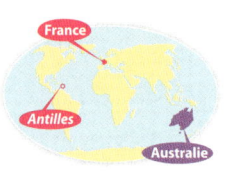

Un jour, après une période de grande sécheresse, les hommes d'un petit village partirent pour trouver de quoi nourrir leurs femmes et leurs enfants. […]
Le soleil baissait déjà […], et les pêcheurs n'avaient encore rien pris.
[…] soudain, un jeune garçon cria qu'il sentait quelque chose remuer au bout de sa ligne. Elle était entraînée par un très gros poids […]. Les autres pêcheurs vinrent à son secours, et tous se mirent à tirer sur la ligne jusqu'à ce que, épuisés et hors d'haleine, ils réussissent à ramener sur la berge un animal qui n'était ni un phoque ni un veau, mais un peu les deux à la fois. Ils frissonnèrent d'horreur car, sans l'avoir jamais vu auparavant, pas un des pêcheurs n'ignorait que cette bête étrange était le petit du terrible Vounioupi.
Terrifiés, les pêcheurs gardèrent le silence qui tout à coup fut rompu par un long gémissement. C'était la mère du petit qui apparut au milieu des joncs. Elle se mit à crier, puis à hurler. Elle tirait sa langue qui était rouge comme le feu. Ses yeux étincelaient de rage, et elle s'avança vers les pêcheurs.
— Lâche le petit, lâche-le ! criaient les pêcheurs.
Mais le jeune garçon qui l'avait capturé voulait garder sa proie.
— J'ai promis à ma fiancée de lui rapporter de la viande pour son père et pour ses frères, dit-il. […]
Il lança son javelot vers la mère Vounioupi pour l'effrayer et, chargeant le petit de Vounioupi sur ses épaules, il se mit à courir en direction du village, suivi de tous les autres chasseurs. Ils couraient à perdre haleine.
Le soleil s'était couché, et la plaine était baignée dans l'ombre […]. Les jeunes gens, qui commençaient à se rassurer, entendirent soudain derrière eux un murmure insolite. En se retournant, ils constatèrent que l'eau des étangs montait rapidement et qu'elle gagnait déjà la plaine et les coteaux. […]
Prenant leurs jambes à leur cou, ils ne s'arrêtèrent que lorsqu'ils aperçurent les toits de leur village où les attendaient les femmes et les vieillards.
À la vue du petit de Vounioupi, même les enfants devinèrent qu'un grand danger les menaçait.

Ré et Philippe Soupault, « Le Vounioupi » (conte australien), *Histoires merveilleuses des cinq continents*, © Seghers, 1990.

Inventer la suite d'un récit
Invente, en un court paragraphe, la suite immédiate de ce récit. Tu n'es pas obligé(e) d'en raconter la fin.

▶ Étudier les signes d'un avertissement

1. Comment les pêcheurs réagissent-ils lorsqu'ils voient le petit Vounioupi ?

2. Pourquoi le petit garçon veut-il garder cet animal ?

3. À ton avis, qui a raison : les pêcheurs ou le petit garçon ? Pourquoi ?

4. Le conteur nous donne-t-il des informations précises sur le Vounioupi ? Pourquoi ?

5. D'après toi, quels sont les pouvoirs du Vounioupi ?

6. À ton avis, comment ce conte va-t-il se terminer ? bien ou mal ? Pourquoi ?

Une terrible punition

Le Petit Bonhomme est un musicien si extraordinaire qu'il charme tout le monde. Très orgueilleux, il en devient désobéissant. Un jour, ses parents lui conseillent de rentrer vite car la nuit tombe, mais le Petit Bonhomme ne les écoute pas. La forêt commence à s'agiter.

Que vit-il devant lui comme j'aurais pu vous voir si je vous voyais ? Que vit-il, ho ? Que vit-il ce petit arrogant, cet entêté qui semblait un mulet malgré son peu d'oreilles ? Hum ?
5   La Bête à sept têtes.
Quatorze yeux d'éclairs et de tonnerres. Dents d'aiguilles, plus épaisses que des arbres, plus longues que des bambous, plus jaunes que la jaunisse. ==Une queue lui ceinturait sept fois le ventre avant d'aller serpenter sur
10 sept autres lieues==. Ooo, on la connaissait celle-là ! À la place du cœur, elle n'avait qu'un peu de graisse. Son âme n'était qu'une ombre de cactus noyé. Et elle n'avait pas plus de sentiment que l'une de ces vagues envoyées par la mer. La Bête fit la ronde autour du Petit Bonhomme. Le regarda de haut. Le regarda d'en bas. Le regarda
15 de biais, puis tout soudain de face. En un chœur de sept voix, elle lui grogna : « D'où sors-tu, petit mâle ? À cette heure où les serpents sont en bal dans les bois, où les zombis galopent, les bons enfants sont dans la case de leur manman… » Mais le Petit Bonhomme déjà soufflait musique comme jamais il ne l'avait soufflée, rappelant même dans son
20 bambou ce soupir de cyclone qu'autrefois il avait libéré. Ô musique divine ! Ô sirop pour l'oreille ! La Bête à sept têtes reçut l'harmonie avec des larmes à tous ses yeux, elle eut même une suée de plaisir qu'elle laissa s'achever avant d'ouvrir ses sept gueules, de sortir ses sept langues, et d'avaler flouaammm! d'une seule gorge notre Petit Bonhomme.
25 Cette bête-là avait plus d'appétit que de goût musical. Il paraît qu'elle rôde encore dans les bois et que parfois on s'en souvient, mais quant au Petit Bonhomme, avec ou sans musique, il est plus oublié aujourd'hui que le lac de palmistes que portait le cratère de la montagne Pelée.

Patrick Chamoiseau, « Le Musicien petit bonhomme », *Veilles et Merveilles Créoles : contes du pays Martinique*, illustration de **G. Belfi**, © Square éditeur, 2013.

> **Lire de manière expressive**
>
> Lis ce conte à tes camarades. Pourquoi le texte est-il plus amusant encore lorsqu'il est prononcé à haute voix ?

▶ Faire réfléchir le lecteur

1. Qu'est-ce qui donne l'impression que le conteur s'adresse au lecteur ?

2. Comment le conteur met-il en valeur l'arrivée du monstre ?

3. Lis à haute voix la phrase ==surlignée== : que remarques-tu du point de vue des sonorités ?

4. Le corps de la Bête est comparé à plusieurs éléments : relève-les. Que penses-tu de ces comparaisons ?

5. Que fait le Petit Bonhomme lorsque la Bête apparait ?

6. T'attendais-tu à ce que le Petit Bonhomme soit finalement dévoré ? Pourquoi ?

7. Qu'as-tu ressenti lorsque le Petit Bonhomme s'est fait engloutir ? Pourquoi à ton avis ?

BILAN 8 Quelle est, d'après toi, la morale de ce conte ?

PARCOURS un thème

Des monstres pour faire accepter la différence

*Tu vas découvrir plusieurs extraits du conte **La Belle et la Bête** écrit par Mme Leprince de Beaumont. Il a suscité des adaptations cinématographiques dont tu verras ici quelques extraits. La lecture attentive de certains extraits du conte t'amènera à proposer, avec tes camarades, une nouvelle mise en scène.*

Le sais-tu ?

Mme Leprince de Beaumont était préceptrice en Angleterre et cherchait à instruire les enfants – et notamment les filles, dont l'éducation était souvent négligée au XVIIIe siècle – grâce à ses contes. Elle décide ainsi de faire de la Belle un personnage éduqué, qui lit beaucoup.

  Mettre en voix

Lis les deux premiers paragraphes de l'extrait en insistant tout particulièrement, grâce à ton intonation, sur les qualités de la Belle. Tu peux enregistrer ton interprétation dans ton **anthologie sonore**.

Extrait 1 ## Présentation de la Belle

Il y avait une fois un marchand qui était extrêmement riche. Il avait six enfants, trois garçons et trois filles, et comme ce marchand était un homme d'esprit, il n'épargna rien pour l'éducation de ses enfants et leur donna toutes
5 sortes de maîtres.

Ses filles étaient très belles ; mais la cadette surtout se faisait admirer et on ne l'appelait, quand elle était petite, que la *Belle Enfant* ; en sorte que le nom lui en resta, ce qui donna beaucoup de jalousie à ses sœurs. Cette
10 cadette, qui était plus belle que ses sœurs, était aussi meilleure qu'elles. Les deux aînées avaient beaucoup d'orgueil parce qu'elles étaient riches : elles faisaient les dames, et ne voulaient pas recevoir les visites des autres filles de marchands. Elles allaient tous les jours au bal,
15 à la comédie, à la promenade, et se moquaient de leur cadette, qui employait la plus grande partie de son temps à lire de bons livres.

Comme on savait que ces filles étaient fort riches, plusieurs gros marchands les demandèrent en mariage, mais
20 les deux aînées répondirent qu'elles ne se marieraient jamais, à moins qu'elles ne trouvassent un duc, ou tout au moins un comte. La Belle remercia bien honnêtement ceux qui voulaient l'épouser ; mais elle leur dit qu'elle était trop jeune et qu'elle souhaitait tenir compagnie à son père
25 pendant quelques années.

Mme **Leprince de Beaumont**, « La Belle et la Bête », 1758.

▶ Observer la différence entre les personnages

1. Quel est le temps employé le plus souvent dans cet extrait ?
2. Pourquoi les deux aînées refusent-elles d'épouser ceux qui se présentent à elles ?
3. Pourquoi la plus jeune refuse-t-elle, elle aussi, de se marier ?
BILAN 4 Que penses-tu des comportements de ces trois jeunes filles ?

 Écrire des dialogues

Mettez-vous par deux et relisez le troisième paragraphe de l'extrait. Imaginez deux dialogues : dans le premier, les deux sœurs aînées refusent d'épouser deux hommes qui viennent les demander en mariage. Elles se moquent d'eux. Dans le deuxième, la Belle refuse avec politesse d'épouser un de ses prétendants et explique ses raisons. Lisez vos textes devant la classe.

Extrait 2 — Première vision de la Bête

Le père de la Belle part en voyage. Il se perd au retour et se réfugie dans un château isolé au milieu de la forêt. Il ne croise personne mais peut y dormir et manger. Au moment de partir, il cueille une rose dans le jardin pour la rapporter à sa plus jeune fille.

À cet instant il entendit un grand bruit et vit venir à lui une Bête si horrible qu'il fut tout près de s'évanouir.

« Vous êtes bien ingrat, lui dit la Bête d'une voix terrible : je vous ai sauvé la vie en vous recevant dans mon château et, pour ma peine, vous me volez mes roses que j'aime mieux que toute chose au monde : il vous faut mourir pour réparer votre faute. Je ne vous donne qu'un quart d'heure pour demander pardon à Dieu. »

Le marchand se jeta à genoux et dit à la Bête, en joignant les mains :

« Monseigneur, pardonnez-moi, je ne croyais pas vous offenser en cueillant une rose pour une de mes filles, qui m'en avait demandé.

— Je ne m'appelle point *Monseigneur*, répondit le monstre, mais *la Bête*. Je n'aime pas les compliments, moi, je veux qu'on dise ce qu'on pense ; ainsi ne croyez pas me toucher par vos flatteries. Mais vous m'avez dit que vous aviez des filles. Je veux bien vous pardonner, à condition qu'une de vos filles vienne volontairement pour mourir à votre place. Ne discutez pas, partez ! Et si vos filles refusent de mourir pour vous, jurez que vous reviendrez dans trois mois. »

Le bonhomme n'avait pas dessein de sacrifier une de ses filles à ce vilain monstre ; mais il pensa : « Du moins j'aurai le plaisir de les embrasser encore une fois. » Il jura donc de revenir, et la Bête lui dit qu'il pourrait partir quand il voudrait.

Ibid.

Mettre en voix

Mettez-vous par groupe de trois. L'un(e) d'entre vous lit les passages de narration et les deux autres se répartissent les voix du père et de la Bête. Votre lecture sera expressive et rendra compte des sentiments de vos personnages. Entraînez-vous puis passez devant la classe. Votre prestation peut figurer dans votre anthologie sonore.

Comprendre la cruauté du personnage

1. Relève les mots qui montrent que la Bête est très laide et terrifiante.

2. Y a-t-il, dans le texte, des indices précis qui montrent à quoi ressemble la Bête ? Pourquoi, à ton avis ?

3. Comment le marchand se comporte-t-il lorsque la Bête menace de le tuer ?

4. La Bête apprécie-t-elle son attitude ? Pourquoi ?

BILAN 5 Penses-tu que la deuxième proposition de la Bête soit moins cruelle que la première ? Explique ton point de vue à tes camarades.

Faire une description

Décris la Bête pour compléter le conte de Mme Leprince de Beaumont.

• Pour t'aider et rendre ta Bête très vivante, pose-toi les questions suivantes : quelle est son odeur ? À quels animaux ressemble-t-elle ? Quels sons produit-elle ?

• Tu peux rédiger ton texte dans ton album de lecture et l'accompagner d'un dessin pour l'illustrer.

H. M. Brock, gravure de *La Belle et la Bête*.

PARCOURS un thème

Extrait 3

Le premier souper de la Belle

La Belle décide de se sacrifier pour son père et se rend au château de la Bête. Contrairement à ce qu'elle pensait, le monstre l'épargne. Elle passe une journée entière sans le voir.

Le soir, [...] elle entendit le bruit que faisait la Bête et ne put s'empêcher de frémir.
– La Belle, lui dit ce monstre, voulez-vous bien que je vous voie souper ?
– Vous êtes le maître, répondit la Belle en tremblant.
5 – Non, reprit la Bête, il n'y a ici de maîtresse que vous. Vous n'avez qu'à me dire de m'en aller si je vous ennuie ; je sortirai tout de suite. Dites-moi, n'est-ce pas que vous me trouvez bien laid ?
– Cela est vrai, dit la Belle, car je ne sais pas mentir ; mais je crois que vous êtes fort bon.
10 – Vous avez raison, dit le monstre. Mais outre que je suis laid, je n'ai point d'esprit : je sais bien que je ne suis qu'une Bête.
– On n'est pas bête, reprit la Belle, quand on croit n'avoir point d'esprit. Un sot n'a jamais su cela.
– Mangez donc, la Belle, dit le monstre [...] j'aurais du chagrin si
15 vous n'étiez pas contente.
– Vous avez bien de la bonté, dit la Belle. Je vous assure que je suis contente de votre cœur. Quand j'y pense, vous ne me paraissez plus si laid.
– Oh ! dame, oui ! répondit la Bête. J'ai le cœur bon, mais je suis un
20 monstre.
– Il y a bien des hommes qui sont plus monstres que vous, dit la Belle, et je vous aime mieux avec votre figure que ceux qui, avec la figure d'homme, cachent un cœur faux, corrompu, ingrat.
– Si j'avais de l'esprit, reprit la Bête, je vous ferais un grand compli-
25 ment pour vous remercier ; mais je suis un stupide [...].
La Belle soupa de bon appétit. Elle n'avait presque plus peur du monstre [...].

Ibid.

▶ Comprendre l'évolution de la situation

1. « Bête » signifie « animal ». Trouve une phrase du texte dans laquelle « bête » signifie autre chose. Relève un synonyme de ce mot.

2. Que ressent la Belle lorsque la Bête apparait ?

3. Que signifie cette phrase : « Il y a bien des hommes qui sont plus monstres que vous » ?

BILAN 4 Pourquoi la Belle change-t-elle d'avis sur la Bête ?

💬 Faire une mise en voix collective

Ce texte est un dialogue. Entrainez-vous à le lire par groupes de trois.
• Repérez les passages prononcés par la Bête, la Belle et le conteur.
• L'un(e) d'entre vous dira les mots de la Bête et cherchera à provoquer la pitié. Un(e) autre prononcera les paroles de la Belle en prenant un ton rassurant. Le (la) dernier(ère) sera le conteur et lira avec énergie pour captiver le public.
• Interprétez le texte à l'oral et effectuez un enregistrement pour votre *anthologie sonore*.

Photogramme du film *La Belle et la Bête*, réalisé par **Jean Cocteau** en 1946, avec **Jean Marais** (la Bête) et **Josette Day** (la Belle).

Lecture d'images ▲

 lienmini.fr/jdl6-T102

Saisis cette adresse dans ton navigateur et regarde l'extrait du film de Jean Cocteau.

1. Où la Bête se place-t-elle par rapport à la Belle dans toute la scène ? Pourquoi ?

2. La Belle regarde-t-elle la Bête ? Pourquoi ?

3. Lequel des deux personnages apparaît le plus dans les images de cet extrait ? Pourquoi est-ce étonnant ?

4. Le spectateur ressent-il la même chose que la Belle vis-à-vis de la Bête ?

Photogramme du film *La Belle et la Bête*, réalisé par **Christophe Gans** en 2014, avec **Léa Seydoux** (la Belle) et **Vincent Cassel** (la Bête).

Lecture d'images ▲

 lienmini.fr/jdl6-T103

Saisis cette adresse dans ton navigateur et regarde l'extrait du film de Christophe Gans.

1. Qu'est-ce qui rappelle le film de Jean Cocteau dans la disposition des personnages ?

2. Quel est le personnage qui est le plus filmé ? Pourquoi est-ce intéressant ?

3. Comment le réalisateur s'y prend-il pour insister sur la peur de la Belle ? Réfléchis à la façon dont est placée la caméra.

Donner son avis

- D'après toi, quelle version cinématographique est la plus proche du texte du conte ?
- Comment aurais-tu réagi à la place de la Belle : comme la comédienne du film de Jean Cocteau ou comme celle du film de Christophe Gans ?
- Quelle version préfères-tu ? Pourquoi ?

Extrait 4 — **La fin d'un conte merveilleux**

La Belle s'entend de mieux en mieux avec la Bête mais elle lui demande une faveur : elle voudrait passer une semaine avec son père, qui la croit morte. La Bête accepte à condition qu'elle revienne au bout de huit jours. Ravie de retrouver sa famille, la Belle oublie sa promesse et ne rentre pas tout de suite au château. Lorsqu'elle revient, elle cherche partout la Bête et la trouve inanimée. Terrifiée, elle la croit morte.

Elle se jeta sur son corps sans avoir horreur de sa figure [...]. La Bête ouvrit les yeux et dit à la Belle :

« Vous avez oublié votre promesse ! Le chagrin de vous avoir perdue m'a fait résoudre à me laisser mourir de faim ; mais je 5 meurs content puisque j'ai le plaisir de vous revoir encore une fois.

– Non, ma chère Bête, vous ne mourrez point ! lui dit la Belle. Vous vivrez pour devenir mon époux. [...] je vous donne ma main et je jure que je ne serai qu'à vous. Hélas ! je croyais n'avoir 10 que de l'amitié pour vous, mais la douleur que je sens me fait voir que je ne pourrais vivre sans vous voir. »

À peine la Belle eut-elle prononcé ces paroles qu'elle vit le château brillant de lumières. Les feux d'artifice, la musique, tout lui annonçait une fête [...]. Elle se retourna vers sa chère 15 Bête dont l'état faisait frémir. Quelle ne fut pas sa surprise ? La Bête avait disparu, et elle ne vit plus à ses pieds qu'un prince plus beau que l'Amour [...].

Quoique ce prince méritât toute son attention, elle ne put s'empêcher de lui demander où était la Bête.

20 « Vous la voyez à vos pieds, lui dit le prince. Une méchante fée m'avait condamné à rester sous cette figure jusqu'à ce qu'une belle fille consentît à m'épouser, et elle m'avait défendu de faire paraître mon esprit. [...] »

La Belle, agréablement surprise, donna la main 25 à ce beau prince pour le relever. Ils allèrent ensemble au château et la Belle manqua mourir de joie en trouvant, dans la grand-salle, son père et toute sa famille [...].

Ibid.

Étudier la leçon d'un conte

1. Pourquoi la Bête est-elle en train de mourir ?

2. Que lui révèle la Belle ?

3. Comment la Belle réagit-elle d'abord lorsqu'elle ne voit plus la Bête, mais un prince à ses pieds ?

4. Que t'a appris la lecture de ce conte ? Formule la morale que tu peux en tirer.

Le sais-tu ?

Un film est toujours fondé sur un scénario, qui rend compte de tous les dialogues entre les personnages. Le scénario du film *La Belle et la Bête* de Jean Cocteau a été classé « Trésor national » par l'État français. Jean Cocteau a partagé la feuille ci-contre en deux colonnes : à gauche il indique **la position des caméras**, ce que l'on appelle le découpage technique, et à droite **le dialogue entre les personnages**.

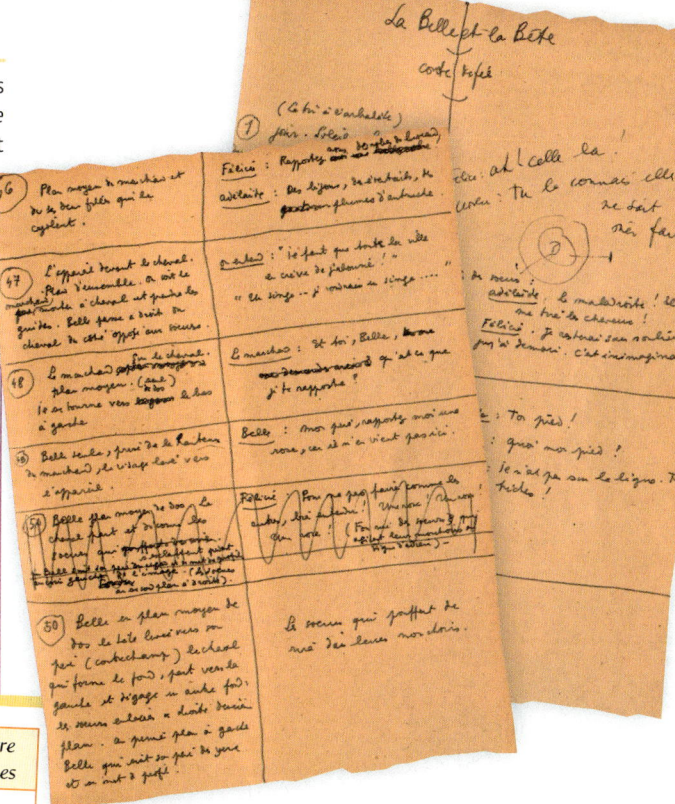

✏️ Écrire un scénario

Par groupes, vous allez écrire le scénario et réfléchir au découpage technique correspondant à l'un des extraits de *La Belle et la Bête*.

- Comme Jean Cocteau, créez deux colonnes : dans l'une, indiquez si la caméra doit faire un gros plan, un plan américain, un plan moyen ou un plan d'ensemble quand les personnages parlent. Dans l'autre colonne, notez les mots que prononcent les personnages.
- Vous pouvez intégrer votre scénario dans votre album de lecture.

Découpage technique	Dialogue entre les personnages
Plan d'ensemble	La Belle : ...... La Bête : ......
Gros plan sur la Belle	La Belle : ......
Plan moyen sur les deux personnages	La Bête : ......

Manuscrits de *La Belle et la Bête* de **Jean Cocteau**.

💬 Jouer et filmer

- Jouez devant la classe les dialogues de votre scénario.
- Si vous en avez les moyens techniques, filmez la scène dont vous avez écrit le scénario.

N'oubliez pas qu'un pied de caméra est utile pour avoir une image stable.

Réfléchissez à la position de la caméra par rapport aux élèves qui joueront les rôles de la Belle et la Bête.

🎬 L'Échelle des plans

Plan d'ensemble

Vision large du paysage, il installe le personnage dans un décor.

Plan moyen

Il montre le personnage en entier (de la tête aux pieds).

Plan américain

Il cadre le personnage de la tête au haut des cuisses.

Gros plan

Il cadre une partie du corps du personnage.

Comment accepter sa propre différence quand on est rejeté par les autres.

Texte écho — Une naissance inavouable

Une femme enceinte avait l'habitude d'aller chercher son bois en brousse.

Un jour donc, alors qu'elle avait préparé son fagot de bois sec et essayait en vain de mettre son porte-bois sur sa tête, voilà que surgit un jeune homme.

— Holà, jeune homme ! Viens donc m'aider avec mon porte-bois !

Le jeune homme s'approcha, l'aida à soulever son porte-bois et à le poser sur sa tête, puis, comme elle le remerciait et s'apprêtait à partir, il lui dit :

— Femme, je vois que tu es bien prêt d'accoucher. Si tu en es d'accord, si ton enfant est un garçon, j'en ferai mon ami et, si c'est une fille, elle sera mon épouse.

La femme accepta et s'en retourna au village.

À quelque temps de là, elle accoucha d'un… caillou, une jolie petite boule de silex, ronde, ronde, ronde.

Alors, pour cacher sa honte, elle s'empressa de rouler la petite boule de silex sous le grenier.

La mère cache sa fille caillou au fiancé. Déçu de ne pas pouvoir la rencontrer, il fait dire à tout le monde qu'il est mort. La mère va présenter ses condoléances à sa famille mais refuse que sa fille caillou l'accompagne.

Une fois toute seule, notre fille caillou roula, roula, sortit de sous le grenier et roula hors de la maison. Puis, toujours roulant, ronde, ronde, rondelette, elle prit le chemin qui menait au village du fiancé en chantant :

> *Moi, ronde, ronde, rondelette, je roule,*
> *Je roule aux funérailles de mon fiancé.*
> *Je n'ai pas d'yeux pour voir,*
> *Pas de pieds pour marcher,*
> *Pas de bras pour enlacer.*
> *Ronde, ronde, rondelette,*
> *J'avance en roulant,*
> *En glissant, en rebondissant.*
> *Je roule, ronde, ronde, rondelette.* […]

Ainsi, elle roulait, roulait, et voici qu'elle vint se cogner contre un grand fromager[1] qui se dressait à l'entrée du chemin […]. Et le fromager de s'écrier :

— […] où vas-tu ainsi ?

— On est venu annoncer le décès de mon fiancé, c'est pourquoi je vais là-bas, mais je n'ai pas de pieds pour marcher, par d'yeux pour voir, pas d'oreilles pour entendre, je ne peux que rouler, rouler pour aller retrouver mon fiancé, c'est pour cela que je me suis cognée contre toi, excuse-moi, s'il te plaît !

Alors le fromager ouvrit son tronc et transforma le caillou en une très belle jeune fille […].

Suzy Platiel, « La fille caillou », *Contes sànán du Burkina Faso*, © École des loisirs, 2004.

Dessin d'**O. E. Perrin**, 2013, coll. privée.

▶ Comprendre comment vivre la différence

1. Quel signe de ponctuation montre que la naissance de la fille caillou est inattendue ?

2. Qu'éprouve la mère lorsque sa fille caillou nait ? Que penses-tu de sa réaction ?

3. Relève les adjectifs qualificatifs qui permettent de décrire la fille caillou (l. 14-15). Est-elle aussi monstrueuse que ce que pense sa mère ?

4. Qu'est-ce qui montre que la fille caillou a pleinement accepté son handicap et le revendique ? Relève plusieurs procédés.

5. Comment la conteuse insiste-t-elle sur la forme de la jeune fille ?

6. À ton avis, pourquoi le fromager décide-t-il de transformer la fille caillou ?

BILAN 7 Selon toi, quelle pourrait être la morale de ce conte ?

Contes du monde entier : pourquoi créer des monstres ?

Récapitulons

Les monstres pour révéler nos peurs...
Les contes et les récits populaires du monde entier mettent souvent en scène des personnages monstrueux. **Présences maléfiques**, ils sont des opposants que chaque héros doit affronter pour grandir. **Ces monstres** ont souvent une **dimension symbolique**, c'est-à-dire qu'ils renvoient à un sens qu'il faut interpréter : ils **révèlent les peurs** que peuvent ressentir tous les êtres humains, quelles que soient leur origine et leur culture (peur de la séparation, peur du noir, peur de la mort, peur de la violence de la nature, peur de l'autre...).

... et pour les surmonter
Cependant, nous avons plaisir à **écouter les contes** où figurent de telles créatures. En effet, nous pouvons **tirer des leçons** de ces récits qui nous aident à **mettre à distance nos propres peurs**. Parfois, certains personnages monstrueux en apparence permettent aussi de nous faire réfléchir sur l'**acceptation de la différence**.

Créer un monstre à partir d'une peur

Invente un monstre que l'on n'a jamais vu jusqu'alors. Tu devras l'associer à une peur particulière. Tu peux recopier ton texte dans ton *album de lecture* en l'illustrant, si tu le souhaites.

> Entre chien et loup, les soirs, ou le matin, avant que le jour se lève, il rôde dans les lieux écartés. [...] Mais il peut venir aussi aux abords des maisons. Il se présente en mouton noir, en chat, en poulain rouge : on l'a vu sous forme d'un cochon que chevauchait quelque homme sans tête, et il tournait autour des jardins de choux, sous les poiriers. Il prend toutes les formes, même forme d'humain. Ce peut être [...] ce mouchoir oublié sur l'herbe. Celui qui le voit croit en faire son profit ; il le ramasse... Tant pis pour lui.
>
> **Henri Pourrat**, « La Pouliche rouge », in *Bons, pauvres et mauvais diables*, © Éditions Gallimard, 1994.

Conseils d'écriture

1. Lis le texte d'Henri Pourrat. À ton avis, à quelle peur correspond le monstre qu'il décrit : peur de la nuit et du noir ? peur de la mort ? peur de la séparation ? peur de la violence de la nature ? peur de l'autre ?

2. a. Choisis une de ces cinq peurs, et imagine un monstre terrifiant qui pourrait la représenter.
b. Ton texte commencera par ces mots : « Il était une fois un monstre terrible... ».
c. Après avoir décrit ton monstre, ton texte s'achèvera ainsi : « Seuls ceux qui avaient peur de la nuit / du noir / de la mort / de la séparation / de la violence de la nature / de l'autre pouvaient le voir. »

3. Lisez, chacun à votre tour, votre début de conte sans dire la dernière phrase. Vos camarades devront trouver quelle peur vous avez cherché à incarner. Vous pouvez vous enregistrer dans votre *anthologie sonore*.

Écouter une interview

Visionne l'interview de Marie Desplechin et réponds à cette question : Selon toi, pourquoi est-il plus facile quand on est tout petit d'accepter la différence et de ne pas la qualifier de monstrueuse ?

Marie Desplechin
Écrivain

VIDEO lienmini.fr/jdl6-T104

Pour découvrir une galerie de personnages fabuleux, tu peux lire le bel album de Marie Desplechin et d'Emmanuelle Houdart.

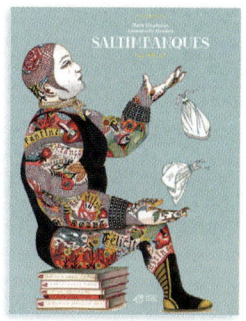

Atelier d'expression

Décrire l'apparition d'un personnage monstrueux

À l'oral
- Comprendre un texte littéraire et l'interpréter.
- Partager un point de vue personnel et des sentiments.

À l'écrit
- Rédiger un texte en fonction d'une intention précise.
- Faire une description méliorative.

Le mot « monstre » vient du latin *monstrum*, qui a aussi donné le mot « montrer ». Le monstre est celui que l'on montre, qui se voit, dont on ne perçoit au départ que l'aspect repoussant ou éloigné de la normalité. Dans cet atelier, tu travailleras à partir de textes et d'images qui te feront aller au-delà des apparences.

Pour situer l'AUTEUR

Victor Hugo est né en 1802. Poète, romancier et auteur de théâtre, il a créé de nombreux personnages devenus célèbres qui font **réfléchir sur les préjugés liés aux apparences** : dans son œuvre, les plus humbles sont souvent plus nobles que les fortunés et la laideur des visages cache une profonde humanité.
Dans les romans *Notre-Dame de Paris* et *L'Homme qui rit*, il présente deux personnages, Quasimodo et Gwynplaine, dont l'apparence extérieure est si hideuse qu'elle fascine la foule. Ceux qui les observent ne perçoivent pas immédiatement leur richesse intérieure.

Graine de savoir

Le regard sur les handicaps physiques a évolué petit à petit à partir du XIXe siècle, grâce à des artistes, mais aussi grâce aux scientifiques.
Autrefois, et jusqu'au XXe siècle, on allait jusqu'à montrer dans les foires des personnes malformées, qu'on qualifiait de monstres. Aujourd'hui, la loi reconnaît la dignité humaine de tout le monde.

Méthode

La description de l'apparition d'un personnage monstrueux peut se faire de trois manières. On peut :
▸ **Décrire son aspect physique et montrer au lecteur sa difformité**
grâce à des adjectifs qualificatifs et à des images.
▸ **Décrire ses sentiments et insister sur le contraste entre ses pensées et son apparence extérieure**
grâce à des synonymes, à des effets de répétition donnant plus d'importance à la description et suscitant la pitié du lecteur.
▸ **Décrire la réaction des spectateurs et représenter l'agitation d'une foule qui découvre un personnage hors norme**
grâce à une alternance entre les groupes nominaux et le « on » impersonnel.

Quasimodo, illustration de *Notre-Dame de Paris*, **Benjamin Lacombe**, © Éditions Soleil, 2013.

Décrire l'aspect physique du personnage

L'apparition d'un monstre, le pape des fous

La scène se passe au Moyen Âge, un jour de fête populaire. La foule vient d'élire un « pape des fous », celui qu'elle trouve le plus laid. Elle va le faire défiler dans les rues.

L'acclamation fut unanime ; on se précipita vers la chapelle. On en fit sortir en triomphe le bienheureux pape des fous. Mais c'est alors que la surprise et l'admiration furent à leur 5 comble ; la grimace était son visage.

Ou plutôt toute sa personne était une grimace. Une grosse tête hérissée de cheveux roux ; entre les deux épaules, une bosse énorme dont le contre-coup se faisait sentir par devant ; un système de cuisses et de jambes si étrangement fourvoyées qu'elles ne pouvaient se toucher 10 que par les genoux, et, vues de face, ressemblaient à deux croissants de faucilles qui se rejoignent par la poignée ; de larges pieds, des mains monstrueuses ; et, avec toute cette difformité, je ne sais quelle allure redoutable de vigueur, d'agilité et de courage ; étrange exception à la règle éternelle qui veut que la force, comme la beauté, résulte de 15 l'harmonie. Tel était le pape que les fous venaient de se donner.

On eût dit un géant brisé et mal ressoudé.

Quand cet espèce de cyclope parut sur le seuil de la chapelle, immobile, trapu, et presque aussi large que haut, [...] à la perfection de sa laideur, la populace le reconnut sur-le-champ, et s'écria d'une voix :
20 – C'est Quasimodo, le sonneur de cloches ! c'est Quasimodo, le bossu de Notre-Dame ! Quasimodo le borgne ! Quasimodo le bancal ! [...]

Victor Hugo, *Notre-Dame de Paris*, 1831.

Notre-Dame de Paris, ballet en deux actes de **Roland Petit**, musique de **Maurice Jarre**, costumes d'**Yves Saint Laurent**, avec Nicolas Le Riche dans le rôle de Quasimodo, Opéra de Paris, 1996.

Comprendre

1. Lis l'extrait en essayant de visualiser le « pape des fous ». Dessine-le ensuite au brouillon.

2. À quels autres monstres Quasimodo est-il comparé ?

3. Quand le lecteur découvre-t-il l'identité de Quasimodo ?

4. Sais-tu ce que pense Quasimodo ? et la foule ?

5. Comment la description de Quasimodo illustre-t-elle la formule « toute sa personne était une grimace » ?

Grammaire pour dire et pour écrire

▶ Pour décrire un personnage dans un texte au passé, on utilise **l'imparfait de l'indicatif**.

▶ Les **adjectifs qualificatifs** permettent de rendre les descriptions plus précises.

J'applique

1 Trouve les verbes manquant dans ces phrases et conjugue-les à l'imparfait :
a. Quasimodo … peur.
b. Son visage … terrifiant.
c. Les enfants … en le voyant.

2 Dans le deuxième paragraphe du texte, relève tous les adjectifs qualificatifs (l. 6 à 15).

3 Observe la caricature ci-contre. Victor Hugo était souvent représenté ainsi par la presse de son époque. Décris-le en quelques lignes. Tu devras utiliser l'imparfait et te servir d'au moins quatre adjectifs qualificatifs.

Les représentants représentés, caricature d'Honoré Daumier, planche n° 13 de *Le Charivari*, 20 juillet 1849.

Atelier d'expression : Décrire l'apparition d'un personnage monstrueux

Atelier d'expression

Décrire les sentiments du personnage

Derrière les apparences

Gwynplaine, couverture de *L'Homme qui rit*, librairie Hetzel, XIXᵉ siècle.

Des bohémiens ont entaillé le visage de Gwynplaine lorsqu'il était enfant : ils lui ont agrandi la bouche. Gwynplaine semble rire en permanence. Son visage est à la fois comique et terrifiant.

Gwynplaine était saltimbanque. Il se faisait voir en public. Pas d'effet comparable au sien. […] On voyait Gwynplaine, on se tenait les côtes ; il parlait, on se roulait à terre. […] Aussi était-il parvenu rapidement, dans les champs de foire et dans les carrefours, à une fort
5 satisfaisante renommée d'homme horrible.

C'est en riant que Gwynplaine faisait rire. Et pourtant il ne riait pas. Sa face riait, sa pensée non. […] Le dehors ne dépendait pas forcément du dedans. Ce rire qu'il n'avait point mis sur son front, sur ses joues, sur ses sourcils, sur sa bouche, il ne pouvait l'en ôter. On lui avait
10 à jamais appliqué le rire sur le visage. C'était un rire automatique, et d'autant plus irrésistible qu'il était pétrifié. Personne ne se dérobait à ce rictus. […] Par la vertu de la mystérieuse opération probablement subie par Gwynplaine enfant, toutes les parties de son visage contribuaient à ce rictus, toute sa physionomie y aboutissait […] ; toutes ses
15 émotions, quelles qu'elles fussent, augmentaient cette étrange figure de joie, disons mieux, l'aggravaient. Un étonnement qu'il aurait eu, une souffrance qu'il aurait ressentie, une colère qui lui serait survenue, une pitié qu'il aurait éprouvée, n'eussent fait qu'accroître cette hilarité des muscles ; s'il eût pleuré, il eût ri ; et, quoi que fît Gwynplaine, quoi
20 qu'il voulût, quoi qu'il pensât, dès qu'il levait la tête, la foule, si la foule était là, avait devant les yeux cette apparition, l'éclat de rire foudroyant.

Victor Hugo, *L'Homme qui rit*, 1869.

lienmini.fr/jdl6-T115

Découvrez le regard d'un écrivain, Marie Desplechin, sur les monstres dans la littérature.

Comprendre

1. Comment la foule réagit-elle lorsqu'elle voit Gwynplaine ?
2. Relève les différents emplois du verbe « rire » à partir de la ligne 6. Pourquoi le narrateur répète-t-il ce mot ?
3. Sait-on si Gwynplaine partage les sentiments de la foule ?
4. Explique avec tes propres mots la phrase « S'il eût pleuré, il eût ri ».
5. Pourquoi le rire que l'on perçoit sur le visage de Gwynplaine est-il terrible ?

Grammaire pour dire et pour écrire

▶ Pour éviter de répéter toujours le même mot dans un texte, on utilise **des synonymes** et des mots qui appartiennent au **même champ lexical**.

▶ Lorsque l'on veut insister sur certaines idées et donner de l'importance à la description, on peut introduire **des énumérations**, c'est-à-dire des effets de liste.

J'applique

1 Relis le texte et relève tous les mots et expressions qui appartiennent au champ lexical du rire.

2 Relève dans le texte au moins deux énumérations qui montrent que Gwynplaine ne maitrise pas du tout son visage.

Débattre du regard sur la différence

• Quel est le personnage le plus touchant d'après vous ? Quasimodo ou Gwynplaine ?
• Pourquoi est-il difficile de ne pas rire en les voyant ? Comment auriez-vous réagi en les découvrant pour la première fois ?
• Que pensez-vous de l'attitude de la foule à leur égard ? D'après vous, comment peut-on regarder les personnes qui ont un aspect différent ?

Décrire la réaction des spectateurs

Une foule monstrueuse

Gwynplaine apprend qu'il a été abandonné enfant et qu'il appartient à la plus haute noblesse d'Angleterre. Il prononce un discours devant la Chambre des Lords, mais l'assemblée rit et se moque de lui.

[…] le rire recommença, cette fois accablant. […] Faire du mal joyeusement, aucune foule ne résiste à cette contagion. […] les hommes, dès qu'ils sont réunis, qu'ils soient multitude ou assemblée, ont toujours au milieu d'eux un bourreau tout prêt, qui est le sarcasme. Pas de supplice comparable à celui du misérable risible. Ce supplice, Gwynplaine le subissait. L'allégresse, sur lui, était lapidation[1] et mitraille. Il était hochet, mannequin, tête de turc, cible. On bondissait, on criait *bis*, on se roulait. On battait du pied. […] Les lords riaient, les évêques riaient, les juges riaient. Le banc des vieillards se déridait, le banc des enfants se tordait. […]

Gwynplaine, pâle, avait croisé les bras ; et, entouré de toutes ces figures, jeunes et vieilles, où rayonnait la grande jubilation homérique[2], dans ce tourbillon de battements de mains, de trépignements et de hourras, dans cette frénésie bouffonne dont il était le centre, dans ce splendide épanchement d'hilarité, au milieu de cette gaieté énorme, il avait en lui le sépulcre[3]. C'était fini. Il ne pouvait plus maîtriser ni sa face qui le trahissait, ni son auditoire qui l'insultait. […]

Gwynplaine assistait à l'effraction définitive de sa destinée par un éclat de rire. L'irrémédiable était là. On se relève tombé, on ne se relève pas pulvérisé. Cette moquerie inepte et souveraine le mettait en poussière. Rien de possible désormais. […] Il se sentait comme frappé par derrière.

Ibid.

1. lapidation : jet de pierres.
2. jubilation homérique : joie extrême, digne du texte d'Homère.
3. sépulcre : tombeau, mort.

Photogramme du film *L'Homme qui rit*, réalisé par J.-P. Améris en 2012, avec M.-A. Grondin dans le rôle de Gwynplaine.

Expressions surlignées = procédés de répétition

Comprendre

1. Lis l'extrait en essayant de te représenter la scène dans l'espace. Fais un petit schéma.
2. Le narrateur décrit-il ici l'aspect physique de Gwynplaine ?
3. Qu'éprouve Gwynplaine au milieu de tous les rires ?
4. Que ressent le lecteur pour Gwynplaine ?

Exprimer son point de vue

Saisis cette adresse dans ton navigateur et regarde un extrait du film de J.-P. Améris.

 lienmini.fr/jdl6-T105

Que penses-tu de la façon dont Gwynplaine est représenté ? Cela te semble-t-il pertinent ?

Grammaire pour dire et pour écrire

▶ Pour décrire une foule animée et vivante, on peut alterner entre **les groupes nominaux au pluriel** et **le « on » impersonnel**.

▶ Certaines figures de style fondées sur **la répétition** permettent aussi d'insister sur l'agitation.

J'applique

Lis le texte et relève les mots et expressions désignant la foule ou les personnes qui la composent. Mets les groupes nominaux d'un côté, les pronoms personnels de l'autre.

Activité finale

Écris un court texte descriptif montrant la réaction d'une foule à l'arrivée d'une personne célèbre et séduisante.
- Décris avec précision le physique de la célébrité. (Décrire l'aspect physique du personnage)
- Indique également quels sont ses sentiments. Ils devront contraster avec son aspect extérieur. (Décrire les sentiments du personnage)
- Insiste sur les réactions de la foule. (Décrire la réaction des spectateurs)
- Tu utiliseras le plus possible les procédés identifiés dans les extraits que tu as étudiés.

PARCOURS un thème
Les monstres dans les récits antiques

Dans ce parcours, tu vas rencontrer certains monstres qui peuplent les récits héroïques antiques. L'ingénieux Ulysse et le pieux Énée voient leur courage mis à rude épreuve lors de ces confrontations souvent voulues par les dieux. La littérature de jeunesse et le cinéma utilisent encore aujourd'hui les monstres antiques pour éprouver leurs héros.

Vocabulaire pour entrer dans le texte

ACTIVITÉ lienmini.fr/jdl6-T106

Saisis cette adresse dans ton navigateur et écoute attentivement le texte. Réponds ensuite aux questions de vocabulaire.

▶ **Les verbes en -indre**

1 Complète le tableau suivant avec le nom ou le verbe qui convient.

Nom	Verbe
	contraindre
crainte	
plainte	
étreinte	
	feindre
	teindre

▶ **Famille de « repaitre »**

2 Mets ce texte au singulier :
Les pâtres font paitre les moutons dans les pâtures. Sous la garde de leurs pasteurs, les bêtes se repaissent d'herbe verte. Une fois repues, elles reviennent dans leurs bergeries.

3 Quel mot de la famille de *repaitre* définit les trois mots suivants : *le déjeuner, le diner, le souper* ?

4 Remplace les mots soulignés par les synonymes : *une échine, souillé*. Fais les accords nécessaires. Leurs dos écailleux salis.

Le monstre, un avertissement divin
De prodigieux serpents

Biographie
Virgile
(70 av. J.-C.–19 av. J.-C.)
Virgile, poète latin, compose l'*Énéide* pour l'empereur Auguste. Le poème raconte les aventures du héros troyen Énée : sa fuite de Troie, ses navigations en Méditerranée et son installation en Italie.

Les Grecs laissent un cheval de bois sur une plage. Les Troyens ne savent pas s'ils doivent emmener ce cadeau au temple de la déesse Pallas Athéna, au cœur de leur ville. Laocoon, prêtre troyen, se méfie de cette offrande, et lance un javelot contre le cheval. Énée fait le récit de ce qui arrive ensuite.

Laocoon, désigné par le sort comme prêtre de Neptune,
immolait selon les rites un énorme taureau sur les autels.
Or voici que de Ténédos[1], sur des flots paisibles,
deux serpents aux orbes[2] immenses, – ce récit me fait frémir –,
5 glissent sur la mer et, côte à côte, gagnent le rivage.
Poitrines dressées sur les flots, avec leurs crêtes rouge sang,
ils dominent les ondes ; leur partie postérieure épouse les vagues
et fait onduler en spirales leurs échines démesurées.
L'étendue salée écume et résonne ; déjà ils touchaient la terre ferme,
10 leurs yeux brillants étaient injectés de sang et de feu
et ils léchaient leurs gueules sifflantes d'une langue tremblante.

Lecture d'image

1. Le moment de la scène représentée en sculpture est-il le même que celui décrit dans le texte ?

2. Comment imaginais-tu Laocoon après ta lecture du texte ? Comment est-il représenté sur la sculpture ?

3. Quelle impression les sculpteurs ont-ils voulu donner au spectateur ? Développe ton point de vue.

Laocoon et ses fils, œuvre des Rhodiens **Agésandre**, **Athénodore** et **Polydore**, IIe ou Ier siècle av. J.-C., musée Pio-Clementino, Vatican.

À cette vue, nous fuyons, livides. Eux, d'une allure assurée, foncent sur Laocoon. D'abord, ce sont les deux corps de ses jeunes fils qu'étreignent les deux serpents, les enlaçant,
15 les mordant et se repaissant de leurs pauvres membres.
Laocoon alors, arme en main, se porte à leur secours. Aussitôt, les serpents déjà le saisissent et le serrent dans leurs énormes anneaux.
Par deux fois, ils ont entouré sa taille, ont enroulé autour de son cou leurs échines écailleuses, le dominant de la tête, la nuque dressée.
20 Aussitôt de ses mains, le prêtre tente de défaire leurs nœuds, ses bandelettes sont souillées de bave et de noir venin.
En même temps il fait monter vers le ciel des cris horrifiés :
on dirait le mugissement d'un taureau blessé fuyant l'autel et secouant la hache mal enfoncée dans sa nuque.
25 Mais les deux dragons s'enfuient en glissant vers les temples, sur la hauteur, gagnent la citadelle[3] de la cruelle Tritonienne[4], et s'abritent aux pieds de la déesse, sous l'orbe de son bouclier.

Virgile, *Énéide*, II, 201-227, traduit du latin par A.-M. Boxus et J. Poucet, © BCS, Université catholique de Louvain, 2009.

1. Ténédos : ile voisine de Troie où se cachent les Grecs. **2. orbes** : anneaux. **3. citadelle** : forteresse où est le temple. **4. Tritonienne** : surnom de la déesse Pallas Athéna.

▶ Comprendre le message divin délivré par les serpents

Entrer dans la lecture. À quelle divinité obéissent les deux serpents ? Où se réfugient-ils ?

1. Sur quel domaine règne le dieu Neptune ? Selon toi, quel est le but de la cérémonie de sacrifice du taureau ?

2. D'où vient l'attaque des serpents ? Pourquoi est-il étonnant que le prêtre soit attaqué ?

3. Que ressentent les hommes près du rivage à l'arrivée des serpents ?

4. Quels détails physiques des serpents sont alors mis en valeur ?

5. Qui subit le premier assaut ? Est-ce juste selon toi ?

6. Que ressens-tu devant le sort réservé à Laocoon ? Pourquoi ?

BILAN 7 Par cet évènement, quel message Pallas Athéna délivre-t-elle à Laocoon et aux Troyens ?

Le monstre, une mise à l'épreuve inévitable

Dans la grotte d'un géant sanguinaire

Ulysse et douze de ses hommes explorent l'île des Cyclopes à la recherche de nourriture. Ils découvrent une grotte accueillante, mais elle appartient au Cyclope Polyphème, qui rentre justement des pâturages avec ses moutons. Il demande l'identité des intrus.

« Nous sommes, oui, des Achéens venant de Troie, chassés
par tous les vents du ciel sur le grand gouffre de la mer ;
regagnant nos maisons, d'autres routes, d'autres chemins
nous ont conduits ici ; sans doute Zeus l'aura voulu.
5 Et nous nous honorons d'être soldats d'Agamemnon,
l'Atride[1] dont la gloire de nos jours emplit le monde,
si vaste fut la ville qu'il pilla, et si nombreux
les guerriers qu'il tua ; nous voici donc à tes genoux
dans l'espoir que tu nous accueilles et que, de plus,
10 tu nous fasses un don, selon la coutume des hôtes.
Crains les dieux, bon seigneur : car nous sommes tes suppliants.
Zeus défend l'étranger comme le suppliant,
il est l'hospitalier, l'ami des hôtes respectables ! »
À ces mots, aussitôt, il repartit d'un cœur cruel[2] :
15 « Es-tu sot, inconnu, ou viens-tu de fort loin,
pour m'inviter à craindre, à respecter les dieux ?
Les Cyclopes n'ont pas souci du Porte-égide
ni des dieux bienheureux : nous sommes les plus forts.
Et ce n'est pas la peur de la haine de Zeus
20 qui me ferait vous épargner, si je n'y songe !
Mais dis-moi, en venant, où laissas-tu ton beau navire,
est-ce à l'extrémité du cap ou plus près, dis-le-moi ! »
Il me tâtait, mais j'en savais trop long pour être dupe[3],
et je lui rétorquai par ce rusé discours :
25 « Mon bateau, l'Ébranleur des terres l'a brisé
en le jetant sur des écueils, aux confins de votre île,
le poussant sur le cap : le vent, du large l'entraîna.
Mais moi, avec ceux-ci, j'ai fui l'abrupte mort. »
Je dis. Ce cœur cruel ne me répondit rien
30 mais, sautant sur mes gens en étendant les bras,
il en prit deux d'un coup, et comme des chiots, sur le sol
les assomma. La cervelle en giclant mouilla le sol.
Découpés membre à membre, il en fit son souper.
Comme un lion né des montagnes, il les mangea sans rien
35 laisser, entrailles, chair et os remplis de moelle.
Nous, en pleurant, nous élevions les mains vers Zeus,
voyant l'œuvre cruelle et notre courage impuissant.
Puis, lorsque le Cyclope eut bien rempli sa vaste panse,
mangé la chair humaine et bu du lait pur par-dessus,
40 il s'étendit dans l'antre en travers de ses bêtes.

Biographie

Homère
Poète grec du VIIIᵉ siècle av. J.-C., Homère serait l'auteur du récit de la guerre de Troie, l'*Iliade*, et de celui du retour d'Ulysse, l'*Odyssée*.

Repères culturels

Le Troyen Pâris enlève Hélène, épouse de Ménélas. Le roi Agamemnon, le frère de celui-ci, organise alors la guerre des Achéens (Grecs) contre les Troyens. Après avoir combattu dix ans, le héros grec Ulysse met dix ans à rentrer chez lui. *L'Odyssée* est le récit de ce retour parsemé d'obstacles.

Tête de Polyphème, sculpture en terre cuite, 150 av. J.-C., musée du Louvre, Paris.

---

1. Atride : le descendant d'Atrée.
2. il repartit d'un cœur cruel : il répondit avec cruauté.
3. Il me tâtait… : ici, il cherche à savoir sans le montrer, mais Ulysse ne se laisse pas tromper.

C'est alors que je méditai, dans mon cœur généreux,
m'approchant, de tirer mon épée le long de ma cuisse
et de l'en frapper là où le foie pend sous le diaphragme
en lui palpant l'endroit ; mais une pensée me retint :
45 même ainsi, nous aurions péri d'abrupte mort,
incapables de déplacer avec nos mains
l'énorme bloc dont il avait bouché la haute entrée...
Nous attendîmes donc en gémissant l'aube divine.

Homère, *Odyssée*, chant IX, 263-298, traduit du grec par P. Jaccottet,
© Éditions La Découverte, 2000.

Graine de savoir

Dans ses récits, Homère utilise des expressions, les « épithètes homériques », qui qualifient les personnages (par exemple, « le Porte-égide » désigne Zeus, « l'Ébranleur des terres », Poséidon). Sais-tu pourquoi Ulysse est dit « aux mille tours » ?

▶ **Étudier l'affrontement avec un monstre inhospitalier**

Entrer dans la lecture. D'après toi, Ulysse et ses compagnons ont-ils fait une erreur en entrant dans la grotte ? Pourquoi ?

1. Quelles raisons Ulysse donne-t-il de sa présence sur l'île du Cyclope ?

2. D'après ce que dit Ulysse, quelles sont les règles de l'hospitalité ?

3. Comment le caractère de Polyphème apparait-il dans sa réponse ?

4. Le texte utilise deux comparaisons animales. Relève-les. Justifie le choix des animaux utilisés.

5. Quelle émotion fait naitre le comportement du Cyclope chez Ulysse et ses compagnons ?

6. Pourquoi Ulysse n'attaque-t-il pas le Cyclope à l'épée ? A-t-il raison ? De quel trait de caractère fait-il preuve ?

BILAN 7 Fais la liste des diverses raisons qui font de Polyphème un monstre inhospitalier et sans pitié.

Le Cyclope, mosaïque de la villa romaine du Casale (IIIe ou IVe s. apr. J.-C.), Piazza Armerina, Sicile (Italie).

Intégrale *Ulysse* de Sébastien Ferran. © 2009 Heupé SARL/Emmanuel Proust Éditions.

Parcours Un thème : Les monstres dans les récits antiques

PARCOURS un thème

Charybde et Scylla, deux périls en mer

La magicienne Circé prévient Ulysse des dangers qui l'attendent. Il doit emprunter en particulier un détroit dont les deux côtés sont périlleux. L'explication de Circé guidera son choix de route.

« Tels sont ces deux écueils : l'un dresse jusqu'au vaste ciel
la pointe de sa cime ; un nuage bleu-noir
l'entoure sans jamais se dissiper, et le ciel clair
ignore son sommet en été même ou à l'automne ;
5 nul mortel ne pourrait ni y grimper ni s'y tenir,
eût-il vingt pieds et le même nombre de mains :
car c'est un rocher lisse et que l'on croirait raboté.
À mi-hauteur du roc, on voit une grotte embrumée
tournée vers l'ombre de l'Érèbe ; et c'est sur elle
10 que vous dirigerez votre navire, noble Ulysse.
L'homme le plus musclé, tirant de son profond vaisseau,
n'atteindrait pas le fond de cette grotte de ses flèches.
Là demeure Scylla, la terrible aboyeuse ;
sa voix semble la voix d'un petit chien qui vient de naître,
15 mais c'est un affreux monstre, et personne à la voir
ne prend plaisir ; même un dieu craindrait la rencontre.
Toutes ses pattes, elle en a douze, sont difformes.
Elle a six cous sans fin, et sur chacun
une tête effrayante avec trois rangs de dents
20 nombreuses et serrées, pleine de noire mort.
Elle reste cachée à mi-corps dans la grotte creuse,
mais darde ses six têtes hors de l'antre terrible ;
sans en bouger, elle pêche, tâtant l'écueil,
des dauphins et des chiens de mer, ou mieux encore, l'un
25 de ces monstres nombreux que paît la hurlante Amphitrite.
Nul marin ne peut se vanter d'être encor passé là
sans dommage avec son bateau ; chacune des six têtes
    enlève une autre proie au navire de sombre proue.

Repères culturels

Scylla doit son aspect monstrueux à une transformation provoquée par la jalousie d'une déesse. Son refuge est une grotte surplombant la mer d'un côté et ouverte sur l'Érèbe, l'obscurité des Enfers, de l'autre.

Le monstre Scylla, relief en terre cuite mélique, Vᵉ siècle av. J.-C, Bristish Museum, Londres (Royaume-Uni).

Ulysse et Circé, illustration d'*Ulysse aux mille ruses* d'**Yvan Pommeaux**, © École des Loisirs, 2012.

« L'autre écueil est plus bas, tu le verras, Ulysse.
30 Ils sont voisins : ta flèche irait de l'un à l'autre.
À sa cime monte un figuier de beau feuillage.
La divine Charybde engloutit là-dessous l'eau noire :
trois fois elle vomit et engloutit trois fois d'un jour,
terriblement ! N'y passe pas au moment qu'elle engouffre !
35 Car même Poseidon ne te tirerait pas de peine.
Mais, cinglant bien plutôt sur l'écueil de Scylla,
passe en hâte : il vaut toujours mieux sur le bateau
pleurer six compagnons que l'équipage tout entier ! »

Homère, *Odyssée*, chant XII, 73-110, *ibid*.

Le sais-tu ?

L'expression « tomber de Charybde en Scylla » vient de la fable « La Vieille et les Deux Servantes » de **Jean de La Fontaine**. Deux servantes tuent le coq qui les réveille à l'aube. Mais depuis, leur vieille maîtresse les réveille avant l'aube sans tenir compte du soleil. Leur situation, de médiocre, est devenue mauvaise.

▶ Étudier les conséquences monstrueuses d'un choix

Entrer dans la lecture. De quel dieu, présent dans le texte, Amphitrite est-elle l'épouse ? Leur royaume est-il décrit de façon rassurante ?

1. Quelles sont les caractéristiques du lieu où se situe la grotte de Scylla ?

2. Quelle image Circé utilise-t-elle pour évoquer la profondeur de cette grotte ?

3. Pourquoi appelle-t-on Scylla la « terrible aboyeuse » ? Compare le texte avec le relief ci-contre.

4. Quel est le risque si Ulysse passe du côté de Scylla ? s'il passe du côté de Charybde ?

5. Que peuvent les dieux contre ces monstres, d'après le texte ?

6. D'après toi, quel sera le choix d'Ulysse ? Que ferais-tu à sa place ? Pour quelles raisons ?

💬 Imaginer un dialogue

Deux marins d'Ulysse exposent face à leurs compagnons de voyage les avantages et les risques de l'un et l'autre chemin. L'équipage vote pour choisir son destin.

• Mettez-vous par deux.
• Construisez votre dialogue au brouillon. Vos idées doivent s'enchaîner logiquement.
• Présentez-le de manière expressive à la classe qui votera pour le choix qui lui semble le plus convaincant.

PARCOURS un thème

Le chant des Sirènes

En quittant l'île de Circé, Ulysse et ses hommes doivent passer devant l'île des Sirènes. La magicienne a mis en garde Ulysse contre leur chant ensorceleur. L'imprudent qui écoute en oublie femme et enfants. Ulysse s'adresse à son équipage pour l'informer des dangers qui le guettent.

« Circé nous donne pour premier conseil de fuir
des Sirènes étranges l'herbe en fleur et les chansons ;
moi seul puis écouter leur voix ; mais liez-moi
par des liens douloureux, que je ne puisse pas bouger,
5 debout sur l'emplanture, attachez-y-moi par des cordes
et si je vous enjoins[1], vous presse de me détacher,
il faudra redoubler l'emprise de mes liens ! »
C'est ainsi, longuement, que j'enseignai mes compagnons.
Cependant, sans traîner, la barque robuste arrivait
10 à l'île des Sirènes : un vent sans danger la poussait.
Bientôt après ce vent tomba, le calme plat se fit
sans plus un souffle ; un dieu devait coucher les flots.
L'équipage, debout, cargua[2] les voiles du bateau,
les déposa dans le profond navire et, s'asseyant
15 aux rames, blanchit l'eau sous le bois de sapin.
Moi, coupant en morceaux un grand cercle de cire,
avec le glaive aigu, je le pétris de mes mains fortes ;
il s'amollit bientôt, comme le voulait la puissance
du Soleil et les feux du roi fils d'Hypérion.
20 J'en bouchai les oreilles à l'un de mes gens après l'autre.
Ils me lièrent pieds et mains dans le bateau,
debout sur l'emplanture, en m'y attachant avec cordes ;
puis, aux bancs, on battit des rames les eaux grises.

Sirène, détail d'une illustration réalisée à partir d'un vase grec (XIXᵉ siècle).

Graine de savoir

Les navigateurs européens ont longtemps cru voir des Sirènes dans les mers ou à l'entrée des fleuves. Il s'agissait en fait de mammifères marins ou fluviaux, comme les lamantins et les dugongs, classés aujourd'hui parmi les siréniens. Les Sirènes antiques donnent leur nom à un signal. Lequel ?

1. **enjoins** : ordonne.
2. **cargua** : abaissa et attacha.

Ulysse sur son bateau résiste aux Sirènes, mosaïque, 250-270 apr. J.-C., musée national du Bardo, Tunis (Tunisie).

Mais, quand on s'en trouva à la portée du cri,
25 passant en toute hâte, ce navire bondissant
ne leur échappa point, qui entonnèrent un chant clair :
« Viens, Ulysse fameux, gloire éternelle de la Grèce,
arrête ton navire afin d'écouter notre voix !
Jamais aucun navire noir n'est passé là
30 sans écouter de notre bouche de doux chants.
Puis on repart, charmé, lourd d'un plus lourd trésor de science.
Nous savons en effet tout ce qu'en la plaine de Troie
les Grecs et les Troyens ont souffert par ordre des dieux,
nous savons tout ce qui advient sur la terre féconde... »
35 Elles disaient, lançant leur belle voix, et dans mon cœur,
je brûlais d'écouter, priai mes gens d'ôter mes liens
d'un signe des sourcils : ils se courbèrent sur leurs rames.
Aussitôt, Euryloque et Périmède se levèrent,
multipliant mes liens et leur donnant un nouveau tour.
40 Quand nous les eûmes dépassées et quand enfin
nous n'entendîmes plus ni leur voix ni leur chant,
mes braves compagnons enlevèrent la cire
dont j'avais bouché leurs oreilles, et défirent mes liens.

Homère, *Odyssée*, chant XII, 154-200, *ibid.*

Le sais-tu ?

Les Sirènes de *L'Odyssée* sont des êtres mi-femmes mi-oiseaux. Elles charment les marins par leurs chants et provoquent leur mort. C'est le danois Hans-Christian Andersen qui va créer le personnage romantique de la sirène amoureuse et malheureuse au XIXe siècle.

Ulysse et les Sirènes, illustrés par **E. Dulac**, dans l'ouvrage *La Toison d'or et quelques autres contes de la Grèce ancienne*, 1921.

Mettre en voix — Concours *Phonai* (The Voices)

Organisez un concours de chants des Sirènes. En groupe, mettez en voix les lignes 27 à 34.
• Utilisez un instrument à vent ou des percussions pour vous accompagner. Vous pouvez enregistrer votre production dans votre *anthologie sonore*.
• Un jury composé de trois personnes choisira la meilleure performance.

Texte écho — Tristes Sirènes

Proserpine, fille de la déesse Cérès, a disparu. Ses compagnes la recherchent. Au cours de cette quête, elles se transforment en Sirènes. Ovide fait le récit de cette métamorphose.

Mais vous, filles d'Acheloüs,
Pourquoi ces corps d'oiseau et ces faces de vierge,
Sinon que Proserpine en votre compagnie
Cueillait ses printaniers bouquets, doctes[1] Sirènes ?
5 L'ayant cherchée en vain dans l'univers, soudain,
Pour que la mer aussi sentît votre inquiétude,
Voulant survoler l'eau, il vous fallut des ailes
Pour ramer dans les airs. Les dieux aidant, vous vîtes
Vos membres se couvrir d'un coup de plumes fauves,
10 Mais pour sauver vos chants nés pour charmer l'oreille
Gardâtes son langage au trésor de vos bouches
Et votre voix humaine et vos faces de vierge.

Ovide, *Les Métamorphoses*, V, 552-563, traduit du latin par O. Sers, © Éditions Les Belles Lettres, 2011.

1. doctes : sages, savantes.

Comprendre comment le héros résiste à des monstres tentateurs

Entrer dans la lecture. Aujourd'hui, l'expression « céder au chant des Sirènes » signifie « se laisser tenter », « ne pas pouvoir résister ». Qu'en est-il pour Ulysse ?

1. Pourquoi le navire s'arrête-t-il devant l'île des Sirènes ? Qui en est responsable selon Ulysse ?

2. Comment Ulysse préserve-t-il ses compagnons du danger des Sirènes ? Comment se protège-t-il ?

3. Ulysse est attaché à « l'emplanture ». Ce mot n'est pas courant. Quel sens lui donnes-tu ? Confirme ton hypothèse en examinant la mosaïque page 50.

4. Que chantent les Sirènes à Ulysse ?

5. Quelle est la réaction d'Ulysse à ce chant ?

6. Lis le texte écho et relève les points communs avec le texte d'Homère.

7. Selon toi, les Sirènes sont-elles attirantes ou repoussantes ?

BILAN 8. Pourquoi l'attitude et les paroles des Sirènes en font des monstres très dangereux ?

PARCOURS un thème
Le monstre maîtrisé

Découverte des Enfers

Le Troyen Énée achève son voyage maritime sur la côte italienne. Il y rencontre la Sibylle, prophétesse avec laquelle il descend dans les Enfers pour obtenir certaines réponses.

Graine de savoir

Orcus, l'autre nom du dieu des Enfers, est à l'origine du nom « ogre ». Son nom est aussi de la famille du mot *orca*, mammifère marin qui attaque les baleines. De quel animal s'agit-il en français ?

Repères culturels

À l'entrée des Enfers, Charon fait passer le fleuve Styx aux ombres des morts sur sa barque. Les ombres sont accueillies par le chien à trois têtes, Cerbère. Après un jugement, les héros et les hommes pieux vont aux Champs Élysées, les ennemis des dieux subissent leur châtiment dans le Tartare.

Devant le vestibule même, tout à l'entrée d'Orcus,
les Pleurs et les Soucis vengeurs ont posé leurs couches ;
les pâles Maladies et la triste Vieillesse y habitent,
la Crainte, et la Faim, mauvaise conseillère, et la honteuse Indigence,
5 figures effrayantes à voir, et le Trépas et la Peine ;
puis la Torpeur, sœur du Trépas, et les Joies malsaines de l'esprit,
ainsi que, sur le seuil en face, la Guerre porteuse de mort,
et les chambres bardées de fer des Euménides[1], et la Discorde insensée,
avec sa chevelure vipérine entrelacée de bandelettes ensanglantées.
10 Au centre d'une cour, étendant ses rameaux et ses bras chargés d'ans,
se dresse un orme touffu, immense : selon la légende, les Songes vains
y ont leur siège et restent collés sous chacune des feuilles.
En outre apparaissent aussi une foule variée de bêtes monstrueuses :
Centaures ayant leur étable à l'entrée, Scylla à double forme,
15 et Briarée aux cent bras et la bête de Lerne,
à l'horrible sifflement, et Chimère tout armée de flammes,
Gorgones et Harpyes, et la forme d'une ombre à trois corps.
Ici, tout tremblant d'une crainte soudaine, Énée saisit
son épée, la dégaine et la pointe vers ceux qui arrivent
20 et, si sa docte compagne ne l'avertissait que ce ne sont là
que vies ténues voltigeant sans corps sous l'image d'une forme vide,
il se ruerait et de son arme pourfendrait en vain les ombres. […]
Finalement il[2] traverse le fleuve et dépose la prophétesse et le héros
sains et saufs, dans une fange informe, parmi les algues glauques.
25 L'énorme Cerbère aboyant de ses trois gueules, monstre
couché dans son antre, fait résonner au loin ce royaume.
La prêtresse, voyant ses cous se hérisser déjà de couleuvres,
lui jette une boulette soporifique de miel et de graines traitées.
Lui, enragé par la faim, ouvre largement ses trois gueules,
30 saisit ce qu'on lui a jeté et relâche son immense échine,
s'étend sur le sol et couvre de tout son long l'antre tout entier.
Le gardien étant endormi, Énée en hâte franchit l'entrée,
et s'éloigne rapidement de la rive du fleuve sans retour.

Virgile, *Énéide*, chant VI, 273-294 et 415-425, traduit du latin par A.-M. Boxus et J. Poucet, © BCS, Université catholique de Louvain, 2009.

Charon faisant traverser les âmes, bas-relief d'un sarcophage en marbre, IIIe siècle apr. J.-C., Musées du Vatican, Rome (Italie).

1. Euménides : ou les Furies, déesses de la vengeance ; elles poursuivent les assassins.

2. il : mis pour Charon, pilote de la barque des Enfers ; les âmes peuvent traverser le Styx si elles lui donnent une pièce (une obole) pour leur passage.

Eurysthée

Cerbère — Héraclès

Raconter un combat

Héraclès est allé aux Enfers pour combattre Cerbère. Il ramène le chien à trois têtes au roi Eurysthée. Mets-toi à la place d'Héraclès, et raconte au roi ton combat pour capturer Cerbère.

William Blake (1757-1827), *Cerbère, le chien à trois têtes gardant les portes de l'Hadès.*

Le sais-tu ?

Dans le premier épisode des aventures de *Harry Potter*, l'auteure, J. K. Rowling, s'est inspirée de la mythologie pour créer Touffu, le monstrueux chien à trois têtes. Celui-ci protège un couloir interdit et s'endort à la première note de musique.

▶ Observer une galerie de monstres infernaux

Entrer dans la lecture. Repère dans le trajet d'Énée ce qui montre qu'il n'est pas au bout de son voyage aux Enfers.

1. Cite les différentes figures effrayantes rencontrées par Énée dans les premiers vers. Que vois-tu de surprenant dans la façon d'écrire leurs noms ?

2. Quelle description te semble la plus impressionnante ?

3. Quel sentiment provoque cette descente aux Enfers chez Énée ? Comment se manifeste-t-il ?

4. Relève les mots et expressions qui prouvent que Cerbère est un monstre terrifiant.

5. Comment Énée parvient-il à poursuivre son voyage aux Enfers ?

6 Montre comment l'attitude d'Énée évolue au cours de son trajet aux Enfers.

Décrire un monstre

Énée rencontre un autre monstre avant de traverser le fleuve. Décris-le en quelques lignes.

Parcours Un thème : Les monstres dans les récits antiques 53

Jason, dompteur de taureaux

Le roi Aiétès impose à Jason d'atteler des taureaux monstrueux à une charrue.

[Les taureaux] sortent tout à coup en vomissant des flammes. Les Argonautes sont saisis d'épouvante. Jason, présentant son bouclier, les attend de pied ferme, semblable à un rocher contre lequel les vagues écumantes viennent se briser. En vain ils frappent en mugissant le bouclier de leurs cornes, Jason n'est point ébranlé de ce choc. Tels que de vastes soufflets qui tantôt excitent l'ardeur des fourneaux où l'on fond l'airain[1], tantôt retiennent leur haleine, et dont l'air s'échappe avec un bruit épouvantable, tels les deux taureaux exhalent en mugissant leur souffle de feu. La flamme brille par éclairs autour de Jason, mais le charme qu'il a reçu de Médée le rend invulnérable. Il saisit par une corne le taureau qui était à sa droite, le tire de toutes ses forces, l'amène près du joug et d'un coup de pied le fait tomber adroitement sur les genoux. Le second qui s'avance est également terrassé. À l'instant il jette par terre son bouclier, et de ses deux mains il les tient l'un et l'autre couchés sur les genoux, insensible à l'ardeur des flammes au milieu desquelles il est plongé.

Apollonius de Rhodes, *L'Expédition des Argonautes ou la Conquête de la Toison d'or*, chant III, traduit du grec par J.-J.-A. Caussin, 1796.

1. airain : le bronze, métal dont on faisait les armes.

Repères culturels

Jason conduit les Argonautes, un groupe de héros voyageant sur un bateau nommé « Argo ». Ils recherchent la Toison d'or, la peau aux poils dorés d'un mouton volant. Elle est gardée par un dragon dans un pays lointain, la Colchide. Au cours de cette quête, la princesse Médée aidera Jason à affronter diverses épreuves.

Une guerrière face aux taureaux monstrueux

Ce combat inspire un passage de Percy Jackson, *roman destiné à la jeunesse. Ses héros en sont de jeunes demi-dieux, comme Clarisse, fille du dieu de la guerre, Mars.*

Le taureau chargeait à une vitesse redoutable, pour une créature aussi massive. Ses yeux étaient des rubis gros comme des poings, ses cornes en argent poli. Quand il ouvrait sa gueule articulée, un geyser de flammes en jaillissait.

– Serrez le rang ! a ordonné Clarisse à ses guerriers.

On pouvait dire ce qu'on voulait de Clarisse, mais elle était courageuse. C'était une grande fille baraquée, aux yeux cruels comme ceux de son père. Elle avait beau être bâtie pour porter une armure grecque, je ne voyais pas comment elle pourrait résister à la charge de ce taureau.

Par malchance, à ce moment-là, l'autre taureau s'est lassé de chercher Annabeth. Il a fait volte-face et s'est retrouvé derrière Clarisse, sur son côté non protégé.

Rick Riordan, *Percy Jackson*, volume 2, *La Mer des monstres*, traduit de l'anglais par M. de Pracontal, © Éditions Albin Michel, 2013.

▶ Étudier le courage des deux héros face au danger

Entrer dans la lecture. Nomme chaque héros combattant et indique s'il a achevé le combat à la fin de l'extrait.

1. Quels sont les points communs physiques des taureaux des deux extraits ?

2. Selon toi, quelle est la qualité physique commune des deux héros ?

3. De quelle qualité morale font-ils preuve tous deux ?

4. Les héros bénéficient-ils d'une aide pour leur combat ? Si oui, sous quelle forme ?

5. BILAN Établis la liste des ressemblances et des différences des deux héros combattants.

Les monstres dans les récits antiques

Récapitulons

Mi-animal, mi-humain
- Le monstre antique est un personnage de la mythologie qui apparait dans les récits de voyage ou de combat. Son apparence est généralement hybride, un **mélange d'animal et d'humain**. Sa taille est le plus souvent impressionnante.

Signe des dieux
- Sa rencontre avec les hommes est toujours liée à une **volonté divine** : soit il est l'instrument du châtiment, soit il met à l'épreuve le courage d'un être humain. Son apparition doit être interprétée comme un **signe divin**.

Porteur de mort
- Le monstre est meurtrier : il possède une force brutale qui cause de grandes souffrances, un sentiment d'épouvante et la mort. Sa **domination** ou son **élimination** est la **tâche** principale du héros.

Méthode

Faire le récit d'une scène de combat
- Décrire l'ensemble de l'action ou des détails en gros plans, comme dans une scène cinématographique.
- Travailler sur le rythme des phrases, concentrer l'action.
- Utiliser des connecteurs temporels : *soudain, tout à coup…*
- Utiliser des verbes d'action : *se précipiter, bondir, saisir, lancer, se ruer…*

Imaginer la fin d'un récit

Propose une suite au passage de *Percy Jackson* (▶ p. 54). Imagine la fin du combat de Clarisse et des deux taureaux.
Tu peux t'inspirer du texte 7, ou inventer l'intervention d'un ou de plusieurs personnage(s).

Photogrammes du film **Percy Jackson**, *La Mer des monstres*, réalisé par Thor Freudenthal en 2013.

Écrire un récit de combat

En une page, raconte le combat d'un jeune héros ou d'une jeune héroïne contre un monstre qui terrifie la population de son pays.

Consignes d'écriture

1. Dans un premier paragraphe, tu feras le récit de la rencontre entre ton héros ou héroïne et le monstre : d'où vient le monstre ? Pourquoi se rencontrent-ils là ?

2. Dans un deuxième paragraphe, tu décriras précisément le monstre que tu as imaginé : parties humaines, parties animales, déformations physiques…

3. Dans un troisième paragraphe, tu raconteras le combat entre le monstre et ton héros ou héroïne :
– capacités extraordinaires du monstre ;
– équipement limité de ton héros ou héroïne ;
– différence des méthodes de combat (brutalité du monstre, réflexion de ton héros ou héroïne…).

Dossier — Les périples antiques en Méditerranée

Le nom de **Méditerranée** veut dire « celle qui est au milieu des terres ». Les Grecs de l'Antiquité ont construit des cités sur tout son pourtour. Leur gout du voyage s'exprime aussi dans des récits légendaires mettant en scène des héros navigateurs, tels Jason et Ulysse. Plus tard, les Romains font d'Énée, l'exilé troyen, l'ancêtre de Rome. Ils justifient, grâce à sa légende, leur domination sur cette mer qu'ils appellent alors *Mare Nostrum*, « notre mer ».

Tu vas découvrir, à travers le périple des **trois héros**, **Jason**, **Ulysse** et **Énée** :
– quel est leur but, ou quelle est leur mission ;
– quels dieux les protègent ou les poursuivent de leur colère.
Tu vas lire, pour chacun d'eux, un récit de tempête ou une rencontre avec un danger effrayant.
Enfin, tu découvriras quelles figures féminines ont marqué le cours de leur destin :
– femmes qu'ils rencontrent durant leur périple ;
– celles avec qui ils partagent ou vont partager leur vie.

Le sais-tu ?

Le périple, du grec ancien péri- (=autour) et -plous (=navigation), désigne un voyage en mer avec de nombreuses escales (= étapes), comme celui des héros navigateurs. Il désigne aussi un texte qui détaille les points de la côte servant de repères aux navigateurs.

Jason et les Argonautes

L'expédition et ses dangers

Jason, prince d'Iolcos, revient dans sa ville pour reprendre le pouvoir qui a été volé par son oncle Pélias. Pélias accepte de lui rendre le pouvoir après qu'il aura ramené la Toison d'or de la lointaine Colchos. Jason fait construire un bateau, l'Argo, pour lequel il recrute un équipage de cinquante rameurs, dont beaucoup sont des héros, descendants des dieux. Parmi eux, se trouvent Orphée et Hercule.

Relief romain en terre cuite, coll. Campana, Ier siècle ap. J.-C., British Museum, Londres.

Les Argonautes, sous la direction de Tiphys, le pilote, procèdent à leur première manœuvre.

Tiphys, monté sur la poupe, donna le signal en jetant un grand cri. Au même instant, chacun déploie toutes ses forces ; le vaisseau s'ébranle, un dernier effort le pousse en avant, il glisse avec rapidité. On le suit en courant et en jetant des cris de joie. Les poutres gémissent et crient sous le poids, une épaisse fumée s'élève dans les airs, le vaisseau se précipite dans les flots. [...]
La traversée jusqu'à Colchos est périlleuse, en particulier dans l'épisode suivant. Les Argonautes doivent affronter deux rochers mobiles, les Symplégades. Ils écrasent les navires qui passent entre eux.

Déjà ces masses énormes s'agitent des deux côtés avec un bruit horrible, mais Minerve, appuyant contre une d'elles sa main gauche, pousse en même temps le vaisseau de la droite. Aussi rapide qu'une flèche, il vole à travers les rochers qui brisèrent en se heurtant les extrémités de la poupe. La déesse le voyant hors de danger remonte vers l'Olympe, et les rochers devenus immobiles restèrent pour toujours voisins l'un de l'autre.

Apollonius de Rhodes, *L'Expédition des Argonautes ou la Conquête de la Toison d'or*, chants I et II, traduit du grec par J.-J.-A. Caussin, 1796.

Devinette

Où se cache la chouette d'Athéna pendant que celle-ci aide à la construction du navire ?

Devinette

Les positions sur un navire ont des noms particuliers. Associe chaque nom à la position qui lui convient.

a. à l'arrière — 1. à babord
b. à l'avant — 2. à la poupe
c. du côté droit — 3. à la proue
d. du côté gauche — 4. à tribord

Lire la carte ▶

1. D'après ce que tu viens de lire, la mer Noire est-elle la plus familière aux marins de l'Antiquité ?
2. Selon toi, quelle représentation les Grecs de l'Antiquité pouvaient-ils se faire de la région de Colchos ?

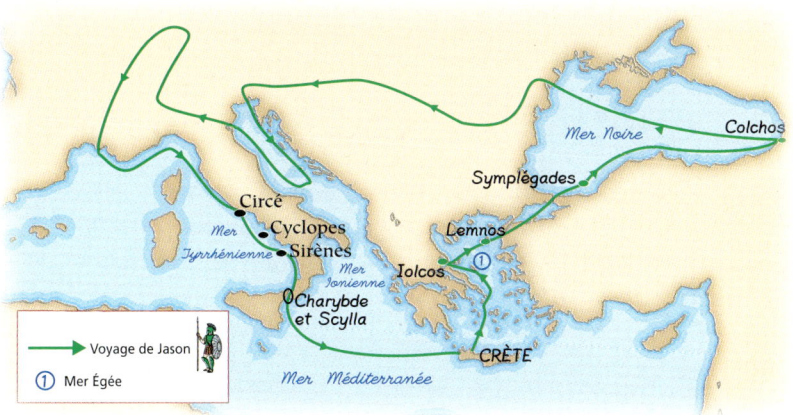

Rencontre avec Médée : la passion et la magie

Arrivé à Colchos, Jason demande au roi Éétès la *Toison d'or*. Celui-ci lui impose alors une double épreuve, dompter les taureaux aux sabots d'airain, puis vaincre des combattants géants nés de la terre. Grâce à la princesse Médée, qui est tombée amoureuse de lui, Jason est protégé du souffle enflammé des taureaux, et par une ruse, fait se battre entre eux les combattants géants.

Jason apportant la Toison d'Or à Pélias, cratère à figures rouges, détail, 350-340 av. J.-C., musée du Louvre.

> *À l'insu de son père, Médée s'enfuit de nuit et rejoint Jason. Elle a préparé une formule magique pour endormir le dragon qui protège l'arbre où est accrochée la Toison d'or.*
>
> [Le dragon] lève encore la tête et cherche de tous côtés sa proie en ouvrant une gueule effroyable. Médée, secouant un rameau de genièvre nouvellement coupé, lui répand sur les yeux une liqueur enchantée qui l'endort. Sa tête retombe sur la terre et son corps tortueux couvre au loin la forêt. Jason alors, par l'ordre de Médée qui se tenait toujours auprès du monstre et ne cessait de faire agir le charme, enleva la Toison de dessus l'arbre. Ils sortirent ensuite de la forêt et retournèrent vers le vaisseau.
>
> Chant IV, *ibid.*

Frederick Sandys, *Médée*, 1866-1868, huile sur bois (62 x 46,3 cm), Museum and Art Gallery, Birmingham.

Mène l'enquête !

ACTIVITÉ **lienmini.fr/jdl6-T107**
Saisis cette adresse dans ton navigateur. Tu y trouveras des indices pour répondre aux questions de ce dossier.

1. Comment Médée parvient-elle à retarder les soldats de son père lancés à leur poursuite ?
2. Qu'arrive-t-il à Pélias au retour de Jason ?
3. Jason et Médée vivront-ils heureux ?

Graine de culture

La *Toison d'or* est la peau aux poils dorés d'un bélier volant. Il fut sacrifié pour remercier Zeus, à Colchos. Pour échapper à la haine de leur belle-mère, les enfants du roi Athamas, Phrixos et Hellé, montèrent sur le dos de ce bélier envoyé par Zeus pour les sauver. En cours de route, Hellé tomba à la mer, appelée Hellespont depuis cet accident. Phrixos confia la toison au roi de Colchos, Éétès. Quelle famille régnante européenne a eu la *Toison d'or* pour emblème ?

Mène l'enquête !

1. Quelle protection Médée donne-t-elle à Jason contre les brulures provoquées par les taureaux ?
2. Quelle ruse emploie Jason pour éviter de combattre contre les soldats nés de la terre ?

Dossier — Les périples antiques en Méditerranée

Quitter les rivages de Troie (Ilion)

Après dix ans de combats entre Grecs et Troyens, la ville de Troie vient d'être prise grâce à la ruse du cheval de bois (dossier La Ruse ➧ p. 190-191). Le Troyen Énée part avec quelques compagnons sur le chemin de l'exil. Le Grec Ulysse, lassé par la guerre, cherche à rentrer chez lui avec les siens.

Ulysse : un retour retardé

En quittant les rivages de Troie, Ulysse espère rejoindre sa famille et son île d'Ithaque. Mais il perd peu à peu tous ses compagnons les premiers mois du retour. Une tempête le fait dériver, seul, vers la grotte de la nymphe Calypso.

Protection de Zeus
Calypso reçoit l'ordre de Zeus de laisser partir Ulysse. Elle se plaint à Hermès.

Cependant c'est moi qui ai sauvé Ulysse, lorsque, seul, il se tenait sur la carène de son navire brisé par le tonnerre du fils de Saturne, au milieu du sombre océan (tous les vaillants compagnons d'Ulysse perdirent la vie ; lui seul, poussé par les vents et par les flots, fut jeté sur ce rivage). Je le recueillis avec amour ; je pris soin de son existence ; je lui promis même de le rendre immortel et d'affranchir à jamais ses jours de la vieillesse.

Homère, *Odyssée*, chant V, 130-136, traduit du grec par Leconte de Lisle (1867).

Marcel Delmotte, *Ulysse et Pénélope* (1946), coll. privée.

Mène l'enquête !
Cherche ce qui s'est passé chez les Lotophages, chez Circé et sur l'île du Soleil.

Colère de Poséidon
Quand Poséidon s'aperçoit qu'Ulysse a échappé à un premier assaut de sa tempête, il redouble de colère.

Ayant ainsi parlé, il amassa les nuées et souleva la mer. Et il saisit de ses mains son trident et il déchaîna la tempête de tous les vents. Et il enveloppa de nuages la terre et la mer, et la nuit se rua de l'Ouranos. Et l'Euros et le Notos soufflèrent, et le violent Zéphyros et l'impétueux Boréas, soulevant de grandes lames. Et les genoux d'Ulysse et son cher cœur furent brisés, et il dit avec tristesse dans son esprit magnanime :
– Ah ! malheureux que je suis ! Que va-t-il m'arriver ?

Homère, *Odyssée*, chant V, 291-299, *ibid*.

L'heureuse fin du périple : Ulysse retrouve Pénélope
Grâce aux Phéaciens, Ulysse rentre à Ithaque. Il tue les princes qui voulaient s'emparer de son royaume. Son épouse Pénélope le reconnaît enfin.

À ces mots, le divin Ulysse verse des larmes de tendresse et embrasse avec transport son épouse fidèle et chérie. Telle au milieu d'un naufrage, la terre paraît agréable aux Marins dont Poséidon a brisé le solide navire dans l'Océan, en excitant contre eux les flots et les tempêtes, et qui, couverts d'écume, échappent en nageant à la mer blanchissante et atteignent bientôt le rivage tant désiré, après avoir fui la mort : tel, et plus agréable encore, paraît Ulysse à Pénélope, qui entoure de ses bras blancs le cou de son époux bien-aimé.

Homère, *Odyssée*, chant XXXIII, 231-240, *ibid*.

• Quelle image as-tu d'Ulysse dans cet épisode ? Est-ce ainsi que parle un héros ? Qu'en penses-tu ?

Lire la carte ▶

ACTIVITÉ lienmini.fr/jdl6-T108
Saisis cette adresse dans ton navigateur et consulte cette carte interactive.

1. Identifie une étape de l'Odyssée que tu connais. Résume oralement l'épisode pour tes camarades.
a. Trouve au moins deux rencontres avec des êtres monstrueux.
b. Situe un passage maritime terrifiant.
c. Identifie le peuple de la princesse Nausicaa qui accueille Ulysse.
2. Sur quel continent se situe Carthage ? Près de quelle future ville latine se situe Lavinium ?

L'exil d'Énée : fonder une nouvelle Troie

En quittant les rivages de Troie, Énée suit les conseils de sa mère, la déesse Vénus : il emmène en exil son père et son fils, quelques compagnons et les Pénates de Troie. Il cherche à fonder ailleurs une nouvelle Troie.

La mission d'Énée

Au cours de la nuit, alors que les Grecs massacrent les Troyens, Énée s'occupe des siens.

Viens donc, père bien-aimé, prends place sur ma nuque, moi, je te supporterai sur mes épaules et tu ne me pèseras pas ; quoi qu'il advienne, un seul et même péril ou un seul salut nous attendra tous les deux. Le petit Iule m'accompagnera et ma femme suivra nos pas, à quelque distance. [...]
Toi, père, tiens en main les objets sacrés et les Pénates de notre patrie.

Virgile, *Énéide*, chant II, 707-711 et 717, traduit du latin par A.-M. Boxus et J. Poucet, © BCS, Université catholique de Louvain, 2009.

Jean Maublanc, *La Prise de Troie* (détail), musée des beaux-arts, Besançon.

Hostilité de Junon : déchaînement de la tempête

Héra (Junon), ennemie des Troyens, s'adresse à Éole, dieu des vents, pour susciter une tempête.

Éole, puisque le père des dieux et le roi des hommes t'a accordé d'apaiser ou de soulever les flots à l'aide du vent, sache qu'une race qui m'est odieuse vogue sur la mer Tyrrhénienne, transportant vers l'Italie Ilion et ses Pénates vaincus.
Déchaîne la violence des vents, submerge et engloutis leurs bateaux, ou disperse-les et parsème leurs cadavres sur la mer.

Virgile, *Énéide*, chant I, 65-70, *ibid*.

• *D'après les périples que tu viens de découvrir, quel moyen utilisent souvent les dieux pour faire souffrir les navigateurs ? Trouve un autre exemple.*

Résister à l'amour

Cette tempête entraîne Énée à Carthage, où la reine Didon tombe amoureuse de lui. Mais Jupiter demande à Mercure de rappeler à Énée son devoir.

Si la gloire de réaliser de si grandes choses ne l'enflamme nullement, si de plus il ne déploie pas d'effort pour sa propre gloire, ce père envie-t-il à Ascagne la citadelle de Rome ?
Que trame-t-il ? Qu'espère-t-il à s'attarder en terre ennemie, sans souci de sa descendance ausonienne[1] et des champs de Lavinium ?
Qu'il reprenne la mer ! Voilà, c'est tout ; que ce soit mon message.

Virgile, *Énéide*, chant IV, 232-238, *ibid*.

1. ausonienne : italienne.

Énée débarque en Italie. Malgré la guerre menée contre un des peuples présents, il obtient du roi Latinus la main de sa fille Lavinia. Il fonde une nouvelle cité, Lavinium, d'où viendront ses lointains descendants, Romulus et Rémus.

Mène l'enquête !

1. Comment s'appelle le père d'Énée ? Son fils ?
2. Que sont les Pénates pour les Romains ?
3. Pourquoi faut-il qu'Énée les emporte ?
4. Quelle période de la vie de Troie représente Énée ? son père ? son fils ?
BILAN 5 *Quels moyens utilisent les dieux pour s'opposer aux navigateurs dans leurs périples ?*

PARCOURS — une œuvre intégrale

Les Métamorphoses
◦ Ovide

> Le **poème d'Ovide** raconte près de deux-cent-cinquante métamorphoses en presque douze milles vers. Le mot « **métamorphose** » vient du grec ancien : méta- (= changement), -morph- (= forme), -ose (= action). Les êtres au comportement monstrueux, qui insultent les dieux ou les menacent, sont obligés de revêtir une nouvelle forme. Sans les faire disparaître complètement, cette nouvelle apparence leur évite de nuire à l'harmonie du monde.

La monstruosité révélée

Lycaon, un monstre de cruauté

Le cruel roi Lycaon doute de la divinité de son visiteur, Jupiter. Le dieu raconte les provocations monstrueuses du roi et le châtiment qu'il lui fait subir.

De là, j'entre dans le royaume d'Arcadie, sous le toit inhospitalier
De son tyran, à l'heure où le crépuscule verse dans la nuit.
Je manifeste ma divinité, le peuple vient et commence
À prier, Lycaon se moque d'abord de ces vœux pieux,
5 Puis s'écrie : « Je vais vous montrer, de façon claire et décisive,
S'il s'agit bien d'un dieu ou d'un mortel. La vérité va éclater. »
La nuit venue, alors que je suis accablé de sommeil, il tente
De me tuer : c'est là l'épreuve de vérité qu'il choisit.
Mais cela ne lui suffit pas ; de son épée, il tranche la gorge
10 De l'un des otages envoyés par le peuple des Molosses,
Puis trempe dans l'eau bouillante une partie de ses membres
Palpitants, fait griller l'autre sur le feu.
À peine a-t-il posé le tout sur la table que de ma foudre vengeresse
J'abats le toit sur son propriétaire et ses dignes Pénates[1].
15 Terrifié il s'enfuit et, gagnant la campagne silencieuse,
Se met à hurler, essayant vainement de parler ; la rage
Lui serre les mâchoires et sa soif irrépressible de carnage s'exerce
Contre les troupeaux ; il se repaît[2] encore aujourd'hui de leur sang.
Ses poils deviennent un pelage, ses bras des pattes ;
20 Transformé en loup, il garde quelques traces de sa première
Apparence : même poil gris, même air farouche,
Mêmes yeux luisants, même image de férocité.

Ovide, *Les Métamorphoses*, I, 230-239, traduit du latin par D. Robert, © Actes Sud, 2001.

ACTIVITÉ — lienmini.fr/jdl6-T109
Saisis cette adresse dans ton navigateur et découvre la fresque entière. Chaque constellation correspond à un objet, un personnage ou un animal liés à une légende comme celles que raconte Ovide. Réponds ensuite aux questions posées.

Biographie
Ovide (43 av. J.-C.–18 apr. J.-C.)
Poète latin, il vécut sous le règne de l'empereur Auguste. Ses *Métamorphoses* racontent toutes les transformations du monde, de sa création mythique à la mort de Jules César.

Le sais-tu ?
En grec ancien, le mot *lukos* veut dire « loup ». Lycaon est transformé définitivement en loup. Aujourd'hui, un lycaon est un animal carnivore d'Afrique.

1. **dignes Pénates** : dieux protecteurs de la maison, qu'il faut respecter.
2. **il se repaît** : il se nourrit de.

Carnet de vocabulaire
Au fil de ta lecture des textes du parcours, relève les verbes de transformation ou de modification d'aspect et des noms appartenant au champ lexical du corps humain ou animal.

Comprendre comment le monstre se révèle

Entrer dans la lecture. Le peuple a-t-il le même comportement que Lycaon envers Jupiter ?

1. Quel acte horrible commet le roi ? Que prétend-il prouver ainsi ? Explique ton point de vue.

2. Comment Jupiter révèle-t-il d'abord sa puissance dans le palais ?

3. Quelles sont les étapes de la transformation de Lycaon ?

4. Quel mot répété montre que l'on peut toujours identifier Lycaon ?

BILAN 5 Pourquoi, selon toi, Lycaon est-il transformé en loup ? Justifie ta réponse en citant le texte.

Lecture d'image ▲

1. Où se passe la scène représentée ?

2. Quel plat Lycaon vient-il d'offrir à son hôte ?

3. Trouve au moins deux éléments qui indiquent que le personnage de droite est un dieu.

4. Quelle partie du corps annonce le début de la métamorphose du personnage ? Justifie le choix de cette partie.

5. Comment le peintre parvient-il à rendre la scène animée ?

1 G. De Vecchi et R. da Reggio, *Les Constellations* (détail), 1574, fresque de plafond-voute, palais Farnèse, Rome (Italie).

2 Jan Cossiers, *Jupiter et Lycaon*, XVIIe siècle, huile sur toile (120 x 115 cm), musée national du Prado, Madrid (Espagne).

PARCOURS une œuvre intégrale

Écrire pour comprendre

À chaque étape, améliore ton texte en le retravaillant selon une nouvelle contrainte.

Étape 1 Écris le récit de la transformation d'un homme ou d'une femme en dauphin.

Étape 2 Reprends ton récit en y ajoutant des noms de parties du corps humain.

Étape 3 ▶ lienmini.fr/jdl6-T110 Saisis cette adresse dans ton navigateur, et observe ce document qui présente le vocabulaire de l'anatomie du dauphin.
▶ Dans un tableau, compare les éléments physiques de l'homme et du dauphin.
▶ Rédige ton récit en prenant soin d'y ajouter des noms de parties du corps du dauphin.

Étape 4 ▶ Améliore ton récit en vérifiant que tu emploies des verbes de transformation variés et bien conjugués.

La vengeance de Bacchus

Des pirates ont embarqué un enfant qu'ils ont trouvé. Ils ignorent qu'il s'agit du dieu Bacchus. Celui-ci souhaite être conduit sur l'île de Dia. Mais, en cours de route, les pirates projettent de le vendre comme esclave. Un seul marin s'y oppose et fait le récit suivant.

Alors, le dieu, qui se moque d'eux tous, de l'arrière du navire
Scrute la mer comme s'il découvrait à peine leur traîtrise
Et, feignant[1] de pleurer, s'écrie : « Matelots, ce ne sont point
Les rivages promis, ce n'est point là la terre que j'avais demandée.
5 Qu'ai-je donc fait pour mériter cette peine ? Quelle gloire y a-t-il,
Pour vous qui êtes jeunes et nombreux, à tromper un enfant seul ? »
J'étais déjà en larmes. Cette bande d'impies[2] rit de mes pleurs
Et frappe les flots de ses rames fiévreuses.
Je te jure par ce dieu même (car si un dieu était alors présent,
10 C'est bien lui) que ce que je rapporte ici est aussi vrai
Que difficile à croire : le navire s'est immobilisé sur les eaux
Tout comme s'il était à sec dans un bassin de radoub[3].
Surpris, ils redoublent de coups de rames, donnent toutes
Les voiles et tentent, par cette double opération, de poursuivre.
15 Du lierre grimpant s'entortille autour des rames, les embarrasse
Et ses lourdes grappes entravent aussi les voiles.

1. **feignant** : faisant semblant.
2. **impies** : qui ne respectent pas les dieux.
3. **bassin de radoub** : bassin de réparation d'un navire.
4. **fantasmatiques** : des apparitions soudaines.

Lecture d'image ▶

1. Précise quel moment du texte illustre ce vase grec.
2. Quelle différence de transformation distingues-tu sur les personnages ?

Quant au dieu, le front couronné de grappes de raisin,
Il agite sa lance entourée de feuilles de vigne ;
Autour de lui couchées, apparaissent des figures fantasmatiques[4]
20   De bêtes sauvages : de tigres, de lynx et de panthères tachetées.
Les hommes ont bondi, pris de folie ou d'épouvante
Et le premier, Médon, commence à devenir noir et son dos
Dessine une courbe, faisant ployer son corps.
À peine Lycabas lui crie-t-il : « En quelle chose extraordinaire
25   Es-tu changé ? » qu'il lui vient en parlant une gueule béante.
Un museau retroussé, et que sa peau durcie se couvre d'écailles.
Libys, qui voulait retourner les rames bloquées,
Voit en un instant ses mains se raccourcir : ce ne sont plus
Des mains mais ce que l'on pourrait appeler des nageoires.
30   Un autre qui cherchait à saisir les cordes enroulées
N'a plus de bras et son corps mutilé se jette
En se contorsionnant dans les flots ; sa queue toute neuve
Forme un arc comme le font les cornes d'une demi-lune.
Ils sautent de tous côtés, aspergent tout de leurs éclaboussures,
35   Émergent puis plongent à nouveau sous les eaux et donnent
En jouant l'impression de danser, folâtrant, s'ébattant,
Soufflant par leurs narines ouvertes l'eau de mer aspirée.
De vingt – le nombre d'hommes que portait ce vaisseau –,
Je reste seul, éperdu, glacé, le corps tremblant, à peine
40   Conscient ; le dieu me réconforte en disant : « Chasse
De ton cœur toute crainte et mets le cap sur Dia [...] »

Ovide, *Les Métamorphoses*, III, 650-690, *ibid.*

ACTIVITÉ lienmini.fr/jdl6-T111

Saisis cette adresse dans ton navigateur et découvre les Dieux des *Métamorphoses* : essaye de deviner leur nom et leurs attributs !

Carnet de vocabulaire
Pense à compléter ton carnet !

(1) **Exékias**, *Kylix attique à figures noires*, vers 530, musée des collections des antiquités de l'État, Munich (Allemagne).
(2) Ventre d'une hydrie étrusque (vase), attribuée au peintre du Vatican (vers 510-500 av. J.-C.).
(3) *Bacchus et les pirates* (détail), mosaïque, IIIᵉ siècle apr. J.-C., musée national du Bardo, Tunis (Tunisie).

▶ **Étudier l'échec d'un projet monstrueux**

Entrer dans la lecture. En quoi les marins sont-ils transformés ?

1. Qui représentent les pronoms personnels de la première personne (étape 1) ? Quels signes de ponctuation encadrent ce passage ?

2. Qui s'exprime à la première personne (étape 2) ?

3. Comment se manifeste d'abord la puissance du dieu (étape 3) ?

4. Quel phénomène se produit à l'étape 4 ? Comment s'appelle ce phénomène ?

5. Quel est le sentiment du narrateur à ce spectacle (étape 5) ? Qu'aurais-tu ressenti à sa place ?

BILAN 6 La vengeance du dieu est un **retournement de situation**. Que prévoyaient les marins ? Que leur arrive-t-il pourtant ?

Échanger sur le texte

Recopie et complète ce tableau, puis mets tes réponses en commun à l'oral.

	Qui est présent ?	Qui parle ?	Résumé de l'action
1			
2			
3			
4			
5			

Les monstres de la démesure

La punition d'Atlas

Persée, fils de Jupiter et vainqueur de Méduse, demande aimablement l'hospitalité au Titan Atlas. Ce dernier refuse, car il craint le vol de ses pommes d'or.

Dans cette crainte, il avait enfermé ses vergers entre des monts
Inébranlables, en avait confié la garde à un gigantesque dragon,
Et détournait de son domaine toute personne étrangère.
Aussi répondit-il : « Va-t'en d'ici, sans quoi la gloire des hauts faits
5 Que tu inventes et Jupiter lui-même seront bien loin de toi. »
Et, joignant la violence physique aux menaces, il tenta de le repousser
Alors que Persée résistait et mêlait à la fermeté des paroles apaisantes.
Moins fort que lui (qui pourrait en effet égaler la force d'Atlas ?),
Il s'écria : « Eh bien, puisque tu fais si peu de cas de mon amabilité,
10 Voici ta récompense ! » et, se tournant du côté gauche,
Il lui montra la tête hirsute de Méduse.
Atlas le géant est changé en montagne : sa barbe et ses cheveux
Deviennent des forêts dont les cimes sont ses épaules et ses mains,
 Et au sommet du mont se dresse ce qui auparavant était sa tête ;
15 Ses os deviennent pierres. Puis, se développant en tous sens,
  Il grandit démesurément (suivant la volonté divine) et le ciel
  Tout entier, avec tous ses astres, repose sur lui.

Ovide, *Les Métamorphoses*, IV, 646-662, *ibid.*

Repères culturels

Les Titans sont les enfants mâles des dieux Gaïa (la Terre) et Ouranos (le Ciel). L'un d'entre eux, Cronos, aidé de ses frères, renverse Ouranos. Pour éviter le même sort, il avale ses enfants. Mais Rhéa, son épouse, sauve Zeus, le dernier, qui bat ensuite Cronos et les autres Titans.

L'Atlas Farnèse, sculpture en marbre, IIᵉ siècle apr. J.-C., musée archéologique national, Naples (Italie).

▶ Analyser les causes d'un affrontement monstrueux

Entrer dans la lecture. À quel type de métamorphose assistes-tu : animale ? végétale ? minérale ?

1. Que craint Atlas ?

2. Comment peux-tu qualifier son comportement avec les étrangers ?

3. Compare la force physique des personnages. Pourquoi Persée court-il un danger ?

4. Quel est le pouvoir de la tête de Méduse ? Pourquoi Persée détourne-t-il le regard ?

5. La transformation d'Atlas en pierre est-elle totale ? Justifie ta réponse.

6. Quel est désormais le rôle d'Atlas dans l'univers ? Observe la sculpture ci-contre.

BILAN 7 Pourquoi Persée utilise-t-il la tête de Méduse ? Développe ta réponse.

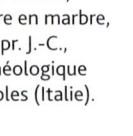

Mémoriser

Apprends par cœur la métamorphose d'Atlas (l. 12 à 17), puis récite ce texte devant un auditoire.

G. Congnet, *Persée changeant Atlas en pierre*, huile sur panneau, XVIᵉ siècle, collection privée.

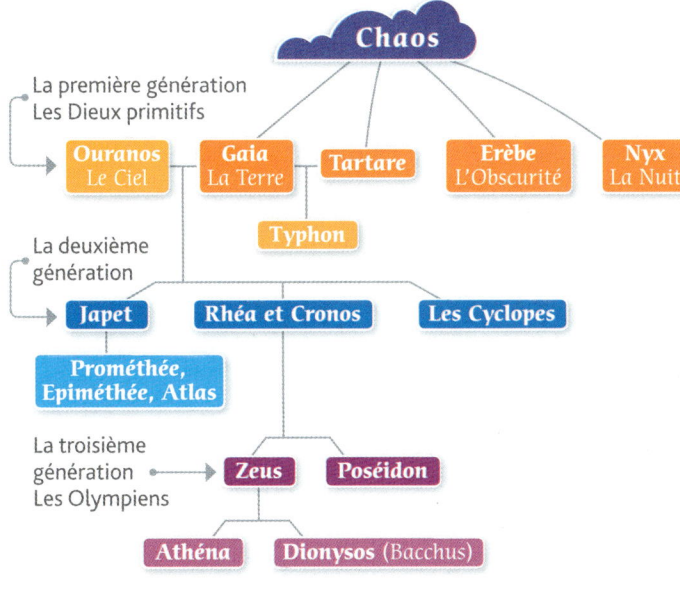

Lecture d'image ▲

Comprendre la représentation d'une métamorphose

1. Quel passage du texte peux-tu mettre en rapport avec l'illustration ?

2. Qui est le personnage central ? Que tient-il ?

3. Qui est le personnage de gauche ? Comment ses jambes sont-elles représentées ?

4. **a.** Compare le personnage de gauche avec l'arbre, et fais des remarques sur leur disposition dans le médaillon. La taille du personnage correspond-elle à celle décrite dans le texte ?
b. Pourquoi le peintre a-t-il fait ce choix selon toi ?

5. L'artiste a-t-il cherché à illustrer le texte du poète ? Expose ton opinion en comparant texte et image.

Le sais-tu ?

Atlas donne aujourd'hui son nom à une montagne du Maghreb et à l'océan Atlantique. Au XVIᵉ siècle, Atlas soutenant le ciel décorait la couverture d'un livre de cartes. Depuis, un « atlas » est un recueil de cartes.

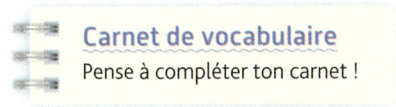

Carnet de vocabulaire
Pense à compléter ton carnet !

Le châtiment d'Arachné

Arachné a défié la déesse Pallas Athéna dans un concours de tissage. Sa belle toile représente les dieux dans des situations amoureuses.

La blonde guerrière[1], tout au dépit de cette réussite,
Déchire le tissu coloré et ses adultères divins
Et, tenant à la main sa navette[2] du mont Cytore,
Elle en frappe trois, quatre fois au front la fille d'Idmon, Arachné.
5 La malheureuse ne le supporte pas et, fièrement, entoure son cou
D'un lacet. La voyant pendue, Pallas allège sa souffrance
En disant : « Vis donc, mais reste pendue, impudente,
Et que ce châtiment s'exerce – pour que ton avenir soit sans espoir –
Sur toute ta race jusqu'à tes plus lointains descendants. »
10 Après quoi, en partant, elle l'arrose d'une décoction de plantes
Créée par Hécate[3] ; aussitôt, touchés par ce funeste onguent,
Ses cheveux tombent et avec eux, son nez et ses oreilles,
Sa tête se rapetisse, son corps tout entier se réduit ;
Des pattes grêles se fixent sur les côtés en guise de jambes,
15 Elle n'a plus qu'un ventre ; mais elle continue de produire du fil
Et c'est une araignée qui poursuit comme autrefois sa toile.

Ovide, *Les Métamorphoses*, VI, 130-145, *ibid*.

1. **blonde guerrière** : Pallas Athéna, aussi appelée Minerve par les Romains.
2. **navette** : instrument en bois qui sert à passer le fil.
3. **Hécate** : déesse de la nuit et de la magie.

➡ Découvre le tableau de R.-A. Houasse à la page 320 de ton manuel.

Carnet de vocabulaire
Pense à compléter ton carnet !

Décrire une métamorphose

Invente la métamorphose d'un homme ou d'une femme qui a un talent manuel particulier. Ce talent condamnera celui ou celle qui le détient à être métamorphosé(e) en animal par un dieu ou une déesse habile dans ce même talent (par exemple, la métamorphose d'un musicien qui défie Apollon, celle d'un métallurgiste qui défie Héphaïstos, etc.).

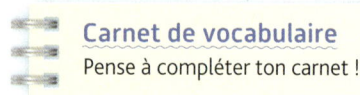

Métamorphose d'Arachné, enluminure de **Maître de Fauvel**, début du XIVᵉ siècle.

▸ Découvrir les conséquences monstrueuses d'un talent

Entrer dans la lecture. La métamorphose d'Arachné est-elle une récompense ou un châtiment ?

1. Comment Pallas Athéna agit-elle avec la toile tissée par Arachné ?

2. Quel traitement Pallas Athéna fait-elle d'abord subir à Arachné ?

3. Quelle est la réaction d'Arachné à la colère de la déesse ?

4. Cherche le sens de « décoction » et « onguent ». À quel type de personnage de contes fait penser Pallas Athéna lorsqu'elle utilise ces produits ?

5. Quel est le point commun entre Arachné et l'animal qu'elle est devenue ?

6. Lis maintenant le texte écho. Quelle attitude d'Arachné provoque l'intervention de Pallas Athéna en personne ?

7. Comment la toile de Pallas Athéna annonce-t-elle le sort d'Arachné ?

 **8** Que risque un être humain qui, par son talent, cherche à égaler les dieux antiques ?

Luca Giordano, *Minerve et Arachné*, vers 1695, huile sur toile (211 x 195 cm), L'Escurial, monastère de San Lorenzo (Espagne).

ARTS

lienmini.fr/jdl6-T112

Saisis cette adresse dans ton navigateur et apprends à lire un tableau mythologique à partir du tableau de **Diego Velázquez**, *Les Fileuses* ou *La Fable d'Arachné*.

AUDIO

lienmini.fr/jdl6-T113

Saisis cette adresse dans ton navigateur et écoute attentivement le texte.

[Texte écho] ## Arachné

(Ἀράχνη) Arachné est une jeune fille de Lydie, dont le père, Idmon, de Colophon, était un teinturier. La jeune Arachné s'était acquis une grande réputation dans l'art de tisser et de broder. Les tapisseries qu'elle dessinait étaient si belles que les nymphes de la campagne environnante venaient les contempler.
5 Son habileté lui valait la réputation d'avoir été l'élève d'Athéna, la déesse des fileuses et des brodeuses. Mais Arachné ne voulait devoir qu'à elle seule son talent. Elle défia la déesse, qui releva le défi, et lui apparut sous les traits d'une vieille femme. D'abord, Athéna se contenta de l'avertir, et de lui conseiller plus de modestie. Sans cela, dit-elle, qu'elle craigne la colère de la déesse. Arachné ne
10 répondit que par des insultes. Alors, la déesse se dévoila, et le concours commença. Pallas représenta sur la tapisserie les douze dieux de l'Olympe, dans toute leur majesté. Et, pour avertir sa rivale, elle ajouta, aux quatre coins, la représentation de quatre épisodes montrant la défaite de mortels qui avaient osé défier les dieux. Arachné dessina sur son travail les amours des dieux, celles qui ne leur font pas
15 honneur : Zeus et Europe, Zeus et Danaé, etc. Son travail est parfait, mais Pallas, de colère, le déchire, et frappe la rivale avec la navette. Sous l'outrage, Arachné se désespère et se pend. Athéna ne lui permet pas de mourir, et la transforme en araignée, qui continue à filer et à tisser au bout de son fil.

Pierre Grimal, *Dictionnaire de la mythologie grecque et romaine*, © PUF, 1951.

PARCOURS une œuvre intégrale

Un monstrueux désordre

Des dieux effrayés par des monstres

Dans un concours de chants, un groupe de sœurs se moque des dieux en évoquant leur peur du monstre Typhée.

Elle[1] dit que Typhée, sorti des entrailles de la terre,
Terrorisa les habitants du ciel et les contraignit tous
À prendre la fuite jusqu'à ce qu'ils parviennent, harassés,
Sur le sol égyptien et sur les bords du Nil aux sept embouchures,
5 Elle raconte que Typhée, fils de la terre, y vint aussi
Et que les dieux se dissimulèrent sous des formes trompeuses :
– Jupiter se changea, dit-elle, en chef de troupeau, d'où l'aspect
Qu'il revêt, aujourd'hui encore, d'Ammon le Libyen aux cornes recourbées ;
Le dieu de Délos se changea en corbeau, le fils de Sémélé en bouc,
10 La sœur de Phœbus en chatte, la fille de Saturne en vache immaculée,
Vénus se déguisa en poisson et le dieu du Cyllène prit les ailes d'Ibis.

Ovide, *Les Métamorphoses*, V, 321-331, *ibid*.

Typhée

1. **Elle** : la première chanteuse.

Texte écho ## Typhée, un monstre absolu

Lorsque Zeus eut chassé du ciel la race des Titans, un dernier enfant naquit de la vaste Terre, unie au Tartare par la belle Vénus. C'était Typhée, dieu terrible, aux bras indomptables, aux infatigables pieds. Sur ses
5 épaules se dressaient cent têtes de serpents, d'affreux dragons, dont les gueules effroyables dardaient toutes de noires langues. Le feu brillait dans ses yeux, au-dessous de ses sourcils. De chacune de ses têtes partaient des regards enflammés ; de chacune sortaient
10 des voix confuses, un incroyable mélange des sons les plus divers. C'était tantôt le langage que comprennent les dieux, tantôt les mugissements d'un taureau indompté, les rugissements d'un lion farouche, les cris plaintifs de jeunes chiens. Quelquefois il poussait des
15 sifflements dont retentissaient les hautes montagnes. Sans doute qu'en ce jour une inévitable révolution se fût accomplie, et que ce monstre eût régné sur les mortels et les immortels, sans l'active prévoyance du père des hommes et des dieux. Il fait gronder
20 son tonnerre, et à ce bruit formidable répondent aussitôt la terre, le ciel, la mer, les flots de l'Océan, les pro-
25 fondeurs du Tartare.

Hésiode, *Théogonie* (VIIIe siècle av. J.-C.), v. 820-840, traduit du grec par M. Patin, 1872.

Zeus

▶ **Étudier deux réactions opposées des dieux face au monstre**

Entrer dans la lecture. Identifie les dieux présents dans les deux textes.

1. Quel sentiment provoque l'arrivée de Typhée chez les dieux dans le texte d'Ovide ?

2. Comment cherchent-ils à lui échapper ?

3. Comment se manifeste la puissance de Typhée dans le texte d'Hésiode ?

4. Typhée est un être « hybride ». Cherche la définition de ce mot. Appuie-toi sur le texte et l'image pour le démontrer.

BILAN 5 Comment évolue l'attitude du dieu évoqué dans les deux textes ? (Le père des dieux se nomme Zeus en grec et Jupiter en latin.)

Repères culturels

Le poète grec Hésiode raconte la succession de trois générations de dieux grecs :
– la première, celle des dieux primitifs ;
– la deuxième, celle des Titans, enfants de la déesse primitive Gaïa (la Terre) ;
– la troisième, celle des enfants du Titan Cronos, les dieux olympiens, dont le chef est Zeus.

Monstres et métamorphoses — *Récapitulons*

Monstres de la première génération
- Dans le long poème des *Métamorphoses*, les monstres divins remontent à la première génération des dieux, Gaïa (la Terre) et ses enfants. Ce sont souvent des êtres hybrides, mélange de diverses formes animales (➡ Typhée, ➡ Campé).

Les dieux de l'Olympe
- Les dieux olympiens, ceux de la génération de Zeus et de ses enfants, cherchent à anéantir ces monstres pour établir un monde d'ordre et d'harmonie. Parfois, le combat est mené par un héros (➡ Persée).

Les métamorphoses pour punir
- Certains êtres, par leur irrespect (➡ Atlas, ➡ Arachné) et leurs intentions criminelles (➡ Lycaon, ➡ les marins), sont condamnés par les dieux à prolonger leur monstruosité dans une nouvelle forme. Leur métamorphose est une punition.

… et pour récompenser
- Les *Métamorphoses* d'Ovide font aussi le récit de métamorphoses voulues par les dieux comme des récompenses. Mais elles sont beaucoup plus rares.

Écrire à partir d'un texte

Écris le combat d'un dieu ou d'une déesse contre le monstre Campé en t'inspirant du texte suivant qui te fournit la description de l'adversaire de ton personnage.

> **La monstrueuse Campé, gardienne d'une partie des Enfers**
> Ses reptiles, de nature diverse, vomissaient au loin de leur gosier de vipère le venin de leur gueule monstrueuse, et par leurs anneaux obliques rallumaient le combat. Cinquante têtes d'animaux variés se dressaient sur son cou. Les unes […] rugissaient de leur gorge de lion ; les autres couvraient d'écume leurs défenses de sangliers […] Campé participait à deux natures jusques au milieu du corps, et ses cheveux n'étaient que des guirlandes de venimeux serpents. Sa poitrine, jusqu'au-dessous des hanches, s'armait d'écailles de poisson hérissées sous une forme étrange ; les griffes de ses mains multipliées se recourbaient comme une faucille crochue, tandis que sur la plus haute pointe de ses reins indomptables un scorpion enroulé sur lui-même rampait […].
> **Nonnos de Panopolis**, *Les Dionysiaques*, XVIII, 238-256, traduit du grec par le comte de Marcellus.

Conseils d'écriture

1. Ton texte fera une vingtaine de lignes.
2. Il comportera quatre paragraphes :
   - une rencontre qui fait peur au dieu/à la déesse ;
   - une attaque de Campé qui oblige le dieu/la déesse à se métamorphoser pour lui échapper ;
   - le retour combattif du dieu/de la déesse qui affronte les diverses parties animales de Campé ;
   - l'élimination de Campé avec une arme naturelle très puissante (foudre, mer, montagne…).
3. Utilise ton **carnet de vocabulaire** complété au fil du parcours pour décrire la métamorphose du dieu/de la déesse.

Atelier d'expression

Participer à un jeu de rôles : interviewer un héros chasseur de monstres

À l'oral
- Acquérir des connaissances culturelles.
- Utiliser divers supports d'expression.

À l'écrit
- Réinvestir des connaissances culturelles.
- Rédiger un dialogue construit.

Dans cet atelier, tu vas imaginer une situation inattendue. Par un phénomène inexpliqué, certains **héros de la mythologie** reviennent parmi nous. Il s'agit, bien sûr, d'**un jeu de rôles** dans lequel tu vas, à ton tour, t'imaginer avec une autre identité. Tu vas t'improviser **journaliste pour réaliser une interview** d'un de ces héros. Tu vas te documenter sur chacun d'eux et te renseigner sur les techniques, bien réelles, des vrais journalistes.

Méthode

Pour réaliser une interview, tu vas :
▶ *Te documenter sur ton interlocuteur*, en te posant les questions habituelles du journaliste avant tout entretien : qui a fait quoi ? où ? quand ? pourquoi ? comment ? (les cinq W des journalistes anglo-saxons : who ? what ? where ? when ? why ?). Procure-toi plusieurs sources d'information : une source bibliographique (au moins un livre), une source iconographique (au moins une image), une source sitographique (au moins un site Internet).
▶ *Dresser une liste de questions* qui suivent le déroulement chronologique de l'action : qu'a-t-il fait ? qu'a-t-il ressenti ?
▶ *Prendre en compte l'interviewé* : en confrontant son témoignage à celui de témoins éventuels, tu pourras mesurer sa sincérité, tout en lui laissant le soin de se justifier. Pour garder la confiance du personnage, il faudra que la prise de contact initiale et la prise de congé finale soient deux moments de courtoisie.

1 **René-Antoine Houasse**, *Minerve remettant à Persée son bouclier avec lequel il doit combattre la Méduse*, 1697, huile sur toile (108 x 141 cm), château de Versailles.

2 **Le Caravage**, *Tête de Méduse*, 1596-1598, huile sur cuir marouflé monté sur bois (diamètre 60 cm), musée des Offices, Florence, Italie.

Se documenter sur le héros

Persée coupe la tête de Méduse

Ayant promis au roi Polydectès de lui ramener la tête de Méduse, Persée reçoit l'aide des dieux : il est muni de sandales ailées, d'une besace, du casque d'invisibilité d'Hadès, d'une serpe tranchante offerte par Hermès et d'un bouclier poli offert par Athéna. Il se rend chez les Gorgones : Méduse et ses sœurs.

Les immondes créatures avaient le corps entièrement recouvert d'écailles de serpent. De leurs bouches sans lèvres sortaient deux énormes défenses de sanglier à l'ivoire rougi du sang de leurs victimes. Au bout de leurs mains, elles avaient des ongles cuivrés, longs comme des serres de rapace. Mais le plus horrible était sans conteste leur chevelure de serpents. C'étaient de grosses pelotes informes de reptiles vivants qui happaient l'air, les crocs sortis prêts à mordre. Ils se contorsionnaient frénétiquement comme s'ils avaient aperçu quelque chose.

Persée posa sur sa tête le casque qui le rendait invisible et s'approcha sans jamais regarder directement dans la direction des monstres. Il passa les trois créatures en revue et n'eut pas de mal à reconnaître Méduse. C'était la plus laide des trois. Deux narines béantes et poilues vibraient au rythme de la respiration de la bête assoupie. De grosses verrues constellaient ses joues. Un fin filet d'une bave brune et puante suintait aux commissures de ses lèvres. Et un même jus fétide coulait du coin de chaque œil, arme mortelle, ainsi que de ses oreilles, qu'elle portait écartées du crâne comme deux étendards.

Alerté par on ne sait quel bruit, le monstre dressa soudain le cou, ouvrit yeux et bouche. Sa tête, comme une toupie, fit trois tours sur elle-même. Elle s'immobilisa et lança un long rugissement. Ce fut son dernier cri ! Persée brandit son épée et, d'un seul coup précis et puissant, il décapita la funeste créature. En un éclair, il saisit à pleine main la touffe de serpents et jeta la tête au fond de sa besace.

M. Piquemal, D. Garcia, *Petite anthologie de la mythologie*, © Sedrap Jeunesse, 1996.

Comprendre

Lis le texte.
1. Comment Persée a-t-il préparé l'attaque ?
2. Quelle impression ressent-il à la vue des trois Gorgones ?
3. À quoi comprend-il qu'elles n'ont presque rien d'humain ?
4. D'où vient le danger de cette rencontre ?

Lire en mimant

Trois élèves lisent chacun un paragraphe en accompagnant leur lecture à voix haute de gestes qui **miment la scène**.

Grammaire pour dire et pour écrire

▶ Pour connaitre le héros et son adversaire, on enquête sur leur vie et les circonstances de leur présence ; on utilise des questions **fermées** et **partielles** : où ? quand ? comment ? pourquoi ?

▶ On enquête aussi sur les armes qui les équipent (avec quoi se battent-ils ?) ou sur l'aide qu'ils reçoivent (qui ? de quelle façon ?)

J'applique

1 Trouve les questions dont les réponses sont les suivantes.

a. Persée utilise un casque d'invisibilité et une serpe tranchante.
b. Tout bébé, Persée a été mis avec sa mère dans un coffre jeté à la mer.
c. Les Gorgones habitaient vers l'extrême Occident, où le soleil se couche.
d. À l'âge de vingt ans, Persée participa à un banquet chez le roi Polydectès.
e. Persée est le fils de Zeus et de Danaé.
f. Persée a promis à Polydectès de lui ramener la tête de Méduse.

2 Saisis cette adresse dans ton navigateur et réalise un dossier documentaire sur Persée en suivant les indications données.

lienmini.fr/jdl6-T114 — ACTIVITÉ

Graine de savoir

Quiconque croisait le regard de Méduse était pétrifié.
• Aujourd'hui celui qu'un étonnement laisse bouche bée, incapable de réagir, est *médusé*.
• La chevelure de serpents du monstre rappelle les filaments paralysants de la *méduse* marine.

Atelier d'expression

Recueillir le témoignage du héros

Hercule contre l'hydre de Lerne

Hercule a déjà tué le Lion de Némée. Pour son deuxième exploit, il emmène avec lui son neveu Iolaos.

– […] la région de Lerne vivait dans la terreur d'une hydre : c'était un monstre aquatique et multiple, qui vivait là, dans les marais, au sud-ouest de Mycènes, près du bord de la mer. Elle quittait le marais pour aller décimer le bétail dans la plaine. Son corps était gigantesque, et elle avait neuf têtes de serpent. Et le pire était que
5 si huit d'entre elles étaient mortelles, la neuvième tête était immortelle !...

Expressions surlignées = phrases au passé simple

« Je montai sur mon char de combat, avec mon neveu Iolaos pour cocher. L'hydre avait son repaire sur une colline, près d'une source. Pour la débusquer de son gîte, j'y lançai des flèches enflammées. Dès qu'elle sortit, je criai à Iolaos de s'écarter, et je la saisis solidement ; mais elle, elle me saisit aussi, enroulant ses
10 anneaux affreux autour de l'une de mes jambes.

– Quelle horreur !

– Comme tu dis !... Tant bien que mal, je tirai mon épée, et, en la faisant tournoyer, j'entrepris à grands coups de faucher ses têtes une à une... Or, j'en avais déjà abattu trois ou quatre, quand un doute me vint
15 : il lui en restait toujours autant !

– Non ?...

– Attends... Je redoublai de vigueur, hachant et taillant avec rage dans le grouillement immonde… Mais on aurait dit que rien n'y faisait... Pire :
20 j'avais l'impression que plus j'en abattais, et plus il y en avait ! L'affreuse évidence s'imposa bientôt : dès qu'une tête coupée tombait à terre, il en repoussait deux autres à sa place !

– Aïe, aïe, aïe !...

D. Buisset, *Les Douze travaux d'Hercule*, © Flammarion, 2012.

Peintre de Diosphos, *Hercule et l'hydre de Lerne*, début du Vᵉ siècle av. J.-C., amphore athénienne en céramique à figures noires (19,7 cm de hauteur), musée du Louvre, Paris.

Comprendre

1. Lis cet extrait en repérant les étapes du combat.
2. Quels éléments du texte prouvent que l'hydre est un monstre d'origine aquatique ?
3. Quelles preuves le texte apporte-t-il du courage d'Hercule ?
4. Pourquoi le monstre est-il difficile à vaincre ?
5. Qu'exprime l'interlocuteur d'Hercule : son envie de savoir ou son émotion ? Explique ton point de vue.

Grammaire pour dire et pour écrire

▶ Le passé simple est un temps du récit écrit. À l'oral, le récit se fait au passé composé.

journaliste
– Pose les questions.
– Utilise le « vous » de politesse.

interviewé
– Réponds aux questions et raconte son combat.
– Utilise le « je ».

▶ Pour éclairer un évènement, on peut identifier sa nature : que s'est-il produit ? qu'est-il arrivé ? ; son déroulement ou la manière d'agir des participants : de quelle façon ? avec quel moyen ? quelle technique ?

J'applique

1 Réécris au passé composé le passage du dialogue de « Je montai » à « jambes » (l. 6 à 10).

2 Réponds aux questions destinées à Hercule en employant le passé composé à la première personne du singulier.

a. Comment êtes-vous arrivé sur les lieux ?
b. Quel moyen avez-vous utilisé pour débusquer l'hydre ?
c. De quelle façon avez-vous protégé Iolaos ?
d. Quelle technique de combat avez-vous employée ?
e. De quelle manière l'hydre s'est-elle défendue ?
f. Qu'avez-vous essayé pour la vaincre ?
g. Qu'est-il arrivé quand vous avez coupé la première tête ?
h. Que s'est-il produit pendant que vous vous battiez avec l'hydre ?

Confronter les témoignages

Thésée élimine le Minotaure

Égée, roi d'Athènes, a perdu la guerre contre Minos, roi de l'île de Crète. Chaque année, il doit envoyer sept garçons et sept filles en sacrifice au Minotaure, fils monstrueux de l'épouse de Minos. Le prince Thésée décide de mettre fin à cette situation en affrontant le monstre.

Thésée était un jeune homme très pieux et, avant de faire voile vers la Crète, il avait offert un sacrifice à Apollon, qu'il vénérait tout particulièrement, et avait prié Aphrodite de lui accorder sa protection. Lorsqu'il aborda en Crète, ces précautions se révélèrent d'un grand secours, car ce fut grâce à l'amour qu'il inspira à Ariane, la fille de Minos, que son entreprise réussit. Cette dernière tomba amoureuse du héros en l'apercevant et alla consulter Dédale sur le moyen de s'échapper du gigantesque Labyrinthe. Celui-ci répondit qu'il fallait attacher un fil à l'entrée, puis le suivre pour ressortir. Ariane alla trouver Thésée, et, après qu'il lui eut promis de l'épouser, elle lui donna un peloton de fil et, d'après certains, une épée. Laissant ses compagnons près de l'entrée, Thésée s'avança dans le Labyrinthe en déroulant son fil. Puis il affronta le Minotaure et le tua, soit avec son épée, soit avec ses poings. Il revint alors à l'entrée, et Ariane les délivra tous du Labyrinthe. Le groupe se dirigea vers le navire athénien ancré dans le port. Là, à la faveur de la nuit, Thésée et ses compagnons sabordèrent les navires de Minos pour empêcher toute tentative de poursuite. Ainsi les Athéniens firent voile vers leur patrie. Selon une tradition différente, Thésée et ses amis furent au contraire obligés de combattre pour rejoindre leur bateau, et, dans la mêlée, Astérios, le fils de Minos, trouva la mort.

M. Grant, J. Hazel, *Dictionnaire de la Mythologie*, traduit de l'anglais par E. Leyris, © Marabout, 1996.

Thésée et le Minotaure dans le labyrinthe, IVᵉ siècle apr. J.-C., mosaïque romaine (410 x 420 cm), Kunsthistorisches Museum, Vienne, Autriche.

Le sais-tu ?

Pour cacher le Minotaure, le roi Minos demande à **Dédale de construire le Labyrinthe** aux couloirs si compliqués qu'ils empêchent de trouver la sortie.

Grammaire pour dire et pour écrire

▶ Un bon journaliste doit mesurer la sincérité du personnage qu'il interviewe en lui opposant des témoignages plus ou moins discordants. Cela permettra au héros de rectifier la vérité ou d'avouer une exagération.

Rapporter un témoignage

- **Expressions**
  Selon les dires de, selon les propos de, d'après, d'après le témoignage de, suivant, si l'on en croit…

- **Verbes de parole déclaratifs**
  Il révèle que, elle déclare que, ils affirment que…
  - Le témoin peut insister sur un point de son témoignage : *il souligne que*.
  - Le journaliste peut douter du témoignage : *elle prétend que*.

J'applique

1 Un(e) journaliste interroge Thésée sur son combat avec le Minotaure. Place dans tes questions au moins l'une des phrases suivantes :

a. Selon des témoins, vous n'aviez pas d'épée, qu'en est-il ?
b. Dédale prétend qu'il vous a aidé, quel a été son rôle véritable ?
c. Ariane affirme que son aide a été précieuse. Qu'en pensez-vous ?

Comprendre

1. Lis cet extrait. Identifie les différents personnages présents et ce que chacun sait vraiment de l'action.
2. Lequel des deux dieux invoqués a été le plus utile à Thésée ?
3. Quelle autre aide se révèle indispensable ?
4. Qu'est-ce qui pousse le personnage à prodiguer cette aide ?
5. Quel est le rôle de Dédale dans cette histoire ?
6. Qui est le seul à pouvoir témoigner de la mort du Minotaure ? Explique pourquoi.

Atelier d'expression

Prendre en compte le héros

Graine de savoir

La Chimère est un être hybride : elle a le corps d'un lion, une tête de chèvre sur le dos et une queue de serpent.
• « Poursuivre une *chimère* », c'est suivre son imagination sans espoir d'obtenir un résultat.
• Un esprit *chimérique* s'abandonne à des projets sans intérêt ou irréalisables.

Bellérophon vainc la Chimère

Le prince Bellérophon, réfugié chez le roi de Tirynthe, refuse l'amour de la reine. Celle-ci l'accuse auprès de son mari, qui ne peut le tuer à cause des lois de l'hospitalité.

[Le roi de Tirynthe] décide alors de lui confier une lettre pour son beau-père, le roi de Lycie. En toute confiance et enchanté à la perspective de ce voyage, Bellérophon quitte Tirynthe sur son fidèle Pégase, sans savoir que la lettre est un arrêt de mort : son destinataire est prié d'exécuter
5   le porteur, accusé d'avoir commis une grave faute. En arrivant chez le roi de Lycie, le jeune prince lui remet la lettre, mais le roi hésite à le tuer. Il préfère l'envoyer accomplir une mission dont il risque fort de ne jamais revenir : Bellérophon est chargé de débarrasser le pays d'un monstre affreux, la Chimère. Créature de cauchemar, la Chimère a une tête de lion

Grammaire pour dire et pour écrire

▶ Au début de l'interview, il s'agit de rendre le héros favorable au dialogue en étant aimable avec lui.

▶ La conclusion du dialogue reste au journaliste qui remercie son interlocuteur de s'être laissé interviewer.

Début de l'interview
Rappeler la proximité de l'exploit
• Périphrase verbale *venir de* : *Vous venez de…*
• Adjectifs : *Votre exploit est récent/tout frais/inouï…*
• Compléments de temps : *Vous avez vaincu récemment/il y a peu…*

Fin de l'interview
Interroger le héros sur ses intentions
• Futur : *Que ferez-vous ?*
• Verbe *aller* + infinitif : *Qu'allez-vous faire ensuite ?*

J'applique

1 Rédige la première phrase de l'entretien d'un(e) journaliste de *La Voix de la Lycie*, ainsi que sa première question à Bellérophon.

2 Rédige le dernier échange : le (la) journaliste veut connaitre les intentions du héros, puis le remercie de sa réponse. La réponse finale de Bellérophon doit s'appuyer sur une recherche dans un dictionnaire mythologique.

10 qui vomit des flammes, un corps de chèvre et une queue de dragon. Elle dévore hommes et bêtes et saccage les cultures. Comment l'attaquer ? L'affronter, c'est risquer d'être consumé par les flammes, l'approcher par l'arrière, c'est à tous les coups être balayé par
15 sa queue gigantesque et acérée. Bellérophon a une idée : il saute sur Pégase et réalise une attaque aérienne. Le monstre, transpercé par la lance du héros, se convulse et tente de lancer son feu vers le ciel. Mais le jeune homme a tout prévu : il lance dans la gueule
20 de la Chimère un morceau de plomb, qui, fondant à la chaleur des flammes, l'étouffe. Rentré au palais, le jeune homme est fêté comme un libérateur.

O. Gandon, *Dieux et héros de l'Antiquité. Toute la mythologie grecque et latine*, © Le Livre de Poche Jeunesse, 2014.

Comprendre

1. Lis ce texte, puis propose un titre pour chaque partie surlignée.
2. Pourquoi peut-on qualifier Bellérophon de personnage insouciant ?
3. Pourquoi peut-on qualifier le roi de Lycie de personnage rusé ?
4. Quelles sont les qualités dont fait preuve Bellérophon dans son affrontement avec la Chimère ?

① **Odilon Redon**, *Pégase et l'hydre*, vers 1907, huile sur carton (47 x 63 cm), musée Kröller-Müller, Otterlo, Pays-Bas.
② **Jean Cocteau**, *Bellérophon chevauchant Pégase*, salle des mariages, Hôtel de ville de Menton.
③ *La Chimère*, Ve siècle av. J.-C., sculpture étrusque en bronze, Musée archéologique national, Florence, Italie.

Bellérophon Persée

Hercule

Activité finale

En groupe, répartissez-vous dans ce jeu de rôles et réalisez l'interview complète de l'un des quatre héros évoqués dans l'atelier. Vous êtes journalistes de la chaine crétoise **Olympe TV**, et présenterez votre travail sous la forme d'une vidéo ou d'un jeu de rôles en classe.

- Vous vous informerez sur le héros, le monstre et leur combat. (Se documenter sur le héros)
- Vous rappellerez d'abord l'actualité de l'exploit, puis vous enchainerez des questions dans l'ordre chronologique de l'histoire.
- Vous alternerez des questions ouvertes où le héros peut développer son récit et des questions plus fermées sur des détails à préciser. (Recueillir le témoignage du héros)
- Vous conclurez avec une question sur les intentions du héros.
- Votre dernière réplique sera consacrée à des remerciements. (Prendre en compte le héros)

Thésée

Thème 2 — Récits d'aventures

Hokusai, *La Grande Vague de Kanagawa*, 1831, estampe colorée à la main, MoMa, New York (États-Unis).

PARCOURS — une œuvre intégrale

Le Hobbit ∝ J. R. R. Tolkien

Une aventure pour se trouver soi-même

> Dans ce parcours, tu vas lire des épisodes marquants des aventures de Bilbo. Entraîné malgré lui dans un voyage dangereux avec une troupe de nains et un magicien, il affronte les nombreux serviteurs d'une force maléfique cachée. Grâce à la découverte d'un anneau d'invisibilité et à son bon sens, il va unir les forces du Bien avant de rentrer chez lui.

Biographie
John Ronald Reuel Tolkien (1892-1973)

Spécialiste des littératures anciennes anglaise et germanique, il décrit la Terre du Milieu, où des êtres légendaires s'affrontent au nom du Bien et du Mal. Un livre pour enfants, *Le Hobbit* (1937), puis *Le Seigneur des Anneaux* lui apportent le succès, prolongé aujourd'hui au cinéma.

Bilbo Bessac (au centre) : hobbit de vingt-cinq ans aux larges pieds poilus, plus petit qu'un nain, il aime sa vie tranquille et régulière dans son trou confortable de La Colline, un canton de la Comté. Il a « hérité d'une certaine bizarrerie du côté Touc, quelque chose dans son tempérament qui n'attendait que l'occasion de se manifester ».

Gandalf : magicien qui propose aux nains d'utiliser les talents de cambrioleur de Bilbo. Il les accompagne, puis disparait mystérieusement et revient lors de la grande bataille finale.

Le sais-tu ?

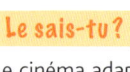

Le cinéma adapte le livre par une trilogie, un ensemble de trois films : *Le Hobbit : Un Voyage inattendu* en 2012 ; *Le Hobbit : La Désolation de Smaug*, en 2013 ; *Le Hobbit : La Bataille des cinq armées*, en 2014. Certains personnages des films n'existent pas dans le livre.

Les treize nains : le chef Thorin et ses compagnons Dwalin, Balin, Kili, Fili, Dori, Nori, Ori, Oin, Gloin, Bifur, Bofur et Bombur sont des guerriers barbus redoutables, têtus, mais généreux et fidèles en amitié. Ils veulent récupérer le trésor de leur peuple dans la Montagne Solitaire.

Gollum : vieille créature petite et visqueuse vivant au fond des ténèbres et se nourrissant de gobelins. Il possède un anneau d'invisibilité que Bilbo trouve.

> Or, aussi étrange que cela puisse paraître, les bonnes choses et les jours agréables sont vite racontés, et ne suscitent pas grand intérêt ; tandis que les choses inconfortables, époustouflantes et même épouvantables font souvent de meilleurs récits, et sont de toute manière bien plus longs à détailler.
>
> *Le Hobbit*, chapitre 3.

Smaug : dragon de la Montagne Solitaire, il veille jalousement sur un trésor qui appartenait aux nains.

Les gobelins : brutaux et cruels, ils creusent des tunnels et des mines, comme les nains. Gandalf tue le Grand Gobelin en délivrant ses amis. Les gobelins pourchassent le groupe sur le dos des Wargs, des loups sauvages. Les gobelins du Nord menés par Bolg participent à la bataille finale.

Extrait 1 — L'aventure frappe à la porte

Les hobbits vivent paisiblement dans La Colline. Un jour qu'il fait des ronds de fumée devant chez lui, le hobbit Bilbo Bessac est abordé par le magicien Gandalf.

« Très joli ! dit Gandalf. Mais je n'ai pas le temps pour les ronds de fumée ce matin. Je cherche quelqu'un qui participerait à une aventure que j'organise en ce moment, et j'ai peine à trouver un volontaire. »

« Pas étonnant, dans ce voisinage ! Nous sommes des gens simples et tranquilles et les aventures ne nous intéressent pas. Quel tracas, quel inconfort, quelle horreur ! De quoi vous mettre en retard pour le dîner ! Je ne vois pas ce qu'elles ont d'attirant », dit notre M. Bessac, glissant un pouce derrière ses bretelles ; et il lança un nouveau rond de fumée encore plus grand que l'autre. Puis il sortit son courrier du matin et se mit à lire, faisant mine de ne plus se préoccuper du vieillard. Décidément, celui-ci ne lui plaisait pas trop, et il voulait qu'il disparaisse. Mais le vieillard ne bougeait pas. Appuyé sur son bâton, il se contenta de fixer Bilbo sans rien dire, jusqu'à ce que Bilbo soit tout à fait mal à l'aise et même un peu fâché.

« Bonne journée ! dit-il enfin. Nous ne voulons pas d'aventures par ici, merci bien ! Vous pourriez essayer par-delà La Colline ou de l'autre côté de l'Eau. » Ce qui voulait dire que la conversation était terminée.

J. R. R. Tolkien, *Le Hobbit*, chapitre 1, 1937, traduit de l'anglais par D. Lauzon, © Christian Bourgois éditeur, 2012.

▶ Découvrir le début d'un roman d'aventure

Entrer dans la lecture. Bilbo le hobbit aime-t-il l'aventure ?

1. Quelle est l'activité de Bilbo au moment où Gandalf le rencontre ?

2. Comment Bilbo montre-t-il qu'il n'est pas intéressé ?

3. Comment Gandalf se comporte-t-il à ce moment-là ?

Extrait 2 — Des compagnons prêts pour l'aventure

Le même soir, douze nains et leur chef Thorin arrivent chez Bilbo. Ils organisent une expédition vers la Montagne Solitaire. Gandalf, qui dispose d'une carte pour le voyage, leur explique que Bilbo est un cambrioleur qui peut leur être utile.

Mon aventure écho

Arriver au collège est aussi une aventure pour un(e) jeune élève. En quelques lignes, explique ce qui t'attire dans cette nouvelle étape de ta vie.

▶ Comprendre la tentation de l'aventure

AUDIO lienmini.fr/jdl6-T201

Saisis cette adresse sur ton navigateur et écoute le récit que fait Thorin, le chef des nains.

Entrer dans la lecture. Quel lien familial le Roi sous la Montagne a-t-il avec Thorin ?

1. Que veulent récupérer les nains par cette expédition ?

2. Quel ennemi peut s'opposer à leur quête ?

 **3** D'après toi, quel intérêt pourrait avoir Bilbo à partir ?

PARCOURS — une œuvre intégrale

Étapes d'un voyage périlleux

Extrait 3 — Un premier danger sur la route

Bilbo se laisse convaincre d'accompagner les nains. Après avoir quitté la terre des hobbits, le groupe s'enfonce dans les Terres solitaires. Intrigués par la lumière d'un feu dans la nuit, les voyageurs, frigorifiés et affamés, envoient Bilbo en éclaireur.

Et voici ce qu'il vit.

Trois individus corpulents assis autour d'un très grand feu de hêtre. Ils faisaient rôtir du mouton sur de longues tiges de bois et léchaient le jus de viande qui leur coulait sur les doigts.
5 Une odeur appétissante flottait dans l'air. Il y avait aussi à leurs côtés tout un tonneau de boisson, qu'ils buvaient dans des pichets. Mais c'étaient des trolls. Assurément des trolls. Même Bilbo, si peu aventureux, s'en rendit compte : par leurs traits épais et mal dégrossis, leur taille, la forme de leurs jambes, sans
10 parler de leur langage, qui n'était pas celui des conversations mondaines, mais alors pas du tout.

« Du mouton hier, du mouton aujourd'hui, et j'te parie qu'ce s'ra encore du mouton d'main ! » dit l'un des trolls.

« Même pas un p'tit bout d'chair humaine à s'mettre dans
15 l'ventre depuis des lunes ! dit un autre. Qu'est-ce qui y'a pris, à Léon, d'nous emmener dans c'te pays de misère, j'me l'demande… et v'la qu'on commence à manquer d'bière », dit-il, donnant une poussée à son voisin Léon en train de prendre une gorgée.

Le sais-tu ?
Les trolls appartiennent aux légendes scandinaves. Personnages malfaisants, ils habitent montagnes et forêts. Ils s'attaquent aux voyageurs, enlèvent les enfants. Cependant ils sont souvent stupides.

Photogramme du film *Le Hobbit : Un Voyage inattendu*, réalisé par **Peter Jackson** en 2012.

Bilbo tente de voler le contenu de la poche d'un troll, mais il se fait prendre. Les nains, partis à sa recherche, sont capturés un à un, tandis que Bilbo s'échappe. Les nains risquent la mort, mais Gandalf intervient.

20 « L'aube vous saisisse et vous pétrifie ! » dit une voix qui ressemblait à celle de Léon. Mais ce n'était pas la sienne. Car à cet instant précis, le soleil franchit le bord de la colline, et un fort gazouillis s'éleva parmi les branches. Léon ne dit rien, car il fut changé en pierre au moment où il se pen-
25 chait ; et Hubert et Tom restèrent figés comme des rochers à le regarder. Et c'est là qu'ils se tiennent encore aujourd'hui, tout seuls, sauf quand les oiseaux viennent s'y percher ; car les trolls, comme vous le savez sans doute, doivent rentrer sous terre avant l'aube, autrement ils retournent à la pierre
30 des montagnes dont ils sont faits, et ne bougent jamais plus. C'est ce qui arriva à Hubert, Tom et Léon.

« Excellent ! » dit Gandalf, sortant de derrière un arbre ; et il aida Bilbo à descendre de son buisson épineux. C'est alors que Bilbo comprit. C'était la voix du magicien qui avait
35 alimenté la dispute et les chamailleries des trolls, jusqu'à ce que la lumière se charge d'eux.

Il restait à défaire les sacs et à délivrer les nains. Ils étaient presque asphyxiés, et très en colère : ils n'avaient pas du tout apprécié de rester couchés là pendant que les trolls parlaient
40 de les rôtir, de les écraser ou de les hacher.

Ibid, chapitre 2.

▶ Comprendre les faiblesses d'un ennemi

Entrer dans la lecture. Quel est le sort réservé aux nains par les trolls ?

1. De quoi disposent les trolls qui pourrait être fort utile à Bilbo et ses compagnons ?

2. Quels détails montrent que les trolls ne sont pas des êtres raffinés ?

3. Qu'apprend-on sur les trolls par leurs paroles ?

4. Qu'arrive-t-il aux trolls ?

5. Comment ont été traités les nains après leur capture ?

BILAN 6 Quelle ruse a utilisée Gandalf pour sauver ses amis ? Quel est le trait de caractère des trolls qu'il a retourné contre eux ?

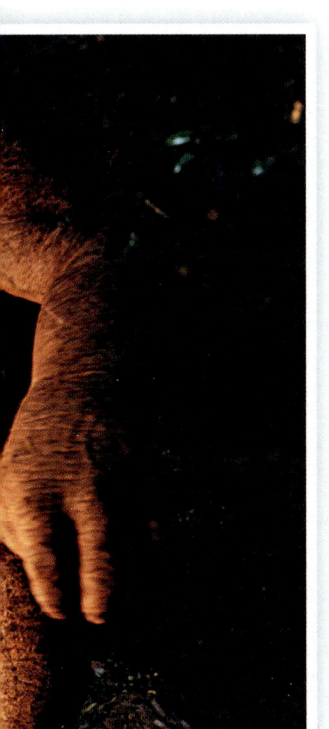

◀ Lecture d'image

Comparer texte et image

1. Quels éléments du récit retrouves-tu dans l'image ?

2. Quels détails du texte ne sont pas représentés ?

3. Qu'apporte cependant l'image par rapport au texte ? Aspect des personnages, atmosphère, éclairage…

Mon aventure écho

Lors de tes premiers pas au collège, tu as peut-être rencontré des personnes qui t'ont impressionné(e).
Raconte comment toi et tes camarades êtes parvenu(e)s à dépasser vos craintes.

 *Au début de l'été, la troupe fait une courte pause de quinze jours chez Elrond, ami des elfes de la vallée de Fendeval. Sur la carte du trésor, il déchiffre les instructions qui servent à ouvrir une porte secrète au soleil couchant du début de l'hiver. Le petit groupe entreprend l'ascension des Montagnes de Brume. Réfugiés dans une grotte au cours d'un orage, ils sont capturés par des gobelins. Durant la bataille qu'ils mènent pour se délivrer, Bilbo est séparé des autres et erre sous la montagne.*

PARCOURS — une œuvre intégrale

Extrait 4 — Un piège inattendu

Perdu dans les profondeurs de la montagne, Bilbo trouve un anneau. Peu après, au bord d'un lac souterrain, il voit arriver sur une barque une petite créature visqueuse, le vieux Gollum. Prudent, Bilbo brandit son épée. Gollum lui propose de jouer aux énigmes.

« Très bien », dit Bilbo, qui voulait lui faire plaisir, le temps de se faire une meilleure idée de lui – savoir s'il était vraiment seul, s'il était féroce ou affamé, et si c'était un ami des gobelins.

« Vous d'abord », dit-il, puisqu'il n'avait pas eu le temps de
5 songer à une énigme.

Ainsi Gollum siffla-t-il :

> *Elle a des racines que personne ne voit,*
> *Dépasse tous les arbres du bois.*
> *Jamais elle ne cesse de monter,*
10 > *Jamais on ne la voit pousser.*

« Facile ! dit Bilbo. Une montagne, je suppose. »

« Il devine ça facilement ? On veut qu'il se mesure à nous, mon trézzzor ! Si le trésor lui demande, et qu'il ne répond pas, on le mange, mon trézzzor. S'il nous demande et qu'on ne
15 répond pas, alors on fait ce qu'il veut, hein ? On lui montre la sortie, oui ! »

« D'accord » dit Bilbo, qui n'osait pas le contredire, et qui à présent se creusait les méninges pour trouver des énigmes qui l'empêcheraient d'être dévoré.

Ibid, chapitre 5.

Le sais-tu ?
L'anneau ou la bague d'invisibilité est un objet de légende. Ainsi, dans un récit de l'antiquité grecque, un berger, Gygès, trouve, dans une crevasse du sol, une statue où est enterré un géant. Il prend la bague du mort et s'aperçoit qu'elle permet d'être invisible.

▸ Comprendre les faiblesses d'un ennemi

Entrer dans la lecture. Pourquoi Bilbo accepte-t-il de jouer avec Gollum ?

Extrait 4
1. Qu'obtiendra Bilbo de Gollum s'il gagne le jeu ?
2. Que risque Bilbo s'il perd ?
3. Quel est le rapport du sujet de la première énigme avec l'action ?
4. Bilbo est-il un bon poseur d'énigme ? Justifie ta réponse.

Texte écho
5. Lis le texte écho. Quelles ressemblances trouves-tu entre l'extrait 4 et ce texte ?
6. Qu'arrive-t-il à celui qui pose l'énigme lorsqu'elle est résolue ?

BILAN
7. Pourquoi Gollum n'essaye-t-il pas d'attaquer Bilbo ?

Texte écho ## Œdipe résout l'énigme

Ce ne sont pas de petits malheurs que subit Thèbes[1]. En effet Héra y envoya le Sphinx, dont la mère était Échidna et le père Typhon. Il avait le visage d'une femme, la poitrine, les pattes et la queue d'un lion et les ailes d'un oiseau. Ayant appris une énigme des Muses, il s'établit sur le mont Phikion et se mit à la poser aux Thébains. Voici l'énigme : quel est l'être qui possède une seule voix et qui a quatre pattes, puis deux pattes, puis trois pattes ? [...] les Thébains se rassemblaient souvent, ils cherchaient la nature de l'être évoqué. Quand ils ne trouvaient pas, il en attrapait un et le dévorait. [...] Œdipe entendit l'énigme et la résolut ; il dit que l'énigme évoquée par le Sphinx était l'homme : l'être à quatre pattes est le nourrisson qui se déplace sur ses quatre membres ; adulte, il a deux jambes, et, en vieillissant, il utilise la canne comme troisième appui. Alors le Sphinx se précipita du haut de la ville.

Apollodore, *Bibliothèque*, 3, 5, 8, traduit du grec par Y. Caron, © Magnard, 2016.

1. **Thèbes** : ville grecque, dont le roi a disparu.

Œdipe et le Sphinx, Vᵉ siècle av. J.-C., coupe attique, musée du Vatican, Rome (Italie).

Extrait 5 ## Une issue possible

Bilbo demande à Gollum de deviner le contenu de sa poche, l'anneau tout juste découvert. Gollum perd au jeu, mais se rend compte que son anneau a été dérobé. Il poursuit Bilbo.

« Qu'est-ce qu'il a dans ses poches ? » Le sifflement s'était rapproché, et il y eut un éclaboussement tandis que Gollum sautait de sa barque. « Qu'ai-je donc, en effet ? » se demanda Bilbo, haletant et trébuchant sur la pierre. Il mit la main gauche dans sa poche et tâtonna à l'intérieur. L'anneau lui parut très froid lorsqu'il se glissa furtivement à son index.

Le sifflement le talonnait. Il se retourna et aperçut les yeux de Gollum montant vers lui comme deux petites lampes vertes. Terrifié, il se mit à courir plus vite, mais soudain il se cogna les orteils contre une saillie du sol et s'étala de tout son long sur sa petite épée.

Gollum fut sur lui en un éclair. Mais avant que Bilbo n'ait pu réagir, retrouver son souffle, se relever ou brandir son épée, Gollum fila tout droit sans le remarquer, poussant des jurons et des murmures.

Ibid, chapitre 5.

Mon aventure écho

Comme Bilbo, tu t'es peut-être trouvé(e) dans une situation désagréable et au dernier moment tu as découvert un moyen d'y échapper. Raconte en quelques lignes comment tu t'es sorti(e) de cette situation.

Énigme

À toi maintenant de résoudre cette énigme : pourquoi, à ton avis, Gollum ne remarque-t-il pas Bilbo ?

 *Bilbo suit Gollum vers une sortie. Dehors, il retrouve les nains et Gandalf, mais ils sont poursuivis par des loups sauvages. Réfugiés dans des arbres, ils voient surgir les gobelins. Ceux-ci décident de bruler les arbres. Attirés par le tumulte, les aigles arrivent pour sauver Bilbo et ses compagnons* in extremis.

PARCOURS une œuvre intégrale

Des alliés inespérés

Sauvé par les aigles, illustration du *Hobbit* pour l'édition de 1979, d'**Éric Fraser**.

Lecture d'image ▲

▶ Comprendre les indices d'une illustration

Entrer dans la lecture d'image. Selon quelle ligne principale est composé ce dessin ?

1. Quel personnage, muni d'une baguette, est tenu par le premier aigle ?

2. L'aigle au premier plan emporte deux personnages différents. Qui peuvent-ils être selon toi ?

3. Que suggère la taille de cet aigle dans cette image ?

4. Quel sentiment peut éprouver le personnage suspendu au pied de l'autre ?

5. À quel péril correspond le dessin noir qui serpente au milieu de l'image ?

6. Quels autres éléments du décor montrent aussi le danger ?

BILAN 7 Parmi les quatre éléments (air, terre, feu, eau), d'où vient le danger et où se situe la sécurité ? Justifie ta réponse.

Raconter un épisode périlleux

Imagine une scène qui a précédé l'arrivée des aigles. Le personnage que tu as choisi parmi ceux du livre (Bilbo, Gandalf ou un des nains) se trouve dans une situation périlleuse (entouré d'ennemis, incapable de se réfugier dans un arbre, ou perdant l'équilibre…). Un de ses amis le sauve au dernier moment. Utilise des verbes évoquant le futur proche comme « il allait » ou « il s'apprêtait à » ; ou évoquant l'imminence du danger comme « il faillit » ou « il manqua de ». Tu peux aussi employer des expressions avec « juste » comme « juste à ce moment » ou « il parvint/réussit tout juste à », etc.

Mon aventure écho

Poursuivi(e) par des camarades avec qui tu t'es disputé(e), tu cherches à te réfugier dans un lieu à l'écart. Finalement, quelqu'un d'inattendu vient te chercher. Raconte cette aventure en quelques lignes.

Après avoir quitté les aigles, le petit groupe séjourne au curieux logis de Beorn, un homme qui peut se transformer en ours. Avant qu'ils prennent la route de la forêt de Grand'Peur, il leur recommande de rester sur le sentier tracé. Les nains n'en tiennent pas compte. Gandalf, lui, part de son côté.

Devenir un héros

Extrait 6 Seul face au péril

Attirés par les lumières d'un banquet d'elfes de la Forêt, les nains se perdent et Bilbo se retrouve seul. Il s'assied et se perd dans ses pensées. Soudain il sent que quelque chose de gluant lui tient les jambes.

Puis la grosse araignée, qui s'était affairée à le ligoter pendant qu'il sommeillait, s'avança par-derrière le hobbit et se jeta sur lui. Seuls les yeux de la créature étaient visibles, mais il pouvait sentir ses pattes velues, alors qu'elle s'employait à tisser son abominable toile tout autour de ses membres. Heureusement qu'il avait retrouvé ses esprits à temps. Quelques secondes de plus et il eût été incapable de bouger. Même alors, il dut lutter contre elle de toutes ses forces pour se libérer. Il repoussa sa hideuse forme à mains nues – elle essayait de l'empoisonner pour l'engourdir, comme le font les petites araignées avec les mouches –, puis il se souvint de son épée et il la tira du fourreau. Alors l'araignée fit un bond en arrière, et il put couper les liens qui lui retenaient les jambes. Ensuite, ce fut son tour d'attaquer. L'araignée n'était manifestement pas habituée à voir sa proie brandir un tel dard ; sinon, elle se serait sauvée plus vite. Bilbo se rua sur elle avant qu'elle ne déguerpisse et lui asséna un coup d'épée en plein dans les yeux. Devenue folle, elle se mit à danser et à sautiller, remuant les pattes en d'horribles spasmes. Bilbo l'acheva d'un deuxième coup, puis il s'écroula et perdit connaissance pendant un long moment.

La forêt était baignée de son habituel demi-jour grisâtre quand il revint à lui. L'araignée gisait sans vie à ses côtés, et la lame de son épée était tachée de noir. Il ne sut dire pourquoi, mais le fait d'avoir tué l'araignée géante, tout seul, en pleine nuit, et sans l'aide du magicien ou des nains ou de quiconque, eut un drôle d'effet sur lui. M. Bessac se sentait différent, plus féroce et plus courageux malgré son ventre vide, tandis qu'il essuyait son épée dans l'herbe et la remettait au fourreau.

Ibid, chapitre 8.

Photogramme du film *Le Hobbit : Un Voyage inattendu*, réalisé par **Peter Jackson** en 2012, avec Martin Freeman dans le rôle de Bilbon Sacquet (Bilbo Bessac).

Le sais-tu ?

L'arachnophobie désigne la peur des araignées. Le mot vient de deux racines grecques : *arachno-* (= araignée) et *-phobe* (= peur). La littérature et les films fantastiques ou de science-fiction renforcent souvent cette image négative des araignées.

Mon aventure écho

Lors d'une sortie scolaire, tu te retrouves soudain isolé(e) et il n'y a personne pour t'aider. Tu dois affronter seul(e) cette épreuve. Raconte comment tu trouves en toi les ressources pour te tirer d'affaire.

Comprendre le nouveau comportement du héros

Entrer dans la lecture. Quel sentiment devrait ressentir Bilbo dans sa situation ? De quoi fait-il preuve au contraire ?

1. Pourquoi ne s'est-il pas rendu compte de son entortillement dans les fils d'araignée ?

2. Quelle est sa position au moment où il s'empare de son épée ?

3. Quelles sont les différentes étapes du duel entre l'araignée et Bilbo ?

BILAN 4 Quelles phrases montrent, selon toi, que les épreuves transforment le caractère du héros ?

 *Sauvés des araignées par Bilbo, les nains sont pris par les elfes de la Forêt. Bilbo les libère grâce à des tonneaux flottants. Ils sont bien accueillis à Bourg-du-lac, cité proche de la Montagne Solitaire. Ils grimpent la montagne jusqu'à une porte secrète que Bilbo réussit à ouvrir. Bilbo entre seul dans un tunnel jusqu'à une salle où le dragon Smaug dort sur son trésor. Réveillé, le dragon sort en colère. Les nains se réfugient dans le tunnel.*

PARCOURS une œuvre intégrale

Extrait 7 **Un ennemi trop confiant**

Le dragon, en se déchaînant contre la montagne, détruit la porte secrète à son insu. Bilbo et les nains sont prisonniers de la montagne. Le lendemain, Bilbo décide de voir si Smaug dort. Heureusement qu'il s'est rendu invisible par l'anneau, car le dragon le sent et engage la conversation.

« Je vous l'ai dit », répliqua Bilbo, faisant tout son possible pour demeurer loyal envers ses amis et pour lui tenir tête, « l'or n'avait qu'une importance secondaire à nos yeux. Nous avons cheminé sur la colline et sous la colline, portés par le vent et les
5 vagues, en quête de *Vengeance*. Vous devez bien vous douter, ô Smaug le Richissime, que votre succès vous a attiré d'implacables ennemis ? »

Alors Smaug s'esclaffa réellement – un son dévastateur qui renversa Bilbo, tandis que là-haut dans le tunnel, les nains se
10 blottissaient les uns contre les autres et s'imaginaient que le hobbit venait de rencontrer une fin soudaine et odieuse.

« En quête de vengeance ! » dit-il en ricanant ; et la lumière écarlate de ses yeux inonda la salle du plancher au plafond. « De ven-
15 geance ! Le Roi sous la Montagne[1] est mort : où sont les siens qui osent réclamer vengeance ? Girion, Seigneur du Val[2], est mort, et j'ai dévoré son peuple tel un loup dans la bergerie : où sont les fils de ses fils qui vou-
20 draient m'approcher ? Je tue comme je l'entends et personne n'ose résister. J'ai terrassé les guerriers d'antan qui n'ont pas leur pareil de nos jours en ce monde. J'étais alors tout jeune et encore délicat. Maintenant je suis
25 vieux et fort, fort, fort, Voleur des Ombres ! tonna-t-il avec véhémence. Mon armure est comme dix boucliers, mes dents comme des épées, le choc de ma queue est comme un coup de tonnerre, mes griffes sont des lances,
30 mes ailes un ouragan, et mon souffle, c'est la mort ! »

1. **Le Roi sous la Montagne** : l'ancêtre de Thorin, le chef des nains.
2. **Val** : la cité au pied de la Montagne Solitaire. Girion est l'ancêtre de Bard, l'archer qui tuera Smaug.

« J'ai toujours cru comprendre, dit Bilbo en un glapissement de peur, que les dragons étaient plus tendres par en dessous, surtout dans la région du, euh… du poitrail ; mais quelqu'un d'aussi endurci n'a pu manquer d'y remédier. »

Le dragon mit un frein à sa vantardise : « Tes renseignements sont obsolètes[1], dit-il d'un ton cassant. Au-dessus comme en dessous, je suis cuirassé d'écailles de fer et de pierres précieuses. Aucune lame ne saurait me transpercer. »

« J'aurais dû m'en douter, dit Bilbo. Il m'apparait évident que rien ni personne ne peut se comparer au Seigneur Smaug l'Impénétrable. Quelle splendeur que d'avoir un plastron fait de somptueux diamants ! »

« Oui, c'est en effet une chose rare et merveilleuse », dit Smaug, ridiculement flatté. Il ne savait pas que le hobbit avait déjà entraperçu sa couverture ventrale si particulière lors d'une première visite, et qu'il avait toutes les raisons de vouloir l'examiner de plus près. Le dragon se retourna sur le dos. « Regarde ! s'écria-t-il. Qu'est-ce que tu dis de ça ? »

« Tout simplement époustouflant ! Impeccable ! Parfait ! Stupéfiant ! » s'exclama Bilbo, tandis qu'au même moment, il se disait en lui-même : « Vieux fou ! Il ne se doute pas qu'il a un énorme trou sous l'aisselle gauche, dénudé comme un escargot sorti de sa coquille ! »

Ibid, chapitre 12.

1. **obsolètes** : qui ne sont plus d'actualité.

Imaginer un dialogue

Bilbo raconte aux nains ce qu'il a découvert. Les nains l'interrogent et imaginent avec lui une action possible. Voici la liste des nains : Thorin, le chef ; Balin, Dwalin, Dori, Nori, Ori, Bifur, Bofur, Bombur, Fili et Kili. Choisis au moins trois interlocuteurs pour Bilbo. Thorin doit obligatoirement en faire partie en tant que chef.
Tu peux réaliser ce travail en groupe.

Mon aventure écho

Un(e) camarade essaie de t'impressionner en vantant sa force physique. En l'observant et en l'écoutant, tu découvres son point faible. Raconte comment, malgré sa force, tu affirmes tes propres qualités.

▶ Découvrir le point faible d'un ennemi puissant

Entrer dans la lecture. Quel est le principal défaut de Smaug ? Trouve un mot du texte qui le définit.

1. Quel but Bilbo donne-t-il à l'expédition des nains pour tromper le dragon ?
2. Comment Smaug réagit-il à cette affirmation ? Pourquoi selon toi ?
3. Quelles comparaisons utilise la créature pour montrer sa puissance ?
4. Smaug se croit invincible. Quelles preuves cherche-t-il à en donner à Bilbo ?
5. Quelle information secrète confirme la seconde visite de Bilbo au dragon ?
6. **BILAN** Bilbo est un personnage rusé. Comment est-il parvenu à obtenir un renseignement de première importance ?

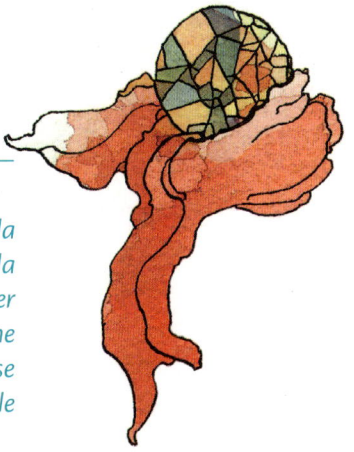

 *Tandis qu'il explore le repaire de Smaug, Bilbo trouve l'objet sacré des nains, la Pierre Arcane de Thrain, mais il n'en parle pas à Thorin. Le groupe sort de la montagne. Durant ce temps, Smaug réduit en cendres la ville du lac, mais l'archer Bard, informé par un oiseau de son point faible, le tue. Le trésor attire vers la montagne Bard et ses hommes, mais aussi le Roi des elfes de la Forêt et ses troupes. Les nains se retranchent dans la montagne et refusent de partager leur or. La mésentente générale et le siège de la montagne déplaisent au pacifique Bilbo.*

PARCOURS une œuvre intégrale

Extrait 8 — Une sage décision de Bilbo

De nuit, Bilbo décide de se rendre auprès des assiégeants. Il leur offre la Pierre Arcane de Thrain si ardemment recherchée par Thorin pour faciliter la négociation.

Alors, Bilbo, non sans un frisson, non sans une pointe de regret, baissa les yeux vers la fabuleuse pierre et la tendit à Bard, et ce dernier la tint dans sa main, médusé.

« Mais comment se fait-il qu'elle soit vôtre ? » demanda-t-il enfin
5 avec un effort.

« Eh bien… », balbutia le hobbit, mal à l'aise. « Elle n'est pas exactement à moi ; mais, voilà, je suis prêt à concéder tous mes droits[1] en échange, voyez-vous. Je suis peut-être un cambrioleur – à ce qu'on dit ; personnellement, je n'en ai jamais été réellement
10 convaincu –, mais un cambrioleur honnête, j'espère, plus ou moins. De toute manière, il faut que je rentre, et les nains feront bien ce qu'ils veulent de moi. J'espère qu'elle vous sera utile. »

Le Roi elfe le considéra avec un étonnement tout nouveau. « Bilbo Bessac ! dit-il. Vous êtes plus digne de porter l'armure de nos princes
15 que bien d'autres qui y faisaient meilleure figure. Mais je me demande si Thorin Lécudechesne le verra de cet œil. J'en sais plus long que vous, peut-être, sur les nains en général. Je vous conseille de demeurer avec nous, car ici vous serez honoré et trois fois bienvenu. »

20 « C'est certainement très aimable à vous, dit Bilbo en s'inclinant. Mais je ne crois pas que je devrais abandonner mes amis de cette façon, après tout ce que nous avons traversé ensemble. Et j'ai promis de réveiller ce vieux Bombur à minuit, en plus ! Vraiment, je dois y aller, et vite. »

25 Ils ne purent lui faire changer d'avis ; alors on lui fournit une escorte, et à son départ, Bard et le roi le saluèrent avec honneur. Tandis qu'il quittait le campement, un vieil homme vêtu d'une cape sombre, assis devant la porte d'une tente, se leva et s'avança vers lui.

« Bien joué, monsieur Bessac ! dit-il en lui donnant une tape dans
30 le dos. Vous aurez toujours le don de nous surprendre ! » C'était Gandalf.

Ibid, chapitre 17.

1. Bilbo a droit à une part du trésor découvert, un quatorzième.

 Mon aventure écho

Tes camarades sont en conflit. Grâce à ton intervention, ils se mettent d'accord. Raconte comment tu es parvenu(e) à restaurer l'amitié entre tous.

▶ Étudier l'importance d'un choix

Entrer dans la lecture. Bilbo agit-il avec le plein accord des nains ? Explique ton point de vue.

1. Comment comprends-tu la phrase de Bilbo : « Je suis […] un cambrioleur honnête » (l. 10) ?

2. Que craint le Roi elfe pour Bilbo ?

3. Quel sentiment provoque l'acte de Bilbo chez ses trois interlocuteurs ?

BILAN 4 Pour quelle raison Bilbo retourne-t-il rejoindre les nains ?

 Quand Thorin apprend le comportement de Bilbo, il le renvoie de la montagne. Les nains, rejoints par l'armée des nains des montagnes du Nord, s'apprêtent à se battre contre les Hommes du Lac et les elfes, quand surviennent d'immenses troupes de gobelins. S'engage alors la Bataille des Cinq Armées. L'armée des gobelins est anéantie avec l'aide des aigles et de Beorn. Thorin se réconcilie avec Bilbo au moment de mourir de ses blessures. Bilbo rentre chez lui après plus d'un an d'absence et vieillit paisiblement en écrivant ses souvenirs.

Le Hobbit : comment un petit devient grand

Récapitulons

Héros malgré lui
- Bilbo le Hobbit n'a pas un caractère aventureux. Il est choisi par Gandalf pour une mission qu'il ne comprend pas au départ.

Des ennemis et des alliés
- Le récit alterne des moments d'actions où les personnages rencontrent de dangereux ennemis (les trolls, les gobelins…) et des moments de pause où ils rencontrent des alliés qui les accueillent (les aigles, Beorn, les Hommes du Lac…).

Des péripéties multiples
- Le voyage est un parcours semé d'embuches. Les péripéties s'enchaînent, car les personnages font de mauvais choix ou manquent de chance. Les dangers, toujours présents, et les sauvetages au dernier moment sont des ressorts d'une action pleine de rebondissements.
Les multiples déplacements du groupe isolent parfois Bilbo. Dans ces moments, il est amené à réaliser des exploits qu'il ne pensait pas pouvoir accomplir (se sauver ou sauver ses amis) ou à faire des découvertes (un anneau magique, le trésor, la Pierre Arcane de Thrain…).
L'aventure est aussi une initiation : Bilbo se découvre des qualités insoupçonnées.

Écrire à partir d'une image

1 Comment apparait Bilbo sur cette image ?

2 Vers où se dirige-t-il ? Qu'est-ce que cela montre ?

3 Qu'est-ce qui a changé dans l'attitude de Bilbo par rapport au début du récit ?

Travailler en groupe

Relisez le chapitre 17 « Les nuées éclatent ». Retrouvez les différentes étapes de *La Bataille des Cinq Armées*. Rédigez un compte rendu de la journée. Désignez ensuite un messager qui pourrait raconter ce combat à un auditoire éloigné du champ de bataille.

Exprimer son point de vue

VIDÉO lienmini.fr/jdl6-T202

Saisis cette adresse sur ton navigateur et visionne cet extrait de *Le Hobbit : la Bataille des Cinq Armées*, réalisé par Peter Jackson.

Le film semble-t-il fidèle au texte du livre ? La scène proposée existe-t-elle ? Tous les personnages présents à l'écran sont-ils aussi dans le livre ?

Dossier — L'aventure d'Hermione dans Harry

Harry Potter est une série de sept romans écrits par la britannique J. K. Rowling. Les romans ont ensuite été adaptés au cinéma. Ces récits racontent l'adolescence d'un sorcier, Harry Potter, qui se voit contraint d'affronter Voldemort, un puissant sorcier qui veut reprendre le pouvoir par la violence et la terreur. Le jeune héros est aidé dans toutes ses aventures par ses amis Ron et Hermione.

Dans ce dossier, tu vas étudier le personnage d'Hermione à travers les images des films. Tu vas comprendre son évolution, son rôle pour aider le héros, et ce qu'elle représente.

NOM	GRANGER
PRÉNOM	Hermione
PARENTS	Moldus
SCOLARITÉ	École de sorcellerie Poudlard depuis l'âge de 11 ans (*Harry Potter à l'école des sorciers*)

🎩 L'évolution d'une jeune sorcière

Sept ans s'écoulent du premier au dernier récit. Au fil des aventures, le personnage d'Hermione évolue.

> **Le sais-tu ?**
> L'auteure a inventé le mot « moldu » (« muggle » en anglais) pour désigner les personnes sans pouvoir magique. Hermione a donc dû acquérir le savoir magique car il n'a pas pu lui être transmis par sa famille.

 Quand tu vois ce logo, saisis l'adresse indiquée et visionne un extrait du film.

1

Harry Potter à l'école des sorciers
réalisé par C. Colombus, en 2001.

Devinette
Les réalisateurs nous font comprendre qu'Hermione est une sorcière grâce à deux objets. Trouve-les sur les photogrammes.

Harry Potter à l'école des sorciers, réalisé par C. Colombus, en 2001.

Voici la rencontre d'Hermione avec Harry et Ron dans le train qui les emmène à l'école de sorcellerie.

▸ Compare la position d'Hermione à celle des garçons. Où le réalisateur a-t-il choisi de placer sa caméra ? Aide-toi du schéma. Quelle impression cela donne-t-il du personnage ?

▸ Crée la carte d'identité d'Hermione sur ce modèle et complète ses caractéristiques physiques et morales au fil du dossier.

Harry Potter et la Chambre des secrets
réalisé par C. Colombus, en 2002.

2

Potter

Mène l'enquête !

Emma Watson est l'actrice qui a joué Hermione au cinéma.
- *Retrouve sa date de naissance. Quel âge avait-elle au moment du tournage du premier film ?*
- *Pourquoi est-ce intéressant pour le spectateur ?*

B ▶ La caméra est placée plus bas que le personnage. Comment apparait alors Hermione ?

D ▶ Dans quel lieu Hermione se trouve-t-elle ?

Harry Potter et la Coupe de feu
réalisé par M. Newell, en 2005.

Harry Potter et l'Ordre du Phénix
réalisé par D. Yates, en 2007.

Harry Potter et le Prince de sang-mêlé
réalisé par D. Yates, en 2009.

VIDEO lienmini.fr/jdl6-T203

C ▶ Compare la taille des deux personnages. Lequel parait le plus effrayé ?

Harry Potter et le Prisonnier d'Azkaban
réalisé par A. Cuarón, en 2004.

lienmini.fr/jdl6-T204 VIDEO

Harry Potter et les Reliques de la mort
réalisé par D. Yates, en 2010.

E ▶ Quelle est l'attitude d'Hermione par rapport à celle de ses amis ?

F ▶ Quelles sont les qualités qu'Hermione possède d'après toi : protectrice, intelligente, savante, douée en magie, courageuse, belle, fidèle en amitié ? Justifie en t'aidant des photogrammes.

G ▶ Compare ta liste avec la carte d'identité que tu as établie à la page précédente. Quelles qualités ont été acquises par Hermione au fil des récits ?

A ▶ À ton avis, quel lien unit les personnages ?

Dossier : L'aventure d'Hermione dans *Harry Potter*

Dossier  L'aventure d'Hermione dans *Harry Potter*

Le savoir comme une arme

Mène l'enquête !

J. K. Rowling s'est inspirée de plusieurs personnages de la littérature et de la mythologie pour trouver le prénom de son personnage.

1. Dans quel récit antique parle-t-on d'Hélène, mère d'Hermione dans l'arbre généalogique ? Aide-toi de l'*Indice 1*.
2. Cherche la nationalité de l'auteur de théâtre Shakespeare. Trouve un point commun entre lui et l'auteure d'*Harry Potter* et un point commun entre leurs deux personnages d'Hermione (*Indices 2* et *3*).

Indice 1

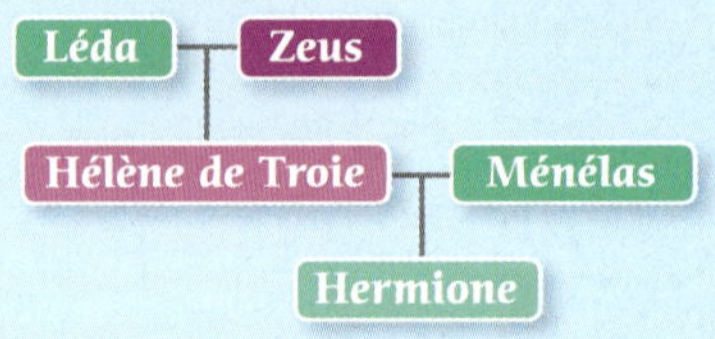

Léda — Zeus
Hélène de Troie — Ménélas
Hermione

Indice 2

Le roi Léontes vient voir la reine Hermione transformée en statue...

Acte V, scène III

LÉONTES. – [...] nous sommes venus pour voir la statue de notre reine [...].

PAULINE. – [...] Mais la voici : préparez-vous à voir la vie aussi parfaitement imitée, que le sommeil imite la mort. Regardez, et avouez que c'est beau. (*Pauline tire un rideau et découvre une statue.*) [...]

LÉONTES. – C'est son attitude naturelle ! Cher marbre, fais-moi des reproches, afin que je puisse dire : oui, tu es Hermione : – ou plutôt, c'est bien mieux toi encore dans ton silence.

William Shakespeare, *Le Conte d'hiver*, 1604, traduit de l'anglais par F. Guizot, en 1863.

Indice 3

Hermione a croisé le reflet du basilic, qui l'a pétrifiée.
Harry Potter et la Chambre des secrets, ibid.

Choisis la bonne réponse !

Un livre est souvent associé à Hermione car :
1. c'est un talisman ;
2. c'est un objet de savoir ;
3. c'est facile à transporter en voyage.

Harry Potter à l'école des sorciers, ibid.

Harry Potter et les Reliques de la mort, Première partie, ibid.

▶ Invente trois disciplines suivies par Hermione à l'école de sorcellerie.

▶ Imagine pour chacune d'elles l'appréciation que peut écrire chaque professeur sur son bulletin scolaire.

La bibliothèque d'Hermione

Hermione, par son savoir, est indispensable au héros pour vaincre ses ennemis, défendre ses valeurs et achever sa quête. Ainsi, elle utilise fréquemment les livres pour comprendre les dangers qui les menacent, elle et ses compagnons, et trouver des solutions. Pour inventer ces dangers, l'auteure J. K. Rowling s'est inspirée de nombreuses œuvres littéraires antiques et contemporaines.

Mène l'enquête comme Hermione !

Comme Hermione, mène l'enquête. Parcours ton manuel pour trouver les *indices*.
Complète ensuite les fiches des créatures et du lieu montrés sur les photogrammes.

Harry Potter et le Prisonnier d'Azkaban, ibid.

Nom de la créature : ....
Auteur antique à l'origine de cette créature :
....

Indice Retrouve le récit de la métamorphose de Lycaon.

Harry Potter à l'école des sorciers, ibid.

Nom de la créature : Touffu
Ancêtre : ....

Indice Recherche l'extrait dans lequel Énée descend dans les Enfers.

Harry Potter et la Coupe de feu, ibid.

Nom de ce lieu : ....
Premier architecte : ....

Indice Trouve la réponse dans les aventures de Thésée, le héros chasseur de monstres.

Harry Potter et la Chambre des secrets, ibid.

Nom de la créature : acromantule
Auteur qui a créé les araignées géantes :
....

Indice Rends visite à Bilbo le hobbit.

Dossier : L'aventure d'Hermione dans *Harry Potter*

PARCOURS un thème

Tenir le lecteur en haleine dans un récit d'aventure

Le but d'un récit d'aventure est de « tenir le lecteur en haleine », c'est-à-dire de le captiver et de lui donner envie de connaitre la suite en entretenant le doute, l'inquiétude et la curiosité.

Jouer avec l'effet de surprise

Un départ extraordinaire

Un jour, Nils qui habite dans une ferme, bouscule un lutin. Celui-ci, pour se venger, le fait rapetisser. Devenu minuscule, Nils sort dans la cour et voit passer des oies sauvages qui cherchent à convaincre les oies domestiques de partir avec elles.

Biographie

Selma Lagerlöf (1858-1940)

Cette romancière a écrit *Le Merveilleux Voyage de Nils Holgersson à travers la Suède* pour répondre à une commande de la direction générale des écoles de Suède, qui souhaitait familiariser les enfants à la géographie de leur pays. Elle est la première femme à avoir reçu le prix Nobel de littérature.
Voici le voyage de Nils au dessus de la Suède.

Illustrations du *Merveilleux Voyage de Nils Holgersson*, **Lars Klinting**.

L'appel des oies sauvages avait [...] éveillé chez un jeune jars[1] une irrésistible envie de voyager. Quand une nouvelle bande s'approcha en criant :

– Venez ! Venez !

5 Il répondit :

– Attendez, attendez ! J'arrive.

Il déploya ses ailes et s'éleva dans l'air, mais il avait si peu l'habitude de voler qu'il retomba à terre.

Les oies revinrent en arrière, ralentissant pour voir s'il allait faire 10 une nouvelle tentative.

Nils, le gardien d'oies, entendait et voyait tout cela du haut de son mur.

« Ce serait dommage que le jars s'en aille, se dit-il. Mes parents auraient beaucoup de chagrin s'il n'était 15 plus là à leur retour. »

Il oublia de nouveau qu'il était petit et sans force. Il sauta au milieu des oies et entoura de ses bras le cou du jars.

– Toi, tu ne partiras pas ! cria-t-il.

20 Or au même moment, le jars comprit comment faire pour quitter le sol. Il ne put s'arrêter pour faire descendre le garçon, si bien que Nils fut emporté en l'air avec lui.

Ce fut si rapide qu'il en eut le vertige. Avant de 25 réaliser qu'il aurait dû lâcher prise, ils étaient déjà si haut qu'il se serait tué s'il était tombé. Il n'avait plus qu'à essayer de se hisser sur le dos du jars. Puis il dut se maintenir entre les ailes battantes, ce qui n'était pas chose facile. Il plongea ses deux mains profondément 30 dans les plumes et le duvet pour ne pas glisser.

Nils avait la tête qui tournait et il eut les idées embrouillées pendant un bon bout de temps. L'air sifflait et le fouettait. Le vent grondait dans les plumes comme une véritable tempête.

Illustration de **Pierre Leroy**, 1960.

Selma Lagerlöf, *Le Merveilleux Voyage de Nils Holgersson à travers la Suède*, 1906, traduit du suédois par A. Ségol et P. Brick-Aida, © Flammarion Jeunesse, 2010.

1. jars : mâle de l'oie.

▶ Comprendre la surprise du héros

1. Par quels signes de ponctuation Selma Lagerlöf indique-t-elle les paroles échangées par les personnages et ce qu'ils se disent en eux-mêmes ?

2. Qui parle dans le premier dialogue de l'extrait ?

3. Nils est-il entendu lorsqu'il s'adresse au jars ? Qu'est-ce qui le montre ?

4. Nils a-t-il le temps de réfléchir à ce qui lui arrive ? Que sait-on de ses réactions ?

BILAN 5 À ton avis, comment l'aventure que vit Nils va-t-elle évoluer ?

Créer un effet d'attente

Une arrivée inquiétante

Rémi habite seul avec mère Barberin, une paysanne dont le mari travaille loin du village. Un soir, mère Barberin décide de faire des crêpes.

Chapitre I – Au village

[…] Ah ! c'était vraiment une bonne odeur qui chatouillait d'autant plus agréablement notre palais que depuis longtemps nous ne l'avions pas respirée.

C'était aussi une joyeuse musique que celle produite par les grésillements et les sifflements du beurre.

Cependant, si attentif que je fusse à cette musique, il me sembla entendre un bruit de pas dans la cour.

Qui pouvait venir nous déranger à cette heure ? Une voisine sans doute, pour nous demander du feu.

Mais je ne m'arrêtai pas à cette idée, car mère Barberin, qui avait plongé la cuiller à pot dans la terrine, venait de faire couler dans la poêle une nappe de pâte blanche, et ce n'était pas le moment de se laisser aller aux distractions.

Un bâton heurta le seuil, puis aussitôt la porte s'ouvrit brusquement.

« Qui est là ? » demanda mère Barberin sans se retourner.

Un homme était entré, et la flamme qui l'avait éclairé en plein m'avait montré qu'il était vêtu d'une blouse blanche et qu'il tenait à la main un gros bâton.

« On fait donc la fête ici ? Ne vous gênez pas, dit-il d'un ton rude.

– Ah ! mon Dieu ! s'écria mère Barberin en posant vivement sa poêle à terre, c'est toi, Jérôme ? »

Puis me prenant par le bras elle me poussa vers l'homme qui s'était arrêté sur le seuil :

« C'est ton père. »

Chapitre II - Un père nourricier

Je m'étais approché pour l'embrasser à mon tour, mais du bout de son bâton il m'arrêta :

« Qu'est-ce que c'est que celui-là ? » […]

Il fit quelques pas vers moi son bâton levé, et instinctivement je reculai.

Qu'avais-je fait ? De quoi étais-je coupable ? Pourquoi cet accueil lorsque j'allais à lui pour l'embrasser ?

Hector Malot, *Sans Famille*, 1878.

▸ *Observer le début d'une aventure*

1. Quels indices annoncent la venue de l'homme ?
2. L. 15, quelle est la figure de style employée ? Quelle impression donne-t-elle ?
3. Qu'est-ce qui, dans le chapitre I, rend l'homme peu sympathique ?
4. À quel moment le chapitre I s'arrête-t-il ? Pourquoi est-ce bien choisi ?
5. Quel type de phrase est employé à la fin du texte (l. 31-32) ? À quoi sert-il ?
6. Pourquoi la réaction du père Barberin est-elle étonnante ? À ton avis, que va-t-on découvrir par la suite ?

Lowell Birge Harrison, *Marche hivernale*, XIXᵉ-XXᵉ siècles, huile sur toile (42 x 51 cm), collection privée.

L'attente d'une révélation

Hannah raconte son histoire à son ami Tomek : voulant aller à Ban Baïtan, un lieu très éloigné de l'endroit où elle vit, elle monte dans une diligence et voyage très longtemps en compagnie d'un jeune garçon, Grégoire, et du vieux conducteur de la diligence, Iorim. Tous les soirs, les trois voyageurs se reposent autour d'un feu de camp.

Le campement a été très gai, ce soir-là. [...]

Nous nous sommes installés près d'un torrent dans lequel Grégoire a réussi à capturer plusieurs gros poissons. Quel délice de les savourer grillés sur le feu de bois ! Je me rappelle aussi m'être baignée sous une cascade d'eau glacée. J'en criais de plaisir et de saisissement. Après le repas, Iorim, qui avait bu un petit coup d'eau-de-vie, a chanté de vieilles chansons que je ne connaissais pas. [...] Nous sommes restés devant le feu jusqu'à ce qu'il s'éteigne. Avant d'aller dormir, j'ai tout de même rappelé à Grégoire sa promesse :

— Maintenant que nous avons passé la montagne, tu dois m'expliquer... Qu'allez-vous faire à Ban Baïtan ?

Si j'avais su à cet instant-là, Tomek, tout ce que Grégoire allait me révéler, je me serais bien gardée de l'interroger. Seulement voilà, je suis curieuse, et le mystère commençait à m'agacer.

— Bientôt, a-t-il bâillé, un peu embarrassé, tu le sauras bientôt. D'ailleurs, qui te dit que nous avons passé la montagne ?

Il avait raison et il nous a fallu trois jours encore avant d'atteindre le col le plus élevé et d'amorcer la descente. J'avais le sentiment que Grégoire m'évitait, qu'il redoutait ce moment où il faudrait qu'il me parle. J'ai décidé d'attendre, de ne plus rien lui demander. Et un jour, tandis que les chevaux cheminaient au pas dans la chaleur de l'après-midi, il est venu s'asseoir en face de moi, sur la banquette de cuir. Le moment était venu ; j'allais enfin savoir.

Jean-Claude Mourlevat, *La Rivière à l'envers*, tome 2, *Hannah*,
© Pocket jeunesse, un département d'Univers Poche 2002.

Vincent Van Gogh, *La Diligence de Tarascon*, 1888, Henry and Rose Pearlman Foundation.

▶ **Étudier comment entretenir le mystère**

1. Relève des mots appartenant au champ lexical du plaisir dans les deux premiers paragraphes.

2. Que demande Hannah, la narratrice, à Grégoire ?

3. Pourquoi Hannah dit-elle qu'elle n'aurait pas dû interroger Grégoire ? À ton avis, ce que Grégoire va lui révéler est-il positif ou négatif ?

4. Montre que Grégoire est mal à l'aise pour répondre à Hannah.

5. Au bout de combien de temps Grégoire décide-t-il de répondre à sa question ?

BILAN 6. À ton avis, pourquoi l'auteur ne donne-t-il pas tout de suite la réponse à la question d'Hannah ? Quel est le but recherché ?

Donner un sentiment d'urgence

Une situation menaçante

Ben est un petit garçon qui vit avec sa famille dans une ferme reculée aux États-Unis. Un jour, fasciné par un oiseau, il le suit, s'éloigne de la maison et se perd.

À nouveau, Ben regarda le ciel. Les nuages s'assombrissaient et le tonnerre se rapprochait. Fronçant les sourcils, Ben se demanda pourquoi il n'avait pas remarqué tout cela plus tôt. Il avait dû laisser passer l'heure du déjeuner. Il était grand temps de reprendre le chemin de la maison.

==Il repartit d'un bon pas== dans la direction qu'il pensait être la bonne, se sentant vaguement coupable : jamais il n'était allé aussi loin. ==Une heure plus tard, il marchait toujours==, mais d'un pas moins vif et avec, dans un coin de sa tête, une incertitude grandissante. Le soleil n'était pas apparu depuis le matin et Ben se rendit soudain compte qu'il n'avait aucun moyen de savoir dans quelle direction il allait. Autour de lui les hautes herbes ondoyaient à l'infini sur des collines basses qui se ressemblaient toutes. […]

Une autre heure s'écoula, puis deux. L'après-midi devait tirer à sa fin et il marchait toujours sans aucun repère connu. Il eut, pendant un instant de panique, l'impression d'avoir, comme la petite fille dont sa mère lui avait lu l'histoire, franchi la porte d'un autre monde. Les nuages bas et tourbillonnants semblaient lancés à sa poursuite, le vent empoignait sa chemise, tordait ses cheveux. Un tas de rochers se dressa à deux ou trois cents mètres devant lui et il dévala la pente dans cette direction, espérant y trouver refuge avant que la pluie ne s'abatte. […]

L'empilement de rochers, à sa grande déception, se révéla beaucoup plus petit qu'il n'avait semblé à distance. Il n'offrait ni surplomb ni creux où se blottir […]. Ben avait peur maintenant, il était aveuglé par des larmes d'impuissance autant que par les aiguilles de pluie qui lui fouettaient le visage. Il n'y voyait plus qu'à quelques mètres dans les trombes d'eau qui arrivaient sur lui. Alors, ne sachant que faire, il tourna le dos à la pluie et se mit à courir comme s'il avait pu la battre de vitesse.

Allan W. Eckert, *La Rencontre*, 1971, traduit de l'anglais par H. Theureau, © Le Livre de Poche Jeunesse, 2014.

▶ Comprendre ce qui crée la tension dans un texte

1. Relève tous les passages du texte qui montrent que les conditions météorologiques se dégradent.

2. Combien de temps se passe-t-il entre le début et la fin du texte ? Relève toutes les indications de temps.

3. Quels sont les sentiments éprouvés par Ben dans cet extrait ? Cite-les.

4. Quels sont les temps employés dans les phrases surlignées ? Pourquoi cela accentue-t-il le suspense ?

 Mettre en voix

En groupe, proposez une lecture orale en insistant sur la montée de la peur chez l'enfant. Accompagnez votre lecture de bruitages pour reproduire le bruit de la pluie et de l'orage. Enregistrez votre travail dans votre *anthologie sonore*.

Edward Hopper, *Matin au cap Cod*, 1950, Smithsonian American Art Museum, Washington (États-Unis).

Devinette

À ton avis, quel est le livre que la mère de Ben lui a lu ? (l. 16-17)

Lecture d'image ▲

1. Comment le tableau est-il construit ? Vers où la femme à la fenêtre regarde-t-elle ?

2. Imagine que le tableau illustre le roman *La Rencontre*. Qui serait la femme à la fenêtre, à ton avis ?

3. Imagine un court texte dans lequel elle s'inquiéterait de la disparition de Ben.

Parcours Un thème : Tenir le lecteur en haleine dans un récit d'aventure

PARCOURS un thème
Rendre visible l'effet d'attente

Une ruse inattendue

Philippa vit au Moyen Âge. En compagnie d'un marchand qui lui offre de la poudre de violette, elle se rend à Vannes, où se trouve le duc de Bretagne. Elle cherche son ami Estienne, qui est menacé de mort par deux matelots. Lorsqu'elle le voit dans une taverne, elle comprend que ses ennemis l'ont également retrouvé.

Rentrer prévenir Estienne ? C'était trop tard. [...] Philippa fit deux pas dans la rue. Ses mains se crispaient sur le bas de son surcot ; elle sentit le contact du petit sac de poudre de violette. Les sergents... les sergents qui patrouillaient. Elle courut :

5 « Messieurs les sergents, vite ! ... Je sais où il est !
– Qui ?
– Là, dans la taverne, l'homme qui veut empoisonner le duc !
– Empoisonner le duc ?
– Dépêchez-vous, il va se sauver. Il est à la taverne du Cheval-Ailé. Il
10 a le poison sur lui. »

Les sergents hésitèrent un instant. Si l'information était juste et qu'ils ne la prenaient pas au sérieux, ils jouaient leur tête. [...]

Ils coururent derrière Philippa jusqu'à la taverne, le bruit de leurs pas résonnant sur le pavé.

15 « Là ! » cria Philippa en désignant Estienne du doigt.

Les sergents se précipitèrent, saisirent par le bras le jeune homme sidéré et l'entraînèrent dehors. Quand il passa près de Philippa, il la fixa un instant, et ses yeux s'agrandirent. Il ne dit pas un mot, ne fit pas un geste. L'instant d'après, encadré par les sergents, il était sorti, sans même
20 s'apercevoir que Philippa avait glissé dans sa poche un petit sac de poudre de violette.

La porte se referma sur eux. Philippa entendit encore les exclamations des sergents qui découvraient sans doute le sachet de poudre, puis des bruits de bottes, s'atténuant peu à peu.

25 Les jambes tremblantes, elle ressortit de la taverne et s'appuya sur une porte de bois, dans le renfoncement d'un mur de torchis. Elle avait rencontré le regard d'Estienne, plein de stupeur et de peine. Il l'avait reconnue, elle le savait. Qu'avait-il pensé ?

[...] C'est alors que la porte de la taverne se rouvrit, puis claqua.

30 « Saloperie, grogna une voix étouffée. [...] On le tenait ! On le tenait ! »

Évelyne Brisou-Pellen, *Les Portes de Vannes*, © Le Livre de Poche Jeunesse, 1993, 2001, 2002.

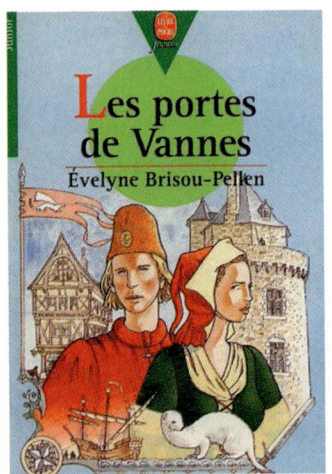

Illustration de **Bruno Pilorget**, édition de 2002.

Illustration de **Bruno Pilorget**, édition de 2010.

Lecture d'image ▲

Les couvertures des livres sont très importantes pour convaincre les lecteurs de lire les histoires qu'ils contiennent.
Régulièrement, les maisons d'édition changent ainsi l'aspect de leurs collections.
• Observe ces deux couvertures. Quelles sont leurs différences et leurs ressemblances ? Quelle illustration traduit le mieux le texte selon toi ? Pourquoi ?

▶ Observer comment susciter la surprise chez les lecteurs

1. Que fait Philippa pour sauver Estienne des deux matelots qui veulent le tuer ?
2. À quel champ lexical les mots surlignés appartiennent-ils ?
3. La ruse de Philippa est-elle agréable pour Estienne ? Que risque-t-il à ton avis ?
4. Comment les deux matelots réagissent-ils quand ils se rendent compte qu'Estienne leur a échappé ?
BILAN 5 As-tu compris immédiatement la ruse de Philippa ? Pourquoi, à ton avis, l'auteure a-t-elle choisi de ne pas expliquer tout de suite ses intentions ?

Récapitulons

Tenir le lecteur en haleine dans un récit d'aventure

Le héros dans le récit d'aventure
- Un **récit d'aventure** est centré autour d'un **personnage** qui **voyage** et est confronté à des dangers. Tout est fait pour que le **lecteur s'identifie** au personnage. Pour cela, certains auteurs choisissent d'utiliser la première personne du singulier.

Procédés d'écriture
- L'auteur cherche à **tenir le lecteur en haleine**, c'est-à-dire à lui donner envie de lire la suite. Voici quelques techniques d'écriture qui permettent de captiver le lecteur :
  - **questionnements** : le personnage s'interroge sur les aventures qu'il rencontre et pousse le lecteur à se poser les mêmes questions.
  - **rebondissements** : le lecteur ne s'ennuie pas car des évènements inattendus se produisent sans cesse.
  - **interruptions** : le narrateur crée du suspense en arrêtant ses chapitres à des moments clés.
  - **anticipations** : le lecteur est prévenu d'un danger auquel le héros sera confronté, mais il ne sait pas quand la scène aura lieu.
  - **peurs et tensions** : le narrateur insiste sur la peur du héros et sur les risques qu'il court.

Illustration du conte « Le Petit Tuk » d'Anderson par **Oskar Klever** (1887-1975).

Donner son avis à l'oral

Parmi les extraits de romans que tu as étudiés dans ce parcours, lequel t'a donné le plus envie de lire la suite ? Pourquoi, à ton avis ?

Faire le récit d'une aventure

Voici un court extrait de roman d'aventure cherchant à capter l'attention du lecteur. Le narrateur indique qu'il y a un danger sans préciser immédiatement lequel. Il montre les interrogations du héros ou de l'héroïne et introduit un rebondissement à la fin. Tu peux t'en inspirer pour inventer, à ton tour, un petit texte qui captivera tes camarades.

Montés dans une carriole tirée par un âne, Cadichon, Tomek et Marie traversent une épaisse forêt envahie par des ours très dangereux.

Il est difficile de mesurer le temps quand tout, autour de vous, est noir et silencieux. Est-ce qu'une heure s'était écoulée, ou deux peut-être ? S'était-il assoupi ? En tout cas, Tomek eut soudain la sensation qu'ils n'avançaient plus. Cadichon s'était arrêté. Qu'est-ce que cela pouvait signifier ? Il se garda bien de bouger un cil. Que faisait Marie ? Pourquoi ne bougeait-elle pas non plus ? Est-ce qu'elle dormait ? Et Cadichon, pourquoi ne repartait-il pas ? Tomek eut bientôt la réponse à toutes ces questions. Un faible rayon de lumière traversait les hautes branches et tombait juste devant l'âne. Et là, en plein milieu du chemin, un ours se tenait assis.

Jean-Claude Mourlevat, *La Rivière à l'envers*, tome 1, *Tomek*, © Pocket jeunesse, un département d'Univers Poche 2000.

Conseils d'écriture

1. Avant de te lancer dans l'écriture, note au brouillon le nom de ton personnage, le lieu dans lequel il se trouve et le danger auquel il sera confronté à la fin de ton texte.

2. Pense à intégrer dans ton texte des phrases interrogatives qui montrent l'inquiétude du héros.

3. Le danger auquel sera confronté ton personnage ne doit être révélé qu'à la fin. Ton texte doit s'arrêter à un moment de suspense.

Atelier d'expression

Décrire pour tenir le lecteur en haleine

À l'oral
- Lire et analyser.
- Étudier le lien entre description et narration.

À l'écrit
- Décrire pour susciter l'intérêt du lecteur ou de l'auditeur.

Dans cet atelier, tu vas découvrir comment l'auteur, Mark Twain, suscite l'intérêt des lecteurs par les aventures de son héros mais aussi par les descriptions des lieux qu'il découvre, des émotions qu'il éprouve. En lisant des extraits des *Aventures de Tom Sawyer*, tu vas étudier comment l'auteur parvient à créer autour de son personnage un monde vivant, comment chaque lieu visité devient le cadre d'une aventure.

Pour situer l'AUTEUR

Mark Twain (1835-1910) est un écrivain américain qui a grandi dans une petite ville au bord du fleuve Mississippi, comme son héros, Tom Sawyer. Sa vie a été riche en aventures : il a été pilote sur le fleuve, chercheur d'or, puis journaliste. Ses œuvres principales sont : *Les Aventures de Tom Sawyer*, et sa suite, *Les Aventures d'Huckleberry Finn*. M. Twain y évoque des enfants en quête d'aventures, de jeu et de liberté, cherchant à échapper à la sévérité des adultes.

Méthode

Pour faire une description, à l'oral ou à l'écrit, tu vas apprendre à :
- faire vivre un personnage, pour que l'on puisse **se le représenter** ;
- montrer le cadre dans lequel tu veux situer un récit – par exemple, **le lieu de vie d'un personnage** ;
- utiliser un vocabulaire précis **pour traduire des émotions et des sensations** ;
- **créer une atmosphère de suspense** par des éléments, en lien avec le récit, qui tiennent les lecteurs en haleine ;
- **provoquer l'émerveillement de ton auditoire ou de tes lecteurs**, et les impressionner par la richesse de ton propos.

Illustration des *Aventures de Tom Sawyer*, de **Michael Wimmer** (1994).

La description...
... pour se représenter un personnage

Chez Tante Polly

Tom Sawyer vit avec son demi-frère Sid chez Tante Polly, à Saint Petersburg, au bord du Mississippi.

[Tante Polly] se dirigea vers la porte ouverte. Du seuil elle examina les tiges de tomate et les mauvaises herbes qui constituaient le plus bel ornement de son jardin. De Tom, pas l'ombre. Élevant la voix de façon à se faire entendre à distance, elle héla :

– Ho ! Ho ! Tom !

Tout près d'elle, elle perçut un léger bruit. Elle se retourna juste à temps pour attraper par les basques de sa veste un jeune garnement qu'elle arrêta dans sa fuite.

– Évidemment ! j'aurais dû penser à ce placard. Qu'est-ce que tu as encore été faire là-dedans ?

– Rien, tante.

– Rien ? Regarde tes mains, regarde ta bouche. Avec quoi t'es-tu barbouillé comme ça ?

– Je ne sais pas, tante.

– Moi je le sais ; je vais te le dire. C'est avec de la confiture. Voilà trente-six fois que je te dis que si tu touches à la confiture, tu auras affaire à moi. Passe-moi cette baguette.

Aux mains de la tante, la baguette décrivit dans l'air des cercles menaçants. La situation devenait intenable.

– Oh, ma tante ! Regardez... regardez derrière vous !

La vieille dame fit brusquement volte-face : en un geste instinctif de protection elle serra ses jupes. Mettant à profit cette diversion, le gamin s'échappa, escalada la haute clôture en planches et disparut de l'autre côté.

La tante Polly resta un moment tout interloquée, puis elle prit le parti de rire de l'incident.

– Diable de gosse ! et toujours je m'y laisse prendre !

Mark Twain, *Les Aventures de Tom Sawyer*, chapitre 1, 1876, traduit de l'anglais par F. de Gaïl, © Mercure de France, 1969, pour la traduction française.

Comprendre

1. Où Tante Polly pense-t-elle trouver Tom au début de la scène ? Trouve les indices qui le confirment.

2. Où se cache Tom pendant que sa tante le cherche ?

3. Que faisait-il à cet endroit ? Comment Tante Polly le sait-elle ?

4. Tom reçoit-il une punition ? Pourquoi ?

5. D'après toi, où Tom se sent-il le mieux ? Qu'est-ce qui le prouve à la fin du texte ?

◀ Lecture d'image

1. Observe l'illustration de la page ci-contre. Décris oralement ce que tu vois.

2. D'après toi, où se trouve Tom ? Justifie ta réponse.

3. Qu'est-il en train de faire ? Explique, en particulier, la présence de la ficelle attachée à l'un de ses orteils. À quelle activité a-t-il renoncé ? À quoi le vois-tu ?

4. Que révèle cette illustration du caractère de Tom ?

Se représenter un personnage

Comment te représentes-tu le personnage de Tom ? Tu peux suivre ce plan :
– son physique, ses expressions, son attitude ;
– son caractère, son comportement avec Tante Polly, ou en classe, tel que tu peux l'imaginer.

Enrichir une description

Récapitule, par écrit et avec tes propres mots, la description du personnage de Tom. Tu pourras l'enrichir au fil de ta lecture.

Illustrations de l'atelier
> p. 103, 105 : **A. Sirouy** (éd. de 1884) et **S. L. Clemens** (éd. de 1876)
> p. 104 : école américaine (1910)
> p. 106, 107, 108 : **T. Williams** (éd. de 1876) et **D. Mckay** (XXᵉ siècle)
> p. 109 : **G. Whittam** (XXᵉ siècle) et détail de l'affiche du film *Les aventures de Tom Sawyer* réalisé par **N. Taurog** (1938)

Atelier d'expression

... pour voir vivre un personnage

L'univers quotidien de Tom

La veille, Tom a fait l'école buissonnière et a abimé ses vêtements dans une bagarre avec un autre garçon. Tante Polly lui impose de repeindre la clôture le samedi matin.

Sur un trottoir, on voit apparaître Tom. Il porte un seau de lait de chaux[1] et un pinceau à long manche.

Il inspecte la clôture dont les dimensions effrayantes le rendent sombre et mélancolique. Trente mètres de long et trois mètres de haut. L'existence lui
5 paraît un fardeau sans intérêt. Avec un soupir il trempe son pinceau dans le lait de chaux et en barbouille la planche supérieure de la palissade ; il répète l'opération, recommence une troisième fois ; puis il compare la minuscule surface blanche à l'immensité de celle qui reste à blanchir, et découragé s'assied sur une caisse. Jim[2] franchit la grille du jardin ; il a un seau à la main,
10 il s'avance en sautillant et en fredonnant *Les Filles de Buffalo*... Aller chercher de l'eau à la pompe du village, c'était une chose que Tom avait toujours détestée ; aujourd'hui cela lui faisait un tout autre effet. À la pompe il y a toujours beaucoup de monde. Des jeunes gens et des jeunes filles, dont la peau présente toutes les variétés de nuances du blanc au noir, y attendent leur tour ;
15 on s'y repose, on y joue, on y échange des jouets, on s'y bouscule, on s'y dispute.

Ibid., chapitre 2.

1. **lait de chaux** : peinture blanche à base de craie.
2. **Jim** : jeune serviteur noir de Tante Polly.

Tom rencontre une nouvelle habitante du village, la jeune Becky Thatcher, parente d'un juge. Sa beauté bouleverse Tom qui cherche à l'impressionner par tous les moyens, le dimanche, à l'église. Le lundi matin, à cause de son retard, il est placé à côté d'elle sur les bancs de l'école. Mais les efforts scolaires lui sont difficiles.

Plus Tom cherchait à s'absorber dans son travail, plus ses idées vagabondaient. Il soupirait, il bâillait ; de guerre lasse il n'insista plus. Il lui semblait que l'heure du déjeuner n'arriverait jamais. La chaleur était accablante, sans
20 un souffle d'air. Dormir semblait la seule occupation possible. Dans la classe, le murmure confus de vingt-cinq écoliers engourdissait l'esprit comme un bourdonnement d'abeilles. [...]

Tom ne pensait qu'à une chose : être libre.

Ibid., chapitre 7.

Comprendre

L. 1 à 16

1. « Il porte un seau » ; « Il a un seau à la main » : les pronoms personnels désignent-ils le même personnage ?

2. Quel est l'état d'esprit de chacun des deux garçons ? Fais des citations précises qui le montrent, en t'aidant des passages surlignés.

3. Montre que la description de la palissade est vue à travers le regard de Tom. Appuie-toi sur les éléments en vert pour répondre.

4. Que peuvent représenter, selon toi, les deux seaux : celui du lait de chaux, celui de l'eau ? Formule-le avec tes propres mots.

L. 17 à 23

5. Où et quand se passe la scène évoquée ?

6. Comment se comporte Tom ? Pourquoi selon toi ?

7. Cela vient-il confirmer tes premières impressions sur le personnage ? Explique pourquoi.

Grammaire pour dire et pour écrire

▶ Les **adjectifs qualificatifs** peuvent exprimer l'état d'esprit du personnage et nous aident à comprendre ce qu'il ressent au moment même où il éprouve une sensation, une émotion, un sentiment.

J'applique

Choisis, entre deux adjectifs proposés, celui qui, selon toi, exprime le mieux les sentiments de Tom.

a (Accablé/Ravi), Tom se met à peindre la clôture.

b Il regarde Jim d'un air (abattu/guilleret).

c Il a entrepris cette tâche (ennuyeuse/intéressante) après son petit-déjeuner.

d Le maitre observe le regard (absent/attentif) de Tom.

e Apprendre ses leçons est un travail (facile/fastidieux) pour Tom.

f La liberté est (importante/négligeable) aux yeux de Tom.

Pour situer chaque extrait dans l'œuvre intégrale

Tom a un rendez-vous avec Becky.
ch. 7

Tom fait l'école buissonnière après leur première dispute.
ch. 8

Tom joue au héros dans la campagne avec un ami.
ch. 8

...pour partager des émotions

Drame dans un cimetière

Comme convenu avec Huckleberry Finn le lundi matin même, Tom l'accompagne au cimetière du village en pleine nuit.

Les arbres bruissaient sous la caresse du vent. Tom croyait entendre la plainte des âmes des morts, dérangées dans leur repos. Tout décontenancés, les deux gamins, parlant à voix basse, n'échangeaient que de rares réflexions. En un tel endroit, à pareille heure, le profond silence et l'ambiance d'austérité les paralysaient. Ils trouvèrent la tombe fraîchement creusée qu'ils cherchaient et se dissimulèrent dans un bouquet d'arbres à proximité. Ils attendirent quelques instants qui leur parurent interminables. Le hululement d'un chat-huant troubla le silence. Tom n'en pouvait plus ; il étouffait du besoin de parler. Il chuchota :

– Hucky, est-ce que tu crois que ça leur fait plaisir, aux morts, que nous soyons là ?

– Je n'en sais rien, répondit Huckleberry sur le même ton, et je voudrais bien le savoir ; c'est impressionnant.

– Tu parles.

Les deux garçons observent de loin trois hommes qui déterrent le cadavre du vieux Williams. Les hommes se disputent. Au cours de la lutte, Muff Potter est assommé. Son complice, Joe l'Indien, assassine le docteur Robinson. Joe persuade Muff Potter qu'il est responsable du meurtre et les deux hommes s'enfuient.

Quelques minutes plus tard, le docteur assassiné, le cadavre de Williams dans sa couverture, le cercueil abandonné et la tombe ouverte n'avaient plus que la lune pour témoin.

Le silence régnait à nouveau dans le cimetière.

Ibid., chapitre 9.

Comprendre

1. Quel nom est répété dans les deux extraits proposés ? À quel champ lexical appartient-il ? Aide-toi des éléments surlignés en bleu pour répondre.

2. Quelle émotion ressentent les deux garçons ? Aide-toi des éléments surlignés en jaune.

3. Comment les enfants se comportent-ils pour s'adapter à l'ambiance du lieu ?

4. Quelle remarque peux-tu faire sur les termes associés aux éléments de la nature, le « vent » et « la lune », dans les expressions surlignées en vert ? Comment comprends-tu leur emploi ici ?

Grammaire pour dire et pour écrire

▶ Une émotion est une réaction spontanée qui survient sous le coup d'une impression. Elle se manifeste par des expressions du visage, du corps ou de la voix qui apparaissent de façon soudaine.

J'applique

Parmi ces mots, choisis l'émotion exprimée dans chacune des phrases suivantes : la colère, le dégout, l'étonnement, la honte, la joie ou le plaisir.

1 Tante Polly fit la moue en regardant les vêtements boueux de Tom.

2 Tom rougit en recevant une fleur de Becky.

3 Tom hurla en apprenant la dénonciation de Sidney.

4 Les élèves hurlaient en sortant de l'école.

5 La tristesse de Tante Polly fit baisser les yeux de Tom.

6 La réaction de Tante Polly décontenança ses neveux.

🔊 **AUDIO** lienmini.fr/jdl6-T205

Saisis cette adresse dans ton navigateur. Écoute le passage enregistré en relevant les expressions qui permettent de **comprendre les émotions ressenties par Tom** durant cet épisode.

Atelier d'expression : Décrire pour tenir le lecteur en haleine

Atelier d'expression

- Tom et Huck se jurent de ne rien révéler de ce qu'ils ont vu. *ch. 10*
- Muff Potter est accusé du meurtre. *ch. 11*
- Tom se sent coupable de garder le silence. *ch. 11*
- Les habitants de Saint Petersburg croient les trois garçons noyés. *ch. 14*

... pour partager des sensations

L'île des pirates

Tom se sent rejeté par Becky. Son ami Joe Harper s'est disputé avec sa mère. Tous deux rejoignent Huckleberry Finn dans un projet d'aventure.

À cinq kilomètres en aval de Saint Petersburg, à un endroit où le Mississippi a près de deux kilomètres de large, il y avait une île, longue et étroite, boisée, inhabitée, que l'on appelait l'île Jackson. Un banc de sable permettait de l'atteindre ; elle constituait donc un parfait lieu de rendez-vous pour des pirates.
5 Elle était inhabitée ; elle se situait assez loin, du côté de la rive opposée, en face d'une épaisse forêt aux abords de laquelle il n'y avait pour ainsi dire personne. Le choix de l'île Jackson ne souleva donc pas d'objection.   *Ibid.*, chapitre 13.

Les trois garçons quittent le village pour jouer aux pirates sur cette île. Ils traversent, à minuit, le Mississippi sur un radeau en emportant provisions et cannes à pêche. Ils font un feu, se restaurent, puis s'endorment à la belle étoile.

Quand Tom se réveilla le lendemain matin, son premier mouvement fut de se demander où il était. Il s'assit, se frotta les yeux et regarda autour de lui.
10 Puis la mémoire lui revint. Le jour se levait ; une délicieuse sensation de calme et de repos émanait de la forêt silencieuse. Pas une feuille ne bougeait ; aucun bruit ne venait troubler la grande méditation de la nature. Sur les herbes brillaient des gouttes de rosée. Une couche blanche de cendres couvrait le feu ; un mince ruban de fumée bleue montait dans l'air. Joe et Huck dormaient
15 encore.
Loin dans les bois, un oiseau appela ; un autre lui répondit. Les coups de bec d'un pivert se firent entendre. Peu à peu la brume grise du matin se leva ; les bruits se multiplièrent ; la vie reprit dans toute son intensité. Aux yeux de l'enfant ébahi se révélait le merveilleux spectacle de la nature à son réveil.

Ibid., chapitre 14.

Comprendre

1. Pourquoi les garçons choisissent-ils l'île Jackson pour leur fugue ?

2. Qui se réveille le premier ? Que font les deux autres personnages ?

3. Quel moment particulier le lecteur partage-t-il avec Tom ?

4. Parmi les cinq sens (le goût, l'odorat, l'ouïe, le toucher, la vue), deux sont évoqués ici par les éléments en bleu et vert. Lesquels ?

5. Quelle impression se dégage de la forêt au lever du jour ? Illustre ta réponse de citations précises du texte.

AUDIO lienmini.fr/jdl6-T206
Saisis cette adresse dans ton navigateur. Écoute le passage en relevant les mots ou expressions qui expriment des sensations. Précise les sens auxquels elles font appel.

 **Exprimer des sensations**

Explique quels éléments naturels pourraient procurer à Tom des sensations tactiles dans cette scène (froid/chaud, humide/sec, doux/rugueux...). Justifie ton point de vue.

 **Poursuivre un récit**

Propose une ou deux phrases supplémentaires à ajouter au texte de Mark Twain dans lesquelles Tom utilise le sens de l'odorat.

Ils reviennent en créant la surprise générale.
ch. 17

Durant les vacances, Becky est absente. Tom attrape la rougeole.
ch. 22

Au cours du procès de Muff Potter, Tom révèle la culpabilité de Joe l'Indien.
ch. 23

Tom et Huck jouent à chercher un trésor enfoui.
ch. 25

... *pour plonger dans le suspense*

Dans la maison hantée

Tom et Huck décident d'explorer une maison abandonnée dans laquelle ils imaginent qu'un trésor a pu être caché.

Lorsque, sous un soleil de plomb, ils atteignirent la maison hantée, le silence qui y régnait était tellement profond, l'impression de solitude et de désolation qui s'en dégageait était si démoralisante que tout d'abord ils hésitèrent à s'aventurer à l'intérieur. Peu après ils s'enhardirent, rampèrent jusqu'à la porte et 5 jetèrent un coup d'œil prudent : ils virent une pièce sans plancher, où les mauvaises herbes avaient poussé à foison, une vieille cheminée toute délabrée, des fenêtres sans carreaux, un escalier en ruine et, pendant de partout, d'invraisemblables quantités de toiles d'araignée. Sur la pointe des pieds, en n'échangeant que de rares chuchotements, les oreilles aux aguets, le cœur palpitant, ils 10 entrèrent, prêts à battre en retraite à la première alerte.

Un peu après, leurs craintes se dissipèrent ; ils examinèrent l'endroit en détail, tout fiers de leur courage dont ils étaient étonnés eux-mêmes. L'idée leur vint ensuite de monter au premier étage. C'était se couper toute possibilité de retraite.

Ibid., chapitre 26.

Comprendre

1. Quelle impression provoque la maison abandonnée ? À quel autre lieu déjà visité par les garçons te fait-elle penser : le cimetière ou l'île ? Pourquoi ?

2. De quelle qualité font preuve les garçons quand ils approchent du lieu ? Aide-toi des éléments surlignés en vert clair.

3. Qu'indiquent les termes surlignés en vert foncé sur le comportement des garçons ? Quel verbe de mouvement traduit ce changement d'attitude ?

4. Explique le sens du mot « retraite » qui est répété dans le texte. Emploie ce mot dans une phrase de ta composition.

Tenir le lecteur en haleine

• Le chat de Tante Polly craint Tom qui ne se comporte pas toujours bien à son égard. Rédige un petit texte où le chat, craintif et méfiant, entre dans la maison alors qu'il y flaire la présence de Tom. Réutilise certaines expressions en vert du texte et obligatoirement l'une des trois expressions suivantes : *avec précaution, avec circonspection, les sens en éveil.*

• Certains lieux de ton environnement suscitent ton imagination ou celle de tes camarades, car ils semblent abandonnés. Ce sont souvent des terrains de jeu rêvés. Raconte une expédition entre camarades dans un lieu mystérieux de ce genre. Ton récit comportera une description et du suspense.

Caractériser un lieu

Établis une liste de cinq lieux redoutables, trois dans un milieu naturel, deux dans un milieu urbain. Donne pour chacun de ces lieux les risques encourus par ceux qui les fréquentent.

Atelier d'expression

- Joe l'Indien trouve un trésor dans la maison. ch. 26
- Tom et Huck surveillent Joe la nuit pour découvrir le trésor. ch. 27-28
- Retour de Becky. Tom et Becky visitent une grotte. ch. 29
- Huck comprend que Joe veut attaquer la veuve Douglas. ch. 29
- Une chasse à l'homme est organisée. ch. 30
- Tom et Becky ont disparu. ch. 30

... pour s'émerveiller

Tom et Becky visitent une grotte avec leurs amis.

Dans la grotte

Une fois dans la grotte, en compagnie de leurs camarades, ils avaient parcouru les galeries obscures, visité les merveilles connues qui portaient des noms ronflants tels que le salon, la cathédrale, le palais d'Aladin, etc. Bientôt commença une partie de cache-cache dans laquelle Tom et Becky firent preuve de leur entrain habituel ; puis, ce jeu finissant par les lasser, ils partirent à l'aventure dans un couloir sinueux en tenant leur chandelles au-dessus de leurs tête pour pouvoir déchiffrer le fouillis de noms, d'adresses, de dates et de devises tracés à la suie sur le roc.

Ibid., chapitre 31.

Peu à peu Tom et Becky s'éloignent du groupe en s'enfonçant dans la grotte.

Tom découvrit une sorte d'escalier naturel assez escarpé, entre deux parois rapprochées : il n'en fallait pas plus pour faire renaître en lui la vocation d'explorateur. Becky accepta ; ils tracèrent à la fumée un repère en vue de leur retour et commencèrent leurs recherches. Ils allèrent de droite et de gauche, descendant jusque dans les profondeurs secrètes de la grotte, tracèrent un autre repère et suivirent un embranchement à la recherche de nouveautés qu'ils comptaient révéler au monde extérieur. Ils pénétrèrent dans une vaste salle, du plafond de laquelle pendaient une multitude de stalactites brillantes, de la longueur et du diamètre de la jambe d'un homme ; ils parcoururent la salle, admirant, s'émerveillant, et peu après en sortirent par l'une des nombreuses galeries qui aboutissaient à cet endroit. Ce passage les conduisit à une ravissante cascade, dont le bassin était incrusté de fleurs de givre et de cristaux brillant à la lumière ; c'était, au milieu d'un souterrain dont les murs étaient étayés par un grand nombre de piliers fantastiques formés par la jonction des stalactites et des stalagmites, le résultat de l'incessant égouttement au cours des siècles. Au plafond, de véritables essaims de chauves-souris qui s'étaient rassemblées là par milliers ; la lumière les affola et elles s'abattirent par centaines sur les chandelles en poussant des cris stridents.

Ibid., chapitre 31.

Comprendre

1. Quelle précaution prennent Tom et Becky pour ne pas se perdre ?
2. Quels adjectifs montrent l'état d'esprit des enfants devant la beauté de la grotte ? Aide-toi des éléments surlignés en vert et en bleu.
3. Quelles parties de la grotte les entrainent imprudemment de plus en plus loin ?

Grammaire pour dire et pour écrire

▶ Pour marquer l'émerveillement ou la surprise, on se sert de phrases exclamatives. Des interjections comme *Oh !* ou *Ah !* renforcent le propos.

J'applique

Complète les phrases suivantes à l'aide de *que* ou *quel*. Fais les accords si nécessaire.

❶ « Oh ! ... belles stalactites », s'exclama Becky avec un grand sourire.
❷ « ... cette cascade est jolie ! » s'écria Tom.
❸ « ... cristaux merveilleux ! On dirait des pierres précieuses », ajouta Becky.
❹ « ... fantastique idée, ce pique-nique », conclut Tom

Le sais-tu ?

Tu peux retenir le sens de « stalactite » et de « stalagmite » de façon très simple : une stalactite tombe du plafond vers le sol, son nom comprend un « t » comme « tomber » ; une stalagmite monte du sol vers le plafond, son nom comprend un « m » comme « monter ».

... pour impressionner l'auditoire ou les lecteurs

Chez la veuve Douglas, tous les adultes proches de Tom et Becky sont venus pour les fêter.

Tom, allongé sur un canapé, était entouré d'un nombreux auditoire ; il racontait l'extraordinaire aventure en brodant à son habitude.

Ibid., chapitre 32.

 **Raconter**

Tu es dans la même situation que le héros.
- Prends la parole pour raconter les jours d'errance dans la grotte.
- Puis indique par quel moyen tu as réussi à trouver le chemin de l'extérieur.

Vous pouvez aussi réaliser cette activité en vous mettant par deux : Tom commence un récit où il se met trop en valeur et Becky intervient pour rétablir la vérité.

À la recherche du trésor de Joe l'Indien

Après la mésaventure des enfants, une porte cadenassée est installée à l'entrée de la grotte. Quinze jours après, on y retrouve Joe l'Indien mort de faim. Délivré de son ennemi, Tom demande à Huck d'entrer dans la grotte avec lui, car il est sûr que le bandit y a caché son trésor.

Malgré de nouvelles recherches ils ne trouvèrent rien. Découragés, ils s'assirent. Huck donnait sa langue au chat. Tom réfléchit. Tout à coup il se leva :
– Attends voir. De ce côté-ci il y a des empreintes de pas et des taches de chandelle ; des autres côtés il n'y en a pas. Qu'est-ce que ça veut dire ? Je te parie
5 que l'argent est sous ce rocher. Je vais creuser dans la glaise.
– Ce n'est pas une mauvaise idée, dit Huck ragaillardi.
Tom sortit son véritable Barlow[1] et creusa. À quelque dix centimètres de profondeur la lame entra dans un morceau de bois.
– Non, mais... tu entends ?
10 Huck se mit à creuser à son tour. Ils découvrirent quelques planches masquant une excavation naturelle qui passait sous le roc. Tom y descendit. En tenant sa chandelle à bout de bras il ne pouvait pas voir le fond du trou.

Ibid., chapitre 33.

1. Barlow : petit canif offert à Tom.

 Faire le récit d'une découverte

Décris la découverte du trésor et la sortie des deux garçons. N'hésite pas à investir tout ce que tu as appris concernant la description au fil de l'atelier.
- Tu décriras en détail la description de la cachette.
- Tu décriras l'itinéraire de sortie des garçons.
- Tu indiqueras ce que ressentent les garçons à chaque étape de leur aventure.

Les deux garçons reviennent à Saint Petersburg avec leur trésor. Ils cachent leur découverte chez la veuve Douglas, où ils sont attendus par tous les adultes. Comme Huck a permis de sauver Mme Douglas, elle annonce qu'elle prend en charge son éducation. Tom révèle alors la découverte du trésor. Huck est bien traité par Mme Douglas, mais sa liberté lui manque. Tom vient le voir.

 lienmini.fr/jdl6-T207

Saisis cette adresse dans ton navigateur, et écoute la fin de l'histoire.

D'après toi, comment l'auteur va-t-il faire évoluer ses héros ? Trouves-en la preuve en faisant une recherche sur les autres œuvres de Marc Twain.

PARCOURS — une œuvre intégrale

Les derniers Géants
François Place

Le livre que tu vas découvrir est un album. L'écrivain y raconte l'histoire de deux façons : par le texte, mais aussi par l'image. À la différence d'une bande dessinée, texte et image ne sont pas mêlés.

Extrait 1 — Les premières pages de l'album

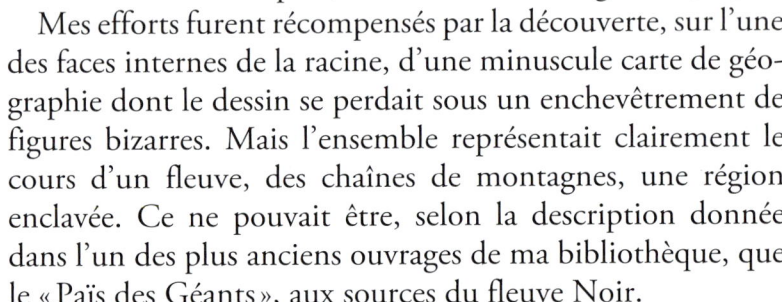

C'est au cours d'une promenade sur les docks que j'achetai l'objet qui devait à jamais transformer ma vie : une énorme dent couverte de gravures étranges. L'homme qui me la vendit [...] en demandait un
5 bon prix, prétextant que ce n'était pas une vulgaire dent de cachalot sculptée, mais une « dent de géant » [...].

Mes efforts furent récompensés par la découverte, sur l'une des faces internes de la racine, d'une minuscule carte de géographie dont le dessin se perdait sous un enchevêtrement de
10 figures bizarres. Mais l'ensemble représentait clairement le cours d'un fleuve, des chaînes de montagnes, une région enclavée. Ce ne pouvait être, selon la description donnée dans l'un des plus anciens ouvrages de ma bibliothèque, que le « Païs des Géants », aux sources du fleuve Noir.

15 Je fis mes malles et me préparai pour un long voyage.

Ainsi, au matin du 29 septembre 1849, moi, Archibald Leopold Ruthmore, je fis mes adieux à ma fidèle gouvernante Amelia, lui recommandant de veiller avec soin sur ma chère maison du Sussex et tout particulièrement sur le joyeux
20 bric-à-brac de mon cabinet de travail.

On embarqua mes malles, je gravis à mon tour l'échelle qui reliait le pont du navire à la bonne vieille terre d'Angleterre, et nous appareillâmes.

François Place, *Les Derniers Géants*, © Casterman, 2008.

Lecture d'image ▲

Observe les objets que le héros utilise pour travailler, donne leur nom et devine son métier.

▶ Comprendre la situation par le texte et l'image

1. Qui est le narrateur de ce récit ? Relève, dans le texte et les illustrations, toutes les informations (nom, profession, physique, situation sociale...) le concernant.

2. À quelle époque et en quel lieu l'histoire se déroule-t-elle ?

BILAN 3 Pour quelle raison le héros part-il en voyage ?

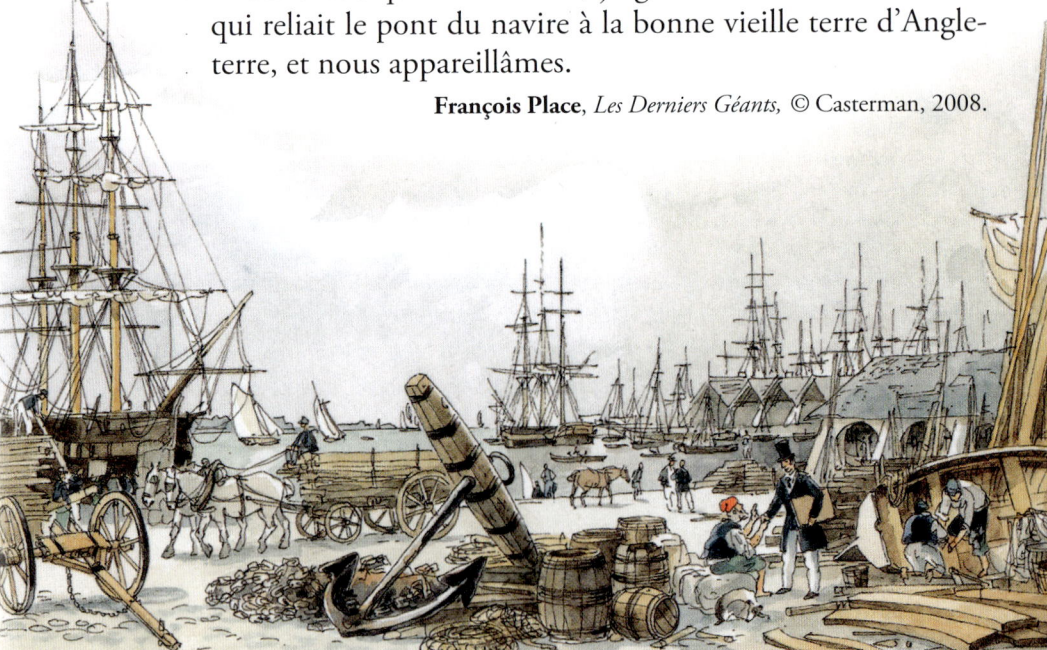

Lecture d'image ▶

1. Que font les Géants ? Où est Archibald ?

2. Que peux-tu en déduire sur leur relation ?

Saisis cette adresse sur ton navigateur et écoute la suite pour connaître les dangers qu'Archibald a affrontés, lors de son voyage.

Extrait 2 ## À la rencontre de l'autre

Après un long voyage qui le conduit aux confins de la Birmanie, Archibald se retrouve seul, ayant perdu tous ses hommes. À bout de forces, il tombe d'épuisement, mais il est recueilli par d'étranges Géants.

Dès le début de notre rencontre, ils prirent soin de moi comme d'un enfant. Je me souviens de nos premiers vrais échanges lors d'interminables veillées nocturnes : des nuits
5 entières, leurs voix s'entremêlaient pour appeler une à une les étoiles. Une mélodie fluide, complexe, répétitive, un tissage merveilleux de notes graves, profondes, orné de variations ténues, de trilles épurés, d'envolées cristallines.
10 [...] J'étais, par chance et de longue date, un observateur attentif des mouvements des astres et de la voûte céleste. J'entrepris une sorte de dictionnaire bilingue et assignai à chaque constellation la phrase musicale lui correspondant.
15 Ils étaient neuf, cinq Géants et quatre Géantes. Enluminés de la tête aux pieds, y compris sur la langue et les dents, d'un embrouillamini délirant de tracés, de volutes, d'entrelacs, de spirales et de pointillés d'une extrême complexité.
20 À la longue, on pouvait discerner, émergeant de ce labyrinthe fantasque, des images reconnaissables : arbres, plantes, animaux, fleurs, rivières, océans, un véritable chant de la terre dont la partition dessinée répondait à la musi-
25 que de leurs nocturnes invocations célestes. Dire qu'il ne me restait que deux carnets pour essayer de représenter tout cela ! Je dus écrire et dessiner si finement que les pages de mes carnets ressemblèrent à des peaux de Géants.

30 Eux-mêmes s'amusaient énormément à me voir œuvrer. C'était un spectacle dont ils ne se lassaient pas, et je compris alors qu'aucun d'eux ne savait dessiner.

Ibid.

▶ Comprendre les particularités des Géants

1. Que découvre Archibald à propos des Géants ? Que fait-il à chaque nouvelle découverte ?

2. Relève les mots appartenant au champ lexical de la musique et imagine à quoi peut ressembler le chant des Géants.

BILAN 3 Qu'est-ce qui différencie ou, au contraire, rapproche Archibald des Géants, selon toi ?

PARCOURS
une œuvre intégrale

Extrait 3 ## Une peau qui parle

Archibald a découvert que les Géants ne savent pas dessiner : il tente de percer l'énigme de leur existence et de leurs innombrables tatouages.

D'où venaient alors ces gravures qui couraient de la plante de leurs pieds jusqu'au sommet de leurs crânes ? J'avais repéré, parmi les figures décorant le large dos d'Antala, le plus grand d'entre eux, neuf silhouettes humaines que j'interprétai comme une représentation de leur peuple. Et voici qu'un dixième personnage se mit à apparaître au milieu d'elles, d'abord imprécis, puis de mieux en mieux discernable ; plus petit que les autres, il portait un haut-de-forme !

De plus, leur peau semblait réagir aux plus infimes variations d'atmosphère : elle frissonnait au moindre souffle de vent, se moirait d'éclats mordorés au soleil, tremblait comme la surface d'un lac ou prenait les teintes sombres et orageuses de l'océan dans la tempête.

Je compris alors pourquoi ils me regardaient parfois avec pitié. Davantage que ma petite taille, c'était ma peau muette qui les peinait : j'étais un être sans parole. […]

Leur origine me plongeait dans des abîmes de perplexité. Étaient-ils les derniers descendants de la lignée des Atlantes ? Pourquoi n'avaient-ils pas d'enfants ? Avaient-ils, dans d'autres contrées inaccessibles, quelques parents éloignés ?

Je comptais sur la peau de Géol, constellée d'étoiles et d'objets célestes, quarante et une apparitions de la comète Halley, ce qui le créditait d'une existence de plus de trois mille ans ! J'identifiai les stries régulières ornant leurs poignets comme des successions de périodes de veille et de sommeil. Selon mes calculs, ils dormaient près de deux cents ans pour des périodes de veille de trois ans au maximum. […] La nuit, ils célébraient joyeusement le cycle des saisons, la course des astres, les mariages sans cesse contrariés de l'eau, de la terre, de l'air et du feu.

Ils semblaient parfaitement et immuablement heureux.

Ibid.

Le sais-tu ?

La comète de Halley est la plus connue de toutes les comètes. En 1705, Edmond Halley découvrit qu'elle voyageait sur une orbite elliptique et prenait 76 ans pour faire une révolution complète autour du Soleil. On mentionne sa présence depuis 611 avant Jésus-Christ !

▶ S'identifier au héros

1. Relève, dans le texte et les illustrations, ce qui montre que les Géants sont proches de la nature.

2. Qu'est-ce qui montre que le héros cherche à connaitre tous les secrets des Géants ? Explique pourquoi il n'a pas toutes les réponses à ses questions.

3. Imagine de quoi les Géants se nourrissent.

AUDIO lienmini.fr/jdl6-T209 Écoute le texte : as-tu trouvé la bonne réponse ?

BILAN 4 Mets-toi à la place d'Archibald : écris les pages de son carnet de voyage qui rendent compte du comportement et du mode de vie des Géants. Tu peux faire apparaitre le calcul réalisé par le héros (l. 22-24). Tu te serviras des images du parcours pour décrire leur aspect physique et leur tenue. N'oublie pas d'accompagner ton texte d'illustrations.

Lecture d'image ▲

Retrouve ce que découvre le héros en observant le dos d'Antala.

Débattre

Selon toi, le fait que les Géants ne posent pas de questions à Archibald signifie-t-il qu'ils ne s'intéressent pas à lui ? Justifie ta réponse.

PARCOURS une œuvre intégrale

Extrait 4 **L'ambition du scientifique**

Le héros a envie de rentrer chez lui. Les Géants le raccompagnent aux limites de leur pays et lui donnent des pépites d'or qui lui permettent de revenir sans encombre. Il consacre alors tout son temps à composer un ouvrage encyclopédique sur les Géants. Mais son livre n'est pas bien accueilli par la communauté scientifique…

On me combattait sur tous les fronts : impossible, ce sommeil de plusieurs siècles, sans un ralentissement mortel des fonctions vitales ; une rigolade, ce peuple perdu de seulement neuf personnes ; de l'affabulation pure, cette peau qui produisait elle-même ses propres
5 tatouages ; et ces danses, ces simulacres de combat ? de quoi perturber la rotation du globe, déclencher des tremblements de terre en série !

Mais toutes ces récriminations, ces polémiques sans fin ne faisaient que renforcer ma détermination. Je leur ouvrirai pourtant les yeux, à tous ces nabots confits dans leur petit savoir frelaté : je le devais à la
10 Vérité, à l'Honneur de la Science, et l'on finirait bien par m'entendre, moi, Archibald Leopold Ruthmore, découvreur et porte-parole des Géants des Hautes Vallées !

Ibid.

▶ **Comprendre les motivations d'Archibald**

1. Selon toi, pourquoi Archibald a-t-il voulu écrire et publier une encyclopédie sur les Géants ?

2. Pour quelles raisons les autres scientifiques le combattent-ils ?

3. Pourquoi Archibald n'abandonne-t-il pas face aux critiques ? Qu'est-ce qui le motive ?

Lecture d'image ▲

Qu'est-ce qui montre l'agitation de la salle de conférence ?

 Écrire la une d'un journal

Invente la une (1re page) de deux journaux : le gros titre annonce les conférences d'Archibald. Le premier journal soutient le héros tandis que le second le considère comme un charlatan.

 Mettre en scène un débat

En groupes, imaginez les débats qui ont pu avoir lieu lors des conférences d'Archibald : ses arguments et les critiques des autres scientifiques. Inspirez-vous du premier paragraphe. Vous préparerez des dialogues, puis vous jouerez la scène.

 AUDIO lienmini.fr/jdl6-T210

Saisis cette adresse dans ton navigateur et écoute la suite de l'histoire.

▶ Archibald obtient l'argent pour une seconde expédition. Une surprise l'attend à son arrivée. Laquelle selon toi ?

Parcours Une œuvre intégrale : *Les Derniers Géants*

Extrait 5 ## Les conséquences de la découverte

Archibald entame sa seconde expédition. Mais le spectacle qui l'attend sur place l'horrifie : ses amis les Géants ont été exterminés !

▶ **Comprendre les conséquences tragiques d'une découverte**

1. Décris ce que tu vois sur l'illustration.
2. Que s'est-il passé, selon toi ?
3. Quels sentiments traduisent l'attitude d'Archibald dans l'illustration ?
4. Qu'as-tu ressenti en apprenant la mort des Géants ?

BILAN 5 Selon toi, les révélations d'Archibald sont-elles responsables de la mort des Géants ?

Extrait 6 ## Une harmonie enfin trouvée

Aujourd'hui, Archibald Leopold Ruthmore n'écrit plus. Il a fait don de tous ses livres, et Amélia dispose désormais de sa maison et du reste de ses biens. Il s'est fait marin, simple matelot de
5 la marine marchande, ne voulant pour tout horizon que la mer et le ciel. Ses pieds ont de la corne, ses mains sont devenues calleuses à force de crocher dans les cordages, sa démarche porte perpétuellement en elle le mouvement balancé des navires.
10 Dans chaque port, il s'est fait tatouer sur le corps un conte, une légende, une chanson. Et, le soir, on le rencontre parfois sur la jetée, entouré d'enfants le nez pointé vers lui : il leur conte ses innombrables voyages, les beautés de l'océan et de
15 la terre. Mais jamais il ne leur parle de cet étrange objet qui repose au fond de son coffre de marin, une dent de Géant.

Ibid.

▶ **Interpréter la fin du récit**

1. Pourquoi le texte n'est-il plus écrit à la première personne à la fin du récit ?
2. Quelles transformations physiques peux-tu observer chez Archibald ? Aide-toi du texte et des illustrations.
3. A-t-il oublié les Géants ?

BILAN 4 DÉBAT DE CLASSE Comprenez-vous qu'Archibald ait changé de vie ? Qu'auriez-vous fait à sa place ?

Récapitulons

Du récit d'aventure au récit initiatique

Le sens d'une quête
Dans un **récit d'aventures**, le **héros** poursuit une **quête** qui l'oblige à se surpasser parce qu'il rencontre de nombreux **obstacles**. L'aventure lui fait souvent **découvrir le monde**, mais aussi **les autres**, grâce aux rencontres qu'il fait. Devant les difficultés, **le héros se découvre lui-même** : il apprend à connaitre sa vraie nature. On appelle ce type de texte un **récit initiatique** : à travers les épreuves qu'il traverse, le héros évolue vers la compréhension du monde et de lui-même.

Une leçon de vie
Ainsi, dans *Les Derniers Géants*, Archibald croit faire avancer la science en révélant au monde l'existence de ses amis les Géants. Mais quand il découvre qu'il a causé leur perte, il comprend ses erreurs et décide de changer de vie.

Le genre de l'album
Dans un album, l'histoire se raconte aussi bien avec le texte qu'avec les illustrations. **Cette double narration** permet d'imaginer encore mieux les aventures du héros.

Suggestions de lecture

Si cet album t'a plu, n'hésite pas à en lire d'autres du même auteur !

Rédiger le récit d'Archibald

Un jour, sur le port, un enfant demande à Archibald de lui raconter pourquoi il est devenu marin. Le héros accepte de lui raconter son histoire :
– il revient sur ce qu'il a vécu avec les Géants ;
– il explique pourquoi il se sent responsable de leur mort et ce qu'il a compris sur lui-même ;
– il explique pourquoi il a renoncé à être un scientifique.

Rédige ce récit. N'hésite pas à relire des passages du texte pour pouvoir te mettre à la place d'Archibald et trouver ses émotions et ses motivations.

Organiser un débat

Archibald dit qu'il agit « au nom de la Vérité et de l'Honneur de la Science », mais la révélation de sa découverte entraine l'extermination des Géants.
• Faut-il toujours, selon vous, faire partager ses découvertes ?
• Connaissez-vous des exemples qui le prouvent ?

Apprendre à écouter une interview

Visionne l'interview de François Place et réponds aux questions suivantes.

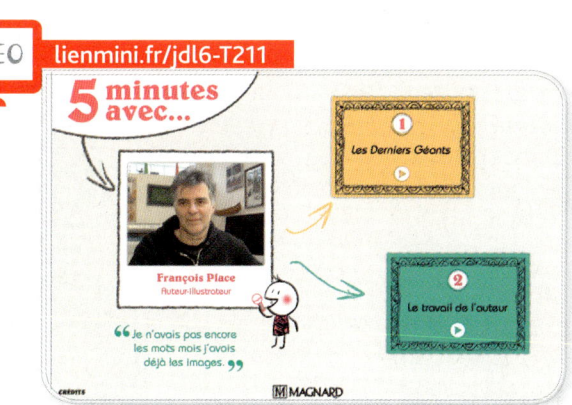

• *Les Derniers Géants* ▶ ①
a. De quel évènement historique François Place s'est-il inspiré pour écrire son album ? Pourquoi a-t-il choisi un héros anglais au XIXᵉ siècle ?
b. La science fait avancer l'humanité, mais elle a aussi ses revers. Quels dangers de la science l'auteur évoque-t-il ?

• **Le travail de l'auteur** ▶ ②
a. Comment a-t-il conçu son album ? A-t-il d'abord écrit ou dessiné ?
b. Dans le texte, c'est Archibald qui raconte son histoire à la première personne. Qu'explique l'auteur sur le type de narration qu'il propose dans ses illustrations ? Quelle impression cette double narration t'a-t-elle donnée à la lecture de l'album ?

Atelier d'expression

Jouer avec le temps pour tenir le lecteur en haleine

À l'oral
- Utiliser des repères temporels.
- Prendre la parole pour raconter.

À l'écrit
- Situer une action dans le temps.
- Utiliser un vocabulaire adapté.

Dans cet atelier, tu vas découvrir comment l'auteur, Jules Verne, tient son lecteur en haleine par les aventures de Phileas Fogg. Ce gentleman anglais se lance dans un tour du monde à la suite d'un pari avec les membres de son club. En lisant des extraits du *Tour du monde en 80 jours*, tu vas étudier comment le personnage est entraîné dans un compte à rebours infernal. Il va utiliser pour cela tous les moyens de transport mis à sa disposition.

Au fil de ta lecture, tu vas préparer, en groupe, la conférence tenue par un des quatre personnages principaux. Chaque groupe désignera son porte-parole qui viendra s'exprimer devant la classe.

Pour situer l'AUTEUR

Jules Verne (1828-1905) a écrit de nombreux romans d'aventures pour la jeunesse, où les voyages et les progrès techniques et scientifiques jouent un grand rôle. Il écrit en particulier la série des « Voyages extraordinaires » pour l'éditeur Hetzel. Ses héros parcourent le monde en utilisant toutes sortes de moyens de transport, dont certains sont encore imaginaires à son époque, comme la fusée. C'est pour cela qu'il est considéré comme un des pères de la littérature de science-fiction.

Méthode

Dans cet atelier d'expression, tu vas :
▸ comprendre l'utilisation des compléments de temps qui **donnent la chronologie de l'action** ;
▸ constater que **l'action peut être ralentie** par les obstacles naturels ou humains qui empêchent la progression du héros ;
▸ **étudier les moyens de rendre compte de deux actions simultanées** (= qui se passent en même temps) réalisées par des personnages différents ;
▸ vérifier que l'expression du temps est un moyen efficace de rendre la tension dramatique.

Se représenter un personnage

- Écoute le portrait que fait Jules Verne de son personnage principal.

AUDIO **lienmini.fr/jdl6-T212**

- Lis l'extrait ci-contre du *Tour du monde en 80 jours*.
- Quelle image te fais-tu du personnage de Phileas Fogg ?
- Qu'apprends-tu de son aspect physique ? Qu'apprends-tu de ses habitudes ?

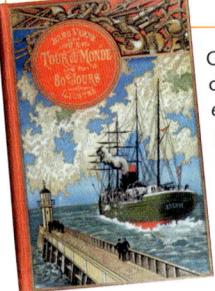

Couverture du *Tour du monde en 80 jours* parue aux éditions Hetzel au XIXᵉ siècle.

Un homme réglé comme une horloge

Ce matin du 2 octobre 1872, Phileas Fogg engage Jean Passepartout à 11 h 29 du matin. À 11 h 30, le maître quitte la maison pour son club. Le nouveau serviteur découvre les horaires de son service.

Il remarqua aussi, dans sa chambre, une notice affichée au-dessus de la pendule. C'était le programme du service quotidien. Il comprenait – depuis huit heures du matin, heure réglementaire à laquelle se levait Phileas Fogg, jusqu'à onze heures et demie, heure à laquelle il quittait sa maison pour aller déjeuner au Reform-Club – tous les détails du service, le thé et les rôties de huit heures vingt-trois, l'eau pour la barbe de neuf heures trente-sept, la coiffure de dix heures moins vingt, etc. Puis de onze heures et demie du matin à minuit – heure à laquelle se couchait le méthodique gentleman – tout était noté, prévu, régularisé. Passepartout se fit une joie de méditer ce programme et d'en graver les divers articles dans son esprit.

Détail de la couverture d'une édition anglaise des « Voyages extraordinaires » parue au début du XXᵉ siècle.

Pour situer chaque extrait dans l'œuvre intégrale

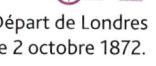
Départ de Londres le 2 octobre 1872.
ch. 4

Définir une chronologie de l'action

Un retour inattendu

Après son pari contre des membres de son club, Phileas Fogg rentre à Saville-row. Passepartout s'étonne de le voir revenir en avance.

À sept heures vingt-cinq, Phileas Fogg, après avoir gagné une vingtaine de guinées au whist, prit congé de ses honorables collègues, et quitta le Reform-Club. À sept heures cinquante, il ouvrait la porte de sa maison et rentrait chez lui.

Passepartout, qui avait consciencieusement étudié son programme, fut assez surpris en voyant Mr. Fogg, coupable d'inexactitude, apparaître à cette heure insolite.

Suivant la notice, le locataire de Saville-row ne devait rentrer qu'à minuit précis.

Phileas Fogg était tout d'abord monté à sa chambre, puis il appela :

« Passepartout. »

Passepartout ne répondit pas. Cet appel ne pouvait s'adresser à lui. Ce n'était pas l'heure.

« Passepartout », reprit Mr. Fogg sans élever la voix davantage.

Passepartout se montra.

« C'est la deuxième fois que je vous appelle, dit Mr. Fogg.

— Mais il n'est pas minuit, répondit Passepartout, sa montre à la main.

— Je le sais, reprit Phileas Fogg, et je ne vous fais pas de reproche. Nous partons dans dix minutes pour Douvres et Calais. »

Une sorte de grimace s'ébaucha sur la ronde face du Français. Il était évident qu'il avait mal entendu.

« Monsieur se déplace ? demanda-t-il.

— Oui, répondit Phileas Fogg. Nous allons faire le tour du monde. »

Passepartout, l'œil démesurément ouvert, la paupière et le sourcil surélevés, les bras étendus, le corps affaissé, présentait alors tous les symptômes de l'étonnement poussé jusqu'à la stupeur.

« Le tour du monde ! murmura-t-il.

— En quatre-vingts jours, répondit Mr. Fogg. Ainsi, nous n'avons pas un instant à perdre. »

Jules Verne, *Le Tour du monde en 80 jours* (1873), chapitre 4.

Comprendre

1. Quels indices montrent que le comportement de Phileas Fogg est inhabituel ?
2. Quelle est la réaction de Passepartout ?
3. En combien de temps se préparent-ils ?

Commencer le récit d'un voyage

www.lienmini.fr/jdl6-T213   À cette adresse de ton navigateur, consulte un extrait du carnet de Phileas Fogg. Rédige le début de son récit de voyage. Indique, à chaque étape, si le bateau ou le train a été utilisé.

Grammaire pour dire et pour écrire

▶ Pour exprimer le temps dans le récit, on utilise des **compléments circonstanciels de temps** précédés, en général, d'une préposition.

J'applique

1 Réécris les phrases avec l'heure en toutes lettres.
a. Phileas Fogg quitte sa maison à (11 : 30).
b. À (12 : 45), le gentleman quitte la salle à manger.
c. La lecture du journal l'occupe jusque (3 : 15).

2 Indique si le complément de temps est un moment précis, une durée ou un point de départ.
a. Phileas Fogg est rentré à sept heures cinquante.
b. Le gentleman prend le train dans une heure.
c. Passepartout prépare son sac en cinq minutes.

Pour préparer la conférence, choisissez l'un des quatre personnages et lisez le passage suggéré pour celui-ci.

Phileas Fogg ▶ l'acquisition de l'éléphant (ch. 11 et 12)
Passepartout ▶ le sauvetage (ch. 12 à 14) et le procès (ch. 10 et 15)
L'inspecteur Fix ▶ incognito (ch. 8 et 9) et le procès (ch. 10 et 15)
Mrs. Aouda ▶ le sauvetage (ch. 12 à 14)

Atelier d'expression : Jouer avec le temps pour tenir le lecteur en haleine

Atelier d'expression

À Suez, le détective Fix suit Fogg pris pour un voleur de banque. ch. 5 à 8

Entre Bombay et Calcutta, faute de train, Fogg voyage en éléphant. ch. 11

Fogg et Passepartout prennent le temps de sauver Mrs. Aouda. ch. 12 et 13

À Calcutta, le procès de Passepartout manque de retarder Fogg. ch. 15

Embarquement à bord du Rangoon, en direction de Hong-Kong, en Chine. ch. 16

Rencontrer des contretemps

Dans la tempête

Les 3 et 4 novembre, le Rangoon*, le paquebot transportant les héros, subit une tempête et doit réduire sa vitesse.*

Phileas Fogg assistait à ce spectacle d'une mer furieuse, qui semblait lutter directement contre lui, avec son habituelle impassibilité. Son front ne s'assombrit pas un instant, et, cependant, un retard de vingt heures pouvait compromettre son voyage en lui faisant manquer le départ du paquebot de
5 Yokohama. Mais cet homme sans nerfs ne ressentait ni impatience ni ennui. Il semblait vraiment que cette tempête rentrât dans son programme, qu'elle fût prévue. Mrs. Aouda, qui s'entretint avec son compagnon de ce contretemps, le trouva aussi calme que par le passé.

Fix, lui, ne voyait pas ces choses du même œil. Bien au contraire. Cette
10 tempête lui plaisait. Sa satisfaction aurait même été sans bornes, si le Rangoon eût été obligé de fuir devant la tourmente. Tous ces retards lui allaient, car ils obligeraient le sieur Fogg à rester quelques jours à Hong-Kong. Enfin, le ciel, avec ses rafales et ses bourrasques, entrait dans son jeu. Il était bien un peu malade, mais qu'importe ! Il ne comptait pas ses nausées, et, quand son corps se
15 tordait sous le mal de mer, son esprit s'ébaudissait d'une immense satisfaction.

Ibid., chapitre 18.

Comprendre

1. Quel synonyme de **contretemps** est aussi employé deux fois dans le texte ?

2. Qui semble s'opposer au voyage de Phileas Fogg ?

3. Trouve un nom et un adjectif qui qualifient l'état d'esprit de Phileas Fogg.

4. Quelle est la réaction de Fix face au même phénomène ? Quel nom répété dans le second paragraphe le prouve ?

AUDIO lienmini.fr/jdl6-T214

Écoute ce passage qui rend compte d'un autre obstacle, qui se met en travers de la route de Phileas Fogg. Explique oralement ce dont il s'agit. Quelle est la réaction du personnage ? Est-elle conforme au portrait que tu te fais de lui ?

Le Douanier Rousseau, *Le Navire dans la tempête* (détail), 1896, huile sur toile, (54 cm × 65 cm), Musée de l'Orangerie, Paris.

Grammaire pour dire et pour écrire

▸ Pour ralentir son personnage, l'auteur place des obstacles (phénomènes naturels ou personnage hostile) sur son chemin.

J'applique

1 Réécris les phrases suivantes en les complétant avec le mot qui convient : délai – lentement – ralentir – retard – retenir.
a. La condamnation de Passepartout pourrait … les voyageurs durant huit jours.
b. Fix recevra le mandat d'arrestation de Phileas Fogg dans un … de huit jours.
c. L'arrestation de Passepartout causa un léger … au programme de Phileas Fogg.
d. L'éléphant avance … dans la forêt.
e. La coupure de la ligne de train a … leur voyage.

Pour préparer la conférence, choisissez l'un des quatre personnages et lisez le passage suggéré pour celui-ci.
Phileas Fogg ▸ détour par Shangai (ch. 21 et 22) et correspondance ratée (ch. 28 et 30)
Passepartout ▸ trompé (ch. 19) et solitude (ch. 22 et 23)
L'inspecteur Fix ▸ complot (ch. 19) et embarquement (ch. 20)
Mrs. Aouda ▸ avec Phileas (ch. 28 et 30), dialogue (chapitre 24)

| Escale à Hong-Kong. ch. 19 | Fix empêche Passepartout de prévenir Fogg des horaires de départ pour Yokohama. ch. 19 | Là ils prennent un navire pour San Francisco, faisant escale à Yokohama, au Japon. ch. 21 | Phileas Fogg et Mrs. Aouda louent une goélette, la Tankadère, pour Shangai, en Chine. ch. 21 | Fix se joint à eux. ch. 21 | Passepartout embarque au dernier moment pour le Japon. ch. 22 |

Raconter des évènements simultanés

Retrouvailles

Arrivé seul et sans argent à Yokohama, Passepartout devient acrobate du cirque Batulcar. Costumé d'un long nez de bambou et d'ailes, il participe à une pyramide humaine. Au cours du spectacle, voyant Phileas Fogg parmi les spectateurs, il quitte la pyramide en provoquant son effondrement.

Arrivé le matin même, 14 novembre, à l'heure réglementaire, Phileas Fogg, laissant Fix aller à ses affaires, s'était rendu à bord du Carnatic, et là il apprenait, à la grande joie de Mrs. Aouda – et peut-être à la sienne, mais du moins il n'en laissa rien paraître – que le Français Passepartout était effectivement arrivé la veille à Yokohama.

Phileas Fogg, qui devait repartir le soir même pour San Francisco, se mit immédiatement à la recherche de son domestique. Il s'adressa, mais en vain, aux agents consulaires français et anglais, et, après avoir inutilement parcouru les rues de Yokohama, il désespérait de retrouver Passepartout, quand le hasard, ou peut-être une sorte de pressentiment, le fit entrer dans la case de l'honorable Batulcar. Il n'eût certes point reconnu son serviteur sous cet excentrique accoutrement de héraut ; mais celui-ci, dans sa position renversée, aperçut son maître à la galerie. Il ne put retenir un mouvement de son nez. De là rupture de l'équilibre, et ce qui s'ensuivit.

Voilà ce que Passepartout apprit de la bouche même de Mrs. Aouda, qui lui raconta alors comment s'était faite cette traversée de Hong-Kong à Yokohama, en compagnie d'un sieur Fix, sur la goélette la Tankadère.

id., chapitre 24.

Comprendre

1. Depuis combien de jours Passepartout est-il à Yokohama quand Phileas Fogg y arrive ?

2. En quel lieu se trouvent simultanément Passepartout et son maitre quand ils se retrouvent ?

3. Qu'apprend Mrs. Aouda à Passepartout ?

Illustration d'**Auguste Leroux** (1871-1954).

Grammaire pour dire et pour écrire

▶ Pour évoquer **deux actions simultanées** (= au même moment) mais souvent en des lieux différents, on utilise des **conjonctions de temps** : *pendant que, tandis que, alors que, au moment où* ; **des prépositions** : *pendant, durant*.

J'applique

1 Relie les phrases avec la conjonction proposée.
a. Passepartout navigue sur le Carnatic. Phileas Fogg vogue sur la Tankadère. *(tandis que)*
b. Phileas Fogg se dirige vers Shangai. Passepartout rejoint Yokohama. *(pendant que)*
c. Phileas Fogg arrive à Yokohama. Passepartout est engagé comme acrobate. *(au moment où)*

2 Remplace la proposition en gras par un groupe prépositionnel.
a. Pendant que Phileas Fogg voyage en mer de Chine, Passepartout arrive au Japon. *(pendant)*
b. Pendant que Passepartout participe au spectacle, Phileas Fogg et Mrs. Aouda sont dans les gradins. *(durant)*

Pour préparer la conférence, choisissez l'un des quatre personnages et lisez le passage suggéré pour celui-ci.
Phileas Fogg ➤ le colonel (ch. 25 et 29) et sauver Passepartout (ch. 30)
Passepartout ➤ le pont (ch. 28) et attaque indienne (ch. 29 et 30)
L'inspecteur Fix ➤ explication avec Passepartout (ch. 24), traineau à voile (ch. 31)
Mrs. Aouda ➤ attaque indienne (ch. 29)

Atelier d'expression

- Traversée du Pacifique sur le *General-Grant*. ch. 24
- Départ en train de San Francisco. ch. 26
- Disparition de Passepartout lors de l'attaque des Indiens. ch. 30
- Correspondance ratée à New York. ch. 31
- Un vaisseau brulé pour arriver en Irlande. ch. 33
- Arrestation à Liverpool. ch. 33
- Phileas Fogg démoralisé. ch. 35
- Découverte de Passepartout. ch. 36

Suspense et tension dramatique

Les deux dernières minutes

Les cinq membres du Reform-Club qui ont parié contre Phileas Fogg jouent aux cartes pour tromper leur attente. Mais ils ont les yeux rivés sur l'horloge.

« Huit heures quarante-trois », dit Thomas Flanagan, en coupant le jeu que lui présentait Gauthier Ralph.

Puis un moment de silence se fit. Le vaste salon du club était tranquille. Mais, au-dehors, on entendait le brouhaha de la foule, que dominaient parfois
5 des cris aigus. Le balancier de l'horloge battait la seconde avec une régularité mathématique. Chaque joueur pouvait compter les divisions sexagésimales qui frappaient son oreille.

« Huit heures quarante-quatre ! » dit John Sullivan d'une voix dans laquelle on sentait une émotion involontaire.

10 Plus qu'une minute, et le pari était gagné. Andrew Stuart et ses collègues ne jouaient plus. Ils avaient abandonné les cartes ! Ils comptaient les secondes !

À la quarantième seconde, rien. À la cinquantième, rien encore !

À la cinquante-cinquième, on entendit comme un tonnerre au-dehors, des applaudissements, des hurrahs, et même des imprécations, qui se propagèrent
15 dans un roulement continu.

Les joueurs se levèrent.

À la cinquante-septième seconde, la porte du salon s'ouvrit, et le balancier n'avait pas battu la soixantième seconde, que Phileas Fogg apparaissait, suivi d'une foule en délire qui avait forcé l'entrée du club, et de sa voix
20 calme :

« Me voici, messieurs », disait-il.

Ibid., chapitre 36.

Comprendre

1. Quelles sont les « divisions sexagésimales » de la minute ? Connais-tu une autre durée qui soit aussi une « division sexagésimale » ?

2. D'après toi, pourquoi l'intérieur du club est-il silencieux ? Pourquoi l'extérieur est-il bruyant ?

3. De quelle qualité fait preuve Phileas Fogg en arrivant en cet instant précis : d'assiduité, de ponctualité, ou de promptitude ? Justifie ta réponse.

Grammaire pour dire et pour écrire

▶ L'utilisation des repères temporels permet de rendre l'action plus dramatique, plus intense, comme dans le cas de cette fin de roman, qui joue avec un compte à rebours. Jusqu'au dernier instant, les personnages attendent le dénouement avec fébrilité. L'évènement peut être souligné par une expression qui va révéler son aspect soudain : *tout à coup, soudain, brusquement...*

J'applique

Réécris la seconde phrase avec un adjectif attribut de la même famille que le mot en gras.
a. Durant cette attente, les membres du club firent preuve d'**impassibilité**. Ils restèrent ...
b. Au dernier moment, l'**agitation** de la foule s'accentua. La foule devint très ...
c. Mrs. Aouda attendit la conclusion du voyage avec **impatience**. Elle était ... d'arriver.

Pour préparer la conférence, choisissez l'un des quatre personnages et lisez le passage suggéré pour celui-ci.
Phileas Fogg ➤ l'Atlantique (ch. 31 et 32) et arrestation (ch. 33 et 34)
Passepartout ➤ à l'église (ch. 35)
L'inspecteur Fix ➤ arrestation (ch. 33), coup de poing (ch. 34)
Mrs. Aouda ➤ mariage (ch. 35)

La conférence d'un des héros du roman d'aventure

- Choisis de relire un ou plusieurs chapitres qui concernent l'un des personnages principaux du roman (Phileas Fogg, Passepartout, Fix ou Mrs. Aouda).
- Prononce devant tes camarades une conférence où tu joues le rôle d'un personnage et où tu racontes ta participation au voyage autour du monde.
- Utilise la première personne du singulier pour ton discours.
- Réinvestis tout ce que tu as appris de l'utilisation du temps pour ménager le suspense.

Tu peux faire une vidéoconférence en t'enregistrant à l'aide d'une webcam ou d'un portable.

En 1889, une jeune journaliste américaine, **Nellie Bly** (1864-1922), obtient du propriétaire du *World*, Joseph Pulitzer, d'améliorer le record de Phileas Fogg. Partie de New York le 14 novembre, elle s'arrêtera quelques heures pour saluer Jules Verne à Amiens le 22 novembre, puis reprendra l'itinéraire de Fogg sans la traversée de l'Inde. Pendant qu'elle voyageait vers l'est, une journaliste du *Cosmopolitan*, Elisabeth Bisland partit en direction de l'ouest en commençant par traverser les États-Unis en train. Nellie Bly arriva triomphalement à New York, après son tour du monde en soixante-douze jours, le 25 janvier 1890.

◀ Lecture d'image

1. À quel jeu traditionnel s'apparente cette image ?

2. À quoi correspond chaque case de ce jeu ? Quel mot anglais est répété ? Comment le traduis-tu ?

3. Justifie la présence des quatre illustrations dans les coins du jeu.

4. D'après toi, que représente chaque cercle dans les cases du jeu ?

ACTIVITÉ

lienmini.fr/jdl6-T215

Saisis cette adresse sur ton navigateur pour créer ton propre plateau de jeu.

Atelier d'expression : Jouer avec le temps pour tenir le lecteur en haleine

Question complémentaire Rencontre avec l'inconnu

Dans ce dossier, tu vas lire et écouter des extraits de deux œuvres littéraires, **Le Petit Prince** *d'Antoine de Saint-Exupéry et* **Vendredi ou la vie sauvage** *de Michel Tournier. À travers quatre thèmes, tu feras des rapprochements entre ces deux œuvres qui proposent, chacune, une rencontre avec l'inconnu. Tu diras aussi ce qu'elles t'ont permis de comprendre sur toi-même.*

Un lieu coupé du monde

Extrait 1

Le narrateur, un aviateur, est tombé en panne dans le désert du Sahara.

Quelque chose s'était cassé dans mon moteur. Et comme je n'avais avec moi ni mécanicien, ni passagers, je me préparai à essayer de réussir, tout seul, une réparation difficile. C'était pour moi une question de vie ou de mort. J'avais à peine de l'eau à boire pour huit jours. Le premier soir je me suis donc endormi sur le sol à mille milles[1] de toute terre habitée. J'étais bien plus isolé qu'un naufragé sur un radeau au milieu de l'océan.

Antoine de Saint-Exupéry, *Le Petit Prince*, ch. II, © Éditions Gallimard, 1946.

1. mille : unité de mesure de navigation maritime et aérienne valant 1 852 mètres.

Extrait 2

La Virginie vient de faire naufrage. Robinson en est le seul survivant échoué sur la plage...

Robinson se leva et fit quelques pas. [...] Il préféra escalader les rochers afin d'embrasser une vaste étendue du regard. C'est ainsi, debout sur le sommet du plus haut rocher, qu'il constata que la mer cernait de tous côtés la terre où il se trouvait et qu'aucune trace d'habitation n'était visible : il était donc sur une île déserte.

Michel Tournier, *Vendredi ou la vie sauvage*, ch. 2, © Éditions Gallimard, 1971.

- Où se déroule l'action de l'extrait 1 ? de l'extrait 2 ?
- Dans quelle situation se trouvent les personnages ?
- Dans l'extrait 1, relève deux mots de la même famille que « solitude ».
- Lequel des deux personnages te semble le plus seul ? Pourquoi ?

La rencontre avec l'autre

Extrait 3

Cet extrait suit le précédent : le narrateur fait la rencontre du petit prince.

Alors vous imaginez ma surprise, au lever du jour, quand une drôle de petite voix m'a réveillé. [...] J'ai sauté sur mes pieds comme si j'avais été frappé par la foudre. J'ai bien frotté mes yeux. J'ai bien regardé. Et j'ai vu un petit bonhomme tout à fait extraordinaire qui me considérait gravement. [...] Or mon petit bonhomme ne me semblait ni égaré, ni mort de faim, ni mort de soif, ni mort de peur. Il n'avait en rien l'apparence d'un enfant perdu au milieu du désert, à mille milles de toute région habitée. *Ibid.*, ch. II.

AUDIO lienmini.fr/jdl6-T216

Exprimer son point de vue

Écoute cet extrait. Comment se rencontrent Robinson et Vendredi ? Pourquoi peut-on dire que Robinson sauve la vie de Vendredi ?

Extrait 4

Robinson sauve la vie d'un homme qui est pourchassé par des Indiens.

« Dans un groupe d'hommes, celui qui ne ressemble pas aux autres est toujours détesté. » *Ibid.*, ch. 13.

- Comment est formé l'adjectif « extraordinaire » (l. 5) ? Comment cela explique-t-il son sens ?
- Relève quatre indices qui confirment ce caractère extraordinaire du petit prince.
- Selon toi, d'où peut venir ce petit prince ?

- Pourquoi peut-on dire que la rencontre de Robinson et de Vendredi est celle de deux solitudes ?

Apprendre de l'autre

Extrait 5

Robinson avait toujours cru qu'un bon cuisinier ne doit pas mélanger la viande et le poisson, le sel et le sucre. Vendredi lui montra que ces mélanges sont quelquefois possibles, et même succulents[1].

1. succulent : délicieux, exquis.

Ibid., ch. 22.

Réaliser un exposé croisé

Avec un(e) camarade, réalise un exposé croisé. L'un de vous présentera les connaissances transmises par Robinson à Vendredi. L'autre exposera les savoirs de Vendredi.

- Pourquoi la rencontre avec Vendredi vient-elle bousculer les certitudes de Robinson ?

Extrait 6

Le narrateur écoute le petit prince lui raconter sa rencontre avec un renard.

– [...] Qu'est-ce que signifie « apprivoiser » ?
– C'est une chose trop oubliée, dit le renard. Ça signifie « créer des liens... »
– Créer des liens ?
– Bien sûr, dit le renard. Tu n'es encore pour moi qu'un petit garçon tout semblable à cent mille petits garçons. Et je n'ai pas besoin de toi. Et tu n'as pas besoin de moi non plus. Je ne suis pour toi qu'un renard semblable à cent mille renards. Mais, si tu m'apprivoises, nous aurons besoin l'un de l'autre. Tu seras pour moi unique au monde. Je serai pour toi unique au monde...

Ibid., ch. XXI.

- Quelle différence de sens fais-tu entre « seul » et « unique » ?
- De quel autre mot l'extrait 6 pourrait-il être la définition ? Justifie ta réponse.

Apprendre à se connaitre soi-même

Extrait 7

Une goélette, le Whitebird, *accoste sur l'île de Robinson.*

C'est alors qu'il comprit qu'il ne quitterait jamais l'île. Ce *Whitebird* avec ses hommes, c'était l'envoyé d'une civilisation où il ne voulait pas retourner. [...] Non, il resterait fidèle à la vie nouvelle que lui avait enseignée Vendredi.

Ibid., ch. 34.

- Quel synonyme peux-tu donner du mot « fidèle » ?
- Selon toi, pourquoi Robinson refuse-t-il de retrouver sa vie d'avant ?

Extrait 8

Le petit prince prépare avec délicatesse le narrateur à leur séparation.

– Quand tu regarderas le ciel, la nuit, puisque j'habiterai dans l'une d'elles, puisque je rirai dans l'une d'elles, alors ce sera pour toi comme si riaient toutes les étoiles. Tu auras, toi, des étoiles qui savent rire !

Ibid., ch. XXVI.

- Pourquoi la rencontre du petit prince va-t-elle changer la vie du narrateur ?

Débat : Découvrir ce qu'on ne connait pas

- Que t'a apporté la lecture de ces deux œuvres ?
- La perte de tous les repères (géographiques, culturels) peut-elle avoir des aspects positifs ?
- Qu'apprend la rencontre avec ceux qu'on ne connait pas ?
- Quelle est la part d'inconnu que l'on peut découvrir en soi-même ? Aide-toi des textes pour trouver tes propres réponses.
- De qui, des quatre personnages, te sens-tu le (la) plus proche ? Dis pourquoi.

Thème 3 — Récits de création ;

création poétique

L'Épopée de Gilgamesh, illustrée par **Zabelle C. Boyajian** (1924), ainsi que les **illustrations des pages 128 à 135**.

PARCOURS — une œuvre intégrale

L'Épopée de Gilgamesh

L'Épopée de Gilgamesh est le premier long récit connu dans l'histoire de l'humanité. On en trouve des traces aux XVIIIe et XVIIe siècles avant notre ère. En 1 200 av. J.-C., une version en donne le texte tel qu'on le connait aujourd'hui. Le héros, Gilgamesh, se croit tout-puissant et il est craint par son peuple, qu'il martyrise. Petit à petit, au cours de l'épopée, il devient humain aux deux sens du terme : il découvre la douceur de l'amitié et il est confronté à la mort. À la fois divin et humain à l'origine, il va apprendre, tout au long du récit, à accepter de ne pas être immortel.

Extrait 1 — Gilgamesh, un roi quasi divin

Ce passage se situe presque au début de l'épopée. Il célèbre les qualités de Gilgamesh, le roi d'Uruk.

Exceptionnel monarque,
    Célèbre, prestigieux,
Preux rejeton d'Uruk,
    Buffle à la corne terrible,
5 Il précédait ses gens,
    Entraîneur ;
Ou bien il les suivait,
    Renfort des siens !
Puissant filet-de-guerre,
10   Protecteur de ses troupes,
Masse d'eau démontée
    Qui démolit jusqu'aux murs de pierre :
Tel était le fils de Lugalbanda,
    Gilgamesh à la force accomplie,
15 L'enfant de la Vache sublime :
    Ninsuna-la-Bufflesse,
Tel était Gilgamesh,
    Parfait, éblouissant !
Lui qui ouvrit

20   Les passes des montagnes,
Creusa des puits
    Sur la nuque des monts,
Passa la mer,
    La Mer immense,
25   Jusque là d'où sort le Soleil,
Et explora l'univers entier
    En quête de la vie-sans-fin,
Poussant, avec hardiesse,
    Jusqu'à Utanapishti-le-lointain,
30 Restaurateur des Sanctuaires
    Qu'avait anéantis le Déluge !
Entre la multitude des hommes,
    Il n'y en a pas eu un
Qui pût rivaliser avec lui
35   En souveraineté,
Et déclarer comme lui :
    « Le Roi, c'est moi, moi seul ! »

L'Épopée de Gilgameš, Le grand homme qui ne voulait pas mourir, tablette I, trad. de l'akkadien par J. Bottéro, © Éditions Gallimard, 1992.

Gilgamesh, sculpture en albâtre (552 x 218 cm) datant de 800 av. J.-C., musée du Louvre, Paris.

▶ Découvrir la présentation élogieuse d'un personnage

1. Comment ce texte est-il disposé ?

2. Relève les adjectifs qualificatifs se rapportant à Gilgamesh. Qu'ont-ils en commun ?

3. Quelle est la fonction grammaticale des mots surlignés ?

4. Qui sont les parents de Gilgamesh ? Montre que Gilgamesh n'est pas tout à fait humain.

5. La fin de l'extrait présente les futurs exploits de Gilgamesh. Quelle sera sa quête ?

BILAN 6. Décris avec tes propres mots les caractéristiques qui font de Gilgamesh un héros hors du commun.

ACTIVITÉ + lienmini.fr/jdl6-T301

Saisis cette adresse dans ton navigateur et découvre une représentation du monde de Gilgamesh.

Extrait 2 ## La création d'un homme : Enkidu

Le roi d'Uruk, Gilgamesh, malmène son peuple. Les dieux s'en inquiètent et demandent à la déesse-mère, Aruru, de créer un être humain capable de s'opposer à Gilgamesh. Elle est aidée par le dieu Anu et s'inspire du dieu guerrier Ninurta.

Ayant ouï
    Cette requête,
    Aruru se pénétra
    De ce que lui dicta Anu.
5 S'étant alors
    Lavé les mains,
    Elle prit un lopin d'argile
    Et le déposa en la steppe :

Et c'est là, dans la steppe,
10   Qu'elle forma Enkidu-le-preux.
    Mis au monde en la Solitude,
    Aussi compact que Ninurta.
Abondamment velu
    Par tout le corps,
15   Il avait une chevelure
    De femme,
    Aux boucles foisonnant
    Comme un champ d'épis.
Ne connaissant ni concitoyens,
20   Ni pays,
    Accoutré
    À la sauvage,
    En compagnie des gazelles.
    Il broutait ;
25 En compagnie de sa harde,
    Il fréquentait l'aiguade[1] ;
    Il se régalait d'eau
    En compagnie des bêtes.

Ibid., I.

1. **aiguade** : point d'eau.

Le sais-tu ?

L'idée selon laquelle les hommes ont été créés à partir d'argile est courante dans de nombreux textes sacrés. Chez les Grecs, c'est Prométhée qui fabrique les hommes à partir de terre humide. Dans la Bible et le Coran, le premier homme, Adam, est créé lui aussi à partir de l'argile.

Enkidu, illustration de **Julie Ricossé**.

▶ Réfléchir sur l'humanité

1. Comment la déesse Aruru s'y prend-elle pour donner la vie à Enkidu ?

2. Aux vers 17-18, repère une figure de style. Que montre-t-elle ?

3. Explique pourquoi Enkidu est, par certains aspects, plus proche de l'animal que de l'homme.

4. Observe les neuf derniers vers du texte. Quels sont les mots répétés ? Pourquoi le sont-ils, à ton avis ?

BILAN 5 La déesse Aruru a créé un homme qui n'en est pas tout à fait un. D'après le texte, qu'aurait-il fallu pour qu'Enkidu soit vraiment humain ?

Lecture d'image ▲
Étudier une illustration d'Enkidu

1. Observe ce dessin de Julie Ricossé. Qu'est-ce qui fait qu'Enkidu ressemble à un animal ?

2. Qu'est-ce qui donne à cette image une impression de mouvement ?

3. Quel est l'angle de vue choisi par la dessinatrice ? Pourquoi ?

4. Aurais-tu dessiné Enkidu de cette manière ? Explique ton point de vue.

PARCOURS une œuvre intégrale

Extrait 3 — Enkidu, de l'animalité à l'humanité

Un chasseur, qui veut voir Enkidu affronter Gilgamesh, lui fait rencontrer la belle courtisane Lajoyeuse. Il pense qu'après avoir aimé une femme, Enkidu ne pourra plus vivre avec les animaux. C'est exactement ce qui se produit :

Il se disposa
    À rejoindre sa harde.
Mais, à la vue d'Enkidu,
    Gazelles de s'enfuir,
5 Et les bêtes sauvages,
    De s'écarter de lui. […]
Enkidu était affaibli,
    Incapable de courir comme avant.
Mais il avait mûri :
10   Il était devenu intelligent !
Aussi revint-il s'asseoir,
    Aux pieds de la Courtisane.
Les yeux rivés
    Sur son visage,
15 Il comprenait
    Tout ce qu'elle lui disait.

La Courtisane
    S'adressa donc à lui, Enkidu :
« Tu es beau, Enkidu !
20   Tu ressembles à un dieu !
Pourquoi galoper en la steppe
    Avec les bêtes ?
Laisse-moi t'emmener
    À Uruk-les-clos, […]
25 Là où se trouve Gilgamesh,
    À la vigueur accomplie,
Qui, pareil à un buffle,
    L'emporte sur les plus gaillards ! »
Et tandis qu'elle l'exhortait,
30 Il acquiesçait à ses dires :
Clairvoyant,
    Il se pressentait un ami.
Enkidu
    S'adressa donc à la Courtisane :
35 « Allons ! Lajoyeuse,
    Entraîne-moi,
À la sacro-sainte Demeure, […]
    Là où se trouve Gilgamesh,
    À la vigueur accomplie,
40 Qui, pareil à un buffle,
    L'emporte sur les plus gaillards !
Je me mesurerai avec lui,
    Et la lutte sera sévère !
Et je proclamerai, en plein Uruk :
45   "Le plus puissant, c'est moi !"
Une fois entré là-bas,
    J'y changerai le cours-des-choses !
Le natif de la steppe,
    Sera le plus fort, le plus vigoureux ! »
50 « Viens, dit la Courtisane, partons :
    Allons le trouver en personne ! […]
Toi, Enkidu,
    Qui ne savais pas vivre,
Je te montrerai Gilgamesh,
55   Cet homme imperturbable ! » *Ibid.,* I.

Le sais-tu ?

Dans d'autres religions, la question du savoir est souvent liée à la présence d'une femme.
C'est le cas dans la Bible où Ève propose à Adam de manger le fruit de l'arbre de la connaissance, ou chez les Grecs, avec le mythe de Pandore, raconté par Hésiode. Dans ces deux derniers cas, la connaissance a cependant un effet négatif.

▶ Comprendre une métamorphose grâce à un dialogue

1. Comment réagissent les animaux une fois qu'Enkidu a rencontré Lajoyeuse ? Pourquoi, à ton avis ?

2. Quel procédé montre qu'Enkidu est immédiatement convaincu par les mots de Lajoyeuse ?

3. Quel est le temps de l'indicatif utilisé dans la réponse d'Enkidu (vers 40 à 47) ? Quel est l'état d'esprit d'Enkidu à ce moment-là ?

4. Quel est le but d'Enkidu face à Gilgamesh ? Trouve un indice qui montre que les choses ne se passeront pas ainsi.

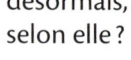 **5.** « Toi, Enkidu, / Qui ne savais pas vivre » : d'après toi, que veut dire la Courtisane ici ?
Qu'est-ce qui fait qu'Enkidu sait vivre désormais, selon elle ?

Extrait 4 — Le combat contre le géant Humbaba : l'épreuve de l'amitié

Enkidu et Gilgamesh, après s'être battus, deviennent amis. Gilgamesh, qui a soif d'aventures, décide d'aller combattre le gardien de la forêt des Cèdres, le géant Humbaba, protégé du dieu Enkil mais détesté par le dieu Shamash. Enkidu l'accompagne.

Intégrale Gilgamesh de **Gwen de Bonneval** et **Frantz Duchazeau**, © Poisson pilote.

Immobiles,
    À la lisière de la Forêt,
Ils contemplaient
    L'altitude des Cèdres
5 Et ils examinaient
    L'orée.
Allées et venues de Humbaba,
    Y avaient laissé des pistes :
Des sentiers tracés droit,
10   Des chemins bien marqués.
Et l'on voyait au loin
    La Montagne des Cèdres,
    Résidence de dieux,
    Sanctuaire de la sainte Irnini. […]
15 Gilgamesh, face à Humbaba,
    Le frappa à la tête.
Ils piétinaient le sol,
    Des talons,
Disloquant, de leurs saccades,
20   L'Hermon et le Liban.
La nuée claire
    Devint sombre.
Comme d'un brouillard,
    Il pleuvait sur eux de la mort.
25 Et Shamash contre Humbaba,
    Fit lever de grandes tempêtes :
Vent-du-Nord, Vent-du-Sud,
    Vent-d'Est, Vent-d'Ouest, Vent-souffleur,
Vent-rafales, Vent-tourbillons,
30   Vent-mauvais, Vent-poussières,
Vent-mortifère, Vent-de-Gel,
    Et Tempête, et Tornade :
Les Treize Vents tant se ruèrent sur lui,
    Que son visage s'assombrit :
35 Il ne pouvait, ni avancer,
    Ni reculer,
    À portée
    Des armes de Gilgamesh. […]
Mais Enkidu ouvrit la bouche, prit la parole
40   Et s'adressa à Gilgamesh :
« Mon ami, Humbaba le Gardien de la forêt [des Cèdres,
    Achève-le, égorge-le,
    Écrase-le,
45 Avant qu'Enlil-le-Premier
    N'entende son appel,
Et que les grands dieux
    Ne soient furieux contre nous […] »
Les deux héros
50   Dégainèrent à cinq reprises,
Tandis que, pour leur échapper,
    Humbaba bondissait.
À coups de pique
    Ils le tuèrent.
55 Aussitôt, d'épaisses ténèbres
    S'abattirent sur la Montagne !
Oui ! D'épaisses ténèbres
    S'abattirent sur la Montagne. *Ibid.*, V.

▶ Percevoir les étapes d'un combat surnaturel

1. Qu'est-ce qui montre, avant qu'Humbaba soit visible, qu'il s'agit d'un adversaire redoutable ?

2. Observe les temps des verbes : quel est le temps utilisé dans les quatorze premiers vers ? Pourquoi ? Un nouveau temps apparait ensuite. Lequel ? Pourquoi ?

3. Quelle figure de style repères-tu vers 27 à 31 ? À quoi sert-elle ?

4. Pourquoi Enkidu encourage-t-il Gilgamesh à tuer Humbaba ?

5. Sur l'illustration de F. Duchazeau, qu'est-ce qui permet de mettre en valeur la puissance du géant Humbaba ?

BILAN 6. Relève tous les passages qui montrent que la forêt est habitée de présences divines qui se manifestent pour ou contre Gilgamesh et Enkidu.

Extrait 5 — De la perte d'un ami à la peur de la mort

Le dieu Enkil en veut à Enkidu d'avoir provoqué la mort d'Humbaba. Petit à petit, Enkidu s'affaiblit. Gilgamesh se lamente.

« [...] Écoutez-moi, Anciens de la cité,
    Écoutez-moi
Déplorer, en personne,
    Enkidu, mon ami !
5 Éclater, comme une pleureuse,
    En amères lamentations ! [...]
Mon ami, Mulet vagabond,
    Onagre[1] du désert,
    Panthère de la Steppe ! –
10 Enkidu, mon ami, Mulet vagabond,
    Onagre du désert,
    Panthère de la steppe,
Avec qui nous avions, de conserve,
    Escaladé la Montagne ;
15 Pris et tué
    Le Taureau-Géant ;
Abattu Humbaba,
    Tapi en la Forêt des Cèdres,
À présent, quel est ce sommeil
20   Qui s'est emparé de toi ?
Te voilà devenu tout sombre
    Et tu ne m'entends plus ! »

Mais Enkidu
    Ne levait même pas la tête !
25 Gilgamesh lui tâta le cœur :
    Il ne battait plus du tout !
Alors, comme à une jeune épousée,
    Il voila le visage de son ami !
Il lui tournait autour,
30   Comme un aigle,
Ou, comme une lionne
    Privée de ses petits,
Il ne cessait d'aller et venir,
    Devant lui et derrière lui ;
35 Il arrachait et semait
    Les boucles de sa chevelure !
Il dépouillait et jetait
    Ses beaux habits,
    Comme pris en horreur ! [...]
40 Sur son ami Enkidu
    Gilgamesh
Pleurait amèrement
    En courant la steppe.
« Devrai-je donc mourir, moi aussi ?
45   Ne me faudra-t-il pas ressembler à Enkidu ?
L'angoisse
    M'est entrée au ventre !
C'est par peur de la mort
    Que je cours la steppe !
50 Mais je vais tirer chemin
    Et partir, sans tarder,
Rejoindre Utanapishtî,
    Le fils de UbarTutu ! »

Ibid., VIII.

1. **onagre** : âne sauvage.

▶ Exprimer la douleur

1. Pourquoi les noms d'animaux donnés à Enkidu lui conviennent-ils particulièrement bien ? Tu peux t'aider du texte p. 129.

2. À qui Gilgamesh s'adresse-t-il au début de son discours ? Et ensuite ?

3. Relève les passages où Gilgamesh répète les mêmes paroles. Pourquoi, à ton avis, a-t-il besoin de répéter certains mots ?

4. Lorsque Gilgamesh comprend qu'Enkidu est mort, il fait un certain nombre de gestes qui montrent qu'il est en deuil. Lesquels ?

BILAN 5 Quel nouveau sentiment Gilgamesh ressent-il à la fin de l'extrait ? Pourquoi, à ton avis ?

Extrait 6 ## La fin d'un déluge

Craignant désormais la mort, Gilgamesh cherche à obtenir l'immortalité. Il va trouver Utanapishtî, le seul humain devenu immortel. Utanapishtî lui raconte qu'autrefois, les dieux avaient voulu supprimer les hommes, trop nombreux, en leur envoyant un déluge. Un dieu, Ea, l'avait sauvé en lui recommandant de construire un bateau dans lequel il pourrait se réfugier avec ses proches et toutes sortes d'animaux.

Le sais-tu ?
Un déluge très similaire figure dans la Bible et le Coran. La catastrophe dure cependant plus longtemps, et Noé, qui avait construit le bateau sur lequel il embarque tous les animaux envoie en dernier lieu non pas le corbeau, mais la colombe. Elle est devenue le symbole de la paix.

Six jours
    Et sept nuits durant,
Bourrasques, Pluies battantes,
    Ouragans et Déluge
5   Continuèrent de saccager la terre.
Le septième jour arrivé,
    Tempête, Déluge et Hécatombe cessèrent
               […].
La « Mer » se calma et s'immobilisa,
10   Ouragan et Déluge s'étant interrompus !
Je regardai alentour :
    Le silence régnait !
Tous les hommes avaient été
    Retransformés en argile ;
15 ==Et la plaine liquide==
    ==Semblait un toit-terrasse.==

J'ouvris une lucarne
    Et l'air vif me sauta au visage.
Je tombai à genoux, immobile,
20   Et pleurai :
Les larmes ruisselaient
    Sur mes joues.
Puis je cherchai du regard des côtes,
    À l'horizon.
25 À quelque encablure,
    Une langue de terre émergeait :
C'était le mont Nisir
    Où le bateau accosta.
Le Nisir le retint,
30   Sans le laisser repartir :
Un premier jour, un deuxième,
    Le Nisir le retint,
    Sans le laisser repartir.
Un troisième, un quatrième jour,
35   Le Nisir le retint,
    Sans le laisser repartir.
Un cinquième, un sixième jour,
    Le Nisir le retint,
    Sans le laisser repartir

40 Lorsque arriva
    Le septième jour,
Je pris une colombe
    Et la lâchai.
La colombe s'en fut,
45   Puis revint :
N'ayant rien vu où se poser,
    Elle s'en retournait.
Puis je pris une hirondelle
    Et la lâchai.
50 L'hirondelle s'en fut,
    Puis revint :
N'ayant rien vu où se poser,
    Elle s'en retournait.
Puis je pris un corbeau
55   Et le lâchai.
Le corbeau s'en fut,
    Mais, ayant trouvé le retrait des eaux,
Il picora, il croassa, il s'ébroua,
    Mais ne s'en revint plus.
60 Alors je dispersai tout aux quatre-vents
    Et fis un banquet-pour-les-dieux,
Disposant le repas
    Sur le faîte de la montagne !

Ibid., XI.

▶ Comprendre un moment-clé

1. Combien de jours se passent entre le début et la fin du texte ? Quel est le chiffre-clé du texte ? Pourquoi, à ton avis ?

2. Observe cette ==phrase surlignée==. Quelles en sont les figures de style ? Quelle impression donnent-elles ?

3. Dans ce texte, qu'est-ce qui fait penser à une chanson ?

4. Pourquoi Utanapishtî lâche-t-il des oiseaux dans le ciel ? Quel est l'oiseau le plus important ici ?

BILAN 5 À ton avis, quels sont, les différents sentiments qu'Utanapishtî a dû ressentir pendant et après le déluge ? Appuie-toi sur le texte.

PARCOURS une œuvre intégrale

Extrait 7 ## La perte de l'immortalité

Utanapishtî explique à Gilgamesh, qui est accompagné d'UrShanabi conduisant le bateau, qu'il peut obtenir l'immortalité grâce à une plante.

« Je vais te révéler
    Un mystère,
Et te communiquer
    Un secret des dieux :
5 Il s'agit d'une plante
    À la racine pareille à celle du Faux-jasmin,
Et dont les épines
    Sont comme celles de la Ronce,
    Propres à te piquer les mains.
10 Si tu arrives à t'en emparer
    Tu auras trouvé la vie-prolongée ! »
L'ayant entendu, Gilgamesh
    Creusa un trou
Pour déterrer
15   De grosses pierres,
Lesquelles l'entraînèrent au fond de la mer,
    Où il trouva la plante.
Il s'en empara,
    Malgré les piqûres
20 Puis, ayant libéré ses pieds
    Des lourdes pierres,
La mer
    Le rejeta au rivage.
Et Gilgamesh s'adressa à lui,
25   UrShanabi-le-Nocher :
« UrShanabi, voici la plante
    Spécifique de la peur-de-la-mort :
Grâce à elle,
    L'on peut recouvrer la vitalité.
30 Je l'emporte à Uruk-les-clos,
    Où, pour en tester l'efficace,
    J'en ferai absorber à un vieillard :
Car son nom est
    « Le-vieillard-rajeunit » !
35 Puis, j'en mangerai, moi-même,
    Pour retrouver ma jeunesse ! »

Après deux cents kilomètres,
    Ils mangèrent un morceau ;
Puis après trois cents autres,
40   Ils bivouaquèrent.
Or, Gilgamesh, ayant aperçu
    Un trou d'eau fraîche,
S'y jeta
    Pour se baigner.
45 Mais un serpent,
    À l'odeur de la plante,
Sortit furtivement de son terrier
    Et l'emporta :
Et, en s'en retournant,
50   Il rejeta une peau.
Alors Gilgamesh s'assit
    Et pleura,
Les larmes
    Ruisselant sur ses joues.

Ibid., XI.

▶ Comprendre ce qui fait de Gilgamesh un héros humain

1. Quelle expression Utanapishtî utilise-t-il pour parler de l'immortalité ? Comment appelle-t-on cette figure de style ?

2. As-tu l'impression que Gilgamesh a eu du mal à trouver la plante qui rend immortel ? Pourquoi ?

3. Pourquoi Gilgamesh veut-il essayer sa plante sur un vieillard ?

4. Comment Gilgamesh perd-il sa plante ?

5. Qu'est-ce qui prouve au lecteur que la plante était bien celle que Gilgamesh recherchait ?

BILAN 6 Quelle leçon peux-tu tirer de ce texte ?

Récapitulons

L'Épopée de Gilgamesh, un mythe fondateur

« Tablette du déluge » relatant les exploits de Gilgamesh (VIIe siècle av. J.-C.) provenant du site de Ninive (Irak).

L'origine du texte • *L'Épopée de Gilgamesh* a été retrouvée au XIXe siècle, lors de fouilles archéologiques à Ninive, en actuelle Irak. Elle a été écrite dans la langue akkadienne, avec une **écriture cunéiforme**. Ce terme vient du latin *cuneus*, qui signifie « coin, clou » : les lettres cunéiformes ressemblent en effet à de petits clous. Les auteurs en sont inconnus. Il a été difficile de reconstituer ce texte : les **tablettes d'argile** sur lesquelles il a été écrit sont parfois brisées. On peut quand même en lire les deux tiers.

Le sens du récit • Le personnage principal de **l'épopée** (récit légendaire qui raconte l'histoire d'un héros et de son peuple), **Gilgamesh**, vit en Mésopotamie. Il accomplit des **exploits**, mais la fin du récit montre qu'il est avant tout un **être humain**. Comme tous les autres, il doit accepter sa **condition de mortel**. C'est cet apprentissage de la vie qui rend, aujourd'hui encore, **le récit émouvant**.

L'influence de l'épopée • Le texte de Gilgamesh, comme les épopées d'Homère, est composé en vers. Ce mode d'écriture est lié à son **origine orale** : l'épopée devait être facile à mémoriser. De nombreux textes portent des traces de **l'influence de cette épopée**, que ce soit chez les Grecs ou dans la Bible.

Reconstituer un récit épique

1 Enkidu et Gilgamesh se voient pour la première fois dans la ville d'Uruk. Ils commencent par se battre, puis scellent une véritable amitié. Malheureusement, le récit de leur combat puis de leur serment d'amitié a disparu. On n'a conservé que les mots ci-contre. À toi de reconstituer le récit perdu en t'inspirant, le plus possible, des textes que tu as étudiés.

> Aussi, devant la porte même,
> S'empoignèrent-ils
> Et se battirent-ils, en pleine rue,
> Sur la grand-place du pays,
> Si fort que les jambages en étaient ébranlés
> Et que les murs vacillaient. *Ibid.*, II.

2 Décris cette image. Le grand dieu Marduk combat Tiomat, divinité du chaos (grand désordre avant la création de la Terre).

Conseils d'écriture

1. Intègre dans ton récit des refrains montrant la violence du combat entre Gilgamesh et Enkidu.

2. Tu peux t'inspirer du texte sur le déluge et insister sur la durée du combat en comptant les heures.

3. N'hésite pas, pour valoriser la force des deux adversaires, à employer des appositions.

4. Emploie au moins une métaphore et une comparaison.

Récits de création à travers le monde

Quelle est l'origine du monde dans lequel nous vivons ? Comment s'expliquent les phénomènes célestes ou terrestres ? D'où viennent les plantes, les animaux, les hommes ? Pourquoi le mal existe ? Doit-on forcément mourir ?... **Chaque civilisation donne une réponse particulière à ces questions universelles**. De nombreux peuples ont ainsi expliqué la naissance de l'univers (la cosmogonie) ou la naissance de leurs dieux (la théogonie). En voici quelques exemples.

La lumière contre les ténèbres

La déesse Neith

Neith, divinité créatrice égyptienne, apparait la première et crée l'univers dans les ténèbres, puis une trentaine de dieux auxquels elle fait une révélation.

— Sachez qu'un grand dieu naîtra aujourd'hui même. Quand il ouvrira son œil, la lumière jaillira.

Quand il le fermera, les ténèbres s'installeront. Les hommes naîtront des larmes de son œil et les dieux de la salive de ses lèvres. Moi, Neith, je le rendrai habile et fort. Il régnera sur ce pays à jamais. Je le protégerai entre mes bras et nul mal ne l'atteindra. Son nom sera Khépri, le matin, Atoum, le soir, et Rê, le dieu rayonnant à tout jamais.

Cela dit, la déesse plaça dans un œuf les excrétions sorties de ses chairs. Quand la coquille se brisa, Rê apparut et, sans attendre, forma dieux et déesses par ses rayons.

Viviane Koenig, *Dieux et génies de l'Égypte ancienne*, © Le Livre de Poche Jeunesse, 2004.

Devinette
Que représente en réalité l'œil de Rê ?

Mène l'enquête !
1. Cherche les formes que prend Rê le matin et le soir.
2. Seth est un dieu criminel. Quel autre dieu a été sa victime ? Que raconte cette légende ?

Bronze incrusté d'or, 664-332 av. J.-C., musée du Louvre, Paris.

Mène l'enquête !

1. Cette scène représente trois dieux égyptiens importants : Geb, Nout et Shou. Trouve leur histoire dans un dictionnaire de mythologie égyptienne destiné à la jeunesse.

2. Lequel de ces trois dieux joue un rôle dans le voyage nocturne de la « barque de Rê » ?

3. Retrouve l'œil de Rê dans l'image.

La déesse du ciel Nout séparée de Geb par Shou d'après une illustration du *Livre des Morts*.

L'origine des fléaux

Pandore

Le Titan Prométhée a volé le feu divin pour les hommes. Son frère, Épiméthée, reçoit des dieux une épouse, Pandore. Elle a été créée par le dieu Héphaïstos sur l'ordre de Zeus. Sa curiosité provoque un désastre.

Auparavant, la race humaine vivait sur la terre loin de tous les maux, loin de la peine, de la fatigue, des tristes maladies, qui ont apporté aux hommes la vieillesse et la mort (car les hommes vieillissent vite dans l'affliction). Mais Pandore, découvrant de ses mains un vase qu'elle portait, laissa échapper tous ces fléaux et les répandit sur les mortels. L'Espérance seule y resta captive, errant sur les bords du vase, prête à s'envoler ; car Pandore le referma sur-le-champ, d'après l'ordre du grand Jupiter. Depuis ce temps, mille fléaux divers parcourent la demeure des mortels ; la terre est pleine de maux, la mer en est pleine ; les maladies viennent d'elles-mêmes nous visiter et, le jour, la nuit, nous apportent la douleur ; elles viennent en silence, car le prudent Jupiter leur a ôté la voix.

Hésiode, *Les Travaux et les Jours*, v. 83-104, traduit du grec par H. Patin, 1892.

Cratère à figures rouges, 450 av. J.-C., Ashmolean museum, Université d'Oxford (Royaume-Uni).

Mène l'enquête !

1. Dans son poème, La Théogonie, Hésiode raconte la naissance des dieux primitifs. Retrouve l'arbre généalogique des dieux primitifs grecs en y plaçant les noms suivants : Aither (Éther) ✶ Érèbos (Érèbe) ✶ Éros (Amour) ✶ Gaia (Terre) ✶ Hémèrè (Jour) ✶ Khaos (Chaos) ✶ Nyx (Nuit) ✶ Ouranos (Ciel) ✶ Tartaros (Tartare).

2. Ovide, dans ses Métamorphoses, raconte l'histoire de Deucalion et Pyrrha. À quel épisode biblique peux-tu comparer leur histoire ?

3. De quel personnage biblique peux-tu rapprocher Pandore ? Justifie ta réponse.

Graine de savoir

L'expression « ouvrir la boite de Pandore » signifie « provoquer une série d'évènements négatifs ».

ACTIVITÉ

lienmini.fr/jdl6-T302

Saisis cette adresse dans ton navigateur. Tu y trouveras des indices pour répondre aux questions de ce dossier.

Izanagi et Izanami

Au Japon, au-dessus du brouillard du néant, flotte un pont sur lequel apparaissent deux divinités, Izanagi, le frère, et sa jumelle Izanami.

À nouveau ils s'enlacèrent. De leur troisième union, naquirent les huit îles du Japon, la mer, les continents, les saisons, les arbres, les montagnes, l'Esprit du feu enfin. Mais comme ce dernier enfant sortait du ventre d'Izanami sa mère, dans sa fougue ravageuse il la brûla cruellement. Elle se coucha, vomit en foule des oiseaux, des bêtes terrestres, et mourut. Son frère Izanagi devant son cadavre tomba à genoux. Il pleura sur elle sept jours entiers, le visage dans ses mains, puis il l'ensevelit. Quand ce fut fait, il empoigna son sabre, trancha la tête de l'Esprit du feu et le démembra. Du sang de cet être impétueux naquirent les plus indomptables parmi les créatures du monde.

O. Besson, H. Gougaud, *Contes d'Asie*, © Éditions du Seuil, 2000.

Mène l'enquête !

1. Que s'est-il passé lors des deux premières unions divines ?

2. Quel rôle joue Izanami dans la création du monde selon les anciens Japonais ?

3. Quel rôle joue l'Esprit du feu ?

Kobayashi Eitaku, *La fouille des mers avec le Tenkei* (Izanagi à droite, Izanami à gauche), 1880-90, peinture, Museum of Fine Art, Boston (États-Unis).

L'élément liquide et la vie

Prajâpati

Certains textes sacrés de l'hindouisme évoquent un créateur, Prajâpati, qui serait le père de tous les dieux et démons.

Au commencement, les Eaux, l'Océan existaient seuls. Les Eaux désirèrent : « comment parviendrons-nous à procréer ? » Elles firent effort, elles ardèrent l'ardeur et voici qu'en elles qui ardaient l'ardeur, un œuf d'or apparut.

Le temps certes n'existait pas alors, mais l'œuf flotta aussi longtemps que dure une année. Pendant cette année donc, un être apparut : c'était Prajâpati. Et s'il est vrai qu'une femme, une vache, une jument mettent bas durant l'année qui suit la conception, c'est que Prajâpati naquit durant l'année suivant l'apparition de l'œuf d'or.

J. Varenne, *Mythes et légendes extraits des Brahmana*, © Éditions Gallimard, 1967.

Statuette de Prajâpati.

Mène l'enquête !

1. Quel élément est source de vie ?
2. D'où est né le créateur lui-même ?

Luonnotar

Un long poème finlandais, le Kalevala, raconte comment un canard vient pondre des œufs sur un genou de Luonnotar, la fille de l'air, mère des eaux. Comme les œufs couvés dégagent de la chaleur, la déesse secoue la jambe et les œufs tombent.

Les œufs étaient trop bons pour se perdre dans la vase au fond de l'eau ;
les morceaux se transformèrent en belles et bonnes choses :
le bas de la coquille de l'œuf forma le fond de la terre,
la moitié supérieure de l'œuf fut la voûte élevée du ciel ;
le dessus de la partie jaune devint le radieux soleil,
le dessus de la partie blanche devint la lune luisante ;
tout débris bigarré de l'œuf fut une étoile dans le ciel,
tout débris noirâtre de l'œuf fut un nuage dans l'air.

M. Piquemal, *Petite anthologie de la mythologie*, « Le chant de la création du monde », © Éditions Sedrap, 1996.

Mène l'enquête !

1. Regarde une carte de la Finlande. Pourquoi l'histoire de la création y parle-t-elle d'eau ?
2. Un célèbre musicien finlandais a composé une œuvre à partir de l'histoire de Luonnotar. Comment s'appelle ce musicien ?

À partir d'une goutte de lait

Dans ce conte peul du Mali, le dieu suprême, Doondari (ou Guéno, son autre nom), descend plusieurs fois sur terre pour créer la vie.

Au commencement, il y avait une énorme goutte de lait.
Alors vint Doondari, et il créa la pierre.
Puis la pierre créa le fer ;
Et le fer créa le feu ;
Et le feu créa l'eau ;
Et l'eau créa l'air.
Puis Doondari descendit pour la seconde fois.
Et il prit les cinq éléments.
Et il en modela l'homme.
Mais l'homme était fier.
Alors Doondari créa la cécité, et la cécité vainquit l'homme.
Mais quand la cécité devint trop fière,
Doondari créa le sommeil, et le sommeil vainquit la cécité ;
Mais quand le sommeil devint trop fier,
Doondari créa l'ennui, et l'ennui vainquit le sommeil ;
Mais quand l'ennui devint trop fier,
Doondari créa la mort, et la mort vainquit l'ennui ;
Mais quand la mort devint trop fière,
Doondari descendit pour la troisième fois,
Et il vint sous les traits de Guéno, l'éternel,
Et Guéno vainquit la mort.

U. Beier, *Comment le monde fut créé d'une goutte de lait, contes africains de la création*, © Éditions Fédérop, 1976.

Mène l'enquête !

1. Les Peuls sont un peuple de bergers. Quel rapport fais-tu entre le lait et la création ?
2. Ce conte parle de la création de cinq éléments. Lesquels ? En Europe, on ne parle que de quatre éléments. Lesquels ?

La destruction d'un géant

Chine

Le géant P'an Kou (Pankou ou Pangu)

Dans un œuf qui unit le ciel et la terre, se développe pendant dix-huit-mille ans le géant P'an Kou. Un jour, il fend l'œuf de sa hache. Le ciel s'élève. La terre s'étend.

Le ciel au-dessus, la terre en dessous et P'an Kou au milieu, tous les trois continuent de grandir de nouveau pendant dix-huit mille ans. Le ciel est de plus en plus haut, la terre de plus en plus profonde et P'an Kou, qui remplit l'espace entre les deux, de plus en plus grand.

Quand le ciel et la terre ont leurs dimensions parfaites, ils cessent de grandir et se tiennent immobiles. Alors, P'an Kou meurt, ou plutôt toutes les parties de son corps se transforment : sa poitrine, son ventre, ses bras et ses jambes deviennent des montagnes. Ses deux yeux prennent place dans le ciel : son œil gauche est le soleil, son œil droit, la lune. Sa respiration se confond dans les nuages et le vent. Sa voix gronde dans le tonnerre. Son sang forme les fleuves. Ses poils se hérissent en arbres, sa barbe étincelle dans les étoiles.

Claude Helft, *La Mythologie chinoise*, © Actes Sud, 2002.

Pangu, école anglaise, gravure, XVIIIe siècle, coll. privée.

Mène l'enquête !

1. Quel personnage japonais doit aussi disparaitre pour que la création continue ?
2. Quelles parties du géant deviennent les hommes selon une légende : ses ongles, ses os ou ses puces ?
3. À quel géant grec cette métamorphose fait-elle penser ?

AMÉRIQUE DU SUD

Le Popol-Vuh

Rédigé au XVIIIe siècle en langue quiché, le Popol-Vuh raconte la naissance du monde dans la mythologie maya.

Il n'y avait encore ni homme, ni animal, ni oiseau, ni poisson, ni crustacé, ni arbre, ni grotte, ni ravin, ni buisson, ni forêt ; seulement le Ciel. La face de la Terre ne se manifestait pas encore. Il y avait seulement l'océan, étendue d'eau prisonnière, tout entière immobile. Rien n'existait, tout était en suspens, inerte. Le Ciel à peine créé, rien n'émergeait encore. Seules les eaux s'étendaient, limitées.

Seuls Tzaqol, Architecte, Bitol, Sculpteur, Tepeu, Tout-puissant, Kûkmats, le Serpent emplumé et le Vivant créé pour donner l'être étaient cachés dans le limon, dans la verdeur originelle, les grands sages, les grands penseurs, c'est là qu'ils sont nés. Le Ciel s'étendait, limpide, il était l'œuvre de l'Esprit du Ciel, celui qui a nom Double Regard.

Pop Wuh, Le Livre des événements, version de Adrián I. Chávez, traduit de l'espagnol par A. Amberni, © Éditions Gallimard, 1990.

Quetzalcoatl, le « Serpent à plumes », représentation du XVIe siècle.

Mène l'enquête !

1. Quel est, des quatre éléments, celui qui existe en premier ?
2. Que rappelle le texte aux hommes ? De quel sentiment doivent-ils faire preuve alors : d'orgueil ou d'humilité ?
3. La science confirme-t-elle que « le Vivant » était caché « dans le limon » ? Faites une petite recherche sur les premières espèces vivantes.

▶ Deviens illustrateur(-trice)

Choisis le récit de création que tu as préféré dans les textes de ce dossier.
Fais-en une illustration qui permette de le comprendre et de l'imaginer.

Dossier : Récits de création à travers le monde

Récits de la Création

*Dans ce parcours, tu vas rencontrer des textes extraits d'un grand récit fondateur, **la Bible**, ainsi que certains épisodes, en écho, dans **le Coran**.
Ces récits se proposent d'**expliquer l'ordre du monde** : l'existence du ciel et de la terre, la présence sur terre des êtres vivants, en particulier de l'homme.
Tu vas lire ces récits bibliques pour comprendre comment ils ont nourri l'**imaginaire littéraire et artistique** d'une partie de l'humanité.*

Graine de savoir

Le mot « firmament » vient du latin *firmamentum* (= le soutien). Il indique ce qui sépare les eaux d'en bas des eaux d'en haut. Ce terme désigne aujourd'hui la voute céleste en poésie.

▶ Étudier une chronologie de la création

Entrer dans la lecture. Lis le texte p. 141. Explique ce que permettent d'identifier les cinq différentes couleurs du texte.

1. À quoi est consacré le premier jour de création ? Appuie ta réponse sur deux mots de sens contraire.

2. Qu'est-ce qui apparait grâce au firmament le deuxième jour ?

3. Que permet le regroupement des eaux du troisième jour ?

4. Comment comprends-tu le mot « luminaire » au quatrième jour ? Trouve-lui un synonyme.

5. Donne le jour de création de chaque groupe d'animaux.

6 Quels sont les points communs de chaque jour de création ? Appuie-toi sur les expressions surlignées pour répondre.

---

1 Illustration du *Livre de la Bible en image de Holkham*, 1320-1330.

2 et **3** Création de la lumière et des ténèbres, premier jour, et création des poissons et des oiseaux, cinquième jour. Détails de la mosaïque de la basilique Saint-Marc (XIIIᵉ siècle), Venise (Italie).

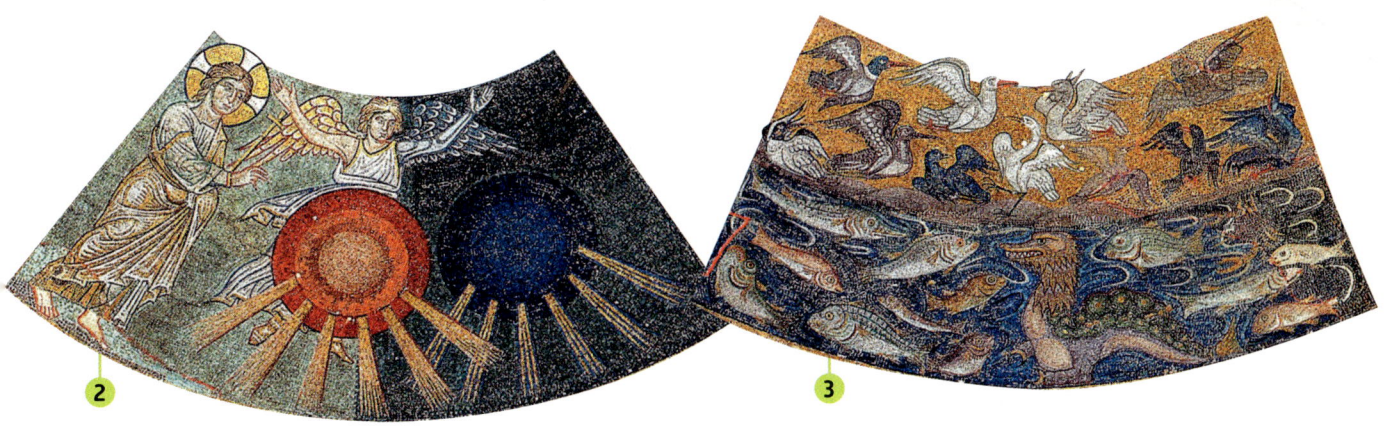

Un récit du commencement

La Création

Au commencement, Dieu créa le ciel et la terre. Or la terre était vide et vague, les ténèbres couvraient l'abîme et un souffle de Dieu agitait la surface des eaux.

Dieu dit : « Que la lumière soit » et la lumière fut. Dieu vit que la lumière était bonne, et Dieu sépara la lumière et les ténèbres. Dieu appela la lumière « jour » et les ténèbres « nuit ». Il y eut un soir et il y eut un matin : premier jour.

Dieu dit : « Qu'il y ait un firmament au milieu des eaux et qu'il sépare les eaux d'avec les eaux » et il en fut ainsi. Dieu fit le firmament, qui sépara les eaux qui sont sous le firmament d'avec les eaux qui sont au-dessus du firmament, et Dieu appela le firmament « ciel ». Il y eut un soir et il y eut un matin : deuxième jour.

Dieu dit : « Que les eaux qui sont sous le ciel s'amassent en un seul endroit et qu'apparaisse le continent » et il en fut ainsi. Dieu appela le continent « terre » et la masse des eaux « mers », et Dieu vit que cela était bon.

Dieu dit : « Que la terre verdisse de verdure : des herbes portant semence et des arbres fruitiers donnant sur la terre selon leur espèce des fruits contenant leur semence » et il en fut ainsi. La terre produisit de la verdure : des herbes portant semence selon leur espèce, des arbres donnant selon leur espèce des fruits contenant leur semence, et Dieu vit que cela était bon. Il y eut un soir et il y eut un matin : troisième jour.

Dieu dit : « Qu'il y ait des luminaires au firmament du ciel pour séparer le jour et la nuit ; qu'ils servent de signes, tant pour les fêtes que pour les jours et les années ; qu'ils soient des luminaires au firmament du ciel pour éclairer la terre » et il en fut ainsi. Dieu fit les deux luminaires majeurs : le grand luminaire comme puissance du jour et le petit luminaire comme puissance de la nuit, et les étoiles. Dieu les plaça au firmament du ciel pour éclairer la terre, pour commander au jour et à la nuit, pour séparer la lumière et les ténèbres, et Dieu vit que cela était bon. Il y eut un soir et il y eut un matin : quatrième jour.

Dieu dit : « Que les eaux grouillent d'un grouillement d'êtres vivants et que des oiseaux volent au-dessus de la terre contre le firmament du ciel » et il en fut ainsi. Dieu créa les grands monstres marins et tous les êtres vivants qui glissent : les eaux les firent grouiller selon leur espèce, et toute la gent ailée selon son espèce, et Dieu vit que cela était bon. Dieu les bénit et dit : « Soyez féconds, multipliez, emplissez l'eau des mers, et que les oiseaux multiplient sur la terre. » Il y eut un soir et il y eut un matin : cinquième jour.

Dieu dit : « Que la terre produise des êtres vivants selon leur espèce : bestiaux, bestioles, bêtes sauvages selon leur espèce » et il en fut ainsi. Dieu fit les bêtes sauvages selon leur espèce, les bestiaux selon leur espèce et toutes les bestioles du sol selon leur espèce, et Dieu vit que cela était bon.

La Bible de Jérusalem, « La Genèse », 1, 1-25, trad. de l'École biblique de Jérusalem, © Éditions du Cerf, 2014.

L'origine de l'humanité

Premier récit de la création de l'homme

Dieu dit : « Faisons l'homme à notre image, comme notre ressemblance, et qu'ils[1] dominent sur les poissons de la mer, les oiseaux du ciel, les bestiaux, toutes les bêtes sauvages et toutes les bestioles qui rampent sur la terre. »

Dieu créa l'homme à son image,
à l'image de Dieu il le créa,
homme et femme il les créa.

Dieu les bénit et leur dit : « Soyez féconds, multipliez, emplissez la terre et soumettez-la ; dominez sur les poissons de la mer, les oiseaux du ciel et tous les animaux qui rampent sur la terre. » Dieu dit : « Je vous donne toutes les herbes portant semence, qui sont sur toute la surface de la terre, et tous les arbres qui ont des fruits portant semence : ce sera votre nourriture. À toutes les bêtes sauvages, à tous les oiseaux du ciel, à tout ce qui rampe sur la terre et qui est animé de vie, je donne pour nourriture toute la verdure des plantes » et il en fut ainsi. Dieu vit tout ce qu'il avait fait : cela était très bon. Il y eut un soir et il y eut un matin : sixième jour.

Ainsi furent achevés le ciel et la terre, avec toute leur armée. Au septième jour Dieu avait terminé tout l'ouvrage qu'il avait fait et, le septième jour, il chôma, après tout l'ouvrage qu'il avait fait. Dieu bénit le septième jour et le sanctifia, car il avait chômé après tout son ouvrage de création.

Telle fut l'histoire du ciel et de la terre, quand ils furent créés.

La Bible de Jérusalem, « La Genèse », 1, 26-31, 2, 1-4a, *ibid*.

1. **ils** : désignent l'ensemble des hommes.

▶ S'interroger sur l'existence de l'humanité

Entrer dans la lecture. À quel moment de la création arrive l'homme ?

1. Quels pouvoirs Dieu donne-t-il à l'homme ?
2. Avec qui l'homme doit-il peupler la terre ?
3. Quel sens donnes-tu à « il chôma » (l. 27) ? Que fait-on le septième jour d'une semaine ?

BILAN 4 Qui est le principal personnage de ce récit de création ? Quel nom peut-on à juste titre lui donner ?

Faire une description

Décris au choix l'une ou l'autre fresque de Michel-Ange.

• Situe les personnages les uns par rapport aux autres. Donne pour chacun la posture du corps. Précise leur habillement et sa couleur.

• Le peintre est-il fidèle au texte de la Genèse ? Relève des similitudes ou des différences.

Michel-Ange, *Création d'Adam*, 1510, fresque (280 x 570 cm), chapelle Sixtine (Vatican).

La création de l'homme

Voici dans le détail comment Dieu crée l'homme et la femme.

Alors Yahvé[1] Dieu modela l'homme avec la glaise du sol, il insuffla dans ses narines une haleine de vie et l'homme devint un être vivant.

Yahvé Dieu planta un jardin en Éden, à l'orient, et il y mit l'homme qu'il avait modelé. Yahvé Dieu fit pousser du sol toute espèce d'arbres séduisants à voir et bons à manger, et l'arbre de vie au milieu du jardin, et l'arbre de la connaissance du bien et du mal.

[…] Yahvé Dieu prit l'homme et l'établit dans le jardin d'Éden pour le cultiver et le garder. Et Yahvé Dieu fit à l'homme ce commandement : « Tu peux manger de tous les arbres du jardin. Mais de l'arbre de la connaissance du bien et du mal tu ne mangeras pas, car, le jour où tu en mangeras, tu mourras. »

Yahvé Dieu dit : « Il n'est pas bon que l'homme soit seul. Il faut que je lui fasse une aide qui lui soit assortie. » […] Alors Yahvé Dieu fit tomber une torpeur sur l'homme, qui s'endormit. Il prit une de ses côtes et referma la chair à sa place. Puis, de la côte qu'il avait tirée de l'homme, Yahvé Dieu façonna une femme et l'amena à l'homme.

Alors celui-ci s'écria :

« Pour le coup, c'est l'os de mes os et la chair de ma chair !

Celle-ci sera appelée "femme" car elle fut tirée de l'homme, celle-ci ! »

C'est pourquoi l'homme quitte son père et sa mère et s'attache à sa femme, et ils deviennent une seule chair.

Or tous deux étaient nus, l'homme et sa femme, et ils n'avaient pas honte l'un devant l'autre.

La Bible de Jérusalem, « La Genèse », 2, 7-25, *ibid.*

1. Yahvé : nom donné à Dieu par les Hébreux.

Michel-Ange, *Création d'Ève*, 1510, fresque (170 x 260 cm), chapelle Sixtine (Vatican).

Le sais-tu ?

« Éden » signifie « désert » en hébreu. Dieu a le pouvoir d'y créer un jardin : le jardin d'Éden, aussi appelé jardin du Paradis. « Paradis » signifie « jardin » en persan.

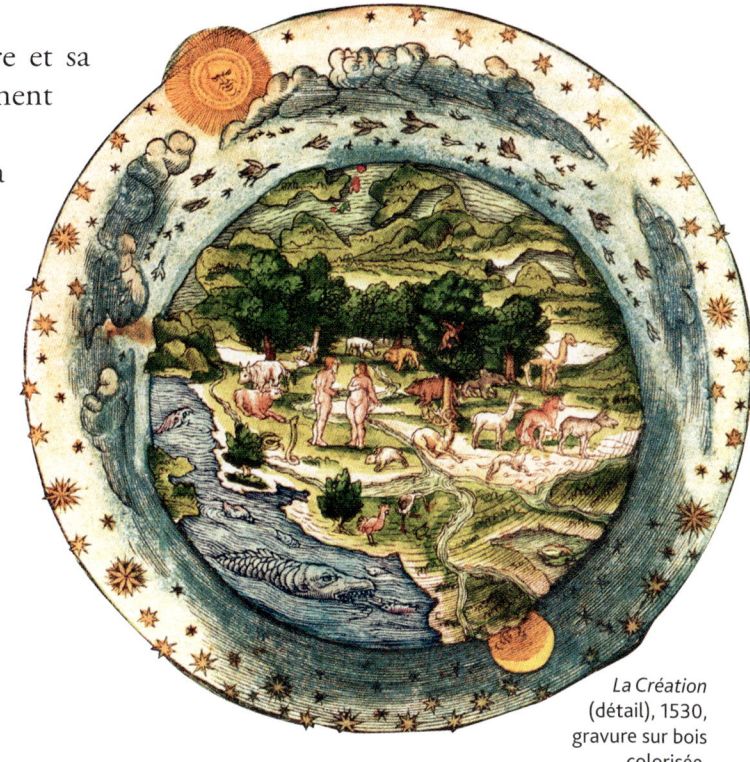

La Création (détail), 1530, gravure sur bois colorisée.

▶ Découvrir la création de l'homme et de la femme

Entrer dans la lecture. Quel est le nom du Créateur dans ce texte ?

1. À partir de quelle matière l'homme est-il créé ?

2. Que trouve l'homme dans le jardin d'Éden ?

3. Comment la femme est-elle créée ?

4. Quelles sont les limites imposées par Dieu dans le jardin d'Éden ?

Parcours Un thème : Récits de la Création

Une faute pour expliquer le destin humain

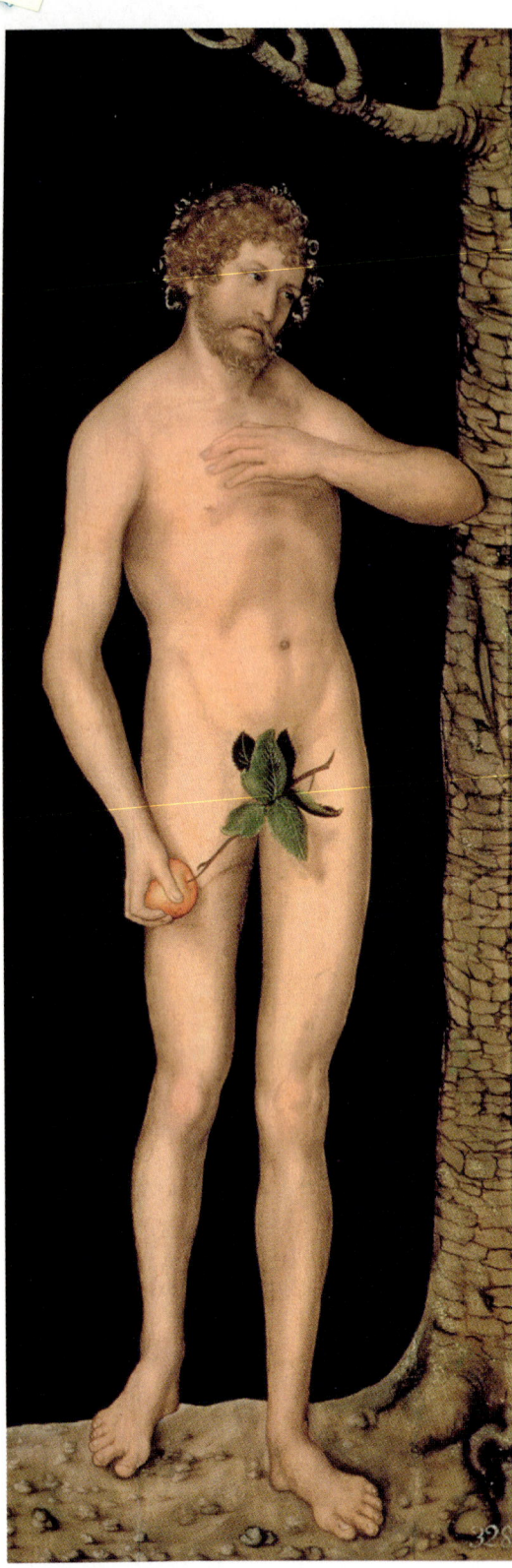

Lucas Cranach l'Ancien, *Adam*, vers 1537, huile et tempera sur tilleul (34 x 15 cm), Kunsthistorisches Museum, Vienne (Autriche).

Le paradis perdu

Le serpent était le plus rusé de tous les animaux des champs que Yahvé Dieu avait faits. Il dit à la femme : « Alors, Dieu a dit : Vous ne mangerez pas de tous les arbres du jardin ? » La femme répondit au serpent : « Nous pouvons manger du fruit des arbres du jardin. Mais du fruit de l'arbre qui est au milieu du jardin, Dieu a dit : Vous n'en mangerez pas, vous n'y toucherez pas, sous peine de mort. » Le serpent répliqua à la femme : « Pas du tout ! Vous ne mourrez pas ! Mais Dieu sait que, le jour où vous en mangerez, vos yeux s'ouvriront et vous serez comme des dieux, qui connaissent le bien et le mal. » La femme vit que l'arbre était bon à manger et séduisant à voir, et qu'il était, cet arbre, désirable pour acquérir le discernement. Elle prit de son fruit et mangea. Elle en donna aussi à son mari, qui était avec elle, et il mangea. Alors leurs yeux à tous deux s'ouvrirent et ils connurent qu'ils étaient nus ; ils cousirent des feuilles de figuier et se firent des pagnes.

Ils entendirent le pas de Yahvé Dieu qui se promenait dans le jardin à la brise du jour, et l'homme et sa femme se cachèrent devant Yahvé Dieu parmi les arbres du jardin. Yahvé Dieu appela l'homme : « Où es-tu ? » dit-il. « J'ai entendu ton pas dans le jardin, répondit l'homme ; j'ai eu peur parce que je suis nu et je me suis caché. » Il reprit : « Et qui t'a appris que tu étais nu ? Tu as donc mangé de l'arbre dont je

Graine de savoir

Ève a désobéi à Dieu en se laissant tenter par le serpent. Adam et elle ont commis une transgression (de –*gressio* = passage, et *trans*– = au-delà) : ils sont passés au-delà des limites imposées par Dieu. Ils ont désobéi : ils ont commis une faute, le péché originel. Quel est le contraire de transgression ?

 Débattre et réfléchir

Quel est l'intérêt, selon vous, de connaitre la différence entre le bien et le mal ?

Le sais-tu ?

Le fruit qu'Adam et Ève mangèrent est appelé le fruit défendu. On dit aussi qu'Adam et Ève croquèrent la pomme, même si on ne connait pas la nature du fruit. En latin, le mot *pomum* désignait tout fruit à pépin. Adam a conservé un morceau dans la gorge : tous les hommes ont une pomme d'Adam.

t'avais défendu de manger !» L'homme répondit : «C'est la femme que tu as mise auprès de moi qui m'a donné de l'arbre, et j'ai mangé !» Yahvé Dieu dit à la femme : «Qu'as-tu fait là ?» Et la femme répondit : «C'est le serpent qui m'a séduite, et j'ai mangé !» [...]

L'homme appela sa femme «Ève», parce qu'elle fut la mère de tous les vivants. Yahvé Dieu fit à l'homme et à sa femme des tuniques de peau et les en vêtit. Puis Yahvé Dieu dit : «Voilà que l'homme est devenu comme l'un de nous, pour connaître le bien et le mal ! Qu'il n'étende pas maintenant la main, ne cueille aussi de l'arbre de vie, n'en mange et ne vive pour toujours !» Et Yahvé Dieu le renvoya du jardin d'Éden pour cultiver le sol d'où il avait été tiré. Il bannit l'homme et il posta devant le jardin d'Éden les chérubins et la flamme du glaive fulgurant pour garder le chemin de l'arbre de vie.

La Bible de Jérusalem, « La Genèse », 3, 1-13, 20-24, *ibid*.

▶ **Comprendre les conséquences d'une désobéissance**

Entrer dans la lecture. Quelle est la conséquence de la désobéissance à Dieu ?

1. À qui s'adresse le serpent ?

2. Que sait Ève à propos des fruits du jardin ?

3. Quel est le résultat de la ruse du serpent ?

4. De quoi se rendent compte Adam et Ève après avoir mangé le fruit interdit ?

5. Quelles excuses sont données à Dieu pour cette désobéissance ?

6. Quelle connaissance l'homme a-t-il acquise dans cet épisode ?

Lucas Cranach l'Ancien, *Ève*, vers 1537, huile et tempera sur tilleul (34 x 15 cm), Kunsthistorisches Museum, Vienne (Autriche).

Représenter des épisodes de « La Genèse »

La religion chrétienne accepte la représentation figurée de Dieu et de ses œuvres, contrairement au judaïsme, religion des juifs, ou à l'islam, religion des musulmans, où elle est interdite.
Les fresques, les mosaïques, les vitraux, les manuscrits enluminés, les sculptures et les tableaux sont des supports habituels pour ces scènes qui ont longtemps été la seule source d'éducation religieuse pour des personnes qui ne savaient pas lire. Aujourd'hui, savoir lire ces témoignages du passé est une compétence culturelle que l'on peut partager.

« La Création du monde », enluminure représentée dans la Bible de Souvigny (fin du XIIe siècle), bibliothèque municipale de Moulins.

La Bible de Souvigny

Cette représentation de la Création illustre une bible enluminée du XIIe siècle. Le texte est copié à la main : il s'agit d'un manuscrit. Le support de l'écriture est du parchemin, fabriqué à partir de peaux de moutons ou de chèvres. L'enluminure consiste à créer des lettres ornées, appelées lettrines, en début de paragraphe, ou à composer des illustrations de scènes à l'aide de couleurs souvent précieuses, comme l'or.

Lecture d'image

▶ Étudier un récit en images

1. Dans quel sens doit se lire l'illustration ? À quel genre d'album fait-elle penser ?

2. Associe chaque image à un passage du récit de la Création ➡ p. 140 à 145.

3. Quel personnage apparait le plus souvent ? Pourquoi ?

4. Où se passent les deux dernières scènes en bas de l'enluminure ?

ACTIVITÉ + lienmini.fr/jdl6-T303

Saisis cette adresse sur ton navigateur, accède à une version numérisée de la Bible de Souvigny et réponds aux questions posées.

Lucas Cranach l'Ancien, *Paradis*, 1530, huile sur toile (81 x 114 cm), musée d'Histoire de l'Art, Vienne (Autriche).

ARTS lienmini.fr/jdl6-T304

Saisis cette adresse sur ton navigateur et zoome sur le tableau pour **mieux distinguer les différentes scènes**.

Lucas Cranach l'Ancien (1472-1553), peintre allemand de la Renaissance, a peint une cinquantaine de fois le moment où Ève tend la pomme à Adam, mais il n'a donné que deux représentations complètes du Paradis.
Ce tableau présente trois niveaux de la Création : au premier plan, une collection d'animaux ; au deuxième plan, l'histoire d'Adam et Ève au Paradis ; à l'arrière-plan, un ciel serein où apparait la tête de Dieu.

Lecture d'image

▶ Identifier les différentes scènes d'un épisode biblique

1. Quels animaux reconnais-tu au premier plan ? Pourquoi sont-ils souvent représentés par deux ?

2. Identifie les quatre scènes où Dieu apparait.

3. Quelle scène est représentée au milieu du tableau ? Pourquoi ?

4. Comment est représenté le serpent ?

5. Que se passe-t-il dans la scène en haut à gauche du tableau ?

6 BILAN À l'oral, explique comment le tableau raconte l'histoire d'Adam et Ève.

Le Déluge

L'Arche de Noé

La méchanceté de l'homme décide Dieu à l'effacer de la surface de la terre en même temps que les animaux. Il veut cependant préserver un homme juste, Noé, son épouse, ses trois fils, Sem, Cham et Japhet, et leurs épouses.

Dieu dit à Noé : « [...] Fais-toi une arche en bois résineux, tu la feras en roseaux et tu l'enduiras de bitume[1] en dedans et en dehors. Voici comment tu la feras : trois cents coudées pour la longueur de l'arche, cinquante coudées pour sa largeur, trente coudées pour sa hauteur. Tu feras à l'arche un toit et tu l'achèveras une coudée plus haut, tu placeras l'entrée de l'arche sur le côté et tu feras un premier, un second et un troisième étages.

« Pour moi, je vais amener le déluge, les eaux, sur la terre, pour exterminer de dessous le ciel toute chair ayant souffle de vie : tout ce qui est sur la terre doit périr. Mais j'établirai mon alliance avec toi et tu entreras dans l'arche, toi et tes fils, ta femme et les femmes de tes fils avec toi. De tout ce qui vit, de tout ce qui est chair, tu feras entrer dans l'arche deux de chaque espèce pour les garder en vie avec toi ; qu'il y ait un mâle et une femelle. [...] »

Il y eut le déluge pendant quarante jours sur la terre ; les eaux grossirent et soulevèrent l'arche, qui fut élevée au-dessus de la terre. [...]

Au bout de quarante jours, Noé ouvrit la fenêtre qu'il avait faite à l'arche et il lâcha le corbeau, qui alla et vint en attendant que les eaux aient séché sur la terre. Alors il lâcha d'auprès de lui la colombe pour voir si les eaux avaient diminué à la surface du sol. La colombe, ne trouvant pas un endroit où poser ses pattes, revint vers lui dans l'arche, car il y avait de l'eau sur toute la surface de la terre ; il étendit la main, la prit et la fit rentrer auprès de lui dans l'arche. Il attendit encore sept autres jours et lâcha de nouveau la colombe hors de l'arche. La colombe revint vers lui sur le soir et voici qu'elle avait dans le bec un rameau tout frais d'olivier ! Ainsi Noé connut que les eaux avaient diminué à la surface de la terre. Il attendit encore sept autres jours et lâcha la colombe, qui ne revint plus vers lui.

La Bible de Jérusalem, « La Genèse », 6, 13-19 ; 7, 17 et 8, 6-12, *ibid.*

1. bitume : goudron, asphalte ; forme très visqueuse de pétrole utilisée pour rendre étanches les coques des navires en bois.

Nicolas de Verdun, *L'Arche de Noé*, 1181, détail d'un émail, abbaye de Klosterneuburg (Autriche).

▶ Étudier le récit d'une punition divine

Entrer dans la lecture. Explique ce qu'est le déluge provoqué par Dieu.

1. Quelles instructions Dieu donne-t-il à Noé ?

2. Dans quel but Dieu provoque-t-il le déluge ?

3. Pourquoi le chiffre deux est-il important dans ce sauvetage ?

4. D'après toi, pourquoi faut-il quarante jours de déluge ?

5. Comment Noé fait-il pour savoir si la situation est redevenue favorable à la vie ?

6. (BILAN) Comment sait-on que Dieu et les hommes sont en paix ? Quel animal en est le symbole ?

Texte écho — L'Arche de Noé selon le Coran

Dans le Coran, Noé est un prophète, mais il n'est écouté ni par les hommes, ni par l'un de ses fils.

36. Il fut révélé à Noé :
« Nul parmi ton peuple ne croit,
à part celui qui croyait déjà.
Ne t'attriste pas de ce qu'ils font.

37. Construis le vaisseau sous nos yeux
et d'après notre révélation.
Ne me parle plus des injustes,
ils vont être engloutis ». […]

40. Nous avons dit,
lorsque vint notre Ordre
et que le four se mit à bouillonner[1] :
« Charge sur ce vaisseau un couple de chaque espèce ;
et aussi ta famille
– à l'exception de celui dont le sort est déjà fixé[2] –
et aussi les croyants ».
– Mais ceux qui partageaient la foi de Noé
étaient peu nombreux –

41. Il dit :
« Montez sur le vaisseau
qu'il vogue et qu'il arrive au port au nom de Dieu ». […]

42. Le vaisseau voguait avec eux
au milieu des vagues semblables à des montagnes.
Noé appela son fils, resté en un lieu écarté :
« Ô mon petit enfant !
Monte avec nous ;
ne reste pas avec les incrédules ! »

43. Il dit :
« Je vais me réfugier sur une montagne
qui me préservera de l'eau ».
Noé dit :
« Personne, aujourd'hui, n'échappera à l'ordre de Dieu,
sauf celui à qui il fait miséricorde ».
Les vagues s'interposèrent entre eux
et il fut au nombre de ceux qui périrent engloutis.

44. Il fut dit :
« Ô terre ! Absorbe cette eau qui t'appartient !
Ô ciel ! Arrête-toi ! »
L'eau fut absorbée,
l'ordre fut exécuté :
le vaisseau s'arrêta sur le Joudi[3] […].

Le Coran, sourate XI, 36-44, trad. de D. Masson,
© Éditions Gallimard, 1967.

1. bouillonner : image à la fois de feu et d'eau, comme dans un volcan.
2. celui dont… : le fils de Noé, qui périra noyé.
3. Joudi : montagne du Moyen-Orient à la localisation incertaine.

Le Prophète Noé et l'Arche, fin du XVIᵉ siècle, miniature, musée de l'Art turc et islamique, Istanbul (Turquie).

Comprendre une autre version du déluge

1. Quel mot, répété trois fois dans le passage, montre la puissance divine ?

2. Comment est évoqué le déluge dans ce passage ?

3. Qu'ajoute le dialogue entre Noé et son fils au récit du déluge ?

Faire le récit d'un déluge

Toi aussi, raconte une histoire de déluge.
Ton récit comportera au moins trois paragraphes : le début de la pluie et la montée de l'inquiétude ; la longueur de la pluie et des solutions de protection dans la panique ; la fin de la montée des eaux et le soulagement.

L'origine de la diversité des langues

La Tour de Babel

Les fils et descendants de Noé s'établissent sur la terre.

Tout le monde se servait d'une même langue et des mêmes mots. Comme les hommes se déplaçaient à l'orient, ils trouvèrent une vallée au pays de Shinéar et ils s'y établirent. Ils se dirent l'un à l'autre : « Allons ! Faisons des briques et cuisons-les au feu ! » La brique leur servit de pierre
5 et le bitume leur servit de mortier. Ils dirent : « Allons ! Bâtissons-nous une ville et une tour dont le sommet pénètre les cieux ! Faisons-nous un nom et ne soyons pas dispersés sur toute la terre ! »

Or Yahvé descendit pour voir la ville et la tour que les hommes avaient bâties. Et Yahvé dit :

10 « Voici que tous font un seul peuple et parlent une seule langue, et tel est le début de leurs entreprises ! Maintenant, aucun dessein ne sera irréalisable pour eux. Allons ! Descendons ! Et là, confondons[1] leur langage pour qu'ils ne s'entendent plus les uns les autres. » Yahvé les dispersa de là sur
15 toute la face de la terre et ils cessèrent de bâtir la ville. Aussi la nomma-t-on Babel, car c'est là que Yahvé confondit le langage de tous les habitants de la terre et c'est de là qu'il les dispersa sur toute la face de la terre.

La Bible de Jérusalem, « La Genèse », 11, 1-9, *ibid.*

1. confondons : mélangeons.

▶ ***Comprendre un récit explicatif***

Entrer dans la lecture. Comment Dieu rétablit-il l'ordre ?

1. Que bâtissent les hommes ?

2. Jusqu'où doit monter un des bâtiments ?

3. Quel mouvement fait Dieu à cette occasion ? Dans quel but ?

4. Pourquoi Dieu se met-il en colère contre les hommes selon toi ?

5. Qu'ont oublié les hommes dans leur orgueil de bâtisseurs ?

6 Que provoque le mélange des langues entre les peuples dispersés ?

Débattre sur la richesse des langues

Selon vous, pourquoi le fait de connaitre d'autres langues que la sienne favorise-t-il la communication entre les hommes ?

Construction de la Tour de Babel, copie d'un manuscrit du XVᵉ siècle (école allemande, XIXᵉ siècle), bibliothèque des Arts décoratifs, Paris.

Pieter Brueghel l'Ancien, *La Tour de Babel*, vers 1563, huile sur bois (114 x 155 cm), musée d'Histoire de l'art, Vienne (Autriche).

Lecture d'image

1. Comment le peintre suggère-t-il l'immensité du bâtiment ?

2. Que voit-on de l'activité humaine ? Pourquoi les hommes sont-ils aussi petits ?

3. Comment peut-on interpréter le nuage sombre qui arrive à la gauche du bâtiment ?

Texte écho — Soleils couchants

Dans son long poème évoquant le passage du temps, « Soleils couchants », Victor Hugo évoque, en deux strophes, une Tour de Babel dont l'image se superpose au spectacle des nuages.

V

Quelquefois, sous les plis des nuages trompeurs,
Loin dans l'air, à travers les brèches des vapeurs
    Par le vent du soir remuées,
Derrière les derniers brouillards, plus loin encor,
5 Apparaissent soudain les mille étages d'or
    D'un édifice de nuées !

Et l'œil épouvanté, par delà tous nos cieux,
Sur une île de l'air au vol audacieux,
    Dans l'éther[1] libre aventurée,
10 L'œil croit voir jusqu'au ciel monter, monter toujours,
Avec ses escaliers, ses ponts, ses grandes tours,
    Quelque Babel démesurée !

Septembre 1828.

Victor Hugo, *Les Feuilles d'automne*, 1831.

1. éther : terme poétique désignant les espaces du ciel où l'air est plus pur.

▶ Étudier l'influence poétique de la Bible

1. Relève les termes qui appartiennent au champ lexical du ciel.

2. Relève les termes qui appartiennent au champ lexical de la construction.

3. Explique comment la forme des nuages suggère à Victor Hugo la forme de la Tour de Babel.

Décrire en s'inspirant de la Tour de Babel

Imagine la description d'un paysage naturel (montagne, arbres…) dont la hauteur fait penser à la Tour de Babel. Explique l'impression qu'il produit sur toi.

PARCOURS un thème

L'obéissance à un ordre divin

Le sacrifice d'Abraham

Très âgés, Abraham et son épouse Sara n'ont pas d'enfant. Dieu promet à Abraham de lui donner un fils qu'il appelle Isaac. Quelques années plus tard, Dieu met Abraham à l'épreuve.

[…] il arriva que Dieu éprouva Abraham et lui dit : « Abraham ! » Il répondit : « Me voici ! » Dieu dit : « Prends ton fils, ton unique, que tu chéris, Isaac, et va-t'en au pays de Moriyya, et là tu l'offriras en holocauste[1] sur une montagne que je t'indiquerai. »

Abraham se leva tôt, sella son âne et prit avec lui deux de ses serviteurs et son fils Isaac. Il fendit le bois de l'holocauste et se mit en route pour l'endroit que Dieu lui avait dit. Le troisième jour, Abraham, levant les yeux, vit l'endroit de loin. Abraham dit à ses serviteurs : « Demeurez ici avec l'âne. Moi et l'enfant nous irons jusque là-bas, nous adorerons et nous reviendrons vers vous. »

Abraham prit le bois de l'holocauste et le chargea sur son fils Isaac, lui-même prit en mains le feu et le couteau et ils s'en allèrent tous deux ensemble. Isaac s'adressa à son père Abraham et dit : « Mon père ! » Il lui répondit : « Me voici, mon fils ! » Il reprit : « Voici le feu et le bois, mais où est l'agneau pour l'holocauste ? » Abraham répondit : « C'est Dieu qui pourvoira à l'agneau pour l'holocauste, mon fils », et ils s'en allèrent tous deux ensemble.

Quand ils furent arrivés à l'endroit que Dieu lui avait indiqué, Abraham y éleva l'autel[2] et disposa le bois, puis il lia son fils Isaac et le mit sur l'autel, par-dessus le bois. Abraham étendit la main et saisit le couteau pour immoler son fils.

Mais l'Ange de Yahvé l'appela du ciel et dit : « Abraham ! Abraham ! » Il répondit : « Me voici ! » L'Ange dit : « N'étends pas la main contre l'enfant ! Ne lui fais aucun mal ! Je sais maintenant que tu crains Dieu : tu ne m'as pas refusé ton fils, ton unique. » Abraham leva les yeux et vit un bélier, qui s'était pris par les cornes dans un buisson, et Abraham alla prendre le bélier et l'offrit en holocauste à la place de son fils.

La Bible de Jérusalem, « La Genèse », 22, 1-13, *ibid*.

1. **holocauste** : sacrifice religieux où le corps de la victime est entièrement brulé pour honorer la divinité.
2. **autel** : table de pierre sur laquelle se pratique le sacrifice.

①

▶ Comprendre un ordre divin

Entrer dans la lecture. Quel sentiment doit éprouver Abraham envers Dieu pour affronter l'épreuve qui lui est imposée ?

1. Quel est l'ordre de Dieu à Abraham ?

2. Pourquoi Abraham éloigne-t-il les serviteurs ?

3. Que penses-tu de la question que pose Isaac à son père ?

4. Que prouve le comportement d'Abraham, quand il saisit le couteau ?

5. Comment s'achève le sacrifice ?

BILAN 6 Quelle preuve Dieu a-t-il obtenue d'Abraham ?

① **Andrea d'Agnolo**, dit **del Sarto**, *Sacrifice d'Abraham*, vers 1527-1528, huile sur bois (213 x 159 cm), SKD Museum, Dresde (Allemagne).

② Illustration de l'édition de *Histoires du Coran ou Histoire des prophètes et des rois du temps passé*, 1595, papier (29 x 20 cm), Iran.

③ « Juifs et musulmans dans le sein d'Abraham », enluminure représentée dans la Bible de Souvigny (fin du XIIe siècle), bibliothèque municipale de Moulins.

Texte écho — Le sacrifice d'Abraham selon le Coran

99. Il dit :
« Oui, je vais aller vers mon Seigneur,
il me guidera.

100. Mon Seigneur !
Accorde-moi un fils qui soit juste. »

101. Nous lui avons alors annoncé une bonne nouvelle.
La naissance d'un garçon, doux de caractère.

102. Lorsqu'il fut en âge d'accompagner son père,
celui-ci dit :
« Ô mon fils !
Je me suis vu moi-même en songe,
et je t'immolais ; qu'en penses-tu ? »
Il dit :
« Ô mon père !
Fais ce qui t'est ordonné.
Tu me trouveras patient,
si Dieu le veut ! »

103. Après que tous deux se furent soumis,
et qu'Abraham eut jeté son fils, le front à terre,

104. nous lui criâmes :
« Ô Abraham !

105. Tu as cru en cette vision et tu l'as réalisée ;
c'est ainsi
que nous récompensons ceux qui ont fait le bien :

106. voilà l'épreuve concluante ».

107. Nous avons racheté son fils par un sacrifice solennel.

108. Nous avons perpétué son souvenir dans la postérité :

109. « Paix sur Abraham ! »

Le Coran, sourate XXXVII, 99-109, trad. de D. Masson,
© Éditions Gallimard, 1967.

▶ Comparer deux récits du même épisode

1. De quelle façon Dieu ordonne-t-il le sacrifice à Abraham ?

2. Quel rôle joue Isaac dans le récit du Coran ?

3. Quels sont les points communs et les différences entre les deux récits ?

PARCOURS un thème

Un interprète de la volonté divine

Joseph et les songes de Pharaon

Joseph, fils d'Isaac, a été vendu comme esclave en Égypte. Son intelligence lui obtient la confiance de son maitre. Pharaon, inquiet de rêves que ses magiciens ne peuvent interpréter, fait appel à Joseph.

Joseph dit à Pharaon : « Le Pharaon n'a fait qu'un seul songe : Dieu a annoncé à Pharaon ce qu'il va accomplir. Les sept belles vaches représentent sept années, et les sept beaux épis représentent sept années, c'est un seul et même songe. Les sept
5 vaches maigres et laides qui montent ensuite représentent sept années et aussi les sept épis grêles et brûlés par le vent d'est : c'est qu'il y aura sept années de famine. C'est ce que j'ai dit à Pharaon ; Dieu a montré à Pharaon ce qu'il va accomplir : voici que viennent sept années où il y aura grande abondance dans
10 tout le pays d'Égypte, puis leur succéderont sept années de famine et on oubliera toute l'abondance dans le pays d'Égypte ; la famine épuisera le pays et l'on ne saura plus ce qu'était l'abondance dans le pays, en face de cette famine qui suivra, car elle sera très dure. Et si le songe de Pharaon s'est renouvelé
15 deux fois, c'est que la chose est bien décidée de la part de Dieu et que Dieu a hâte de l'accomplir.

« Maintenant, que Pharaon discerne un homme intelligent et sage et qu'il l'établisse sur le pays d'Égypte. Que Pharaon agisse et qu'il institue des fonctionnaires sur le pays ; il imposera au
20 cinquième le pays d'Égypte pendant les sept années d'abondance, ils ramasseront tous les vivres de ces bonnes années qui viennent, ils emmagasineront le blé sous l'autorité de Pharaon, ils mettront les vivres dans les villes et les y garderont. Ces vivres serviront de réserve au pays pour les sept années de famine qui
25 s'abattront sur le pays d'Égypte, et le pays ne sera pas exterminé par la famine. »

La Bible de Jérusalem, « La Genèse », 41, 25-36, *ibid.*

Les Songes du Pharaon, 1499, vitraux, cathédrale Saint-Pierre-et-Saint-Paul, Troyes.

▶ Interpréter un avertissement

Entrer dans la lecture. De qui Pharaon obtient-il des conseils pour gouverner ?

1. Que voit Pharaon en rêve ?

2. Pourquoi Pharaon est-il effrayé de ce songe ?

3. Quelle est la volonté de Dieu selon Joseph ?

4. Quels sont les conseils que donne Joseph à Pharaon ?

BILAN 5 D'après toi, par quels termes utilisés dans le texte peut-on qualifier Joseph ? Pourquoi ?

Textes fondateurs et Création — *Récapitulons*

La Bible, l'Ancien et le Nouveau Testament

● **La Bible** doit son nom au grec ancien *biblia* (= les livres) désignant la traduction grecque des livres hébreux sacrés. La rédaction de ce texte fondateur de la religion juive et de la religion chrétienne s'est étendue sur plus de dix siècles.
Deux parties la composent :
– les 39 livres de l'ancienne alliance entre Dieu et le peuple hébreu (ou **Ancien Testament**) ;
– les 27 livres qui constituent la nouvelle alliance entre Dieu et les chrétiens, disciples du Christ (ou **Nouveau Testament**).

« La Genèse »

● **« La Genèse »** (du grec ancien *genesis*, naissance), premier livre de la Bible, comporte trois parties : la création proprement dite, l'alliance de Dieu et de la descendance d'Abraham et le destin de Joseph en Égypte.
Le début de la Genèse explique la **création de l'univers et de l'homme** avant sa **désobéissance à Dieu** (Adam et Ève au jardin d'Éden ➡ p. 142). Chaque désobéissance humaine entraine un châtiment collectif (le Déluge ➡ p. 148, la Tour de Babel ➡ p. 150).
Seul un juste (Noé ➡ p. 148, Abraham ➡ p. 152) ou un élu (Joseph ➡ p. 154) est capable d'entendre ou d'interpréter la volonté divine.

Le Coran

● **Le Coran**, qui signifie « récitation » en arabe, est le texte sacré reçu par le prophète Mohammed au VIIᵉ siècle. Il s'est d'abord transmis oralement, puis a été rédigé sous la forme de sourates (= chapitres). Certains personnages de la Bible (Noé, Abraham) sont aussi des prophètes de la volonté divine dans ce texte. ➡ p. 149 et ➡ p. 153.

Imaginer un nouvel éden

Décris un lieu paradisiaque. Un explorateur de l'univers débarque sur une planète inconnue. Il est en mission pour la Terre : il doit trouver une nouvelle planète pour y installer une colonie humaine. Avec son équipage, il découvre un environnement inconnu, mais favorable.

Comprendre la transmission d'un enseignement

1 Écoute cet extrait de la Bible en saisissant ce lien sur ton navigateur.

AUDIO lienmini.fr/jdl6-T305   Chaque commandement est-il est un ordre ou un interdit ? Justifie ta réponse.

2 Résume en quelques mots chaque commandement entendu par Moïse.

3 Rédige, avec tes propres mots, un règlement intérieur du collège en dix commandements.

Conseils d'écriture

1. Ton texte comportera une vingtaine de lignes.
2. Chaque membre de l'équipage (entre trois et six personnes au maximum) explorera un paysage différent et découvrira un animal ou une plante intéressante.

John Millar Watt, *Le Jardin d'Éden*, XXᵉ siècle, collection privée.

Dossier — Le vocabulaire des textes fondateurs

Les textes fondateurs constituent le **patrimoine** d'une civilisation. Ils servent aussi de **lien** entre les différentes cultures. Leurs textes ont des **formes littéraires très variées** : narrations, poèmes, textes de loi, paraboles… Surtout, ils restent une **source d'inspiration inépuisable** pour les écrivains et les artistes jusqu'à nos jours, comme tu as pu le voir dans le parcours précédent.

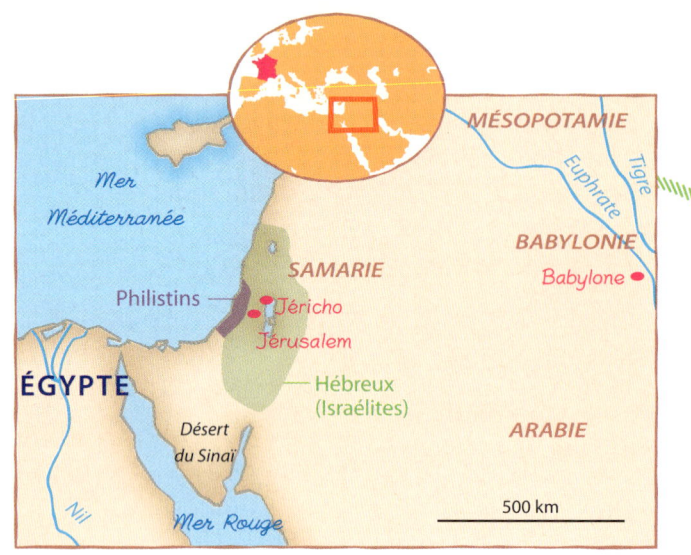

Le sais-tu ?

« Bible » vient du mot grec « biblia », qui signifie « les livres », et non « le livre ». Il s'agit d'une sorte de grande bibliothèque dont la composition a nécessité plus de 1 500 ans.

1 300 av. J.-C.

Les premiers manuscrits

Les premiers livres ont été écrits vers 1 300 avant Jésus-Christ, principalement en hébreu : nous n'en avons pas retrouvé les originaux. Mais des scribes méticuleux ont recopié les textes de génération en génération. C'est dans un de ces vases qu'un jeune berger découvre, au bord de la mer Morte, en 1947, le plus ancien manuscrit de la Bible que nous connaissons.

IIe siècle av. J.-C.

La « Septante »

La Bible a été traduite en de nombreuses langues. On raconte qu'au IIe siècle avant Jésus-Christ, soixante-dix savants venus de Jérusalem se sont réunis à Alexandrie et ont traduit chacun séparément le texte. Les soixante-dix traductions étaient identiques ! On donne à cette Bible grecque le nom de « Septante ».

Ier siècle ap. J.-C.

Les codex

Les textes bibliques sont recopiés sur des codex : ce sont des planches de bois couvertes de cire, que l'on peut relier entre elles, à la manière d'un livre. Il devient alors beaucoup plus facile de transporter la Bible.

❹

Naissance de Jésus-Christ

❺

IIIe siècle ap. J.-C.

La « Vulgate »

Au début du IIIe siècle après Jésus-Christ, Jérôme entreprend de traduire le texte hébreu en latin. Il part en Palestine, où il visite les sites bibliques pour mieux comprendre le texte. On donne à sa traduction le nom de « Vulgate ».

❻

VIIe siècle ap. J.-C.

Le Coran

Texte sacré des musulmans, le Coran est écrit au VIIe siècle après Jésus-Christ. Il signifie « récitation » en arabe. En effet, le prophète Mohammed ne voulait le transmettre qu'oralement. Cependant, certains musulmans en copient des passages sur des supports variés : végétaux, peaux de chameau, morceaux d'os, tessons d'argile… C'est à partir de ces fragments que la version complète est fixée par écrit.

❼

XVe siècle ap. J.-C.

La Bible de Gutenberg

La Bible sera l'un des premiers livres imprimés par Gutenberg, au XVe siècle. Aujourd'hui encore, c'est le livre le plus diffusé et le plus traduit.

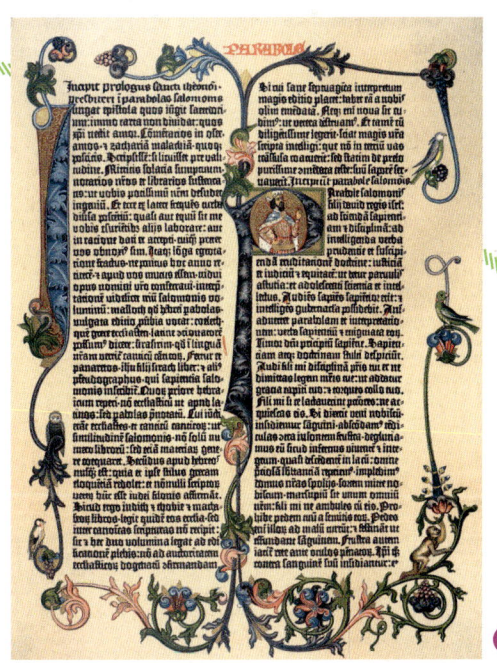

Documents :
❶ Vase dans lequel on trouva des manuscrits de la Bible au bord de la mer Morte, à Qumrân.
❷ Fragment d'un manuscrit de la Bible découvert au bord de la mer Morte, IIe-Ier siècle avant J.-C.
❸ Saint Luc écrivant son évangile en grec, parchemin, Xe siècle.
❹ Codex, XIIIe siècle. ❺ Codex de saint Jean, fin du IIe siècle.
❻ *Saint-Jérôme*, 1650, huile sur toile (70 x 63 cm), Galerie de l'Accademia, Venise (Italie).
❼ Page du Coran, IXe siècle.
❽ Page de la Bible de Gutenberg, 1455.

Dossier : Le vocabulaire des textes fondateurs

Dossier — Le vocabulaire des textes fondateurs

Les expressions issues de l'Ancien Testament

Mène l'enquête !

▶ **On utilise parfois des expressions tirées de la Bible. En voici quelques-unes, tirées de l'*Ancien Testament*. De quels extraits sont-elles issues ?**
Pauvre comme Job • être le bouc émissaire • un jugement de Salomon • des jérémiades • vieux comme Mathusalem • c'est David contre Goliath • œil pour œil, dent pour dent • faire sa traversée du désert.

Texte A

Un des fils d'Adam et Ève, Seth, a une nombreuse descendance. L'un de ses descendants s'appelle Mathusalem.

Toute la durée de la vie de Mathusalem fut de neuf cent soixante-neuf ans, puis il mourut.

La Bible de Jérusalem, « Genèse », 5, 27, trad. de l'École biblique de Jérusalem, © Éditions du Cerf, 2014.

Texte B

Dieu explique à Moïse ce que doit faire son frère, Aaron, afin de purifier les Hébreux.

[…] il fera approcher le bouc encore vivant.
Aaron lui posera les deux mains sur la tête et confessera à sa charge toutes les fautes des Israélites, toutes les transgressions et tous leurs péchés. Après en avoir ainsi chargé la tête du bouc, il l'enverra au désert sous la conduite d'un homme qui se tiendra prêt, et le bouc emportera sur lui toutes leurs fautes en un lieu aride.

Ibid., « Le Lévitique », 16, 20-22.

Texte C

Moïse libère les Hébreux des Égyptiens et veut les mener jusqu'à la terre promise par Dieu. La marche dans le désert est rude et les Hébreux se plaignent. Dieu les punit.

Je jure que vous n'entrerez pas dans ce pays où, levant la main, j'avais fait serment de vous établir. […]
Pour vous, vos cadavres tomberont dans ce désert, et vos fils seront nomades dans le désert pendant quarante ans […] jusqu'à ce que vos cadavres soient au complet dans le désert.

Ibid., « Les Nombres », 14, 30-33.

Texte D

Dieu donne à Moïse une loi qu'il souhaite que les Hébreux appliquent, la « loi du talion » (en latin « talis » veut dire « pareil »).

Si un homme blesse un compatriote, comme il a fait on lui fera : fracture pour fracture, œil pour œil, dent pour dent.

Ibid., « Le Lévitique », 24, 19.

Texte E

David est un jeune berger du roi Saül. L'armée de Saül est menacée par les Philistins. L'issue de la guerre dépendra d'un combat singulier : celui qui vaincra Goliath – un géant Philistin – remportera la victoire. Seul le fragile David relève le défi.

Lorsque le Philistin se dressa pour s'approcher toujours plus de David, celui-ci courut rapidement hors des lignes à la rencontre du Philistin.
Il mit la main dans son sac, prit une pierre, la lança avec la fronde et atteignit le Philistin au front ; la pierre s'enfonça dans son front et il tomba la face contre terre.
Ainsi David triompha du Philistin avec la fronde et la pierre : il abattit le Philistin et le fit mourir ; il n'y avait pas d'épée dans la main de David.

Ibid., « Premier livre de Samuel », 17, 48-50.

Nicolas Poussin, *Le Jugement de Salomon*, 1649, huile sur toile (101 x 160 cm), musée du Louvre, Paris.

Texte F

Le bébé d'une femme meurt pendant qu'elle dort. Elle s'approprie alors l'enfant d'une autre. Les deux mères vont trouver le roi Salomon en se disputant le bébé. Pour les départager, Salomon a une idée.

« Apportez-moi une épée », ordonna le roi ; et on apporta l'épée devant le roi, qui dit : « Partagez l'enfant vivant en deux et donnez la moitié à l'une et la moitié à l'autre. »

Alors la femme dont le fils était vivant s'adressa au roi, car sa pitié s'était enflammée pour son fils, et elle dit : « S'il te plaît, Monseigneur ! Qu'on lui donne l'enfant vivant, qu'on ne le tue pas ! » mais celle-là disait : « Il ne sera ni à moi, ni à toi ! Partagez ! »

Alors le roi prit la parole et dit : « Donnez l'enfant vivant à la première, ne le tuez pas. C'est elle la mère. »

Tout Israël apprit le jugement qu'avait rendu le roi, et ils révérèrent le roi car ils virent qu'il y avait en lui une sagesse divine pour rendre la justice.

Ibid., « Premier livre des Rois », 3, 24-28.

Texte G

Dieu est satisfait d'un homme très bon appelé Job, mais Satan trouve que Job n'a pas de mérite, car il est riche et heureux. Il parie que Job ne sera pas aussi bon dans le malheur et il lui envoie des épreuves.

Il frappa Job d'un ulcère malin, depuis la plante des pieds jusqu'au sommet de la tête. Job prit un tesson pour se gratter et il s'installa parmi les cendres. […]
En tout cela, Job ne pécha point en paroles.

Ibid., « Job », 2, 7-10.

Texte H

Jérémie est enfermé pour avoir prononcé des prophéties. Il exprime son désespoir dans un livre.

C'est pour cela que je pleure ;
mes yeux fondent en larmes […].

Ibid., « Les Lamentations », 1, 16.

PARCOURS un genre

Chanter, enchanter le monde

Orphée, premier des poètes

 La poésie : un chant

Le sais-tu ?

Les **Muses** sont neuf filles de Zeus. Elles représentent et protègent chacune une forme d'art. C'est ainsi que la muse devient le symbole de l'inspiration du poète.

François Boucher, *Orphée charmant les animaux*, 1740, huile sur toile (54 x 66 cm), musée d'Art Roger Quilliot, Clermont-Ferrand.

Dans la mythologie grecque, **Orphée** est considéré comme le premier des poètes. Il est le fils de Calliope « à la belle voix », muse de la poésie, et d'**Apollon**, dieu du chant, de la musique et de la poésie. Son père lui a offert une **lyre**, instrument de musique qui l'accompagne dans tous ses voyages. Le chant d'Orphée est si enchanteur qu'il charme et apaise les êtres les plus cruels.

▶ **Étudier une représentation d'Orphée**

1. Comment reconnais-tu Orphée ? Que fait-il ?
2. Quelle remarque peux-tu faire sur les différents animaux qui se côtoient ? Paraissent-ils menaçants ou apaisés ?
3. Dans quelle direction Orphée tourne-t-il son regard ? Quelle explication peux-tu trouver ?
4. Quel pouvoir le chant d'Orphée a-t-il sur les animaux ?

Repères culturels

Pendant très longtemps, la poésie a été chantée. Dans l'Antiquité, les poètes s'appelaient des **aèdes** ; leurs œuvres étaient écrites en vers qu'ils chantaient d'un lieu à un autre.
Au Moyen Âge, les troubadours et les ménestrels chantent encore leur poésie, mais en s'accompagnant d'instruments comme le luth ou la viole.

Sa voix adoucissait les tigres des déserts,
Et les chênes émus s'inclinaient dans les airs.
Virgile, *Géorgiques*, IV, traduit du latin par Jacques Delille.

▶ Quel autre pouvoir surprenant la voix d'Orphée a-t-elle ?

La force des mots

Orphée perd sa femme **Eurydice** le jour de son mariage : celle-ci meurt, piquée au pied par un serpent. Fou de douleur, il ose se rendre aux Enfers pour demander à **Pluton**, roi de ce sombre royaume, et à **Proserpine**, son épouse, de lui rendre sa bien aimée. Il parvient à attendrir les différentes divinités des Enfers grâce à son chant merveilleux, et obtient l'accord du roi et de la reine des Enfers, à une condition : tant qu'il ne sera pas arrivé dans le monde des vivants, il n'a pas le droit de se retourner et de regarder Eurydice.

Mène l'enquête !

En t'aidant des informations de cette page, sauras-tu identifier les personnages du tableau ?

Frans Francken le jeune, *Représentation d'Orphée aux enfers*, XVIIe siècle, musée des Beaux-Arts, Nîmes.

Orphée charme les Enfers

Même au fond du Tartare, au séjour des supplices,
Le luth[1] a suspendu le cours de la justice :
Cerbère au triple mufle a cessé d'aboyer ;
Le dieu des vents, Éole, oubliant de souffler,
5 Sur sa roue **Ixion**[2] s'arrête de tourner ;
Et sur leurs fronts hideux les pâles Euménides[3]
N'entendent plus siffler les serpents homicides.
Enfin, grâce à son luth, vainqueur du noir trépas[4],
L'aède harmonieux[5] revenait sur ses pas.
10 Eurydice suivait ; mais une loi sévère
Défendait à l'amant tout regard en arrière.
Nul danger désormais : déjà, sur la hauteur,
Blanchissait faiblement une pâle lueur…

Virgile (70 av. J.-C. – 19 av. J.-C.), *Géorgiques*, IV, v. 493 à 505, trad. H. Laignoux (1939).

1. luth : lyre d'Orphée. **2. Ixion** : subit un châtiment éternel ; il est attaché avec des serpents à une roue qui tourne éternellement. **3. Euménides** : divinités des Enfers chargées de persécuter les hommes. **4. trépas** : mort. **5. L'aède harmonieux** : Orphée.

▶ Comprendre le choix du jeune héros

1. À quoi reconnais-tu que le texte de Virgile est un poème ?

2. Pourquoi tout semble s'arrêter sur les pas d'Orphée ?

3. Obtient-il ce qu'il veut ?

4. Quelles sortes d'êtres Orphée parvient-il à charmer avec sa voix ?

5 D'après ce récit, quels pouvoirs la poésie d'Orphée possède-t-elle ?

Suggestion de lecture

Si tu veux en savoir plus sur l'histoire d'Orphée, tu peux lire le bel album d'Yvan Pommaux.

PARCOURS un genre

Dans les pages qui suivent, tu vas découvrir comment le poète, à la manière d'Orphée, chante et enchante le monde avec ses mots.

Le poème pour célébrer le monde

Texte 1 Le poète s'en va dans les champs

Le poète s'en va dans les champs ; il admire,
Il adore ; il écoute en lui-même une lyre ;
Et, le voyant venir, les fleurs, toutes les fleurs,
Celles qui des rubis font pâlir les couleurs,
5   Celles qui des paons même éclipseraient les queues,
Les petites fleurs d'or, les petites fleurs bleues,
Prennent, pour l'accueillir agitant leurs bouquets,
De petits airs penchés ou de grands airs coquets,
Et, familièrement, car cela sied aux belles :
10 – Tiens ! c'est notre amoureux qui passe ! disent-elles.
Et, pleins de jour et d'ombre et de confuses voix,
Les grands arbres profonds qui vivent dans les bois,
Tous ces vieillards, les ifs, les tilleuls, les érables,
Les saules tout ridés, les chênes vénérables,
15 L'orme au branchage noir, de mousse appesanti,
Comme les ulémas[1] quand paraît le muphti[2],
Lui font de grands saluts et courbent jusqu'à terre
Leurs têtes de feuillée et leurs barbes de lierre,
Contemplent de son front la sereine lueur,
20 Et murmurent tout bas : C'est lui ! c'est le rêveur !

Les Roches, juin 1831.

Victor Hugo, *Les Contemplations*, 1856.

1. **uléma** : celui qui étudie le Coran et connait le droit musulman.
2. **muphti** : religieux musulman qui interprète la loi.

Vers (On n'écrit pas sur toute la ligne.)
Rimes en [œr]

Paul Gauguin, *Paysage tahitien*, 1891, huile sur toile (92 x 68 cm), Institut d'art, Minneapolis (États-Unis).

▶ Comprendre le lien entre le poète et la nature

Entrer dans la lecture. T'est-il déjà arrivé de te promener dans un champ ou une forêt ? Qu'as-tu fait ? Qu'as-tu ressenti ?

1. Lis ce texte dans ta tête, puis à haute voix. Quels éléments visuels (disposition du texte) et auditifs (sonorités des mots) prouvent que c'est un poème ?

2. Que font les fleurs et les arbres à l'approche du poète ? Pour quelle raison ?

3. Le poète semble-t-il s'apercevoir de quelque chose ? Que fait-il ?

BILAN 4 À ton avis, quelle relation existe entre le poète et la nature ?

Dessiner pour comprendre

Fais un dessin où tu représenteras les fleurs et les arbres de la façon dont les montre le poème.

◀ Lecture d'image

1. Observe le tableau de Claude Monet. Trouve trois raisons qui montrent qu'il illustre bien le poème de Victor Hugo.

2. Pourtant, il manque dans ce tableau un aspect essentiel du poème. Lequel ?

Claude Monet, *Champ de coquelicots près d'Argenteuil*, 1875, huile sur toile (54 x 73, cm), Metropolitan Museum of Art, New York (États-Unis).

Texte 2 — Ode à la vague

Poète, écrivain et homme politique chilien, Pablo Neruda a reçu un prix pour la paix en 1953 et le prix Nobel de littérature en 1971.

Une fois de plus à la vague
vont mes vers.

Je ne puis
me passer mille fois mille,
5   mille fois, vague,
de te chanter,
ô fugitive fiancée de l'océan […]

Pablo Neruda, *Troisième livre des odes*, 1957, traduit de l'espagnol par J.-F. Reille, © Éditions Gallimard, 1978.

Texte 3 — À l'île natale

Poète créole né à l'île de la Réunion, Auguste Lacaussade passe une grande partie de sa vie en France mais reste très attaché à son île natale.

Ô terre des palmiers, pays d'Éléonore[1],
Qu'emplissent de leurs chants la mer et les oiseaux !
Île des bengalis, des brises, de l'aurore !
Lotus immaculé sortant du bleu des eaux !
5   […]
Toi qui dans tes beautés, jeune, m'appris à lire,
À toi mes chants ! à toi mes hymnes et ma lyre,
Ô terre où je naquis ! ô terre du soleil !

Auguste Lacaussade, *Poèmes et Paysages*, 1852.

[1]. allusion à la muse de son ami, le poète créole Évariste Parny.

Comprendre comment les poètes célèbrent ce qu'ils aiment

1. **Lis chaque poème** à haute voix.
2. Dans chacun des textes, quels éléments t'ont aidé(e) à savoir quel ton employer ?
3. Par quels moyens les poètes montrent-ils la force de leurs émotions ?
4. Relève le vocabulaire de la musique et les éléments de chaque poème qui les rapprochent de la chanson.
5. **BILAN** Explique pourquoi, selon toi, chacun de ces poètes célèbre l'île ou la vague et comment il exprime l'amour qu'il porte à ces éléments.

Grammaire pour dire et pour écrire

▶ Pour exprimer des émotions fortes, on utilise des **phrases exclamatives**. Ex. : Comme l'île est belle ! Quelle belle île !
▶ On peut aussi utiliser des **interjections** (Ah ! Eh ! Oh !...) « Ô » est un mot servant à interpeller directement quelqu'un ou quelque chose pour l'invoquer.

Célébrer à la manière de…

Choisis un élément naturel (paysage, lieu…) que tu aimes beaucoup, puis écris un poème à la manière d'un des poètes de la page. Tu feras des vers, avec ou sans rimes, et tu utiliseras des phrases exclamatives et/ou des interjections pour chanter ce que tu aimes.

Le poème et la musique des mots

Texte 4 Marine

L'Océan sonore
Palpite sous l'œil
De la lune en deuil
Et palpite encore,

5 Tandis qu'un éclair
Brutal et sinistre
Fend le ciel de bistre[1]
D'un long zigzag clair,

Et que chaque lame[2]
10 En bonds convulsifs
Le long des récifs
Va, vient, luit et clame,

Et qu'au firmament,
Où l'ouragan erre,
15 Rugit le tonnerre } Strophe
Formidablement.

Paul Verlaine, *Poèmes saturniens*, 1866.

1. **le bistre** : couleur brun foncé.
2. **une lame** : grosse vague.

William Turner, *Pêcheurs en mer*, 1796, huile sur toile (91 x 122 cm), Tate Gallery, Londres (Royaume-Uni).

Lecture d'image ▲

• Une **marine** est un genre de peinture dont le sujet est la mer. Le tableau de W. Turner illustre-t-il bien le poème d'après toi ? Justifie ton point de vue en relevant des mots du texte.

▶ Comprendre comment le rythme et les sons font entendre le sens

1. 🗨 **Lis le poème à haute voix :** trouves-tu les mots doux ou durs lorsque tu les prononces ? Les phrases sont-elles fluides ou saccadées ? Pourquoi ?

2. Cherche le sens du verbe « palpiter ». Pourquoi le poète dit-il que l'Océan palpite ?

3. Le rythme du poème te semble-t-il régulier ou irrégulier ? Sers-toi du schéma ci-contre pour justifier tes impressions.

4. Relève tous les mots du champ lexical du bruit. Relis les vers 14 et 15. Quel son revient aussi bien à la rime qu'à l'intérieur des vers ? Comment peux-tu l'expliquer ?

BILAN 5 Comment le poète nous fait-il entendre le bruit de l'océan déchaîné ?

Repères littéraires 🔍

L'O/cé/an/ so/nore
 1 2 3 4 5   5 syllabes

Pal/pi/te/ sous/ l'œil
 1 2 3   4   5   5 syllabes

De/ la/ lu/ne en/ deuil
 1   2   3   4   5   5 syllabes

Et/ pal/pi/te en/core
 1   2   3   4   5   5 syllabes

Chaque vers contient 5 syllabes.

Le poète donne du **rythme** à son poème en portant une attention particulière au **nombre de syllabes** de chacun de ses vers.
Si chaque vers a le même nombre de syllabes, le rythme du poème est régulier.

➤ Pour mieux comprendre comment lire les syllabes en poésie et connaître le nom des vers, reporte-toi à la page 170.

Texte 5 — **Le vent**

Sur la bruyère longue infiniment
Voici le vent cornant Novembre
Sur la bruyère, infiniment
Voici le vent
5 Qui se déchire et se démembre,
En souffles lourds, battant les bourgs
Voici le vent,
Le vent sauvage de Novembre.

Aux/ puits/ des/ fermes,
10 Les/ seaux/ de/ fer/ et/ les/ pou/lies
Grincent/.
Aux/ ci/ter/nes/ des/ fermes
Les/ seaux/ et/ les/ pou/lies
Grincent et/ crient
15 Tou/te/ la/ mort/ dans/ leurs/ mé/lan/co/lies.

Le vent rafle, le long de l'eau
Les feuilles mortes des bouleaux,
Le vent sauvage de Novembre ;
Le vent mord dans les branches
20 Des nids d'oiseaux ;
Le vent râpe du fer
Et peigne au loin les avalanches,
Rageusement, du vieil hiver,
Rageusement, le vent,
25 Le vent sauvage de Novembre. […]

Émile Verhaeren, *Les Villages illusoires*, 1895.

Comprendre que le poète joue avec le rythme et les sonorités

1. Le poète évoque-t-il un vent doux ou violent ? Justifie ta réponse avec des mots du texte.

2. Relève les mots qui évoquent des sons ou des bruits.

3. www.lienmini.fr/jdl6-T306 **Écoute cet enregistrement du vent.** Entends-tu une tempête, une bourrasque, des rafales ou un tourbillon ? (Cherche le sens de ces mots dans le dictionnaire.)

4. Le poète nous fait entendre le vent. Dans les mots du poème, qu'est-ce qui imite le souffle du vent qui va, vient et se répète ?

5. Le poète nous fait voir le vent. Dans la disposition des vers sur la page, retrouve des éléments qui rappellent le souffle irrégulier du vent.

6. Retrouve les sons qui reviennent dans la première strophe. Pourquoi le poète a-t-il choisi ces sons-là selon toi ?

7. Sers-toi du découpage des syllabes proposé pour lire la deuxième strophe en rythme. Penses-tu qu'il vaut mieux lire rapidement ou lentement ? Pourquoi ?

BILAN 8 **Entraine-toi à lire le poème** en respectant son rythme et ses sonorités. Qu'as-tu envie de faire entendre par ta lecture ?

Repères littéraires

Une **allitération** est la répétition, à l'intérieur d'un vers, d'un son consonne.
Ex. : Voici le vent cornant Novembre
Une **assonance** est la répétition, à l'intérieur d'un vers, d'un son voyelle.
Ex. : Voici le vent cornant Novembre

Biographie

Émile Verhaeren (1855-1916)
Poète belge, il est un des premiers à prendre de la liberté avec les règles de la poésie. On dit qu'il utilise des **vers libres** (sans contrainte de rimes ou de rythme).

Écrire quelques vers sonores

- Pense au bruit que peut faire la pluie sur un toit ou une rivière qui s'écoule.
- Fais la liste de ces bruits et choisis un son ou deux qui pourrai(en)t les représenter.
- Rédige au moins deux vers qui évoquent les sonorités entendues. Tu penseras à faire des rimes, mais aussi des allitérations et/ou des assonances. Tu peux aussi jouer avec le rythme de tes vers.

Camille Corot, *Coup de vent*, 1870, huile sur toile (47 x 58 cm), musée des Beaux-Arts, Reims.

Les mots enchanteurs

Texte 6 — Le vent

Poète lituanien de langue française, Oscar Venceslas de Lubicz-Milosz (1877-1939) fut également romancier, dramaturge et diplomate.

Je suis le vent joyeux, le rapide fantôme
Au visage de sable, au manteau de soleil.
Quelquefois je m'ennuie en mon lointain royaume ;
Alors je vais frôler du bout de mon orteil
5   Le maussade océan plongé dans le sommeil.
Le vieillard aussitôt se réveille et s'étire
Et maudit sourdement le moqueur éternel
L'insoucieux passant qui lui souffle son rire
Dans ses yeux obscurcis par les larmes de sel.

Oscar Venceslas de Lubicz-Milosz, *Les Éléments*, in *Poésies*, tome 2, © André Silvaire, 1989.

Texte 7 — Au bord de la mer

La lune de ses mains distraites
A laissé choir[1], du haut de l'air,
Son grand éventail à paillettes
Sur le bleu tapis de la mer.

5   Pour le ravoir elle se penche
Et tend son beau bras argenté,
Mais l'éventail fuit sa main blanche,
Par le flot qui passe emporté.

Au gouffre amer pour te le rendre,
10 Lune, j'irais bien me jeter,
Si tu voulais du ciel descendre,
Au ciel si je pouvais monter !

Malaga, 1841

Théophile Gautier, *España*, 1845.

1. **choir** : tomber.

Repères littéraires

Pour offrir une nouvelle image du monde, le poète peut donner des caractéristiques humaines à un objet ou un être inanimé. On appelle ce procédé la **personnification**.

Alexei Kondratyevich Savrasov, *Nuit de clair de lune au bord d'un étang*, 1870, huile sur toile, Museum of Art, Russie.

▶ Comprendre comment le poète donne vie aux éléments

Texte 6

1. Dessine ce qui se passe dans ce poème en trois vignettes de bande dessinée. Comment as-tu représenté le vent ?

2. Pourquoi le vent et l'océan ont-ils un caractère si différent selon toi ? Justifie ta réponse.

Texte 7

3. Quelle courte histoire raconte ce poème ?

4. Comment la lune est-elle représentée ? Dessine la scène en t'appuyant sur les mots du texte.

5. Aide-toi du tableau pour comprendre ce que le poète veut nous faire imaginer lorsqu'il parle du « grand éventail à paillettes » et du « beau bras argenté » de la lune.

BILAN 6 Relis ces deux poèmes. Les poètes ont-ils réussi à te faire voir le vent, l'océan et la lune d'une nouvelle manière ? Pour quelle raison ces éléments naturels te semblent-ils plus familiers ?

Utiliser des personnifications

Imagine qu'un objet ou un élément naturel s'anime : ton cahier, par exemple. Rédige une strophe de quatre vers (quatrain) dans laquelle cet objet parle ou exprime ses émotions. Tu penseras à lui donner d'autres caractéristiques humaines.

Texte 8 — Apprendre à voir

Les champs de blés mauves et les prés rouge sang
Le tronc des arbres bleu le feuillage ocre ou brun
Les agneaux verts les chèvres jaunes et les vaches
[argentées
5 Le ruisseau de mercure et la mare de plomb
La ferme en sucre roux l'étable en chocolat
Pourquoi pas pourquoi pas pourquoi pas
[pourquoi pas

Raymond Queneau, *Paris-ci, Paris-là et autres poèmes*,
© Éditions Gallimard Jeunesse, 2013.

> « La terre est bleue comme une orange. »
> **Paul Eluard**, *L'Amour la poésie*, 1929.

▶ Comprendre que le poème nous fait voir le monde autrement

1. Qu'est-ce qui te surprend à la lecture de ce poème ? Quelles couleurs aurais-tu données à chaque élément du poème ?

2. Le mercure et le plomb sont des métaux. Recherche la couleur qu'ils ont, puis remplace les groupes de mots soulignés par les adjectifs de couleur correspondants.

3. Que veut dire le dernier vers, selon toi ?

4. Dessine le paysage décrit par le poète en respectant ses choix de couleur. Comment trouves-tu ton tableau ?

BILAN 5 Explique pourquoi la comparaison créée par P. Eluard est à la fois justifiée et surprenante.

Repères littéraires

Pour nous faire comprendre ce qu'il ressent ou voit, le poète peut utiliser des **comparaisons** : il met en relation deux éléments ayant un point commun (le comparé et le comparant) grâce à un outil de comparaison (*comme*…).

Vincent Van Gogh, *Nuit étoilée*, 1889, huile sur toile, MoMA, New York (États-Unis).

Texte 9 — Un sapin, la nuit…

Un sapin, la nuit,
Quand nul ne le voit,
Devient une barque
Sans rames ni bras.
5 On entend parfois
Quelques clapotis
Et l'eau s'effarouche
Tout autour de lui.

Jules Supervielle, *Le Lac endormi et autres poèmes*, in *Le Forçat innocent*,
© Éditions Gallimard, 1930.

▶ Comment le poète transforme la réalité

1. Selon toi, pourquoi le poète peut-il associer le sapin à une barque, la nuit ? Explique cette transformation.

2. **Lis le poème à haute voix.** Donne-t-il une impression de douceur ou d'étrangeté ? Appuie-toi sur le rythme et les mots du poème pour justifier ta réponse.

3. D'après toi, le peintre représente-t-il la réalité ou exprime-t-il sa vision du paysage ?

BILAN 4 Explique pourquoi on peut dire que le poète propose un autre regard sur le monde qui l'entoure et quels moyens il utilise.

Créer des images poétiques

Imagine ce qui se passe, la nuit, « […] quand nul ne les regarde… » : que font la montagne, la forêt, la mer, le rocher… ?

Parcours Un genre : Chanter, enchanter le monde

PARCOURS un genre

Le poème comme un monde

Texte 10 — Le papillon

Ce billet doux plié en deux cherche une adresse de fleur.

Jules Renard, *Histoires naturelles*, 1896.

> **Repères littéraires**
>
> Le poète transforme le monde en **créant des images** : l'association particulière de deux mots ou de deux idées nous montre le monde sous un aspect nouveau. On appelle **métaphore** le fait d'associer directement deux éléments ayant un point commun pour créer une image nouvelle.

▸ Comprendre une métaphore

1. Un billet doux est un petit mot plié en deux que l'on donne à une personne pour lui faire savoir qu'on l'aime. Explique pourquoi l'auteur associe le papillon au billet doux.

2. Qui représente la fleur si le papillon est un billet doux ?

3. Aimes-tu cette association d'idées ? À quoi peut aussi te faire penser le papillon ?

Texte 11 — Haïkus : l'art de peindre un instant

❶
Fleur tombée
Retournant à la branche ?
Oh ! c'était un papillon !
Arakida Moritake (XVIe siècle).

Anthologie de la poésie japonaise classique traduit du japonais par Gaston Renondeau, © Éditions Gallimard, 2004.

❷
Couvert de papillons
l'arbre mort
est en fleurs !
Issa Kobayashi (XVIIIe-XIXe siècles).

❸
Papillon qui bat des ailes
je suis comme toi –
poussière d'être !
Issa Kobayashi (XVIIIe-XIXe siècles).

Haïku, Anthologie du poème court japonais, traduit du japonais par C. Atlan et Z. Bianu, © Éditions Gallimard, 2002.

▸ Comprendre le lien entre la forme d'un poème et ce qu'il veut exprimer

1. Observe la forme de ces poèmes et explique comment ils sont composés.

2. Imagine ce qu'a vu le poète avant d'écrire chaque haïku.

3. Dirais-tu que ces poèmes racontent une histoire ou saisissent un instant de vie ? Explique ta réponse.

4. Associe chaque haïku à l'émotion ou à l'impression qu'a voulu traduire le poète :
a. La méditation, la réflexion **b.** La surprise **c.** L'émerveillement

5.  **Lis ces poèmes à haute voix** en essayant de mettre le ton correspondant à l'émotion repérée.

6. Selon toi, pour quelle raison ces poèmes sont-ils si courts ?

> **Repères littéraires**
>
> Le **haïku** est un poème traditionnel japonais. En seulement trois vers, et dix-sept syllabes, le poète saisit un détail aperçu, une émotion ou une sensation passagère, un instant de vie.
> La tradition japonaise du haïku montre comment la poésie peut suggérer beaucoup avec un minimum de mots. C'est l'**art de la simplicité**.

> **✎ Écrire un haïku**
>
> Écris un haïku : en une phrase disposée sur trois vers, évoque une émotion ou un instant de vie, de préférence lié à la nature.

Textes 12 et 13 — Calligrammes

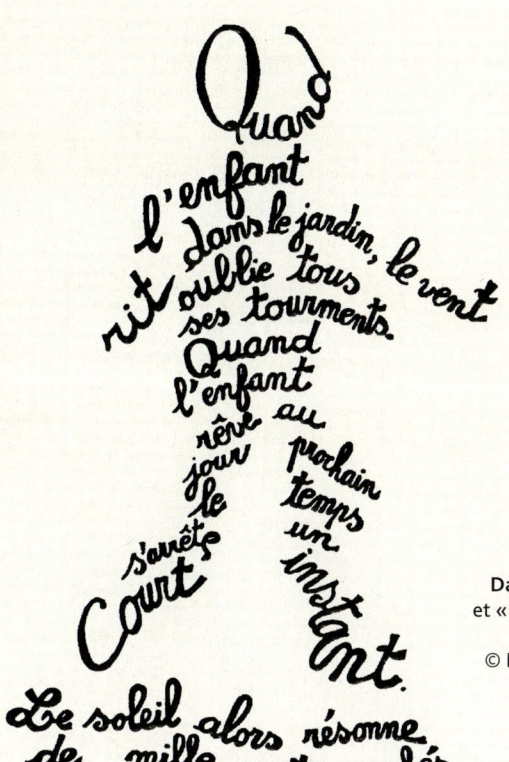

Daniel Brugès, « Quand l'enfant » et « Araignée » in *Jouer avec les poètes* de Jacques Charpentreau, © Le Livre de Poche Jeunesse, 2015.

Daniel Brugès

Repères littéraires

Un **calligramme** est un poème en forme de dessin. Le sens et la forme ont un lien étroit. Le mot a été inventé par le poète G. Apollinaire (1880-1918) à partir de deux mots : la calligraphie, art de bien écrire, et l'idéogramme, signe qui représente une idée. La mise en page du poème crée de nouvelles associations entre les mots et les images.

Texte 14

L'araignée
Une petite main noire et poilue crispée sur des cheveux.

Le ver
En voilà un qui s'étire et qui s'allonge comme une belle nouille.

Jules Renard, *Histoires naturelles*, 1896.

▶ Comprendre comment sens et forme font sens

Quand l'enfant

1. a. Lis ce texte. Quelle est sa particularité ?
b. Quel lien peux-tu trouver entre le dessin et ce que dit le texte ?

2. Quel pouvoir l'enfant a-t-il sur la nature ?

3. a. Explique pourquoi on peut dire que ce texte est un poème.
b. Qu'apporte, selon toi, cette disposition du texte particulière ?

Araignée

4. Quelle image de l'araignée donne chaque poète ? Apparait-elle effrayante ou sympathique ? Justifie ta réponse.

5. Explique la métaphore présente dans le texte de Jules Renard (texte 14).

6. a. Quelle forme prend le poème de Daniel Brugès ? Comment cette forme renforce-t-elle son sens ?
b. Quel est le point commun entre l'araignée et le funambule ?
c. Explique ce qu'est la dentelle et pourquoi elle a une « odeur de prison ».

7. Pourquoi, à ton avis, le poète a-t-il choisi de placer le dernier mot du poème en son centre ?

Inventer un calligramme

- Reprends les deux poèmes de J. Renard et transforme-les en calligrammes.
- Invente un calligramme sur un animal ou un élément naturel de ton choix (arbre, fleur…).

PARCOURS un genre

Méthode

Bien lire et analyser un poème

Pour apprécier et ressentir toutes les émotions que procure un poème, tu dois être capable de voir la nouvelle image du monde que le poète te propose, mais aussi d'entendre son rythme et ses sonorités.

▸ **Les sonorités**

Un **vers** = une ligne

Une **strophe** = un ensemble de vers séparés par un espace

Un **distique** = une strophe de 2 vers

Un **quatrain** = une strophe de 4 vers

Aquarelle en cinq minutes
Oh! oh! le temps se gâte, — A
L'orage n'est pas loin, — B
Voilà que l'on se hâte — A
De rentrer les foins!... — B
Rimes croisées

L'abcès perce! — A
Vl'à l'averse! — A
O grabuges — B
Des déluges!.... — B
Rimes plates ou suivies

Oh! ces ribambelles
D'ombrelles!....

Oh! cett' Nature
En déconfiture! ....

Sur ma fenêtre, — A
Un fuchsia — B
A l'air paria — B
Se sent renaître... — A
Rimes embrassées

Jules Laforgue, *Des Fleurs de bonne volonté*, 1890.

Rime : un même son se répète à la fin d'un vers.

▸ **Le rythme**

Pour bien lire un poème et en apprécier toute la beauté sonore, tu dois en respecter le rythme.

• Pour cela, tu dois connaitre les **règles de prononciation** des syllabes particulières à la poésie :
– Le « e » en fin de vers ne se prononce pas.
Ex. : les/ il(es) ➔ 2 syllabes

– Le « e » suivi d'une voyelle (ou d'un *h* muet) ne se prononce pas.
Ex. : ti/gr(e) au/ven/tre ➔ 4 syllabes

– Le « e » suivi d'une consonne se prononce.
Ex. : au/ven/tre/ jau/ne ➔ 5 syllabes

• Puis, pour savoir quel type de vers est utilisé, tu dois compter le nombre de syllabes :
Ex. : Le/ ti/gre au/ ven/tre/ jau/ne, au/ sou/ple/ dos/ ra/yé,
         1   2   3   4   5   6   7   8   9   10 11 12

Tapi dans l'herbe humide et sur soi reployé,
Le tigre au ventre jaune, au souple dos rayé,
Dormait ; et par endroits, le long des vertes îles,
Comme des troncs pesants flottaient les crocodiles.
Leconte de Lisle, *Poèmes antiques*, 1852.

On donne des noms aux vers :
→ octosyllabe (8 syllabes)
→ décasyllabe (10 syllabes)
→ alexandrin (12 syllabes)

La ponctuation et la disposition des vers t'aident également à **mettre le ton** et **à faire des pauses** dans ta lecture. N'hésite pas à **essayer** plusieurs lectures avec un rythme plus lent ou plus rapide, avec des pauses...

170

Qu'est-ce qu'un poème ? — Récapitulons

La poésie pour créer le monde
- Le mot « poésie » vient du verbe grec *poïen* qui signifie « créer ». Le poète donne aux mots une force nouvelle pour évoquer le monde, en jouant avec leurs sens et leurs sonorités. Il nous donne à **voir la réalité sous un angle nouveau** et provoque en nous des **émotions**.

Une mise en page particulière
- Le poème est **un texte qui se donne à voir**. Il est disposé sur la page de façon particulière :
  – il est écrit en **vers** qui peuvent avoir des longueurs différentes ;
  – les vers sont rassemblés en **strophes**.
  En latin, *versus* veut dire « tourner » : le texte n'occupe pas toute une ligne mais « tourne » avant la fin.

Le poème-dessin
- Le poète peut aussi jouer avec la disposition de son texte sur la page pour évoquer un élément ou créer une impression visuelle (Neruda ➡ p. 163 ; Verhaeren ➡ p. 165). Il peut aussi transformer son poème en image comme dans les calligrammes (➡ p. 169).

La musique des vers
- Le poème est **un texte musical**. Le poète joue avec les **sonorités** et le **rythme** des mots et des phrases. Il utilise :
  – les **rimes** : répétitions d'un même son en fin de vers ;
  – les **assonances**, répétitions de voyelles, et les **allitérations**, répétitions de consonnes à l'intérieur du vers.
  Il crée un **rythme** en jouant sur la longueur des vers (leur nombre de syllabes) et leur régularité ou non.

Des images pour voir le monde
- Le poème montre **la vision particulière du monde qu'a le poète**. Il associe les mots d'une manière nouvelle pour créer des **images** et des **émotions**. Pour cela, il peut utiliser la comparaison, la métaphore ou la personnification. Sous nos yeux, les êtres inanimés prennent vie, les couleurs changent, le papillon devient une fleur…

Créer une anthologie illustrée

Une **anthologie**, ou **florilège**, est une sélection de textes choisis. Le mot vient du grec *ánthos*, signifiant « fleur », et *legein*, « cueillir, choisir ». La « fleur » représente la beauté ; ici, les textes que l'on trouve particulièrement beaux. **Tu vas donc sélectionner des poèmes que tu apprécies et les réunir dans ton recueil.**

Consignes

- Crée un petit livret en pliant trois feuilles de couleur en deux. Tu les glisseras les unes dans les autres.
- Sur la 1re page du livret, écris le titre de ton recueil, le nom de son auteur (toi !).
- Sur la page de gauche, recopie un poème qui te plaît en respectant sa mise en page et en mettant son titre et le nom du poète. Garde de la place pour écrire les émotions que te procure la lecture de ce poème.
- Sur la page de droite, dessine ce que tu as imaginé en lisant le poème. Tu peux peindre ou faire des collages… Exprime ta créativité !
- Complète ainsi ton recueil avec les poèmes qui te plaisent. Tu peux aussi écrire tes propres poèmes. Enfin, si tu en as envie, partage ton recueil avec tes camarades et échangez vos impressions !

Parcours Un genre : Chanter, enchanter le monde

Atelier d'expression

Lire et écrire des poèmes exprimant des sensations

À l'oral
Lire des poèmes en respectant leur rythme et leurs sonorités.

À l'écrit
- Écrire un poème à la manière de.
- Exprimer ses émotions.

Le poète est celui qui porte un autre regard sur le monde. Dans cet atelier, tu vas découvrir comment il invite le lecteur à percevoir le monde sous un angle nouveau en exprimant ses sensations.
Les poèmes que tu vas lire te serviront à **créer ton propre poème pour exprimer les sensations que te procure un lieu familier**. Tu pourras t'inspirer de la manière dont les poètes écrivent, et préparer ton poème grâce aux exercices proposés.

Ressentir la chaleur

Avant de lire ce poème, ferme les yeux et pense à toutes les sensations, images et mots que tu associes au mot « chaleur ».
Trouve au moins une couleur, un son, une odeur, un gout.

Vincent Van Gogh, *Paysage nocturne au lever de lune*, 1889, huile sur toile (72 x 92 cm), musée Kröller-Müller (Pays-Bas).

Chaleur

[…] Tout luit, tout bleuit, tout bruit,
Le jour est brûlant comme un fruit
Que le soleil fendille et cuit.

Chaque petite feuille est chaude
5   Et miroite dans l'air où rôde
Comme un parfum de reine-claude[1].

Du soleil comme de l'eau pleut
Sur tout le pays jaune et bleu
Qui grésille[2] et oscille un peu.

10 Un infini plaisir de vivre
S'élance de la forêt ivre,
Des blés roses comme du cuivre. […]

Anna de Noailles, *L'Ombre des jours*, 1902.

1. **reine-claude** : variété de prunes.
2. **grésiller** : produire un bruit semblable à celui d'un aliment qui frit dans une poêle (crépitement).

Comprendre

1. Lis le poème. Anna de Noailles décrit un paysage en été. Correspond-il à ce que tu as imaginé ? Explique ce qui peut te surprendre.

2. Associe les noms et les verbes de la même famille pour en trouver le sens :
a. miroir • lumière • bruit ; **b.** luire • bruire • miroiter.

3. Recopie ce tableau et places-y tous les mots évoquant les sensations :

visuelle	auditive	tactile	gustative	olfactive

4. Vers 2, 6, 7 et 12 : quel procédé utilise la poétesse pour nous permettre de mieux imaginer la sensation décrite ?

5. Quel est le sujet du verbe « pleuvoir » au vers 7 ? Explique quel est le point commun entre le soleil et la pluie, les couleurs « jaune et bleu » et le grésillement.

6. Cherche quelle est la couleur du cuivre (v. 12) et essaye de justifier cette comparaison surprenante.

 **7.** Explique tous les moyens utilisés par Anna de Noailles pour évoquer la sensation de chaleur.

Écrire des comparaisons
Trouve des comparaisons qui permettent de mieux imaginer les sensations suivantes : la douceur, le froid, l'amertume.

Pour situer l'AUTEUR

La comtesse **Anna de Noailles** (1876-1933) est une poétesse et romancière française, d'origine roumaine. Elle recevait les plus grands artistes de son époque. Elle est à l'origine du prix Fémina et a été récompensée par l'Académie française.

Sentir le soir

Le Jardin et la Maison

Voici l'heure où le pré, les arbres et les fleurs
Dans l'air dolent et doux soupirent leurs odeurs.

Les baies du lierre obscur où l'ombre se recueille
Sentant venir le soir se couchent dans leurs feuilles,

5   Le jet d'eau du jardin, qui monte et redescend,
Fait dans le bassin clair son bruit rafraîchissant ;

La paisible maison respire au jour qui baisse,
Les petits orangers fleurissant dans leurs caisses.

Le feuillage qui boit les vapeurs de l'étang
10 Lassé des feux du jour s'apaise et se détend.

– Peu à peu la maison entr'ouvre ses fenêtres
Où tout le soir vivant et parfumé pénètre,

Et comme elle, penché sur l'horizon, mon cœur
S'emplit d'ombre, de paix, de rêve et de fraîcheur...

Anna de Noailles, *Le Cœur innombrable*, 1901.

Édouard Manet, *Un coin de jardin à Bellevue*, 1880, huile sur toile (151 × 115 cm), collection privée.

Comprendre

1. Quelle impression générale se dégage de ce poème : tristesse, joie, mélancolie, apaisement, excitation, malaise, bien-être ? Justifie ton choix en citant des mots du poème.

2. À quel moment de la journée et en quel lieu sommes-nous ?

3. Le jardin et la maison paraissent-ils sans vie ou animés ? Aide-toi du sens des verbes pour répondre.

4. Quel sens est le plus présent dans ce poème ? Relève le vocabulaire qui l'évoque.

5. Quel est le sujet de la dernière strophe ? Pourquoi peut-on dire que la poétesse vit en harmonie avec la nature ?

 6 Explique comment Anna de Noailles nous a fait ressentir « le soir vivant et parfumé » (vers 12).

Enrichir son vocabulaire

Voici un ensemble de mots pour parler des odeurs :
1. Classe-les suivant qu'elles sont bonnes ou mauvaises : délicieuse, nauséabonde, pestilentielle, douce, fétide, sucrée.
2. Classe-les suivant qu'elles sont fortes ou faibles : tenace, enivrante, légère, pénétrante, subtile, capiteuse, entêtante, suffocante, subtile, douce.
3. Associe chaque élément à son odeur :
a. fruits de mer, moutarde, barbe à papa, fumée, lavande, menthe ;
b. fraiche, âcre, piquante, iodée, sucrée, fleurie.

Créer une illustration olfactive

• Entraine-toi à lire le poème en respectant son rythme et en mettant en valeur ses sonorités.
• Pour chaque strophe, imagine les odeurs et les bruits évoqués.
• Recopie le poème. Illustre-le en mettant en valeur les sensations olfactives. Tu peux frotter ta feuille avec la peau d'une orange ou d'un citron, coller un bâton de cannelle, asperger ta feuille avec un parfum fleuri...
• Quand tu as terminé, fais respirer ton poème odorant à la personne de ton choix tout en lui lisant le poème à haute voix.

Atelier d'expression

Entendre le matin

Fenêtres ouvertes

Le matin – En dormant.

J'entends des voix. Lueurs à travers ma paupière.
Une cloche est en branle à l'église Saint-Pierre.
Cris des baigneurs. Plus près ! plus loin ! non, par ici !
Non, par là ! Les oiseaux gazouillent. Jeanne aussi.
5 Georges l'appelle. Chant des coqs. Une truelle
Racle un toit. Des chevaux passent dans la ruelle.
Grincement d'une faux qui coupe le gazon.
Chocs. Rumeurs. Des couvreurs[1] marchent sur la maison.
Bruits du port. Sifflement des machines chauffées.
10 Musique militaire arrivant par bouffées.
Brouhaha sur le quai. Voix françaises. Merci.
Bonjour. Adieu. Sans doute il est tard, car voici
Que vient tout près de moi chanter mon rouge-gorge.
Vacarmes de marteaux lointains dans une forge.
15 L'eau clapote. On entend haleter un steamer[2].
Une mouche entre. Souffle immense de la mer.

Victor Hugo, *L'Art d'être grand-père*, 1877.

Pierre Bonnard, *La Fenêtre*, 1925, huile sur toile (108 × 88 cm), Tate Gallery, Londres (Royaume-Uni).

1. **couvreur** : personne qui construit ou répare les toitures.
2. **steamer** : bateau à vapeur.

Pour situer l'AUTEUR

Victor Hugo (1802-1885) est un grand écrivain français. Suite au décès de l'un de ses fils et de sa femme, il prend en charge ses petits-enfants Jeanne et Georges. À cette époque, Hugo vit à Guernesey, une ile anglo-normande, où il est exilé.

Comprendre

1. Où se trouve le poète ? À quel moment de la journée ? Sers-toi du sous-titre et du premier vers pour expliquer ce qu'il fait.

2. Fais la liste de tous les bruits qu'entend le poète et classe-les de manière pertinente.

3. Victor Hugo se trouve à Guernesey : trouve de quel type de lieu il s'agit en analysant les bruits qu'il entend.

4. « Grincement d'une faux qui coupe le gazon. / Chocs. Rumeurs. » Ces phrases contiennent-elles un verbe ? Comment sont-elles construites ? Quelle impression produisent-elles ?

5. Observe les lettres surlignées dans le poème et explique comment le poète met en scène les bruits.

BILAN 6 Explique par quels moyens le poète met en valeur les sensations auditives et quel est l'effet produit.

Créer l'illustration sonore du poème

Par groupe de deux :
- Entrainez-vous à lire le poème de Victor Hugo en mettant en valeur ses sonorités et son rythme.
- Imaginez les bruitages qui pourraient illustrer le poème.
- Préparez une « lecture bruitée » du poème : pendant que l'un(e) lit, l'autre fait les bruitages ou les voix qui illustrent le texte. Attention : pour être réussi, ce travail nécessite répétition et synchronisation.
- Vous pouvez également enregistrer vos voix et des bruitages.
- Faites écouter votre œuvre et enregistrez-la dans votre *anthologie sonore* !

Grammaire pour dire et pour écrire

▶ Une phrase qui ne contient pas de verbe conjugué s'appelle **phrase non verbale**. On emploie cette sorte de phrase dans les dialogues (« Bonjour », « Merci », « Non »), comme titres d'œuvres ou pour montrer une succession d'éléments par petites touches dans une scène.

Activité finale

Écrire son poème à la manière de Victor Hugo
- Tu vas créer un poème dans lequel tu évoqueras toutes les sensations que te procure un lieu que tu aimes ou qui t'est familier. Pour cela, sers-toi de tout le travail effectué en préparation.

Méthode

▸ *Crée ton poème*

1. Choisis un lieu que tu aimes, en vacances ou chez toi ; ferme les yeux et cherche à retrouver toutes les sensations qu'il t'a procuré ou te procure encore.

2. Au brouillon

Rappel : Le brouillon ne sert pas à faire un premier texte qu'on recopie tel quel en corrigeant les fautes ! C'est un espace pour trouver des idées. Mets des mots, des idées, fais des flèches, raye, utilise des couleurs…

a. Fais la liste de toutes tes sensations : quels bruits ? quelles odeurs ? quels gouts ? quelles sensations ? quelles images ?
b. Sélectionne dans les pages précédentes le vocabulaire pour évoquer ces sensations.
c. Choisis dans ta liste de bruits ceux qui ont des sonorités particulières pour créer assonances ou allitérations.
d. Imagine trois comparaisons qui permettront de mieux comprendre ces sensations. N'hésite pas à créer des images surprenantes !
e. Cherche à agencer tes mots pour faire des rimes, si possible.
f. Organise ton texte (par exemple, un des cinq sens par strophe).
g. Rédige ton poème en faisant des phrases non verbales ou des phrases courtes.

3. Au propre
Recopie ton texte en le disposant en vers sur la page.

▸ *Illustre-le de façon visuelle, sonore, olfactive et tactile*

1. Si tu as réussi à évoquer les cinq sens, tu peux, pour **illustrer ton poème** :
- faire un dessin, une peinture, un collage ;
- préparer une illustration olfactive ;
- coller de petits objets qui illustreront la sensation tactile.

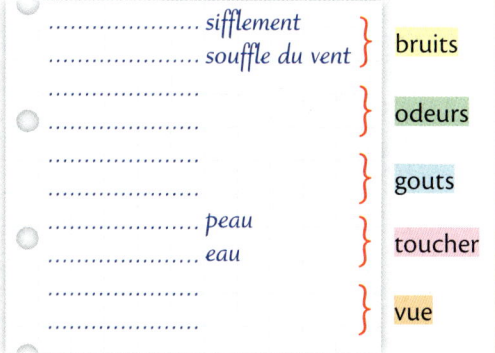

Claude Monet, *Le chemin de la plage près de Pourville*, 1882.

2. Enfin, prépare **une lecture à haute voix** de ton poème accompagnée de bruitages. N'hésite pas à t'enregistrer puis à insérer des bruitages, ou faire les bruitages sur l'enregistrement. Sois créatif(ve) !

Thème 4 — Résister au plus fort :

ruses, mensonges et masques

Les *Fables* de La Fontaine, mises en scène par Robert Wilson à la Comédie-Française en 2004, à Paris.

PARCOURS un thème

La ruse au Moyen Âge

Ce parcours te propose de découvrir des textes du Moyen Âge qui mettent en scène des personnages aux multiples défauts, usant souvent de la ruse pour se sortir de fâcheuses situations. Ces histoires sont racontées dans des œuvres variées (fabliau, farce, récit en vers) et sont destinées à être récitées ou jouées. Tu vas les lire à voix haute de manière expressive afin de mieux les comprendre.

Enluminure de **John Siferwas**, extraite d'un manuscrit du XVᵉ siècle.

Le sais-tu ?

Au Moyen Âge, le « vilain » désigne un paysan. Le « mire » est un médecin. Ce mot pourrait venir du verbe « mirer » qui veut dire regarder, examiner, car le médecin examine le malade, et particulièrement ses urines pour pouvoir le soigner.

 **Lire à voix haute**

Lis le texte en mettant en relief les **indications de temps** qui le structurent.

1 « Le Vilain Mire » : ruser pour enseigner

Extrait 1 Un paysan jaloux

Dans ce fabliau, un riche paysan se laisse convaincre d'épouser la fille d'un chevalier, très honnête mais pauvre.

Une fois passées les noces et tout ce qui s'ensuit, le paysan ne fut pas long à penser qu'il avait fait une bêtise. Avoir fille de chevalier est incompatible avec son métier. Pendant qu'il sera en train de labourer, un damoiseau, pour qui tous les jours sont fériés, viendra rôder 5 dans sa rue ; à peine sera-t-il sorti de sa maison qu'arrivera chaque jour le curé pour séduire sa femme et parvenir à ses fins. Jamais une fille de chevalier n'aimera un mari paysan : pour elle, il ne vaut rien.

« Hélas ! Pauvre de moi ! se dit-il, je ne sais que faire car les regrets sont inutiles. »

10 Il commence alors à chercher comment il pourrait sauver son couple :
« Dieu ! fait-il, si je la battais le matin quand je me lève : elle pleurerait toute la journée et j'irais travailler tranquille. Tant qu'elle pleurera, nul n'ira lui faire la cour. Le soir venu, à mon retour, je lui demanderais pardon, je la rendrais heureuse mais, le matin, de nouveau malheureuse. »

« Le Vilain Mire », *in Fabliaux du Moyen Âge*, traduit de l'ancien français par A. Saint-Roc, © Magnard, 2014.

▸ Comprendre les raisons de ruser

💬 **Lis à voix haute** ces trois extraits selon les conseils donnés.

1. Qui sont les trois personnages principaux de ce fabliau ?

2. Quels sont les principaux traits de caractère du paysan dans le premier extrait ? Que penses-tu de son attitude ?

3. Reproduis et complète le tableau suivant :

Ruse	Auteur de la ruse	But de la ruse
Battre sa femme le matin et s'excuser le soir		
Faire croire que son mari est médecin et qu'il ne pratique la médecine que quand on le bat		
Faire rire la fille du roi		

4. Quel rôle est finalement obligé de jouer le paysan ? Qui a tout déclenché ?

5. www.lienmini.fr/jdl6-T401 Écoute la fin du fabliau : le caractère et le comportement du paysan ont-ils changé par rapport au début ?

BILAN 6 Quelle est la leçon à retenir dans cette histoire ? Qui la donne au paysan ?

Extrait 2 ## Une dame rusée

Le paysan a commencé à maltraiter sa femme.

Tandis qu'elle se lamente ainsi arrivent deux messagers du roi, chacun sur un blanc palefroi[1]. [...]

« Dame, c'est la vérité, nous sommes des messagers du roi. Il nous envoie chercher un médecin jusqu'en Angleterre.

– Pour quoi faire ?

– Damoiselle Aude, la fille du roi, est malade : depuis huit jours, elle ne peut boire ni manger car une arête de poisson est restée plantée dans sa gorge. Le roi en est bouleversé ; s'il la perd, pour lui plus de joie. »

La dame leur dit :

« Vous n'irez pas aussi loin que vous le pensez car mon mari est, croyez-moi, bon médecin, je vous l'assure. Certes, il sait plus de remèdes et de vrais jugements d'urines que jamais n'en sut Hippocrate[2].

– Dame, dites-vous cela pour plaisanter ?

– Plaisanter, dit-elle, n'est pas mon but. Mais mon mari a un caractère tel qu'il ne fait rien pour personne avant qu'on ne l'ait bien battu.

Ibid.

Lire à voix haute
Lis le texte en faisant entendre le changement de personnage.

Paroles des messagers

Paroles de la femme

1. palefroi : cheval de cérémonie.
2. Hippocrate : célèbre médecin grec de l'Antiquité.

Extrait 3 ## Un médecin malgré lui

Les messagers ont trouvé et battu le paysan pour l'emmener à la cour du roi.

Le roi appelle le paysan :

« Docteur, fait-il, écoutez-moi. Je vais faire venir ma fille qui a grand besoin de guérir. »

Le paysan le supplie :

« Sire, au nom de Dieu qui n'a jamais menti, je vous le dis tout net, j'ignore tout de la physique.

– Je comprends parfaitement, dit alors le roi ; battez-le-moi ! »

On se jette sur le paysan ; dès qu'il sent les coups, il croit devenir fou.

« Pitié ! se met-il à crier, je vais la guérir de suite ! » [...]

La fille du roi s'installe sur un siège près de la cheminée. Quant au paysan, il se met tout nu, ôtant même ses braies, et vient s'allonger juste devant le feu. Alors, il se gratte, il s'étrille. Il a les ongles longs et le cuir dur. Il n'y a nul homme jusqu'à Saumur qui se gratte mieux que lui. Face à ce spectacle, // demoiselle Aude ne peut s'empêcher de vouloir rire, // malgré le mal qu'elle ressent, // et elle fait tant d'efforts // que l'arête s'envole de sa bouche // et tombe près de la cheminée.

Ibid.

Lire à voix haute
Lis le texte en faisant entendre les ordres du roi et les exclamations du paysan. Rythme la dernière phrase en marquant les pauses indiquées dans le texte par chaque //.

Illustration de **H. Grand'Aigle**, 1937, Éditions Henri Laurens.

PARCOURS un thème

2 *La Farce de maître Pathelin* : ruser et faire rire

Extrait 1 — Un faux malade convaincant

Pathelin a volé un grand morceau de drap par la ruse à un marchand. Le drapier trompé vient réclamer son argent à Pathelin, qui fait semblant d'être malade et de délirer.

SCÈNE 5 : PATHELIN, GUILLEMETTE, LE DRAPIER

PATHELIN. – Huis oz // bez ou // dronc nos // badou digaut // an tan // en hol // madou empedif // dich guicebnuan // quez queuient // ob dre douch // aman mes // ez cahet hoz // bouzelou eny // obet grande // canou maz // rehet crux dan hol // con so ol // oz merueil // grant
5 nacon // aluzen // archet epysy // har cals amour // ha courteisy. //
LE DRAPIER *à Guillemette*. – Hélas ! Grand Dieu, entendez-vous ! Il divague ! […] Il ne parle pas chrétien, ni aucune langue qui existe !
GUILLEMETTE. – La mère de son père venait de Bretagne. Cela nous montre qu'il est en train de mourir et qu'il lui faut les derniers
10 sacrements[1].
PATHELIN *au drapier*. – Hé ! Par saint Gigon, // tu mens. // Voue-toi à Dieu, // couille de Lorraine ! // Que Dieu te transforme // en vieille savate ! // Tu ne vaux pas plus // qu'une vieille paillasse. // […] Dicat sibi // quod trufator, // ille qui // in lecto jacet, // vult ei dare, //
15 si placet, // de oca // ad comedendum. // Si sit bona // ad edendum, // pete tibi // sine mora.
GUILLEMETTE *au drapier*. – Ma parole, il meurt en parlant. Comme il latinise ! Vous ne voyez pas comme il honore beaucoup la divinité ? Sa vie s'éteint, et je vais rester toute seule, triste et malheureuse.
20 LE DRAPIER, *à part*. – Il faut que je m'en aille avant qu'il ne passe le pas. *(À Guillemette)* Je crains qu'il ne veuille vous dire quelque secret avant sa mort, en privé. Pardonnez-moi, car je vous jure que j'étais persuadé, par mon âme, qu'il avait bien mon drap. Adieu, madame, que Dieu me pardonne !

La Farce de maître Pathelin, traduit de l'ancien français par A. Leteissier, © Magnard, 2001.

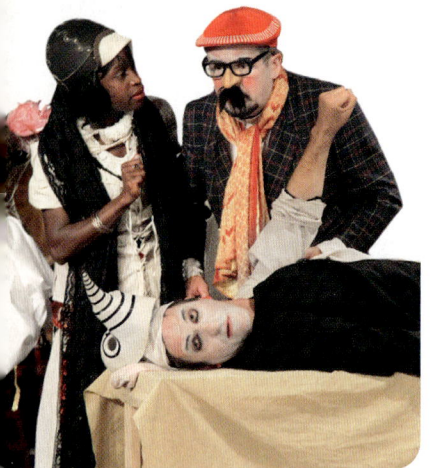

La Farce de maître Pathelin, mise en scène de **R. Demarcy** avec G. Lafrance (le Drapier), A. Da Silva (Maître Pathelin) et L. Fall (Guillemette), Théâtre Le Grand Parquet, Paris, 2012.

1. derniers sacrements : dans la religion catholique, paroles et gestes qu'accomplit le prêtre pour un mourant.

lienmini.fr/jdl6-T402 — ACTIVITÉ

Saisis cette adresse dans ton navigateur et poursuis ta découverte de la farce au Moyen Âge.

▶ Comprendre comment la ruse provoque le rire

💬 **Lisez en chœur** les répliques de délire de Pathelin. Pour donner un rythme, faites une pause à chaque // en frappant deux fois dans les mains. Quel effet votre lecture produit-elle ?

1. Comprends-tu toutes les répliques de Pathelin ? Pourquoi selon toi ? Quel personnage ne les comprend pas non plus ?

2. Quel niveau de langue Pathelin utilise-t-il quand il s'adresse au drapier ?

Pourquoi celui-ci ne se fâche-t-il pas ?

3. À ton avis, quelle est la réaction du public quand il entend Pathelin parler ?

4. Relis la dernière réplique. La ruse de Pathelin a-t-elle réussi ?

BILAN 5 Quelles sont les différentes manières de parler de Pathelin ? Quel effet ont-elles sur le drapier ? sur le public ?

✏️ **Écrire une réplique de farce**

Écris une réplique de Pathelin que l'on pourrait ajouter après la dernière réplique de Guillemette. Invente un langage ou emprunte des mots à une langue que tu connais et utilise un ou deux mots familiers.

Extrait 2 L'élève dépasse le maitre

Convoqué au tribunal pour vol de moutons, Agnelet est défendu par Pathelin, son avocat, qui lui a conseillé de ne répondre que « Bée ! » à son procès. La ruse fonctionne : Agnelet est acquitté. Voici la dernière scène de la pièce.

Scène 10 : Pathelin, Le Berger

Pathelin. – Ton adversaire est parti, ne dis plus « Bée », ce n'est plus la peine. Je l'ai bien entortillé, non ? Ne t'ai-je pas bien défendu ?
Le Berger. – Bée !
5   Pathelin. – Ah ! vraiment ! On ne va plus t'entendre ! Parle sans crainte, ne t'inquiète pas.
Le Berger. – Bée !
Pathelin. – Il est temps que je m'en aille. Alors, paye-moi !
10 Le Berger. – Bée ! […]
Pathelin. – Tu sais quoi ? Je te demande, sans plus me dire « Bée », de penser à me payer. Je ne veux plus entendre tes bêlements, paye-moi vite.
Le Berger. – Bée !
15 Pathelin. – Tu te moques de moi ? Tu ne feras rien d'autre ? Ma parole, tu vas me payer, tu m'entends, si tu ne t'envoles pas. Allez, l'argent !
Le Berger. – Bée ! […]
Pathelin. – Tu me fais manger de l'oie ? *(À part)* Bon Dieu ! Ai-je donc tant vécu pour qu'un berger, un mouton habillé, un imbécile grossier
20 se moque de moi ?
Le Berger. – Bée !
Pathelin. – […] *(À part)* Moi qui croyais être le maître des trompeurs d'ici et d'ailleurs, des aigrefins et des diseurs de bonnes paroles en paiement, je suis dépassé par un simple berger mal décrotté ! *(Au berger)*
25 Par saint Jacques ! si je trouvais un sergent, je te ferais prendre !
Le Berger. – Bée !
Pathelin. – Ah ! « Bée » ! Qu'on me pende si ce n'est pas un vrai sergent que je vois venir. Malheur à lui s'il ne t'emprisonne pas !
Le Berger, *s'enfuyant*. – S'il me trouve, je lui pardonne !

Ibid.

David Prudhomme, *La Farce de maître Pathelin*, © Éditions de l'An 2, 2005.

Lecture d'image ▲

Comment le dessinateur a-t-il placé Pathelin dans les cases pour nous faire comprendre qu'il n'est plus maitre de la situation ?

▶ Comprendre une ruse qui renverse les rôles

💬 **Lisez à tour de rôle** les répliques de Pathelin. **Lisez en chœur** les répliques d'Agnelet.

1. Quelle réplique prouve qu'Agnelet a décidé de tromper Pathelin ?

2. Pathelin se rend-il compte qu'Agnelet le trompe ? Justifie ton opinion.

3. Pourquoi Agnelet ne dit-il que « Bée ! » ? Compte le nombre de répliques de Pathelin qui évoquent ce problème.

4. Selon toi, que provoquent les répliques « Bée ! » chez le spectateur ?

BILAN 5 Pourquoi peut-on dire qu'Agnelet est particulièrement rusé ?

PARCOURS un thème

3 Le Roman de Renart : la ruse

Lire à voix haute

Lis l'adaptation en BD d'un épisode du *Roman de Renart*, puis raconte cette aventure à l'oral.

Repères littéraires

Le Roman de Renart

Le Roman de Renart a été écrit par différents auteurs, entre le XIe et le XIIIe siècles. Cette œuvre dépeint la société du Moyen Âge et s'en moque grâce à des personnages d'animaux aux caractéristiques humaines.

Entrer dans le texte par la BD

1. a. lienmini.fr/jdl6-T403 Écoute le début de l'épisode original, écrit au Moyen Âge.
b. À quelles cases de la bande dessinée correspond-il ? Dans quelle situation, qui va le pousser à voler, Renart se trouve-t-il ?
c. Le narrateur intervient-il ? Explique ton point de vue. À ton avis, *Le Roman de Renart* était-il destiné à être lu silencieusement ?

2. a. Lis la suite de l'épisode ci-dessous. En t'aidant des cases de la bande dessinée, délimite les différentes parties qui composent ce texte.
b. Associe chacune de ces parties au numéro des cases de la bande dessinée correspondantes.

Comment Renart mangea le poisson des charretiers

Illustration de **François Crozat**
© Éditions Milan, 1997.

[Renart] s'est alors couché au beau milieu de la route. […] Il reste là étendu. C'est alors qu'arrivent les marchands, qui ne se doutaient pas de ce qui les attend. Le premier à le voir
5 le regarde avec attention et interpelle son compagnon : « Voilà un renard ou un blaireau ! » […] Lorsqu'ils arrivent tout près de Renart, ils trouvent le goupil étendu sur le dos. Ils le retournent en tous sens, lui pincent le cou, puis
10 les côtes : ils n'ont pas peur d'un tel hôte. L'un des marchands déclare : « Il vaut bien quatre sous. » L'autre répond : « Il en vaut beaucoup plus : il vaut cinq sous si on le laisse à bon marché. Nous ne sommes pas trop chargés, jetons-le sur notre charrette. Regarde comme il a la gorge
15 blanche et nette ! »
Sur ces mots, ils pressent le pas ; ils ont chargé le renard sur la charrette, puis ont repris leur route. […] [Renart] était couché à plat ventre sur les paniers ; il en a ouvert un d'un coup de dents, et soyez bien sûrs qu'il en a retiré plus de trente harengs. Le panier fut
20 largement vidé, car il en mangea sans se faire prier, et sans réclamer ni sel ni sauge[1]. Avant de s'en aller, il lancera d'autres fois son hameçon, il n'y a aucune crainte à son sujet. Il s'en est pris à un autre panier : il y plonge le museau, et il réussit facilement à en extraire des anguilles. Renart, qui avait tant de tours dans son sac, en mit trois chapelets[2]
25 autour de son cou. Mais pour ce faire, il n'agit pas inconsidérément : il y glisse la tête et le cou, et dispose très soigneusement les chapelets sur son dos, de telle sorte qu'il en est entièrement couvert. Désormais il peut bien abandonner l'entreprise. […] Il s'avance un peu et s'élance, les pattes de devant tendues, de la charrette au milieu du chemin.
30 Il emporte son butin autour du cou.

Le Roman de Renart, traduit de l'ancien français par G. Bianciotto,
© Le Livre de poche, 2010.

1. sauge : plante dont on utilise les feuilles en cuisine.
2. chapelet : ici, collier fait avec des poissons.

au centre du récit

1   2

3

4   5

Bruno Heitz, *Le Roman de Renart*, tome 1, Ysengrin © Éditions Gallimard jeunesse, 2007.

▶ Étudier l'art de la ruse au Moyen Âge

1. Dans l'extrait ci-contre, quelles caractéristiques humaines Renart a-t-il ? Relève l'expression qui le qualifie lignes 24-25. Sur quoi le narrateur insiste-t-il ?

2. Quel défaut des marchands Renart utilise-t-il pour les tromper ? En tant que lecteur/lectrice, en faveur de quel personnage es-tu ? Pourquoi ?

3. Pourquoi Renart fait-il semblant d'être mort ?

4. Que fait Renart après avoir mangé ? Quel trait de son caractère est alors mis en évidence ?

BILAN 5 Pourquoi peut-on dire que Renart maitrise l'art de la ruse ?

Le sais-tu ?

Au Moyen Âge, le renard était nommé « goupil ». Le personnage de goupil du *Roman de Renart* eut un tel succès que l'animal prit le nom de « renart ». Son orthographe a ensuite évolué en « renard ».

Parcours Un thème : La ruse au Moyen Âge

PARCOURS un thème

Renart et Chantecler le coq

Extrait 1 *Renart a pénétré dans le poulailler et essaie d'attraper le coq Chantecler.*

[Renart] se met alors à réfléchir au moyen de tromper Chantecler, car s'il fait à nouveau un mouvement, alors il aura perdu sa proie. « Messire Chantecler, dit Renart, ne prenez pas la fuite, n'ayez aucune crainte. Je suis très heureux de te voir en bonne santé,
5 car tu es mon cousin germain. » Chantecler alors se sent rassuré ; de joie, il en chante une petite chanson. Renart dit à son cousin : « Te souviens-tu encore de Chanteclin, l'excellent père qui t'a engendré ? Jamais aucun coq n'a aussi bien chanté : il avait une voix si puissante et d'un son si éclatant qu'on pouvait l'entendre d'une lieue[1],
10 et il était capable de tenir longtemps la note, les deux yeux fermés et la voix assurée. On l'entendait d'une bonne lieue quand il chantait et poussait son refrain. »

Chantecler dit : « Renart, mon cousin, voulez-vous m'attraper par ruse ? [...] Je ne te fais pas confiance ; éloigne-toi un peu de moi,
15 et je te chanterai une chanson d'une voix telle qu'il n'y aura personne dans tout le voisinage qui ne puisse entendre parfaitement mon timbre de fausset. » Notre petit Renart fait alors un sourire et dit : « Chante, mon cousin ! Ainsi je saurai bien si Chanteclin, mon oncle, a été pour quelque chose dans ta naissance ! » Chantecler commence alors
20 à chanter à pleine voix et il pousse un cri, un œil fermé et l'autre ouvert, car il a très peur de Renart ; il regarde sans cesse de son côté.

Renart dit : « Cela ne vaut rien. Chanteclin chanta bien autrement, avec de longues notes tenues,
25 les yeux fermés, de telle manière qu'on l'entendait au-delà des enclos. » Chantecler s'imagine que Renart dit vrai ; il se met alors à pousser sa mélodie, fermant les yeux aussi fort qu'il le peut.
30 À ce moment-là Renart est incapable d'attendre davantage : sautant par-dessus un chou rouge, il saisit le coq par le cou. Il prend la fuite tout joyeux d'avoir pu trouver une proie.

Ibid.

Lire à voix haute
Lis le texte en insistant sur les verbes de parole et en rendant expressifs les passages de dialogue.

Guillemets, ponctuation expressive, verbes de parole et leur sujet

1. une lieue : unité de mesure de longueur utilisée avant 1789 et qui vaut à peu près 3,3 km.

« Renart et les poules », « Renart et Chantecler » illustrations tirées du manuscrit du XIVe siècle du *Roman de Renart*, BnF.

Miniature arabe (1350), illustration sur vélin pour les fables de **Bidpay**.

« Le Corbeau et le Renard »

• Écoute « Le Corbeau et le Renard », fable de La Fontaine écrite en 1668.

 lienmini.fr/jdl6-T404

• À quoi peux-tu voir que La Fontaine s'est inspiré de cet épisode du *Roman de Renart* pour écrire sa fable ?

• Dans la fable, quel moyen le renard utilise-t-il pour tromper le corbeau ?

• Compare le personnage trompé par le renard dans *Le Roman de Renart* et dans la fable. Quelles différences vois-tu ?

Lire à voix haute

- Cherche le sens de « quolibets » et propose un synonyme.
- Lis le texte en mettant le ton indiqué par les verbes de parole et la ponctuation, et en faisant une petite pause aux guillemets.

Extrait 2 *Alors que Renart s'enfuit en emportant Chantecler dans sa gueule, des paysans se lancent à sa poursuite.*

Les paysans ont entendu le bond qu'a fait Renart, et tous crient à tue-tête : « Par ici, par ici ! » Constant leur dit : « Vite, à sa poursuite ! » Les paysans courent de toute la vitesse dont ils sont capables. Constant appelle son mâtin[1], qui répond au nom de Malvoisin. À force de courir, ils sont arrivés à portée de vue, et ils ont aperçu Renart. Tous s'écrient : « Voilà le goupil ! » Renart est maintenant en grand danger, de même que le coq s'il ne parvient pas à trouver une ruse. « Comment ! dit le coq, messire Renart, n'entendez-vous pas les propos injurieux qu'ils vous adressent, ces paysans qui poussent de telles clameurs après vous ? Constant vous poursuit à la course ; lancez-lui donc un de vos quolibets, une fois cette porte franchie. Quand il dira : " Renart emporte le coq ", vous pourrez répondre : " Bien malgré vous ! " Vous ne pourrez lui faire pire honte. »

Il n'est si sage qui ne perde parfois l'esprit. Renart, ce trompeur universel, sera cette fois trompé lui-même, car il se met à crier à pleine voix : « Bien malgré vous, dit Renart, j'emporte ma part de cette bête-ci. C'est malgré vous que je l'emporterai. » Le coq, qui était à l'article de la mort, lorsqu'il sent se relâcher l'étreinte de la gueule, bat des ailes et s'enfuit, et en volant vient se poser sur le pommier. Au ras du sol, Renart, quant à lui, se trouve chagrin, désorienté, préoccupé parce que le coq lui a échappé.

Ibid.

1. **mâtin** : gros chien de chasse.

Comprendre une ruse utilisant le point faible de son adversaire

Extrait 1

1. Chantecler te parait-il méfiant à l'égard de Renart ? Cite le texte pour justifier ta réponse.

2. Renart fait l'éloge de la voix du père de Chantecler. Pourquoi selon toi ?

Extrait 2

3. À quoi Chantecler incite-t-il Renart ? Quel est son objectif en faisant cela ?

BILAN

4. Reproduis et complète le tableau suivant :

	Extrait 1	Extrait 2
Trompeur		
Trompé		
Trait de caractère du trompé		
Moyen utilisé par le trompeur pour ruser		

Les deux épisodes se ressemblent-ils ? Explique ton point de vue.

Rendre compte de sa lecture

Pour chaque extrait, choisis une phrase qui pourrait servir de titre, et justifie ton choix.

Faire parler un personnage

Chantecler s'est libéré. Écris en quelques lignes les paroles qu'il adresse à Renart pour se moquer de lui et lui donner une leçon sur ce qui vient de se passer.

Parcours Un thème : La ruse au Moyen Âge

Renart et la mésange

Afin de croquer une mésange, Renart lui raconte que le roi Noble le lion a proclamé la paix entre les animaux et qu'il veut donc l'embrasser.

Quand Renart entend que la commère ne fera rien pour son compère, il lui dit : « Dame, écoutez-moi ! Puisque vous avez peur de moi, je vous embrasserai les yeux fermés. – Ma foi, répond-elle, je vais donc le faire ! Fermez les yeux ! » Renart alors a fermé les yeux, et la mésange a saisi une pleine poignée de mousse et de feuilles : elle n'a aucune envie d'aller l'embrasser ! Elle commence à lui en frotter les moustaches, et quand Renart croit la happer il n'attrape que la mousse qui est restée accrochée à ses moustaches. La mésange lui crie : « Eh bien, Renart, quelle est cette drôle de paix ? Vous auriez eu vite fait de rompre la trêve si je ne m'étais pas reculée ! Vous disiez à l'instant que la paix était confirmée et qu'elle était jurée, et que c'est votre suzerain[1] qui l'avait fait jurer ! » Renart se met à lui parler, en poussant un glapissement : « Certes, ce n'était qu'une plaisanterie, pour vous faire peur ! Mais quelle importance ? Allons, recommençons ! Je vais fermer les yeux une nouvelle fois. » Elle répond : « Eh bien ! restez sans bouger ! » Le renard, expert en tromperie, baisse les paupières : la mésange s'approche par-devant et lui frôle la gueule, mais n'y pénètre pas tandis que Renart a jeté ses mâchoires en avant ; il croit l'attraper mais manque son coup. « Renart, lui dit-elle, que signifie ce manège ? Il n'est plus jamais question de vous croire ! […] »

Le Roman de Renart, traduit de l'ancien français par A. Strubel, © Éditions Gallimard, 1998.

Paroles de Renart

Paroles de la mésange

1. suzerain : seigneur dont dépend un autre seigneur.

▶ Comprendre l'échec d'une ruse

💬 **Par groupe de trois, lisez le texte :** l'un(e) lit le récit, l'autre, les paroles de Renart, le(la) troisième, les paroles de la mésange.

1. Observe la manière dont le texte est écrit. Par quels moyens Renart essaie-t-il de tromper la mésange ?

2. Renart essaie deux fois d'attraper la mésange. Reproduis et complète le tableau suivant :

	Raison donnée par Renart pour que la mésange n'ait pas peur	Action de la mésange	Excuse de Renart
Tentative 1			
Tentative 2			

Pourquoi la ruse de Renart ne fonctionne-t-elle pas ?

3. Quel adjectif te paraît le mieux qualifier l'attitude de la mésange tout au long du passage : crédule ? méfiante ? naïve ? peureuse ? Si besoin, cherche dans un dictionnaire le sens des mots que tu ne connais pas.

BILAN 4 Dans ce passage, Renart te semble-t-il un « expert en tromperie », comme le dit le narrateur ? Justifie ton opinion.

« Renart s'adresse à la mésange qui couve son nid dans un chêne », illustration tirée du manuscrit du XIVᵉ siècle du *Roman de Renart*, BnF.

Le renard rusé dans les œuvres d'art

Découvre le personnage du renard à différentes époques et dans différents arts en lisant, en observant et en écoutant les œuvres suivantes.

« Le Renard et le Bouc », une fable

Le renard et le bouc sont piégés au fond d'un puits.
Le renard prit la parole et dit : « J'ai un moyen, pour peu que tu désires notre salut commun. Veuille bien appuyer tes pieds de devant contre le mur et dresser tes cornes en l'air ; je remonterai par là, après quoi je te reguinderai[1], toi aussi. » Le bouc se prêta avec complaisance à sa proposition, et le renard, grimpant lestement le long des jambes, des épaules et des cornes de son compagnon, se trouva à l'orifice du puits, et aussitôt s'éloigna.

Ésope (VIe siècle av. J.-C.), « Le Renard et le Bouc », *Fables*, traduit par E. Chambry.

1. **reguinderai** : remonterai.

Le Corbeau et le Renard

Willy Aractingi, *Le Corbeau et le Renard*, 1992.
➡ p. 184

Renard, une cantate-ballet

Renard, histoire burlesque chantée et jouée est une cantate-ballet du compositeur russe Igor Stravinsky, c'est-à-dire un spectacle de musique et de danse, représenté pour la première fois en 1922. I. Stravinsky s'est inspiré de contes russes écrits au XIXe siècle par Alexandre Afanassiev. Cette œuvre raconte l'histoire d'un renard qui veut attraper un coq par la ruse en se déguisant ; mais un chat et un bouc viennent à chaque fois en aide au coq.

AUDIO lienmini.fr/jdl6-T405
Tu peux écouter un extrait de cette œuvre ici.

Renard, livret d'**I. Stravinsky** et **S. Mitousov**, sous la direction musicale de K. Ono, mis en scène par R. Lepage, Le Grand Théâtre de Provence, Aix-en-Provence, 2010.

Fantastique maître Renard, un roman et son adaptation au cinéma

Tous les soirs, dès que la nuit tombait, Maître Renard disait à son épouse : « Alors, mon amie, que veux-tu pour dîner ? Un poulet dodu de chez Boggis ? Un canard ou une oie de chez Bunce ? Ou une belle dinde de chez Bean ? »
Et lorsque Dame Renard lui avait dit ce qu'elle voulait, Maître Renard se faufilait vers la vallée, dans la nuit noire, et se servait.
Boggis, Bunce et Bean savaient très bien ce qui se passait et cela les rendait fous de rage. […]
Mais Maître Renard était trop malin pour eux.

Roald Dahl, *Fantastique maître Renard*, 1970, traduit de l'anglais par R. Farré et M. Saint-Dizier, © Éditions Gallimard jeunesse, 2014.

Affiche pour le film *Fantastic Mr. Fox* de **Wes Anderson**, 2010.

▶ Comparer des œuvres

1. À quelles époques appartiennent les différentes œuvres présentées sur cette page ?
2. Le personnage du renard est-il montré comme un animal ou comme un humain, selon toi ?
3. Quels traits de caractère sont communs à tous ces personnages de renard ?

PARCOURS un thème

Méthode

Créer un diaporama pour rendre compte de recherches documentaires

▶ Lance le logiciel LibreOffice Impress

Sur la première diapositive, présente ton travail : titre, auteur (toi). Tu peux ajouter une illustration.

Ajoute autant de diapositives que nécessaire.

Enregistre ton travail rapidement (il faudra lui donner un nom).

Pour saisir ton texte, clique dans chaque cadre, puis tape comme pour rédiger un document normal.

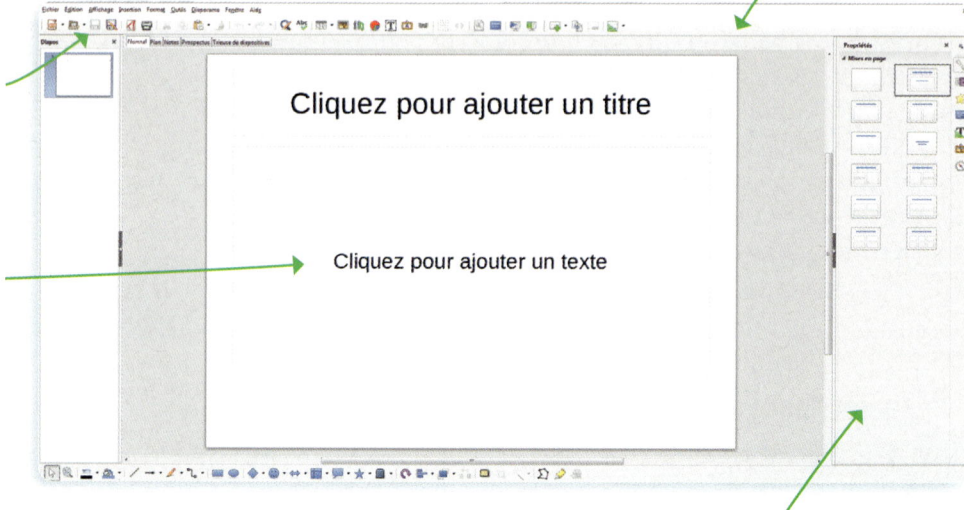

Tu peux changer la disposition de ta diapositive en sélectionnant un autre modèle parmi ceux de droite.

▶ **En même temps, lance ton navigateur Internet** et recherche le ou les site(s) donné(s) par ton professeur. Quand tu trouves une image que tu veux insérer dans ton diaporama, copie-la (clic droit Copier), puis retourne sur ton diaporama et colle l'image dans ta diapositive (clic droit Coller). Tu peux redimensionner l'image en tirant sur les coins pour ne pas la déformer.

▶ Pour chaque image, **indique sa source** : titre, auteur quand il y en a un, ouvrage dont elle est extraite, site sur lequel tu l'as trouvée.

Créer un diaporama pour faire le récit illustré de deux ruses

Sur Internet, consulte l'exposition virtuelle consacrée au *Roman de Renart* par la Bibliothèque nationale de France. À partir de celle-ci, présente deux épisodes de ruse : raconte-les et illustre-les dans un diaporama.

EXPO lienmini.fr/jdl6-T406

Consignes

1. Navigue sur le site de la BnF et feuillette le manuscrit. Dans les parties enluminures, Le roman de Renart (ÉPISODES ILLUSTRÉS) et anthologie, découvre les épisodes de ruse suivants : « Renart et Tiécelin » ; « La pêche à la queue » ; « Le piège du puits » ; « Le siège de Maupertuis ».

2. Choisis deux épisodes de ruse parmi cette liste, relève toutes les informations que tu trouves et sélectionne une enluminure pour chacun.

3. Crée ton diaporama comme la méthode l'indique :
a. Sur la première diapositive, présente ton travail.
b. Ajoute ensuite deux diapositives avec, sur chacune :
– le titre de l'épisode ;
– le récit en quelques lignes d'une des ruses choisies. Raconte-la avec tes propres mots. Illustre-la avec l'enluminure sélectionnée en indiquant sa source.

La ruse au Moyen Âge

Récapitulons

Rire du quotidien — Au Moyen Âge, il existe différentes formes littéraires ; nombre d'entre elles sont destinées à être **récitées ou jouées**, les jours de foire par exemple, car très peu de personnes savent lire. Les farces et les fabliaux montrent la société médiévale dans des **scènes de la vie quotidienne**. Ils visent **à se moquer** de certains défauts pour les **critiquer** et **à faire rire**. C'est pourquoi les auteurs ont souvent raconté ou mis en scène des **ruses**.

La ruse comme une arme — La ruse peut être le moyen qu'utilise un personnage pour **se défendre** contre un plus fort que lui ou parce qu'il est dans le besoin. C'est le cas de la femme du paysan dans « **Le Vilain Mire** » (➡ p. 178-179) et de Renart quand il vole les pêcheurs (➡ p. 182-183). Mais la ruse peut aussi **se retourner contre le trompeur**, surtout s'il en abuse. C'est ce que font Chantecler et la mésange contre Renart (➡ p. 185 et p. 186) ainsi qu'Agnelet contre Pathelin (➡ p. 181). Ce retournement est une **source de comique** qui fait rire le public.

Une source d'inspiration — Ces récits de ruse sont très célèbres et de nombreux auteurs y ont trouvé une source d'inspiration.

Improviser un dialogue

Par deux, inventez une ruse que Pathelin va mettre en œuvre pour obliger le drapier à lui faire crédit.

Pathelin (à gauche) vient de demander un grand morceau de drap au drapier (à droite).

« Par les gogues » : juron, « par les tripes ».

David Prudhomme, *La Farce de maître Pathelin*, © Éditions de l'An 2, 2005.

Conseils d'écriture

1. Au brouillon, vous déterminez les grandes étapes de la ruse et l'attitude du drapier dans trois ou quatre répliques pour chaque personnage. Ne rédigez pas les paroles ; notez seulement l'idée principale de chaque réplique comme ci-dessous.

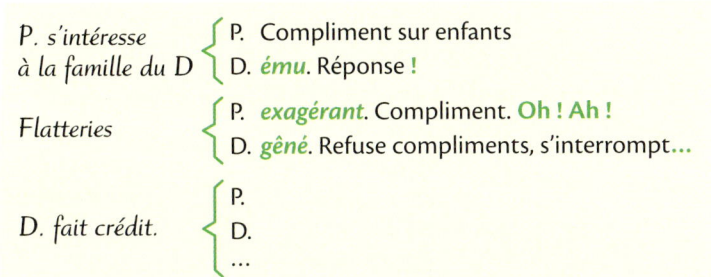

Suggestions de lecture

Tu peux découvrir d'autres ruses médiévales ou leur adaptation en lisant ces livres.

2. Interprétez votre dialogue en improvisant les paroles à partir de vos notes.

Dossier — Aux origines de la ruse

De retour à Ithaque, Ulysse est accueilli par Athéna ; il prétend être crétois. La déesse de l'intelligence lui rétorque : « Ô malin, ô subtil, ô jamais rassasié de ruses ne vas-tu pas, même dans ton pays, abandonner cette passion pour le mensonge et les fourbes discours ? » (Homère, *Odyssée*, chant XIII)

Depuis l'Antiquité, Ulysse est le symbole de la ruse. Pour vaincre le plus fort, il se sert de son intelligence et de son habileté. Il fait preuve de patience et invente de nombreux stratagèmes et mensonges.

Maître de l'Énéide, plaque « Les Grecs se cachent dans le cheval de Troie », vers 1530, émail peint sur cuivre, Limoges.

1. l'aède qui récite.
2. autre nom de Troie.
3. autre nom des Grecs.

La ruse pour tromper

Ulysse imagine le cheval de Troie

Ulysse est convié à un banquet chez les Phéaciens sans avoir révélé son identité.

Le prudent Ulysse, se tournant vers Démodocos[1], lui parle en ces termes :

« [...] chante-nous l'histoire du cheval de bois que construisit Épéos avec le secours [d'Athéna], et qu'Ulysse, par ses ruses, conduisit dans la citadelle après avoir rempli les flancs de ce cheval de vaillants combattants qui renversèrent ensuite la ville d'Ilion[2]. [...] »

Aussitôt Démodocos, inspiré par une divinité, commence son récit en chantant d'abord comment une partie des Argiens[3] [...], sous la conduite du vaillant Ulysse, furent, au milieu de la place publique, cachés dans le cheval que les Troyens eux-mêmes avaient traîné dans la citadelle. Tandis que le cheval de bois était sur la place, les habitants d'Ilion agitaient divers avis : les uns voulaient rompre avec le fer les cavités de cet édifice, les autres proposaient de précipiter l'animal du haut des rochers, et les troisièmes demandaient qu'il devînt une offrande expiatoire destinée à apaiser les dieux.

Homère, *Odyssée*, chant VIII, trad. d'E. Bareste.

Mets-toi à la place de l'artiste

▶ Comment l'artiste a-t-il montré à la fois les Grecs qui montent dans le cheval et les Troyens qui s'interrogent sur ce qu'il faut en faire ?

▶ Quel geste de l'un des personnages au premier plan te permet de comprendre qu'il s'agit d'Ulysse ?

▶ Pourquoi l'artiste n'a-t-il pas représenté un cheval de bois ?

Un comédien hors-pair

▶ Dans le texte, pourquoi peut-on dire qu'Ulysse a des talents de comédien ?

▶ On peut considérer qu'Ulysse est à la fois l'auteur, le metteur en scène et le comédien de cette ruse.
Pour chacune des affirmations, dis quelle fonction il assume :

❶ Il se cache dans le cheval et participe à la destruction de Troie avec les autres guerriers.

❷ Il imagine un double piège : il fait construire le cheval en bois et demande à une partie des soldats de feindre d'avoir levé le siège et d'aller se cacher sur une île voisine.

❸ Il demande à Épéos de construire le cheval et à Sinon de jouer le rôle du traître : il doit faire croire que le cheval est une offrande pour Athéna.

Énée raconte l'entrée du cheval de Troie

Énée explique comment les Troyens facilitent cette entrée.

Nous pratiquons une brèche dans nos murs et nous ouvrons les remparts de la ville. Tout le monde se met à la besogne : on glisse des roues sous les pieds du cheval, et on lui met au cou des cordages solides. La fatale machine franchit nos murs, […] quatre fois elle s'arrêta au seuil même de la porte, et quatre fois dans ses flancs retentit le bruit des armes. Nous poursuivons cependant sans rien voir, et en proie à une fureur aveugle, et nous plaçons le monstre néfaste dans la citadelle consacrée.

Virgile, *Énéide*, chant II, trad. de M. Rat, © Éditions Flammarion, coll. GF.

Mets-toi à la place des Troyens

- Quel nom Énée utilise-t-il pour désigner le cheval ? Pourquoi ?
- Pourquoi les Troyens ne se méfient-ils pas quand ils entendent le bruit des armes ?
- Quel monstre Ulysse a-t-il aveuglé au sens propre et au sens figuré dans un autre épisode de l'*Odyssée* ?

Naissance d'Athéna, surgissant du crâne de Zeus, exaleiptron tripode, VIe siècle av J.-C., musée du Louvre, Paris.

L'HOMME AUX MILLE TOURS

Homère nomme Ulysse l'homme « aux mille tours », *polutropos* en grec. Capable de prendre mille visages, Ulysse ressemble au poulpe, créature insaisissable qui peut changer de couleur et de forme pour tromper son ennemi. Ulysse est aussi l'homme « aux mille ruses », *polumètis* en grec. Métis signifie « intelligence rusée » mais c'est aussi le nom de la déesse de l'intelligence, première épouse de Zeus. Quand on prédit à Zeus que son fils le détrônera, par ruse, il pousse Métis à se transformer en goutte d'eau et l'avale. Quelques mois plus tard, Athéna naît de la tête de son père.

Ouvre l'œil ! *Retrouve Métis sur le vase. Pourquoi est-elle représentée petite et cachée ?*

La ruse pour révéler la vérité

Pénélope met Ulysse à l'épreuve

Après vingt ans d'absence, Ulysse est de retour à Ithaque. Pénélope hésite encore à le reconnaître. Elle met au point une ruse pour le démasquer : elle demande qu'on transporte leur lit dans la cour du palais. Or ce lit, construit dans le tronc d'un olivier, ne peut être déplacé.

ULYSSE. – Ô femme, as-tu bien dit ce mot qui me torture ?... Qui donc a déplacé mon lit ? Le plus habile n'aurait réussi sans le secours d'un dieu qui, rien qu'à le vouloir, l'aurait changé de place. Mais il n'est homme en vie, fût-il plein de jeunesse, qui l'eût roulé sans peine. La façon de ce lit, c'était mon grand secret ! C'est moi seul qui l'avais fabriqué sans une aide. […]
Il disait : Pénélope sentait se dérober ses genoux et son cœur ; elle avait reconnu les signes évidents que lui donnait Ulysse.

Homère, *Odyssée*, chant XXIII, trad. V. Bérard.

Les retrouvailles d'Ulysse et Pénélope (détail), illustration de **John Flaxman**, 1878, coll. privée.

Qui se ressemble s'assemble

- Dans l'extrait ci-dessus, quel personnage incarne l'habileté manuelle ? et l'intelligence ?
- Quel adjectif qualifiant Ulysse dans l'autre extrait de l'*Odyssée* (➜ p. 190) pourrait s'appliquer ici à Pénélope ?
- Saisis cette adresse sur ton navigateur et découvre quelle ruse Pénélope avait inventée pour ne pas être obligée d'épouser un nouveau mari : lienmini.fr/jdl6-T407 Quel autre point commun a-t-elle donc avec son mari ?

Dossier : Aux origines de la ruse

PARCOURS une vie une œuvre

Jean de LA FONTAINE, sage amuseur

*Tu vas découvrir la vie d'un célèbre poète, **Jean de La Fontaine**. Ses fables n'ont pas seulement été écrites pour les enfants : il les a composées pour **faire partager son regard sur la société** et a souvent eu **recours à la ruse** pour **dénoncer les excès du pouvoir**. En lisant ce parcours, tu pourras faire des parallèles entre la vie de La Fontaine et son œuvre.*

> *Le monde est vieux, dit-on ; je le crois, cependant*
> *Il le faut amuser encor comme un enfant.*
> Jean de La Fontaine, *Fables*, VIII, 4, « Le Pouvoir des Fables ».

ÉPITAPHE DE M. DE LA FONTAINE
FAITE PAR LUI-MÊME

 ean s'en alla comme il était venu,
Mangea le fonds[1] avec le revenu,
Croyant le bien[2] chose peu nécessaire.
Quant à son temps bien sut le dispenser :
Deux parts en fit, dont il soulait[3] passer
L'une à dormir et l'autre à ne rien faire.

1. **fonds** : ce que l'on possède.
2. **bien** : fait de posséder, d'avoir de l'argent.
3. **Il soulait** : il avait l'habitude de.

Documents :
❶ **Hyacinthe Rigaud**, *Jean de La Fontaine*, 1690, huile sur toile, musée Jean de La Fontaine, Château-Thierry – montage avec le frontispice réalisé par **Gustave Doré** pour une édition allemande des *Fables*, XIX⁰ siècle,
❷ illustration de *Jean de La Fontaine* par **Stéphane Jorisch**.

▶ Faire connaissance avec l'auteur

Le portrait

1. À quel siècle Jean de La Fontaine vivait-il ? Qui était le roi à son époque ?

2. Observe son portrait. Décris-le en quelques phrases. Comment qualifierais-tu l'expression de son visage ?

L'épitaphe

3. Qui écrit le texte ? De qui parle-t-il ? Pourquoi est-ce surprenant ?

4. Quelles sont les deux caractéristiques principales de La Fontaine d'après lui-même ?

5. Quelle image donne-t-il de lui-même ? Semble-t-il sérieux ?

Graine de savoir

Une épitaphe est un très court texte destiné à faire l'éloge de quelqu'un après sa mort. Elle peut être gravée sur sa tombe.

PARCOURS — une vie une œuvre

La quête d'une vocation (1621-1658)

▶ Jeunesse et formation. Jean de La Fontaine nait en 1621 dans une famille bourgeoise. Son père a la charge de maitre des Eaux et Forêts à Château-Thierry. Jean commence ses études au collège de Château-Thierry puis les poursuit à Paris où il étudie le droit de 1645 à 1647. Comme tous les élèves de son temps, il a une solide culture latine. À l'époque, les textes latins des auteurs de fables – les fabulistes – étaient étudiés en classe. Jean maitrise aussi très bien le grec ancien, ce qui est plus rare : il lit ainsi Homère et Platon. Il apprécie également des auteurs de la littérature française, François Rabelais et Clément Marot.

▶ Mariage et premières charges. Poussé par son père, Jean épouse en 1647 une jeune fille âgée de 14 ans, Marie Héricart. Leur fils unique, Charles, nait en 1653. Jean de La Fontaine publie en 1654 son premier ouvrage, *L'Eunuque*, une comédie inspirée par Térence, un auteur latin. Depuis 1652, il occupe la charge de maitre particulier des Eaux et Forêts mais se consacre de plus en plus à l'écriture. Lorsque son père meurt, en 1658, Marie et lui se séparent à l'amiable.

Château-Thierry

Documents :
❶ photographie de la maison d'enfance de La Fontaine, aujourd'hui transformée en **Musée Jean de La Fontaine**, à Château-Thierry,
❷ portrait de Marie Héricart, réalisé par **Gabriel Revel**, peintre du XVIIᵉ siècle.

Le Loup et le Héron

Un loup qui avait avalé un os cherchait partout quelqu'un qui le soulagerait. Ayant rencontré un héron, il lui demanda d'extraire l'os moyennant salaire. Le héron plongea la tête dans le gosier du loup et en retira l'os, puis réclama le salaire convenu. « Allons, camarade », répondit le loup, « ne te suffit-il pas d'avoir ressorti sans dommage ta tête de la gueule du loup, pour réclamer en outre un salaire ? »
La fable montre que la plus grande marque de reconnaissance qu'on puisse attendre d'un gredin, c'est qu'il vous épargne un nouvel outrage.

Ésope (VIIᵉ-VIᵉ siècles av. J-C), *Fables*, trad. de D. Loayza, © Flammarion, 2014.

Le Loup et la Grue

Attendre d'un scélérat le juste prix d'un service,
C'est commettre deux erreurs : d'abord, on aide un vaurien,
Puis on se trouve incapable d'en réchapper sans dommages.

Un os englouti demeurait dans le gosier
Du loup qui, n'en pouvant plus, offrait aux uns et aux autres
Un bon prix pour extraire l'objet douloureux.
Enfin convaincue par tant de serments, la grue,
Confiant à sa gueule la longueur de son cou,
Accomplit sur le loup l'intervention périlleuse.
Et comme elle réclamait le salaire convenu :
« Ingrate ! dit le loup. Tu as pu sortir la tête
Saine et sauve de ma gueule : et tu veux être payée ? »

Phèdre (16 av. J.-C. – 50 apr. J.-C.), *Fables*, traduit du latin par J.-L. Vallin, © La Différence, 2005.

Ésope est un fabuliste renommé de l'Antiquité. Il aurait écrit quatre-cent-soixante-quatorze fables.

Λύκος καὶ ἐρωδιός.

[…] Ὁ δὲ ὑποτυχὼν εἶπεν· «Ὦ οὗτος, οὐκ ἀγαπᾷς ἐκ λύκου στόματος σώαν τὴν κεφαλὴν ἐξενεγκών, ἀλλὰ καὶ μισθὸν ἀπαιτεῖς ;

Phèdre est le premier auteur latin à avoir traduit et adapté les textes d'Ésope en vers.

Lupus et gruis
Pro quo cum pactum flagitaret praemium,
« Ingrata es » inquit « ore quae nostro caput
incolume abstuleris et mercedem postulas ».

Documents : ❸ miniature arabe, illustration pour les fables de **Bidpay**, ❹ illustration de **Jean Grandville** (1809-1847), ❺ motif réalisé sur un textile mola par un artiste indien Kuna (Panama), ❻ tableau de **Willy Aractingi**, 1989, coll. privée, ❼ illustration de **Félix Lorioux**, XXᵉ siècle.

Le Loup et la Cigogne

Les loups mangent gloutonnement.
Un loup donc étant de frairie[1],
Se pressa, dit-on, tellement
Qu'il en pensa perdre la vie.
5 Un os lui demeura bien avant au gosier[2].
De bonheur pour ce Loup, qui ne pouvait crier,
    Près de là passe une Cigogne ;
      Il lui fait signe, elle accourt.
Voilà l'Opératrice aussitôt en besogne[3].
10 Elle retira l'os ; puis pour un si bon tour
    Elle demanda son salaire.
    « Votre salaire ? dit le Loup,
    Vous riez, ma bonne Commère.
    Quoi ! ce n'est pas encor beaucoup
15 D'avoir de mon gosier retiré votre cou ?
    Allez, vous êtes une ingrate[4] :
    Ne tombez jamais sous ma patte. »

Jean de La Fontaine, *Fables*, III, 9, 1668.

1. **étant de frairie** : mangeant avec excès.
2. **gosier** : gorge.
3. **en besogne** : au travail.
4. **ingrate** : qui ne manifeste pas de reconnaissance.

Jean de La Fontaine trouve aussi son inspiration chez Bidpay. Bidpay appelé aussi Pilpay, est le nom donné par la tradition à un moraliste indien qui aurait vécu aux Ve et VIe siècles de notre ère. Il serait à l'origine de nombreuses fables traduites ensuite en persan, puis en français, en 1644. Ces fables connurent un grand succès.

▶ Établir des liens avec la biographie

1. Selon toi, le jeune La Fontaine était-il proche de la cour du roi ? Avait-il des chances de devenir un grand auteur ?

2. Quelles sont les œuvres souvent étudiées par les élèves au XVIIe siècle ? En quelles langues les deux textes p. 194 sont-ils écrits ? Jean de La Fontaine pouvait-il les comprendre ?

3. lienmini.fr/jdl6-T408 Écoute les textes grec et latin : quels mots reconnais-tu ? D'après toi, pourquoi le mot « loup » s'écrit-il avec un *p* à la fin ? Aide-toi du texte latin.

4. Lis la fable écrite par J. de La Fontaine. Quelle expression montre qu'il n'a pas entièrement inventé son histoire ?

5. a. À quel siècle les trois auteurs ont-ils vécu ? Qui s'est inspiré de qui ?

b. Quel passage présent dans les textes précédents J. de La Fontaine a-t-il décidé de supprimer ? Quel est l'effet produit sur le lecteur, d'après toi ?

6. Observe la longueur des vers. Quels sont les deux types de vers présents dans cette fable ?

7. À quel passage du texte ces illustrations correspondent-elles ? Laquelle préfères-tu ? Pourquoi ?

BILAN 8 Quels sont les points communs et les différences entre ces trois textes ?

PARCOURS
une vie
une œuvre

Le rôle décisif de Nicolas Fouquet (1658-1663)

▶ **Un découvreur de talents.** L'oncle de Jean de La Fontaine le présente en 1657 à Nicolas Fouquet, surintendant des finances du roi Louis XIV, qui protège et entretient de nombreux artistes : c'est un véritable mécène. Fouquet reconnait son talent et lui fait composer, en 1659, *Le Songe de Vaux*. La Fontaine y célèbre le château que Fouquet fait construire, Vaux-le-Vicomte. Grâce à la pension que lui verse le surintendant, il écrit vraisemblablement à cette époque ses premières fables.

▶ **La chute de Fouquet.** La richesse et la puissance de Fouquet inquiètent le roi et son ministre Colbert. Il est arrêté en 1661. Son procès dure trois ans. Fouquet n'a pas le droit de s'exprimer et on lui oppose de faux témoignages. Il est condamné au bannissement perpétuel, mais le roi décide de l'enfermer en prison à vie. Malgré sa disgrâce, La Fontaine lui reste fidèle et cherche à le défendre à travers ses écrits. Après l'arrestation de Fouquet, La Fontaine suit son oncle en exil à Limoges.

Louis XIV a choisi pour emblème le soleil et se fait appeler « Roi-Soleil ».

Le blason est le symbole représentant une personne ou une famille. L'écureuil figure sur celui de Fouquet, protecteur de La Fontaine. Sa devise latine est : *Quo non ascendet ?* (« Jusqu'où ne montera-t-il pas ? »)

▶ **Établir des liens avec la biographie**

1. Compare les portraits de Fouquet et de Louis XIV. Décris l'apparence de Fouquet. Quel trait de caractère se dégage du portrait de Louis XIV ?

2. Explique avec tes propres mots quelle erreur Fouquet a pu commettre à l'égard du roi. Aide-toi de sa devise pour répondre.

3. À ton avis, quelle opinion La Fontaine peut-il avoir du roi Louis XIV ? Pourquoi ?

Fable 1

4. Quel est le problème rencontré par l'Écureuil dans cette fable ? De quoi est-il puni selon le Renard ?

5. a. À quel personnage historique cet Écureuil te fait-il penser ? Pourquoi ?
b. La situation de l'Écureuil s'arrange-t-elle dans la fable ? Et dans la réalité ?

6. À ton avis, pourquoi la fable « Le Renard et l'Écureuil » n'a-t-elle été publiée qu'après la mort de La Fontaine ?

Fable 2

7. a. Observe le titre de la fable : quelle impression donne-t-il sur les relations entre les quatre animaux ?
b. Que se passe-t-il en réalité lorsque les quatre animaux doivent se partager la proie ?

8. Qu'expriment les vers les plus courts de ce poème ? Que mettent-ils en valeur ?

9. Observe la structure de cette fable. Qui parle en dernier ? Que ressent le lecteur après ces mots ?

10. À quel personnage historique le Lion te fait-il penser ? Pourquoi ?

BILAN 11 Ces deux fables sont-elles, d'après toi, uniquement destinées aux enfants ? Pourquoi ?

Fable 1 — Le Renard et l'Écureuil

Il ne se faut jamais moquer des misérables,
Car qui peut s'assurer d'être toujours heureux ? [...]
Le Renard se moquait un jour de l'Écureuil,
Qu'il voyait assailli d'une forte tempête :
5 « Te voilà, disait-il, près d'entrer au cercueil
Et de ta queue en vain tu te couvres la tête.
    Plus tu t'es approché du faîte[1],
Plus l'orage te trouve en butte à tous ses coups[2].
Tu cherchais les lieux hauts et voisins de la foudre :
10 Voilà ce qui t'en prend ; moi qui cherche des trous,
Je ris, en attendant que tu sois mis en poudre. »
    Tandis qu'ainsi le Renard se gabait[3],
        Il prenait maint pauvre poulet
            Au gobet[4] ;
15 Lorsque l'ire[5] du Ciel à l'Écureuil pardonne :
        Il n'éclaire plus, ni ne tonne ;
        L'orage cesse ; et le beau temps venu
            Un Chasseur ayant aperçu,
Le train de ce Renard autour de sa tanière :
20   « Tu paieras, dit-il, mes poulets. »
        Aussitôt nombre de bassets
        Vous fait déloger le Compère.
        L'Écureuil l'aperçoit qui fuit
        Devant la meute qui le suit.
25   Ce plaisir ne lui dure guère,
Car bientôt il le voit aux portes du trépas.
        Il le voit ; mais il n'en rit pas,
        Instruit par sa propre misère.

Jean de La Fontaine, *Fables*, fable publiée en 1861, après sa mort.

1. **faîte** : sommet.
2. **en butte à tous ses coups** : soumis à sa violence.
3. **se gabait** : se moquait.
4. **prendre au gobet** : prendre sans qu'on s'y attende.
5. **l'ire** : la colère.

Fable 2 — La Génisse, la Chèvre, et la Brebis, en société avec le Lion

La Génisse, la Chèvre, et leur sœur la Brebis,
Avec un fier Lion, Seigneur du voisinage,
Firent société, dit-on, au temps jadis,
Et mirent en commun le grain et le dommage[1].
5 Dans les lacs[2] de la Chèvre un Cerf se trouva pris ;
Vers ses associés aussitôt elle envoie.
Eux venus, le Lion par ses ongles compta,
Et dit : « Nous sommes quatre à partager la proie » ;
Puis en autant de parts le Cerf il dépeça ;
10 Prit pour lui la première en qualité de Sire ;
« Elle doit être à moi, dit-il, et la raison,
    C'est que je m'appelle Lion :
    À cela l'on n'a rien à dire.
La seconde par droit me doit échoir[3] encor :
15 Ce droit, vous le savez, c'est le droit du plus fort.
Comme le plus vaillant, je prétends la troisième.
Si quelqu'une de vous touche à la quatrième,
    Je l'étranglerai tout d'abord. »

Jean de La Fontaine, *Fables*, I, 6, 1668.

1. **le gain et le dommage** : ce qu'ils gagnent et ce qu'ils perdent.
2. **lacs** : pièges.

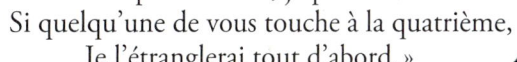

Documents : ❶ décoration murale, emblème de Louis XIV, ❷ portrait de Louis XIV réalisé par **Charles le Brun**, premier peintre du roi, en 1661, ❸ portrait supposé de Nicolas Fouquet réalisé par **Sébastien Bourdon** (XVIIe siècle), ❹ blason de Nicolas Fouquet, ❺ photographie de Versailles, ❻ photographie de Vaux-le-Vicomte, ❼ **Willy Aractingi**, *La Génisse, la Chèvre et la Brebis en société avec le Lion*, 1994, collection particulière, ❽ miniature arabe (détail), illustration pour les fables de Bidpay.

PARCOURS — une vie une œuvre

Inventer une fable à partir de plusieurs

De nombreux peintres et graveurs se sont inspirés des Fables de Jean de La Fontaine. Voici plusieurs images qui illustrent une même fable.

❶

❷

Documents : ❶ Illustration de **Jean-Jacques Grandville** (1803-1847), ❷ Gravure de **Jean-Baptiste Oudry** (1686-1755), ❸ Estampe japonaise (1894), ❹ Affiche du Bon Marché (vers 1900), ❺ Illustration de **Gustave Doré** (1832-1883), ❻ Illustration de **Benjamin Rabier** (1864-1939).

ACTIVITÉ lienmini.fr/jdl6-T409

1. Saisis cette adresse dans ton navigateur et découvre la fable qui a inspiré les illustrateurs.
– Avais-tu raconté la même histoire ?
– Que penses-tu de la fin de la fable de J. de La Fontaine ?
2. Lis les deux autres fables proposées, « La Grenouille qui se veut faire plus grosse que le Bœuf » et « L'Âne vêtu de la peau du Lion ».
– Quel est leur point commun avec la fable que tu viens d'étudier ?

Illustrations

Lecture d'images ▲

1. Quels animaux reconnais-tu sur ces illustrations ?
2. Que fait le plus petit des personnages ? Pourquoi, à ton avis ?
3. Comment les autres personnages réagissent-ils en le voyant ?

Inventer une fable

Invente une fable en t'inspirant des images que tu viens d'analyser.
- Pense à lui donner un titre et une morale.
- N'oublie pas d'expliquer les intentions de chaque personnage. Insiste sur la ruse du plus petit.

Parcours Une vie, une œuvre : Jean de La Fontaine, sage amuseur

PARCOURS
une vie
une œuvre

Le temps des protectrices
(1662-1693)

▶ **Mme de Bouillon et la duchesse d'Orléans.** Revenu à Château-Thierry, La Fontaine obtient l'appui de la jeune duchesse de Bouillon. Grâce à elle, il devient le protégé de la duchesse d'Orléans à Paris. Il fréquente les salons littéraires et publie des *Contes et Nouvelles en vers*. En 1668, il fait paraître son premier recueil de *Fables* (livres I à VI). Il le dédie au Dauphin, fils du roi, alors âgé de huit ans : La Fontaine aimerait en effet devenir son précepteur. Il cherche à instruire l'enfant tout en le distrayant. C'est un succès.

▶ **Mme de la Sablière.** À la mort de la duchesse d'Orléans, Mme de la Sablière recueille La Fontaine et finance à son tour ses écrits. Il publie de *Nouveaux Contes* en 1674, mais ces derniers font scandale. Heureusement, La Fontaine est protégé par Racine, un grand auteur de théâtre dont il est très proche, et par Mme de Montespan, maîtresse du roi Louis XIV. En 1677, La Fontaine publie la suite des *Fables* (livres VII à XI). En 1684, il est reçu de justesse à l'Académie française.

À l'époque de La Fontaine, les livres ne pouvaient être publiés officiellement que s'ils étaient autorisés par la censure royale, c'est-à-dire s'ils avaient le « privilège du roi ».

Documents : ❶ portrait de Mme de la Sablière, réalisé par **Pierre Mignard** (XVIIe siècle), ❷ édition originale des *Fables de La Fontaine*, 1668.

À MONSEIGNEUR LE DAUPHIN

Je chante les héros dont Ésope est le père :
Troupe de qui l'histoire, encor que mensongère,
Contient des vérités qui servent de leçons.
Tout parle en mon ouvrage, et même les poissons :
5   Ce qu'ils disent s'adresse à tous tant que nous sommes.
Je me sers d'animaux pour instruire les hommes.
ILLUSTRE REJETON D'UN PRINCE aimé des Cieux,
Sur qui le Monde entier a maintenant les yeux, […]
Je vais t'entretenir de moindres aventures,
10 Te tracer en ces vers de légères peintures :
Et si de t'agréer je n'emporte le prix,
J'aurai du moins l'honneur de l'avoir entrepris[1].

    Jean de La Fontaine, *Fables*, 1668.

1. Si je ne parviens pas à te plaire, j'aurai au moins l'honneur d'avoir essayé de le faire.

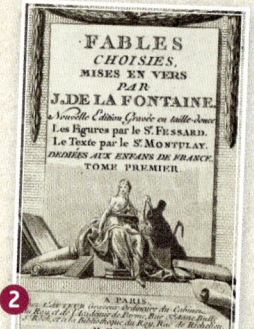

Lecture d'image ▲

Observe l'image ❸. Qu'est-ce qui permet de deviner la présence du Lion dans cette image ? Qui te semble le plus puissant ? Qu'en est-il dans la fable ?

▶ Comprendre la biographie

1. Qui protège La Fontaine ?

2. Qu'est-ce qui montre que les contemporains de La Fontaine reconnaissent son grand talent ?

3. Quelles sont les caractéristiques des personnes qui influencent la vie littéraire et qui protègent les artistes à l'époque de La Fontaine ?

4. Lis la dédicace au Dauphin. À qui s'adressent les fables d'après J. de La Fontaine ?

5. Quel est le vers qui résume le mieux ses textes ?

BILAN
6 Quel ton La Fontaine emploie-t-il pour s'adresser au Dauphin, qui a alors huit ans ? Qu'en penses-tu ?

Fable 3 — Le Lion et le Rat

Il faut, autant qu'on peut, obliger[1] tout le monde :
On a souvent besoin d'un plus petit que soi.
De cette vérité deux fables feront foi,
    Tant la chose en preuves abonde.
5   Entre les pattes d'un Lion
Un Rat sortit de terre assez à l'étourdie.
Le Roi des animaux, en cette occasion,
Montra ce qu'il était, et lui donna la vie.
    Ce bienfait ne fut pas perdu.
10   Quelqu'un auroit-il jamais cru
    Qu'un lion d'un rat eût affaire ?
Cependant il advint qu'au sortir des forêts
    Ce Lion fut pris dans des rets,
Dont ses rugissements ne le purent défaire.
15 Sire Rat accourut, et fit tant par ses dents
Qu'une maille rongée emporta tout l'ouvrage.
    Patience et longueur de temps
    Font plus que force ni que rage.

Jean de La Fontaine, *Fables*, II, 11, 1668.

1. obliger : aider, être aimable avec.

Lecture d'image ▶

Observe l'image ❺. Où le Rat s'est-il caché ? Pourquoi cette cachette est-elle intéressante ? Que symbolise-t-elle ? Pourquoi cette illustration rejoint-elle la morale de la fable de J. de La Fontaine ?

▶ Éduquer un futur roi

Fable 3

1. Dans quelle situation le Lion se trouve-t-il (vers 13-14) ? Étudie les sonorités dans ce passage.

2. Le Rat est-il désigné de la même façon au début et à la fin de la fable ? Pourquoi ?

3. Où se trouve la morale de cette fable ? Que remarques-tu ?

Fable 4

4. Comment le Laboureur s'y prend-il pour être obéi ? Qu'en penses-tu ?

5. La moitié de la fable est occupée par les paroles du père. Pourquoi, selon toi ? Quel sens ont-elles ?

BILAN 6 Si tu étais La Fontaine, laquelle des deux fables donnerais-tu en priorité à lire au Dauphin ? Pourquoi ?

Documents : ❸ **Jean-François Martin**, *Fables d'Ésope*. ❹ **Pierre Paul Rubens** (1577-1640), *Le Lion et le Rat*, huile sur toile, coll. privée. ❺ **Cécile Hudrisier**, *Auprès de La Fontaine, Fables en haïkus* d'Agnès Domergue.

Fable 4 — Le Laboureur et ses Enfants

    Travaillez, prenez de la peine :
    C'est le fonds qui manque le moins.
Un riche Laboureur sentant sa mort prochaine
Fit venir ses Enfants, leur parla sans témoins.
5 « Gardez-vous, leur dit-il, de vendre l'héritage
    Que nous ont laissé nos parents.
    Un trésor est caché dedans.
Je ne sais pas l'endroit ; mais un peu de courage
Vous le fera trouver, vous en viendrez à bout.
10 Remuez votre champ dès qu'on aura fait l'oût[1] :
Creusez, fouillez, bêchez ; ne laissez nulle place
    Où la main ne passe et repasse. »
Le Père mort, les Fils vous retournent le champ,
Deçà, delà, partout : si bien qu'au bout de l'an
15   Il en rapporta davantage.
D'argent, point de caché. Mais le Père fut sage
    De leur montrer avant sa mort
    Que le travail est un trésor.

Jean de La Fontaine, *Fables*, V, 9, 1668.

1. l'oût : mois d'aout.

PARCOURS — une vie une œuvre

Fable 5

Le Loup, la Chèvre et le Chevreau

La bique allant remplir sa traînante mamelle,
    Et paître[1] l'herbe nouvelle,
    Ferma sa porte au loquet,
    Non sans dire à son Biquet :
5   « Gardez-vous, sur votre vie,
    D'ouvrir que l'on ne vous die,
    Pour enseigne et mot du guet :
    Foin, du Loup et de sa race ![2] »
    Comme elle disait ces mots,
10   Le Loup de fortune[3] passe ;
    Il les recueille à propos,
    Et les garde en sa mémoire.
    La bique, comme on peut croire,
    N'avait pas vu le glouton.
15 Dès qu'il la voit partie, il contrefait son ton,
    Et d'une voix papelarde[4]
Il demande qu'on ouvre, en disant : « Foin du Loup ! »
    Et croyant entrer tout d'un coup.
Le Biquet soupçonneux par la fente regarde :
20 « Montrez-moi patte blanche, ou je n'ouvrirai point, »
S'écria-t-il d'abord. Patte blanche est un point
Chez les Loups, comme on sait, rarement en usage.
Celui-ci, fort surpris d'entendre ce langage,
Comme il était venu s'en retourna chez soi.
25 Où serait le Biquet s'il eût ajouté foi[5]
    Au mot du guet que de fortune
    Notre Loup avait entendu ?

Deux sûretés valent mieux qu'une,
Et le trop en cela ne fut jamais perdu.

Jean de La Fontaine, *Fables*, IV, 15, 1668.

Graine de savoir

L'expression « Montrer patte blanche » a été popularisée grâce à cette fable de Jean de la Fontaine.
Que signifie-t-elle selon toi ?

1. paître : brouter.
2. Gardez-vous, sur votre vie… : N'ouvrez que si l'on vous dit le mot de passe : « Non au loup et à sa race ! »
3. de fortune : par hasard.
4. papelarde : hypocrite, trop douce.
5. s'il eût ajouté foi : s'il avait cru.

▸ Comprendre la force de la ruse

1. Quelle ruse la Chèvre trouve-t-elle pour que son petit soit en sécurité ?

2. Comment le Loup s'y prend-il pour tromper le Chevreau ? Connais-tu une autre histoire dans laquelle le Loup agit de la même façon pour se faire ouvrir la porte ?

3. Pourquoi les deux derniers vers sont-ils séparés des autres ? Quel est leur rôle auprès du lecteur ?

BILAN 4 Qui est l'animal le plus rusé dans la fable, d'après toi ? Pourquoi ?

Lecture d'image ▸

Observe l'illustration de la fable ci-contre.

1. Comment l'image est-elle construite ? Quelles étapes de la fable reconnais-tu ? Cite les vers qui s'y rapportent.

2. Quel est l'animal le plus mis en valeur par l'illustrateur ? Pourquoi, à ton avis ?

Illustrer une fable

Mettez-vous en groupes, et relisez les fables des pages précédentes. Choisissez-en une et repérez-en les différentes étapes. À la manière de Benjamin Rabier, dessinez une affiche pour illustrer votre fable.

LE LOUP, LA CHÈVRE ET LE CHEVREAU

La bique, allant remplir sa trainante mamelle
    Et paître l'herbe nouvelle,
    Ferma sa porte au loquet,
    Non sans dire à son biquet :
    Gardez-vous sur votre vie,
    D'ouvrir que l'on ne vous die,
    Pour enseigne, et mot du guet :
    Foin, du loup et de sa race !
    Comme elle disait ces mots,
    Le loup, de fortune, passe ;
    Il les recueille à propos,
    Et les garde en sa mémoire.
    La bique, comme on peut croire,
    N'avait pas vu le glouton.
Dès qu'il la voit partie, il contrefait son ton,
    Et, d'une voix papelarde,
Il demande qu'on ouvre, en disant " Foin du loup ! "
    Et croyant entrer tout d'un coup.
Le biquet soupçonneux par la fente regarde :
Montrez-moi patte blanche, ou je n'ouvrirai point,
S'écria-t-il d'abord. Patte blanche est un point
Chez les loups, comme on sait, rarement en usage,
Celui-ci, fort surpris d'entendre ce langage,
Comme il était venu s'en retourna chez soi.
Où serait le biquet s'il eût ajouté foi
    Au mot du guet que, de fortune,
    Notre loup avait entendu ?
    Deux sûretés valent mieux qu'une,
Et le trop en cela ne fut jamais perdu.

Illustration de la fable par **Benjamin Rabier**, 1906.

Les dernières années
(1693-1695)

▶ **Une situation difficile.** À la mort de Mme de la Sablière, Jean de La Fontaine, qui n'a jamais cherché à économiser, est dans une situation financière difficile. Il pense à s'exiler en Angleterre mais est finalement accueilli par la famille d'Herwarth, avec qui il est lié depuis longtemps et qui appartient au clan de Fouquet. Il publie un dernier recueil de fables (livre XII) en 1693. Elles sont, cette fois-ci, dédiées au petit-fils de Louis XIV, le duc de Bourgogne.

▶ **La maladie et la mort.** Gravement malade, La Fontaine est assisté par un confesseur, l'abbé Pouget, qui le pousse à abjurer ses contes, jugés immoraux, et à déchirer la dernière œuvre qu'il venait de terminer, une comédie. Il meurt en 1695.

▶ **Établir des liens avec la biographie**

1. Quel est le type de vers employé ici ? Est-il très courant dans les fables de La Fontaine ?

2. Observe le jeu des rimes. À partir de quel moment le schéma change-t-il ? Pourquoi, d'après toi ?

3. Que penses-tu de la réaction de la fourmi dans la fable ?

4. La morale de cette histoire n'est pas exprimée. Pourquoi, à ton avis ?

5. Invente la morale de la fable.

6. Pourquoi la mort de Mme de la Sablière met-elle La Fontaine en difficulté ?

7 Quels sont les points communs entre la Cigale et le poète Jean de La Fontaine, selon toi ?

La Cigale et la Fourmi

La Cigale, ayant chanté
    Tout l'Été,
Se trouva fort dépourvue
Quand la Bise fut venue.
5 Pas un seul petit morceau
De mouche ou de vermisseau[1].
Elle alla crier famine
Chez la Fourmi sa voisine,
La priant de lui prêter
10 Quelque grain pour subsister
Jusqu'à la saison nouvelle.
« Je vous paierai, lui dit-elle,
Avant l'Août, foi d'animal,
Intérêt et principal. »
15 La Fourmi n'est pas prêteuse :
C'est là son moindre défaut.
« Que faisiez-vous au temps chaud ?
Dit-elle à cette emprunteuse.
– Nuit et jour à tout venant
20 Je chantais, ne vous déplaise.
– Vous chantiez ? j'en suis fort aise :
Et bien ! dansez maintenant. »

    Jean de La Fontaine, *Fables*, I, 1, 1668.

1. vermisseau : petit ver de terre.

Florence Viala (Cigale) et Madeleine Marion (Fourmi) dans les *Fables de La Fontaine*, mise en scène de Robert Wilson, Comédie-Française, 2004.

◀ *Lecture d'images* ▲

1. Comment voit-on qu'il s'agit d'une mise en scène de théâtre ?

2. Identifie les deux personnages.

3. Compare le costume et l'attitude des deux comédiennes. Comment traduisent-ils le caractère des deux personnages ?

La Fontaine, sage amuseur

Récapitulons

La dénonciation du pouvoir
On peut penser que les fables de Jean de La Fontaine ne sont pas destinées aux adultes. En effet, le fabuliste fait parler des animaux et a lui-même dédié ses recueils à deux enfants, le Dauphin puis le duc de Bourgogne. Pourtant, ses fables sont nées dans un contexte précis. Même si elles s'inspirent de textes de l'Antiquité (Ésope et Phèdre), elles permettent à J. de La Fontaine de dénoncer le pouvoir absolu de Louis XIV. La Fontaine cherche, à travers une légèreté apparente et beaucoup d'humour, à critiquer les abus du pouvoir ou les défauts des humains. Il insiste sur la violence des plus forts, mais souligne aussi que les plus faibles ont un rôle à jouer dans la société.

La force de la ruse
De nombreuses fables se fondent sur la ruse, qui permet aux plus forts d'attraper facilement leur proie ou aux plus faibles d'échapper à leurs ennemis. Jean de La Fontaine cherche ainsi à éduquer ses lecteurs. Ses fables sont souvent accompagnées d'une morale. Parfois, elles ne sont pas exprimées : c'est au lecteur de comprendre la leçon à tirer de la fable.

Jouer une fable

Les fables de La Fontaine sont souvent très vivantes, et leurs dialogues en font de véritables petites comédies. La parole des personnages permet de mettre en valeur leur bêtise, leur violence ou au contraire leur finesse et leur ruse. Pour retrouver cet aspect théâtral, tu vas apprendre par cœur une fable en partageant les dialogues avec tes camarades.

Consignes

1. Prenez bien soin de respecter la longueur des vers. Il y a surtout, ici, des octosyllabes et des alexandrins. N'hésitez pas, pour apprendre votre fable, à la recopier et à entourer les *e* muets que vous devrez prononcer (on prononce les *e* en fin de mot lorsqu'ils sont suivis d'une consonne).

2. Répartissez-vous la fable à trois : l'un(e) d'entre vous lira les paroles du poète et les deux autres incarneront le Coq et le Renard. Réfléchissez au ton que vous devrez prendre :
– Comment s'exprime le poète ? A-t-il le même ton au début et à la fin de la fable ?
– À quel moment le Renard est-il hypocrite ? À quel moment s'exprime-t-il rapidement, dans l'urgence ?
– Comment le ton du Coq évolue-t-il ? À quel moment devient-il très moqueur ?

3. Pensez à votre position lorsque vous jouerez cette fable devant la classe : où se trouve le Coq ? Où se trouve le Renard ? Vers où regardent-ils lorsque les Lévriers arrivent ? À qui s'adresse le conteur ?

Le Coq et le Renard

Sur la branche d'un arbre était en sentinelle
Un vieux Coq adroit et matois.
« Frère, dit un Renard, adoucissant sa voix,
    Nous ne sommes plus en querelle :
    Paix générale cette fois.
Je viens te l'annoncer ; descends, que je t'embrasse ;
    Ne me retarde point, de grâce :
Je dois faire aujourd'hui vingt postes sans manquer.
    Les tiens et toi pouvez vaquer
    Sans nulle crainte à vos affaires :
    Nous vous y servirons en frères.
    Faites-en les feux dès ce soir.
    Et cependant viens recevoir
    Le baiser d'amour fraternelle.
– Ami, reprit le Coq, je ne pouvais jamais
Apprendre une plus douce et meilleure nouvelle
    Que celle
    De cette paix.
    Et ce m'est une double joie
De la tenir de toi. Je vois deux Lévriers,
    Qui, je m'assure, sont courriers
    Que pour ce sujet on envoie.
Ils vont vite, et seront dans un moment à nous.
Je descends : nous pourrons nous entrebaiser tous.
– Adieu, dit le Renard : ma traite est longue à faire,
Nous nous réjouirons du succès de l'affaire
    Une autre fois. » Le Galant aussitôt
    Tire ses grègues, gagne au haut,
    Mal content de son stratagème.
    Et notre vieux Coq en soi-même
    Se mit à rire de sa peur ;
Car c'est double plaisir de tromper le trompeur.

Jean de La Fontaine, *Fables*, II, 15, 1668.

Dossier — Les masques au théâtre

Le mot « masque » vient du latin *masca* qui signifie « masque » mais aussi « sorcière ». En Afrique, « le continent des masques », ils sont utilisés au cours de cérémonies pour faire apparaitre les divinités ou les esprits. Dans la Rome antique, lors des enterrements, des comédiens portaient des masques funéraires qui représentaient les ancêtres du mort pour les faire revivre. Le masque a un pouvoir : il donne vie aux morts ou à des êtres surnaturels, il met en contact avec un autre monde.

Aller au théâtre, c'est entrer dans le monde de l'illusion. Tu vas découvrir que les masques y ont aussi un pouvoir : celui de cacher mais aussi de révéler.

Le masque : un accessoire indispensable

Le théâtre est né en Grèce au VIe siècle av. J.-C. C'est à l'origine une cérémonie religieuse en l'honneur de Dionysos, dieu du théâtre. Il n'y avait que trois acteurs sur la scène : le masque leur permettait d'interpréter plusieurs personnages. Les acteurs étant uniquement des hommes, ils pouvaient ainsi jouer des rôles de femmes. Les représentations avaient lieu en plein air : les spectateurs devaient pouvoir reconnaitre et entendre les personnages de loin. Le masque servait de porte-voix, d'où la taille de la bouche.

Devinette
Qui est le « vengeur masqué » ? Ce célèbre héros porte un masque pour dissimuler sa véritable identité mais sa simple évocation te permet de le reconnaitre !

Petite enquête étymologique
✣ En grec, « acteur » se dit *hupocritês* ; en latin, « masque » se dit *persona*. Quels mots ont-ils donné en français ? Selon toi, le masque cache-t-il ou révèle-t-il la vérité ?

✣ Que veulent dire les expressions « tomber le masque » et « démasquer quelqu'un » ?

Mets-toi à la place de l'acteur
▸ Si le masque offre de nombreux avantages, quel inconvénient majeur présente-t-il pour jouer ?

Ce que révèlent les masques

Il existait 76 masques différents qui représentaient des types de personnages selon un code très précis :
– **l'âge** : chez les hommes, il est indiqué par la couleur des cheveux. Les vieillards sont chauves ou ont les cheveux gris ;
– **le caractère** : un jeune homme brun est vertueux alors qu'un blond est fier ;
– **les émotions** : la pâleur suggère les soucis, souvent liés à l'amour. Le plissement du front indique le sérieux.

Dans les comédies, le masque met en avant le comique de caractère.

Énigme
Dans les comédies, les esclaves étaient souvent considérés comme fourbes. De quelle couleur étaient leurs cheveux ? Pense au renard, animal rusé par excellence !

Mets-toi dans la peau d'un spectateur
Repère le masque de tragédie et celui de comédie sur la mosaïque ❸.
▸ Quelles émotions t'inspirent-ils ?
▸ De quelle couleur est le masque de femme ?

Imagine ton masque grec

▶ Choisis un personnage tragique ou comique : imagine son âge, son caractère et sa situation dans la pièce.
▶ Dessine-le puis présente-le à tes camarades.

UNE PETITE ANECDOTE

Les Romains, qui avaient repris les masques grecs, trouvaient qu'il n'était pas facile de montrer les différentes émotions d'un même personnage. Ils ont donc inventé un masque comique avec le sourcil droit levé en signe de colère et le gauche plat et calme. Le comédien jouait de profil selon l'humeur de son personnage !

Quand le masque sème la confusion

Le masque permet de mettre en scène la ressemblance totale de deux personnages. Dans la pièce d'*Amphitryon* (reprise par Molière), Jupiter séduit la mortelle Alcmène en se faisant passer pour son mari. De leur union naissent des jumeaux dont le célèbre Hercule. Le dieu Mercure prend quant à lui l'apparence du valet **Sosie**. Ce nom est devenu un nom commun qui signifie le double ressemblant de quelqu'un.

Au XVIe siècle, en Italie, la *commedia dell'arte* utilise aussi des masques pour représenter des types de personnages qui font rire le public. C'est derrière ces masques que les faibles, comme Arlequin, prennent leur revanche sur les puissants en leur jouant des tours.

❹

Mets-toi à la place de l'acteur

▶ Quelle différence y a-t-il entre le masque grec et le masque de la *commedia dell'arte* ?
▶ Quelle difficulté la petite taille des yeux pose-t-elle pour jouer ?
▶ Qu'est-ce qui montre que cette forme de théâtre repose sur le comique de geste ?
▶ À quel type de fête ce tableau te fait-il penser ?

RETOUR AUX SOURCES

Dans la Rome antique, la fête des Saturnales permettait à chacun d'inverser les rôles pendant une journée : les maitres devenaient esclaves et les esclaves jouaient le rôle des maitres. C'est l'ancêtre du carnaval.
Au XVIe siècle, cette fête a donné lieu à des violences : des jeunes gens masqués profitaient de ne pas pouvoir être reconnus pour frapper les passants armés de bâtons. Le roi de France a interdit le port de masques dans la rue.

❺

Documents : ❶ masque Ouan de Côte d'Ivoire, ❷ détail d'un masque, statue de Thalie debout, drapée, collection Borghèse, musée du Louvre, Paris, ❸ masques tragique et comique, mosaïque (74,6 cm), IIe siècle ap. J.-C., musées capitolins, Rome. ❹ masque de zanni (valet) dans la *commedia*, ❺ *Commedia dell'arte* : « Masques de la comédie italienne dansant » (détail), peinture anonyme du XVIIe siècle, museo del teatro alla Scala, Milan (Italie).

PARCOURS — une vie une œuvre

Jean-Baptiste Poquelin, dit MOLIÈRE,
Toujours en scène !

Tu vas découvrir la vie d'un grand auteur français, Molière. Contemporain de La Fontaine (→ p. 192), il a, contrairement à lui, servi directement le roi Louis XIV une grande partie de sa vie. Ses pièces, fondées sur le **comique** et la **critique des défauts** de ses contemporains, lui ont valu beaucoup de succès, mais aussi de nombreux ennemis... En lisant ce parcours, tu pourras faire des parallèles entre la vie de l'auteur et son œuvre.

« [...] c'est une étrange entreprise que celle de faire rire les honnêtes gens. »

Molière, *La Critique de l'École des femmes*, 1663, réplique prononcée par le personnage de Dorante, ici porte-parole de l'auteur.

« [...] pensez-vous que ce soit une petite affaire que d'exposer quelque chose de comique devant une assemblée comme celle-ci[1], que d'entreprendre de faire rire des personnes qui nous impriment le respect[2] et ne rient que quand ils veulent ? »

Molière, *L'Impromptu de Versailles*, 1663, réplique prononcée par le personnage de Molière.

1. **assemblée comme celle-ci** : Louis XIV et sa cour.
2. **qui nous impriment le respect** : que l'on doit respecter.

AUDIO lienmini.fr/jdl6-T417

Saisis cette adresse dans ton navigateur et écoute un extrait de *L'Amour Médecin*, « Ritournelle pour donner du plaisir », comédie-ballet de Molière et Lully de 1665.

Documents :
❶ **Charles-Antoine Coypel**, *Molière*, 1734, huile sur toile (80 x 64), Bibliothèque de la Comédie-Française, Paris – montage avec le frontispice réalisé par **Maurice Leloir** pour une édition de *L'Amour médecin*, parue en 1887. ❷ Illustration de **Maurice Leloir**, *ibid*. ❸ **Jean Lepautre**, *Le Malade imaginaire*, représenté dans le jardin du château de Versailles, gravure, 1674.

Vocabulaire du THÉÂTRE

On appelle « **dramaturge** » un auteur de théâtre. Ce terme vient du mot « **drame** », qui ne signifie pas initialement « catastrophe », mais qui veut dire « **action** » en grec.

▶ Faire connaissance avec l'auteur

Le portrait et la gravure (❶ et ❸)

1. Observe le portrait de Molière. Décris en quelques phrases les détails qui le composent. N'oublie pas d'insister sur l'expression de son visage et sur son activité.

2. Regarde la gravure : quel type de textes Molière écrit-il selon toi ?

3. Décris en détail le lieu de représentation du *Malade imaginaire* sur la gravure. Qu'en conclus-tu sur le public qui s'y trouve ?

La musique (❷)

4. Écoute le morceau de Lully dont les paroles ont été écrites par Molière. Quelles phrases distingues-tu ? Qui est célébré par ce morceau ?

Les citations

5. Quelle réaction Molière cherche-t-il à provoquer chez les spectateurs ou les lecteurs ?

6. Pourquoi est-il très difficile, selon lui, d'obtenir ce type de réaction ? À qui s'adresse-t-il ?

PARCOURS
une vie
une œuvre

Une vocation précoce (1622-1643)

▶ **Une enfance entourée.** Jean-Baptiste Poquelin nait à Paris dans une famille de commerçants aisés : son père est tapissier du roi. L'enfant est destiné à prendre sa suite. Une partie de sa famille, cependant, a une vocation artistique : certains de ses oncles sont en effet « violons » du roi. Jean-Baptiste rencontre, par l'intermédiaire de son grand-père, la famille de Joseph Béjart, qui est passionné par la musique et le théâtre.

▶ **Le gout pour la *commedia dell'arte*.** Jean-Baptiste va très souvent avec son grand-père voir les spectacles populaires du Pont-Neuf et des foires. À l'époque, il y a très peu de vrais théâtres à Paris, hormis l'Hôtel de Bourgogne et le théâtre du Marais, mais on joue en plein air des pièces très populaires, fondées sur la *commedia dell'arte*.

▶ **La formation.** Jean-Baptiste entreprend de solides études au collège de Clermont, chez les Jésuites, en 1636, puis il commence des études de droit à Orléans. Il décide cependant, à l'âge de 21 ans seulement, de tout abandonner pour se consacrer au théâtre.

Photogrammes du film *Molière* réalisé par Ariane Mnouchkine.

▶ Comprendre la biographie

1. Quel est le type de théâtre qui a beaucoup influencé Molière ?

2. a. Saisis cette adresse sur ton navigateur et regarde un extrait du film *Molière* d'Ariane Mnouchkine : lienmini.fr/jdl6-T410 VIDEO
b. Que penses-tu de la façon de jouer des comédiens ?
c. Avaient-ils beaucoup de texte ?

3. Comment les spectateurs réagissent-ils ?

BILAN 4 Pourquoi peut-on dire que Jean-Baptiste n'a pas réellement répondu aux attentes de son père ?

Le sais-tu ?

Metteur en scène et fondatrice du théâtre du Soleil, Ariane Mnouchkine réalise entre 1976 et 1978 un film sur Molière dans lequel elle retrace de façon très réaliste les différentes étapes de sa vie.

Mène l'enquête !

Voici quatre personnages issus de la *commedia dell'arte* dont Molière s'est inspiré : **Lelio** (parfois appelé Ottavio), **Isabella**, celle qu'il aime, **Arlequin**, son serviteur, et **Pantalone**, un vieillard qui cherche à empêcher ses amours.

1. Saurais-tu les retrouver ? Un indice : les amoureux, personnages sérieux, ne portent jamais de masque.

2. Lis l'extrait des *Fourberies de Scapin* (➡ texte 1, p. 211). Quels personnages font penser à ceux de la *commedia dell'arte* ?

Personnages de la *commedia dell'arte*.

210

Texte 1 # Une ruse très attendue
ACTE I, SCÈNE 2 : SCAPIN, OCTAVE, SILVESTRE

Voici une des premières scènes de la pièce.

SCAPIN. – Qu'est-ce, Seigneur Octave, qu'avez-vous ? Qu'y a-t-il ? Quel désordre est-ce là ? Je vous vois tout troublé.

OCTAVE. – Ah, mon pauvre Scapin, je suis perdu, je suis désespéré ; je suis le plus infortuné de tous les hommes.

5 SCAPIN. – Comment ?

OCTAVE. – N'as-tu rien appris de ce qui me regarde ?

SCAPIN. – Non.

OCTAVE. – Mon père arrive avec le seigneur Géronte, et ils me veulent marier.

SCAPIN. – Hé bien, qu'y a-t-il là de si funeste ?

10 OCTAVE. – Hélas ! tu ne sais pas la cause de mon inquiétude.

SCAPIN. – Non ; mais il ne tiendra qu'à vous que je la sache bientôt ; et je suis homme consolatif, homme à m'intéresser aux affaires des jeunes gens.

OCTAVE. – Ah ! Scapin, si tu pouvais trouver quelque inven-
15 tion, forger quelque machine, pour me tirer de la peine où je suis, je croirais t'être redevable de plus que de la vie.

SCAPIN. – À vous dire la vérité, il y a peu de choses qui me soient impossibles, quand je m'en
20 veux mêler. J'ai sans doute reçu du Ciel un génie assez beau pour toutes les fabriques de ces gentillesses d'esprit, de ces galanteries ingénieuses à qui le vulgaire ignorant donne le nom de fourberies ; et je puis dire, sans
25 vanité, qu'on n'a guère vu d'homme qui fût plus habile ouvrier de ressorts et d'intrigues ; qui ait acquis plus de gloire que moi dans ce noble métier [...].

Molière, *Les Fourberies de Scapin*, Acte I, scène 2, 1671.

Illustration d'ouverture réalisée par **Maurice Leloir** pour une édition des *Fourberies de Scapin* parue en 1887.

▶ Reconnaitre les sources d'inspiration de Molière

1. Quels pronoms personnels les personnages utilisent-ils pour s'adresser l'un à l'autre ? Qu'en conclus-tu sur leurs rapports ?

2. Quel âge a Octave, d'après toi ?

3. Quel est le problème rencontré par Octave, à ton avis ?

4. Que demande-t-il à Scapin ?

5. Relève le champ lexical de l'intelligence dans la tirade de Scapin. Quelle opinion ce personnage a-t-il de lui ?

BILAN 6 Qu'est-ce qui, dans cette scène, ressemble à une pièce de la *commedia dell'arte* ? Lis l'encadré ci-contre pour t'aider.

Histoire du THÉÂTRE

• La *commedia dell'arte* est un genre théâtral italien comique fondé sur l'**improvisation** et le **masque**. On y trouve souvent les mêmes personnages : deux vieillards, dont l'un est très avare, un capitaine vantard et lâche, deux couples d'amoureux, deux valets et une ou deux jeunes servantes, les soubrettes.

• Ces pièces sont **comiques** et **très corporelles** : tout repose sur le jeu de l'acteur. Elles se terminent bien : les amoureux séparés par les vieillards se retrouvent grâce aux ruses des serviteurs.

PARCOURS une vie une œuvre

Texte 2 ## Une ruse pour faire peur
Acte III, Scène 2 : Scapin, Géronte

Scapin est le serviteur de Léandre, le fils du vieux Géronte. En l'absence de son père, Léandre a épousé Zerbinette. Lorsqu'il l'apprend, Géronte veut faire annuler le mariage car il souhaite que son fils épouse une autre jeune fille. Pour aider les deux amoureux, Scapin emploie une ruse : il fait croire à Géronte que le frère de Zerbinette est furieux et a chargé tous ses amis de le frapper. Géronte est terrifié : Scapin fait alors semblant de le protéger.

Scapin. – […] Il faut que vous vous mettiez dans ce sac et que…
Géronte, *croyant voir quelqu'un*. – Ah !
Scapin. – Non, non, non, non, ce n'est personne. Il faut, dis-je, que vous vous mettiez là-dedans, et que vous gardiez de remuer en aucune
5 façon. Je vous chargerai sur mon dos, comme un paquet de quelque chose, et je vous porterai ainsi au travers de vos ennemis, jusque dans votre maison, où quand nous serons une fois, nous pourrons nous barricader et envoyer quérir main-forte contre la violence.
Géronte. – L'invention est bonne.
10 Scapin. – La meilleure du monde. […] Cachez-vous. Voici un spadassin[1] qui vous cherche. (*En contrefaisant[2] sa voix.*) « Quoi ? Jé n'aurai pas l'abantage dé tuer cé Géronte, et quelqu'un par charité né m'enseignera pas où il est ? […] » (*À Géronte avec son ton naturel.*) Ne vous montrez pas. (*Tout le langage gascon[3] est supposé de celui qu'il contrefait, et le reste
15 de lui.*) « Oh, l'homme au sac ! – Monsieur. – Jé té vaille un louis, et m'enseigne où put être Géronte. – Vous cherchez le seigneur Géronte ? – Oui, mordi ! Jé lé cherche.[…] Jé beux, cadédis, lé faire mourir sous les coups de vaton. – Oh ! Monsieur, les coups de bâton ne se donnent point à des gens comme lui, et ce n'est pas un homme à être traité de
20 la sorte. – […] Est-ce que tu es des amis dé cé Geronte ? – Oui, Monsieur, j'en suis. – Ah ! Cadédis[4], tu es de ses amis, à la vonne hure. (*Il donne plusieurs coups de bâton sur le sac.*) Tiens. Boilà cé que jé té vaille[5] pour lui. – Ah, ah, ah ! Ah, Monsieur ! Ah, ah, Monsieur ! Tout beau. Ah, doucement, ah, ah, ah ! – Va, porte-lui cela de ma part. Adiusias[6]. »
25 Ah ! diable soit le Gascon ! Ah ! (*En se plaignant et remuant le dos, comme s'il avait reçu les coups de bâton.*)

Comparer des mises en scène

• Observe deux mises en scène de cet extrait :
– celle de Jacques Échantillon à la Comédie-Française en 1973 ;
– celle de la Compagnie Roumanoff au théâtre Fontaine en 2011. lienmini.fr/jdl6-T411 VIDEO
• Laquelle préfères-tu ? Pourquoi ?

Vocabulaire du THÉÂTRE

• À chaque fois qu'un personnage prend la parole au théâtre, on dit qu'il commence une **réplique**.
• Une longue réplique est appelée une **tirade**.

---

1. **spadassin** : soldat.
2. **contrefaire** : imiter, modifier.
3. **Gascon** : habitant de la Gascogne, région du Sud-Ouest de la France ; personnage fanfaron.
4. **Cadédis** : juron.
5. **vailler** : bailler, donner.
6. **adiusias** : adieu.

GÉRONTE, *mettant la tête hors du sac.* – Ah, Scapin, je n'en puis plus.

SCAPIN. – Ah, Monsieur, je suis tout moulu, et les épaules me font un mal épouvantable.

GÉRONTE. – Comment, c'est sur les miennes qu'il a frappé.

SCAPIN. – Nenni, Monsieur, c'était sur mon dos qu'il frappait.

GÉRONTE. – Que veux-tu dire ? J'ai bien senti les coups, et les sens bien encore.

SCAPIN. – Non, vous dis-je, ce n'est que le bout du bâton qui a été jusque sur vos épaules.

GÉRONTE. – Tu devais donc te retirer un peu plus loin, pour m'épargner...

SCAPIN *lui remet la tête dans le sac.* – Prenez garde. En voici un autre qui a la mine d'un étranger. [...]

Molière, *Les Fourberies de Scapin*, Acte III scène 2, 1671.

▶ **Comprendre l'influence des farces et de la commedia dell'arte**

1. Relis tous les passages en italique. À quoi servent-ils ?

2. Reprends toutes les paroles du faux spadassin et retraduis-les sans accent.

3. Scapin est-il un grand comédien d'après toi ? Justifie ta réponse.

BILAN 4. Qu'est-ce qui, dans cette scène, montre que Molière a été influencé par la *commedia dell'arte* et par les pièces populaires qu'il voyait lorsqu'il était enfant ?

Documents : ❶ Philippe Torreton dans la mise en scène des *Fourberies de Scapin* de Jean-Louis Benoit, à la Comédie-Française, à Paris, en 1998, ❷ Yves Larec et Damien Gillard dans la mise en scène des *Fourberies de Scapin* de Pierre Fox, au Théâtre Royal du Parc de Bruxelles, à Bruxelles, en 2004, ❸ *Personnage de Scapin*, gravure de L. Wolff ou Manceau dans *Les Œuvres complètes* de Molière, édition de 1868.

Graine de savoir

Traditionnellement, on considère qu'il y a trois types de comique au théâtre :
– **le comique de gestes :** les jeux de scène, les coups de bâton, la démarche des personnages provoquent le rire ;
– **le comique de situation :** les personnages se trouvent dans une situation ridicule ou ne comprennent pas les ruses dont ils font l'objet. Ils sont parfois pris dans des quiproquos qui les empêchent de comprendre la situation ;
– **le comique de mots :** les jeux de mots, les accents, les déformations de la prononciation font rire.
• Observe les phrases surlignées dans le texte et indique à quel type de comique elles renvoient.

lienmini.fr/jdl6-T412

Saisis cette adresse dans ton navigateur et fais connaissance avec Pascale Bordet, créatrice de costumes de nombreuses mises en scène de pièces de Molière. Elle évoque son métier et la fonction du costume dans la comédie.

Parcours Une vie, une œuvre : Molière, toujours en scène !

PARCOURS — une vie une œuvre

Les débuts d'un auteur de théâtre (1643-1658)

▶ **L'Illustre Théâtre.** En 1643, à 21 ans, Jean-Baptiste Poquelin abandonne ses études et fonde sa propre troupe, l'Illustre Théâtre, accompagné par plusieurs membres de la famille Béjart. Madeleine Béjart deviendra une de ses meilleures comédiennes. Il prend un pseudonyme, Molière : c'est sous ce nom qu'on le connaitra désormais. La troupe de l'Illustre Théâtre loue des salles à Paris pour jouer, mais ne parvient pas à faire fortune. Molière est même emprisonné quelques jours pour dettes.

▶ **Une troupe ambulante.** Grâce à Madeleine Béjart, qui lui fait rencontrer la troupe d'un comédien expérimenté protégé par un duc, Molière part en province et parcourt la France. Il commence à écrire des farces (*Le Médecin volant*, 1645) puis des comédies plus élaborées (*L'Étourdi*, 1654). En 1650, il devient le chef de la troupe.

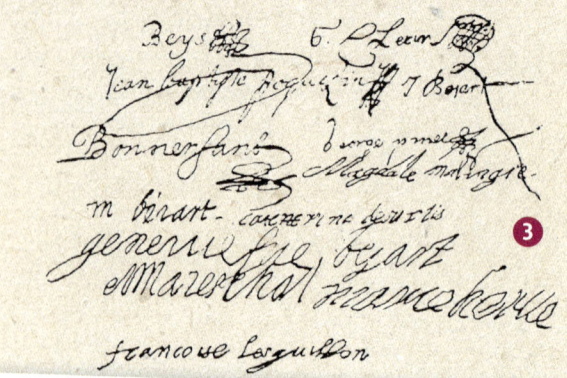

▶ **Le retour à Paris.** Monsieur, le frère du futur roi Louis XIV, décide de financer la troupe. Grâce à lui, Molière se produit pour la première fois devant le roi en 1658. C'est un véritable succès. Le roi attribue à sa troupe le théâtre du Petit-Bourbon, en partage avec une troupe italienne.

J.B.P. Molière. ❺

Documents : ❶ carte de France des villes parcourues par la troupe de Molière (source : Roger Duchêne, *Molière*, Paris, Fayard, 1998), ❷ et ❹ photogrammes du film *Molière* réalisé par Ariane Mnouchkine, ❸ fac-similé des signatures des comédiens de l'Illustre Théâtre au bas de l'acte de société du 30 juin 1643, ❺ signature de Molière, ❻ photographie de la mise en scène du *Médecin Volant* par **Dario Fo**, à la Comédie-Française, à Paris, en 1990, ❼ personnage de Sganarelle, gravure de **Geffroy** et **Henri Allouard** dans *Les Œuvres complètes* de Molière, édition Garnier de 1880-1890.

▸ Comprendre la biographie

1. Regarde les signatures des comédiens fondant la troupe de l'Illustre Théâtre (❸) et identifie celle de Molière. Combien y a-t-il de membres de la famille Béjart à l'origine de la troupe ?

2. Observe la nouvelle signature de Molière (❺). Que remarques-tu ?

3. Pourquoi Molière vit-il mieux de son métier quand il part en tournée en province ?

BILAN 4. Quelles conséquences le départ de Molière en province a-t-il eues ? Explique pourquoi l'on peut dire qu'elles sont positives.

Vocabulaire du THÉÂTRE

- Les **indications en italique** qui renseignent sur les actions des personnages s'appellent des **didascalies**.
- Elles sont indispensables pour **comprendre les jeux de scène**.

lienmini.fr/jdl6-T413

Retrouvez Pascale Bordet évoquant l'évolution du costume depuis Molière.

Texte 3 — **Une ruse pour se tirer d'un mauvais pas**

Valet de Valère, Sganarelle cherche à tromper le vieux Gorgibus et se fait passer pour un médecin. Malheureusement, Gorgibus le croise un jour sans son costume de médecin : Sganarelle lui fait alors croire qu'il a un frère jumeau, Narcisse, et qu'il est fâché avec lui. Gorgibus entreprend de réconcilier les deux frères et enferme Narcisse-Sganarelle chez lui mais ce dernier saute par la fenêtre, habillé en médecin. Gorgibus lui demande de faire la paix avec son frère, qu'il croit toujours chez lui. Gros-René, valet de Gorgibus, sait bien que Sganarelle et Narcisse ne font qu'un.

GORGIBUS. – […] Voilà la clef, vous pouvez entrer […].
SGANARELLE. – Il n'y a rien que je ne fasse pour votre satisfaction : vous allez voir de quelle manière je le vais traiter. (*À la fenêtre*). Ah ! te voilà, coquin.
– Monsieur mon frère, je vous demande pardon, je vous promets qu'il
5 n'y a point de ma faute. – Il n'y a point de ta faute, pilier de débauche, coquin ? Va, je t'apprendrai à vivre. Avoir la hardiesse d'importuner M. Gorgibus, de lui rompre la tête de tes sottises ! – Monsieur mon frère… – Tais-toi, te dis-je. – Je ne vous désoblig… – Tais-toi, coquin.
GROS-RENÉ. – Qui diable pensez-vous qui soit chez vous à présent ?
10 SGANARELLE, *à la fenêtre*. – Ivrogne que tu es, je t'apprendrai à vivre. […]
GROS-RENÉ. – Monsieur, dites-lui un peu par plaisir qu'il fasse mettre son frère à la fenêtre.
GORGIBUS. – Oui-da, Monsieur le Médecin, je vous prie de faire paraître votre frère à la fenêtre.
15 SGANARELLE, *de la fenêtre*. – Il est indigne de la vue des gens d'honneur, et puis je ne le saurais souffrir auprès de moi.
GORGIBUS. – Monsieur, ne me refusez pas cette grâce, après toutes celles que vous m'avez faites.
SGANARELLE, *de la fenêtre*. – En vérité, Monsieur Gorgibus, vous avez un tel
20 pouvoir sur moi que je ne vous puis rien refuser. Montre, montre-toi, coquin. (*Après avoir disparu un moment, il se remontre en habit de valet.*) – Monsieur Gorgibus, je suis votre obligé. – (*Il disparaît encore, et reparaît aussitôt en robe de médecin.*) Hé bien ! avez-vous vu cette image de la débauche ?

25 GROS-RENÉ. – Ma foi, ils ne sont qu'un, et, pour vous le prouver, dites-lui un peu que vous les voulez voir ensemble.
GORGIBUS. – Mais faites-moi la grâce de le faire paraître avec vous, et de l'embrasser devant moi à la fenêtre.
SGANARELLE. – C'est une chose que je refuserais à tout autre
30 qu'à vous : mais pour vous montrer que je veux tout faire pour l'amour de vous, je m'y résous, quoique avec peine, et veux auparavant qu'il vous demande pardon de toutes les peines qu'il vous a données. – Oui, Monsieur Gorgibus, je vous demande pardon de vous avoir tant importuné, et vous promets,
35 mon frère, en présence de M. Gorgibus que voilà, de faire si bien désormais, que vous n'aurez plus lieu de vous plaindre, vous priant de ne plus songer à ce qui s'est passé. (*Il embrasse son chapeau et sa fraise qu'il a mis au bout de son coude.*)
GORGIBUS. – Hé bien ! ne les voilà pas tous deux ?
40 GROS-RENÉ. – Ah ! par ma foi, il est sorcier.

Molière, *Le Médecin Volant*, scène 15, 1645.

▶ **Découvrir les ressorts comiques de la farce**

1. Fais un schéma pour expliquer où se trouvent les personnages sur scène.

2. Comment Sganarelle s'y prend-il pour faire croire à Gorgibus qu'il est avec son frère jumeau dans la pièce ?

3. Le spectateur, comme Gros-René, sait que Sganarelle et Narcisse ne font qu'un. À ton avis, quels sont les sentiments du spectateur pendant cette scène ? Comment réagit-il ? Et Gros-René ?

BILAN 4 Qui sont les personnages les plus intelligents dans une farce ? Les valets ou les maîtres ?

PARCOURS une vie une œuvre

Succès et scandales (1660-1672)

▶ **La protection du roi.** En 1660, Louis XIV confie à Molière la salle du Palais-Royal, où il jouera jusqu'à sa mort. Il attribue une pension à sa troupe en 1663. Grâce à la protection du roi, Molière écrit de nombreuses pièces : *Dom Juan* (1665), *L'Avare* (1668), *Les Fourberies de Scapin* (1671), *Les Femmes savantes* (1672). Il collabore avec le musicien préféré du roi, Lully, et crée avec lui des comédies-ballets (*Le Bourgeois gentilhomme*, 1670) : ce sont des comédies ponctuées d'intermèdes musicaux dansés.

▶ **Les ennemis de Molière.** Les succès de Molière lui valent cependant de nombreux ennemis. Les comédiens du Roi, auparavant les favoris, en sont jaloux. Certains marquis de la Cour sont vexés d'avoir été tournés en ridicule. Les médecins, dont Molière se moque régulièrement (*Le Médecin malgré lui*, 1666), ne sont pas plus enthousiastes – mais l'auteur se fait surtout attaquer par le parti dévot. En effet, dès 1662, les religieux reprochent à Molière sa pièce, *L'École des femmes*, qui défend l'idée que les femmes doivent choisir librement leur mari. En 1664, ils font interdire une pièce, *Le Tartuffe* : Molière y met en scène un hypocrite cherchant à voler l'argent d'une famille en prenant l'apparence d'un homme très religieux. Louis XIV autorisera la pièce à nouveau en 1669.

❶

▶ **Comprendre la biographie**

1. Quel est le nouveau collaborateur de Molière lorsqu'il se met à écrire pour Louis XIV ?

2. Qui sont les ennemis de Molière ? Trouve deux raisons pour lesquelles ils ne l'apprécient pas.

3 BILAN Pourquoi Molière a-t-il réussi, malgré tous ses ennemis, à jouer ses pièces ?

1. *n'en venons pas à de fâcheuses extrémités* : n'utilisons pas des moyens ennuyeux, violents.
2. *marris* : ennuyés, désolés.

❷

[Texte 4] **Une ruse pour se venger**

Acte I, Scène 5 : Sganarelle, Valère, Lucas

Martine, battue par son mari Sganarelle, voudrait se venger. Elle rencontre deux domestiques, Valère et Lucas, qui cherchent un médecin pour soigner leur maîtresse. Elle leur fait croire que Sganarelle est médecin mais ne l'avoue que si on le frappe. Valère et Lucas vont trouver Sganarelle, qui veut leur vendre du bois.

SGANARELLE. – [...] Que me voulez-vous dire ? Pour qui me prenez-vous ?

VALÈRE. – Pour ce que vous êtes, pour un grand médecin.

SGANARELLE. – Médecin vous-même ; je ne le suis point, et je ne l'ai jamais été.

5 VALÈRE, *bas*. – Voilà sa folie qui le tient. (*Haut.*) Monsieur, ne veuillez point nier les choses davantage ; et n'en venons point, s'il vous plaît, à de fâcheuses extrémités[1].

SGANARELLE. – À quoi donc ?

VALÈRE. – À de certaines choses dont nous serions marris[2].

10 SGANARELLE. – Parbleu, venez-en à tout ce qu'il vous plaira ; je ne suis point médecin, et ne sais ce que vous me voulez dire.

VALÈRE, *bas*. – Je vois bien qu'il faut se servir du remède. (*Haut.*) Monsieur, encore un coup, je vous prie d'avouer ce que vous êtes.

LUCAS. – Hé ! tétigué ! ne lantiponez point davantage, et confessez
15 à la franquette que v's êtes médecin. [...]

SGANARELLE. – Messieurs, en un mot autant qu'en deux mille, je vous dis que je ne suis point médecin.

VALÈRE. – Vous n'êtes point médecin ?

SGANARELLE. – Non.

20 LUCAS. – V's n'êtes pas médecin ?

SGANARELLE. – Non, vous dis-je.

VALÈRE. – Puisque vous le voulez, il faut donc s'y résoudre. (*Ils prennent chacun un bâton, et le frappent.*)

SGANARELLE. – Ah ! ah ! ah ! messieurs, je suis tout ce qu'il vous plaira.

Molière, *Le Médecin malgré lui*, Acte I, scène 5, 1666.

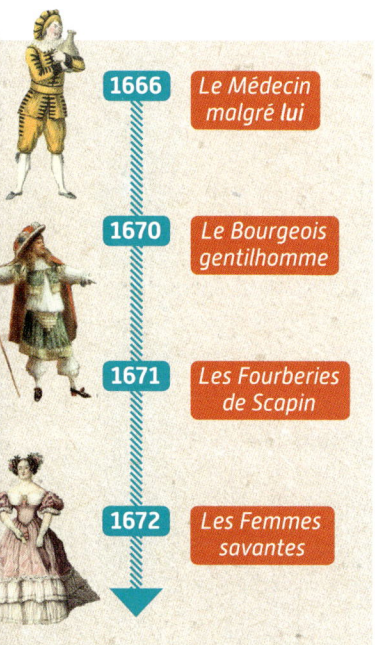

- 1666 — Le Médecin malgré lui
- 1670 — Le Bourgeois gentilhomme
- 1671 — Les Fourberies de Scapin
- 1672 — Les Femmes savantes

Étudier une mise en scène

- Regarde cette mise en scène qui est une reconstitution de la pièce telle qu'elle pouvait être jouée au XVIIe siècle :
lienmini.fr/jdl6-T414 VIDÉO
- Que remarques-tu du point de vue de l'éclairage, des costumes et de la prononciation ?

Texte 5 — Une ruse pour ridiculiser

ACTE IV, SCÈNE 4 : CLÉONTE *en Turc, avec trois pages portant sa veste,* MONSIEUR JOURDAIN, COVIELLE *déguisé*

Le jeune Cléonte est amoureux de Lucile, la fille de M. Jourdain, qui ne veut la marier qu'à un gentilhomme. Covielle, le valet de Cléonte, lui donne l'idée de se déguiser et de faire croire à M. Jourdain qu'il est le fils du Grand Turc désireux d'épouser sa fille.

CLÉONTE. – *Ambousahim oqui boraf, Jordina, salamalequi.*

COVIELLE. – C'est-à-dire : « Monsieur Jourdain, votre cœur soit toute l'année comme un rosier fleuri ! » Ce sont façons de parler obligeantes de ces pays-là.

5 MONSIEUR JOURDAIN. – Je suis très humble serviteur de Son Altesse Turque.

COVIELLE. – *Carigar camboto oustin moraf.*

CLÉONTE. – *Oustin yoc catamalequi basum base alla moran.*

COVIELLE. – Il dit : « Que le Ciel vous donne la force des lions et la prudence des serpents ! »

10 MONSIEUR JOURDAIN. – Son Altesse Turque m'honore trop, et je lui souhaite toutes sortes de prospérités.

COVIELLE. – *Ossa binamen sadoc babally oracaf ouram.*

CLÉONTE. – *Bel-men.*

COVIELLE. – Il dit que vous alliez vite avec lui vous préparer pour 15 la cérémonie, afin de voir ensuite votre fille, et de conclure le mariage.

MONSIEUR JOURDAIN. – Tant de choses en deux mots ?

COVIELLE. – Oui, la langue turque est comme cela, elle dit beaucoup en peu de paroles. Allez vite où il souhaite.

Molière, *Le Bourgeois gentilhomme*, Acte IV, scène 4, 1670.

3

Graine de savoir

L'idée de faire référence aux Turcs dans *Le Bourgeois gentilhomme* vient de Louis XIV. Il avait reçu en grande pompe un ambassadeur turc qu'il pensait de plus haut rang et qui n'avait pas été impressionné par ses richesses. Vexé, il avait alors demandé à Molière de ridiculiser les coutumes de ce pays dans une cérémonie parodique.
- Écoute la musique de cette cérémonie, composée par Lully :
lienmini.fr/jdl6-T415 AUDIO
- Quels adjectifs emploierais-tu pour la définir ?

Documents : ❶ photogramme du film *Molière* réalisé par Ariane Mnouchkine, ❷ Gravure de **Pierre Brissart** pour une édition du *Médecin malgré lui*, 1682, ❸ *Le Bourgeois gentilhomme*, mise en scène de Benjamin Lazare au Théâtre du Trianon, à Paris, en 2004.

▶ Étudier des scènes de ruse et de moquerie

Texte 4

1. Que penses-tu de la façon dont Lucas s'exprime ? Quel est l'effet voulu par son langage sur le public ?
2. Comment Valère parle-t-il à Sganarelle ? Quel sentiment éprouve-t-il à son égard ?
3. Comment Sganarelle réagit-il à la situation ?
4. À qui Valère s'adresse-t-il lorsqu'il parle « bas » ?
5. De quelle profession Molière se moque-t-il ici ?

Texte 5

6. Qu'est-ce qui montre que Monsieur Jourdain est plein de respect à l'égard du Grand Turc ?
7. Quelle réplique prouve que Covielle prend Monsieur Jourdain pour un sot ?
8. **BILAN** Quels sont les différents procédés de comique présents dans ces deux scènes ? Appuie ta réponse sur des citations précises.

PARCOURS une vie une œuvre

La fin de Molière (1673)

▶ **Les tensions avec Lully.** Lully décide de ne plus travailler avec Molière et de composer de véritables opéras en français sans passages parlés. Il demande au roi le privilège d'être le seul à pouvoir faire entendre de la musique dans un spectacle. Molière doit alors se battre pour pouvoir faire jouer ses pièces, qui comportent souvent des passages musicaux.

▶ **Une mort devenue légendaire.** Cherchant à obtenir à nouveau les faveurs du roi, Molière écrit avec un autre musicien, Marc-Antoine Charpentier, *Le Malade imaginaire*. Malade des poumons, il joue au Palais-Royal, mais est pris d'un malaise après la quatrième représentation, alors que le roi n'a pas encore vu la pièce (Louis XIV n'assistera au spectacle qu'un an plus tard, à Versailles, après la mort de Molière). Molière meurt chez lui, dans la nuit. On a longtemps dit qu'il est mort sur scène. Le fauteuil sur lequel il était assis pendant la pièce est devenu un symbole et est conservé à la Comédie-Française. L'Église rejetant les comédiens au XVIIe siècle, Molière ne peut être enterré que de nuit, et sans éclat. Bien plus tard, au XIXe siècle, ses restes présumés ont été déposés dans un tombeau au cimetière du père Lachaise.

❶ Fauteuil de Molière pendant les représentations du *Malade imaginaire*, à la Comédie-Française,
❷ tombe de Molière à côté de celle de La Fontaine.

▶ Comprendre la biographie

1. Pourquoi le privilège accordé par le roi à Lully met-il Molière en difficulté ?

BILAN 2 Pourquoi peut-on dire que Molière a été beaucoup plus célèbre après sa mort que de son vivant ?

▶ Découvrir le personnage d'Argan, malade imaginaire

Entrer dans la lecture. a. Écoute la scène d'exposition du *Malade imaginaire* :
lienmini.fr/jdl6-T416 AUDIO
b. Selon toi, quel premier trait de caractère devine-t-on du personnage d'Argan ?

1. Pourquoi Argan semble-t-il être un « malade imaginaire » ?

2. a. Que penses-tu des répliques de Toinette ?
b. Quel ton prend-elle, à ton avis, pour répondre à Argan ?

3. Quelle est la réaction du public lors de cette scène d'après toi ?

BILAN 4 Molière jouait le rôle d'Argan sur scène. Relis la biographie et explique pourquoi il est émouvant qu'il ait joué ce rôle.

Texte 6 — Une ruse pour dénoncer

ACTE III, SCÈNE 10 : TOINETTE, *en médecin*, ARGAN, BERALDE

Toinette est la servante d'Argan, le malade imaginaire. Pour se moquer de lui et tenter de l'éloigner d'un médecin qui le manipule, M. Purgon, elle se déguise elle-même en médecin pour critiquer ce dernier.

TOINETTE. – […] Qui est votre médecin ?

ARGAN. – Monsieur Purgon.

TOINETTE. – Cet homme-là n'est point écrit sur mes tablettes entre les grands médecins. De quoi, dit-il, que vous êtes malade ?

5 ARGAN. – Il dit que c'est du foie, et d'autres disent que c'est de la rate.

TOINETTE. – Ce sont tous des ignorants, c'est du poumon que vous êtes malade.

ARGAN. – Du poumon ?

10 TOINETTE. – Oui. Que sentez-vous ?

ARGAN. – Je sens de temps en temps des douleurs de tête.

TOINETTE. – Justement, le poumon.

ARGAN. – Il me semble parfois que j'ai un voile devant les yeux.

TOINETTE. – Le poumon.

ARGAN. – J'ai quelquefois des maux de cœur.

TOINETTE. – Le poumon.

ARGAN. – Je sens parfois des lassitudes par tous les membres.

TOINETTE. – Le poumon.

20 ARGAN. – Et quelquefois il me prend des douleurs dans le ventre, comme si c'était des coliques.

TOINETTE. – Le poumon. […]

Molière, *Le Malade imaginaire*, Acte III, scène 10, 1673.

Molière, l'art de dénoncer par le rire

Récapitulons

Les sources d'inspiration
- Molière fonde la plupart de ses comédies sur des **personnages types**, inspirés à l'origine de la *commedia dell'arte* : des valets et des servantes rusés, de vieux maîtres manipulés, des amoureux qu'on veut empêcher de se marier.

Ruses et déguisements
- Les valets trahissent les maîtres grâce à des **déguisements** (*Le Médecin volant, Le Bourgeois gentilhomme, Le Malade imaginaire*) et des **cachettes** qui empêchent leurs victimes de deviner leur ruse (*Les Fourberies de Scapin*). Les trompeurs n'hésitent pas à changer leur voix, à **prendre des accents étrangers** ou à **parler une autre langue**.

La fonction comique
- Le spectateur, qui comprend le **mécanisme de la ruse**, perçoit tout le **comique** de la pièce : les maîtres sont en effet souvent ridiculisés. Molière va parfois jusqu'à leur faire recevoir des coups de bâton.

Établir un classement

Relis les textes de ce parcours et essaie de classer les différents personnages selon leurs fonctions : les maîtres trompés, les valets ou les servantes, les jeunes amoureux.

Comprendre un métier : rencontre avec la costumière Pascale Bordet

Écoute cet entretien avec Pascale Bordet, célèbre costumière qui a souvent travaillé autour de Molière. lienmini.fr/jdl6-T412 VIDEO

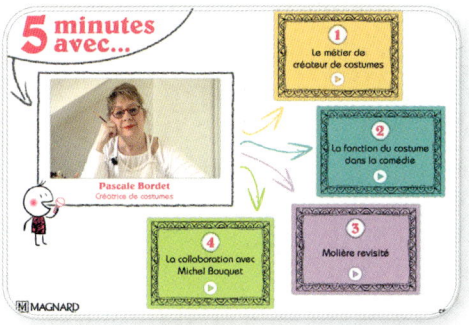

a. Explique comment s'établit la relation de travail entre un comédien, ici Michel Bouquet, et son costumier, ici Pascale Bordet ▶ ④.
b. Comment Pascale Bordet a-t-elle fait pour actualiser les costumes des médecins de Molière ▶ ③ ?
c. Observe les images ci-dessous. Que penses-tu du costume dessiné pour Michel Bouquet ? Quelle allure lui donne-t-il ?

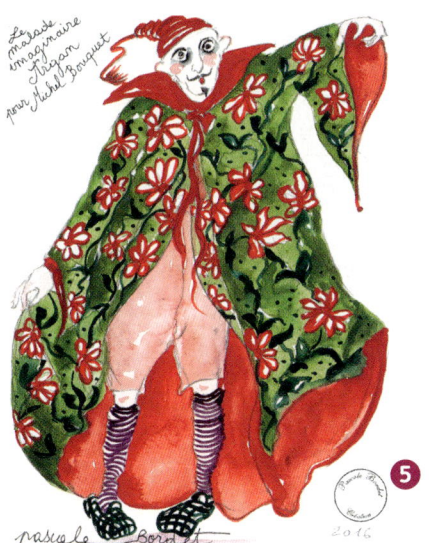

Imaginer un costume

Essaie, à ton tour, de créer les costumes d'un personnage, Monsieur Jourdain.

Documents : ❸ Michel Bouquet dans *Le Malade imaginaire*, mise en scène de Georges Werler au Théâtre de la Porte Saint Martin, à Paris, en 2008, ❹ et ❺ croquis de Pascale Bordet pour *Le Malade imaginaire* – essayages de Michel Bouquet avec Pascale Bordet. Photographie de Laurencine Lot.

Conseils de mise en œuvre

1. Relis le texte 5, page 217.

2. Réfléchis au caractère du personnage et pense à sa situation. N'oublie pas que, pour rendre un personnage ridicule, il suffit souvent de lui dessiner des vêtements trop petits ou trop grands.

3. Dessine le costume dans ton album de lecture. Tu peux ou non le moderniser. Accompagne-le de notes pour expliquer.

Atelier d'expression

Mettre en scène et jouer

Le théâtre est constitué de texte, mais aussi d'éléments visuels et sonores : il est avant tout fait pour être joué. Dans cet atelier, vous allez découvrir en groupes *La Jeune Fille, le Diable et le moulin*, pièce d'Olivier Py, afin d'en mettre en scène un passage.
Vous allez étudier des extraits de la pièce pour en comprendre le sens.
Vous découvrirez également des mises en scène afin de les comparer et de vous faire une opinion personnelle. Enfin, pour chaque passage, vous travaillerez sur le choix des accessoires, des décors, de la musique, des costumes, et vous vous interrogerez sur la diction et la disposition des acteurs.

À l'oral
- Utiliser la voix, le corps, les objets, la musique pour raconter une histoire.
- Collaborer au sein d'un groupe.

À l'écrit
Créer un carnet de mise en scène.

Pour entrer dans la pièce
Observez l'affiche.
- Selon vous, à qui appartiennent les mains ? À votre avis, pourquoi sont-elles coupées ?
- Les mots « LA JEUNE FILLE » sont sur fond vert, alors que « LE DIABLE ET LE MOULIN » sont sur une autre partie de l'affiche, sur fond noir. Imaginez une raison à cette séparation. À quoi vous font penser les deux couleurs choisies ?

Affiche de *La Jeune Fille, le Diable et le moulin* pour la mise en scène de la compagnie Voix public (2011).

Pour situer l'AUTEUR
Olivier Py, né en France en 1965, est un comédien, traducteur, auteur et metteur en scène de théâtre et d'opéra. Il dirige également le festival d'Avignon.

Pour situer la PIÈCE
La Jeune Fille, le Diable et le moulin est une pièce de théâtre créée en 1993 au théâtre de Sartrouville et parue en 1995. Olivier Py s'est inspiré d'un conte des frères Grimm, *La Jeune Fille sans mains*, paru en 1812.

Prolongez votre découverte de la pièce et de son auteur dans ce parcours numérique :

 lienmini.fr/jdl6-T418

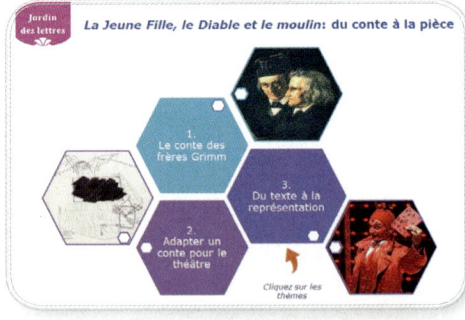

Méthode

Vous allez mettre en scène, en groupes, un passage de *La Jeune Fille, le Diable et le moulin*, pour le jouer devant la classe. Pour cela, vous devrez définir :
- **la répartition des rôles** : un acteur par personnage, ou plusieurs acteurs, avec un accessoire commun si vous vous répartissez un même rôle ; un acteur pour interpréter un élément de décor…
- **la répartition des répliques** sur un ou plusieurs acteurs, **le ton** utilisé pour chacune ;
- **le placement des acteurs** en dessinant un schéma de mise en scène ;
- **quelques accessoires et éléments de costumes symboliques** pour le décor et les personnages ;
- **une musique** en accord avec votre interprétation du texte.

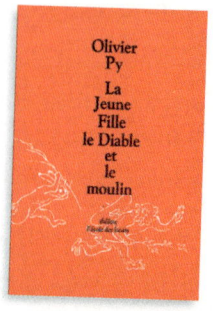

Animer les personnages et le décor

Scène 1 : Le Père, Le Diable

Au cœur de la forêt. On entend les oiseaux.

Le Père. – Je ne suis jamais venu ici. Pourtant je croyais bien connaître cette forêt si profonde, si obscure que mes paupières s'alourdissent. Je sens une grande fatigue. Je vais me reposer un peu. La tête sur cette pierre sèche.
5 Je ne dors pas. Je ferme simplement les yeux.
Il s'éloigne, le fracas de ma vie. La nuit tombe sur moi.
Je ne dors pas, je ferme simplement les yeux.
(Les oiseaux se taisent.)
Le silence ! Ce silence m'a réveillé.
10 *(Le diable apparaît dans son dos.)*
Qui est là ? Qui est là, dans mon dos ?
(Il se retourne, mais le diable tourne avec lui.)
Non, personne.
Le Diable. – Je suis là.
15 Le Père. – Qui a parlé ?
Le Diable. – Ici.
Le père se retourne, le diable aussi.
Le Père. – Où ?
Le Diable. – Toujours derrière toi.
20 Le Père. – Qui êtes-vous ?
Le Diable. – On m'a donné bien des noms.
Bruit d'orage.
Poids de rien.
Roi de ruse.
25 Mord la foi.
Œil de trou.
Avale qui pue.
Mais aujourd'hui,
« Celui qui est toujours derrière toi ».
30 Le Père. – Toujours derrière moi et chaque fois que je me retourne.

Olivier Py, *La Jeune Fille, le Diable et le moulin*,
© L'École des loisirs, 1995.

Comprendre

1. Avant la lecture, repère dans le texte ce qui est destiné à être dit par les acteurs et ce qui est destiné à être joué ou vu.
2. Le père est seul au début de la scène. À ton avis, à qui s'adresse-t-il ?
3. Quels sont les indices sonores qui annoncent l'arrivée d'un danger ?
4. Observe les pronoms qu'utilise le diable pour s'adresser au père et ceux qu'utilise le père pour s'adresser au diable. Qui te semble supérieur à l'autre ?
5. Observe la photographie : le metteur en scène a choisi de représenter le père par une marionnette et le diable par un acteur. Pourquoi selon toi ?

Créer son carnet de mise en scène

- Si les arbres de la forêt étaient animés, quels mouvements pourraient-ils faire pour montrer la menace qui entoure le père (P) ?
- Comment le diable (D) peut-il utiliser les arbres pour surprendre le père ?
- Reproduisez le schéma de mise en scène et adaptez-le à vos choix.

À vous de jouer

Par groupe de six, interprétez le passage surligné :
- un élève joue le rôle du père ;
- trois élèves jouent le rôle de la forêt ;
- deux élèves jouent le rôle du diable en se répartissant les répliques. Pensez à choisir un ton traduisant sa supériorité.

Grammaire pour dire et pour écrire

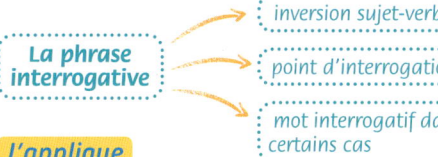

J'applique

1 Dans les phrases interrogatives du père, relève les mots interrogatifs. Dans quelle phrase vois-tu l'inversion sujet-verbe ?

2 À ton avis, quels sentiments ces interrogations montrent-elles ?

3 Quelle intonation va-t-on utiliser pour dire ces phrases ?

Atelier d'expression : Mettre en scène et jouer

Atelier d'expression

Traduire une intention par les gestes

Lis la fin de la scène 1, la scène 2, et le début de la scène 3 (➡ p. 11 à 20).

SCÈNE 3 : LE DIABLE, LE PÈRE, LA JEUNE FILLE

Le père passe un pacte avec le diable : sans le savoir, il lui donne sa fille. Trois ans après, le diable vient la chercher.

LE DIABLE. – Il est temps. *(Le diable s'avance vers la jeune fille.)* Me voici, jeune fille, tu es belle comme de manger en silence.

LE PÈRE. – Belle comme de manger en silence ?
5 Elle ne répond rien.
Le diable fait une valse autour d'elle sans l'approcher vraiment.

LE DIABLE. – Elle a tracé un cercle de craie autour d'elle. Je ne peux pas l'approcher. Va, efface-le.
10 *Le père balaie le cercle de craie.*

LE PÈRE. – Voilà.

LE DIABLE. – Me voici, jeune fille, tu es belle comme de ranger sa chambre un soir d'hiver.

LE PÈRE. – Belle comme de ranger sa chambre un soir d'hiver ? Elle ne répond rien.
15 *Elle trempe ses mains dans un seau et les agite au vent.*
Le diable fait une valse autour d'elle sans l'approcher vraiment.

LE DIABLE. – Elle a lavé ses mains, je ne peux pas l'approcher, retire-lui le seau et la brosse.
Le père lui retire le seau et la brosse.
20 LE PÈRE. – Voilà.

LE DIABLE. – Me voici, jeune fille. Tu es belle comme de soupirer au réveil.

LE PÈRE. – Belle comme de soupirer au réveil ? Elle ne répond rien. Elle cache son visage.
Le diable fait une valse autour d'elle sans l'approcher vraiment.

LE DIABLE. – Elle a pleuré sur ses mains. Je ne peux pas l'approcher. Coupe-lui
25 les mains.

LE PÈRE. – Je ne peux pas couper les mains de ma fille.

LE DIABLE. – Coupe-lui les mains. Ou c'est toi que j'emporterai.
Le père va chercher une hache, murmure à l'oreille de sa fille et lui coupe les mains.

LA JEUNE FILLE. – Ah ! mon père ! Vous me
30 faites très mal.

LE PÈRE. – Voilà.

LE DIABLE. – Me voici, jeune fille, tu es belle comme…
Le diable valse autour d'elle sans l'approcher
35 *vraiment.*

LE PÈRE. – Le diable revient.

LE DIABLE. – Laisse-moi m'asseoir. Voilà, le diable s'est assis. Elle a pleuré sur ses moignons. Je ne peux pas l'approcher. J'y
40 renonce. Une autre fête m'attend, il faut que je change d'habit. Adieu.

Ibid.

Exprimer son point de vue

Que penses-tu de l'attitude du père à l'égard de sa fille et du diable ? Pourquoi a-t-il coupé les mains de sa fille selon toi ?

« Ah ! Mon père vous me faites très mal »

3, 4 et 10 ➡ p. 227, manuscrits de *La Jeune Fille sans mains*, Olivier Py, BnF.

— ELLE A TRACÉ UN CERCLE DE CRAIE AUTOUR D'ELLE, JE NE PEUX PAS L'APPROCHER.

VA, EFFACE LE. ❹

Comprendre

1. Fais la liste des gestes que fait la jeune fille pour éloigner le diable. Selon toi, pourquoi l'eau repousse-t-elle le diable ? Qui, du diable ou de la jeune fille, l'emporte ?

2. Observe le dessin de mise en scène (document). Pourquoi Olivier Py a-t-il placé la jeune fille plus haute que le diable ? Par quoi les pieds de la jeune fille sont-ils remplacés ? Quel accessoire cela annonce-t-il ?

3. Observe la photographie ❷. De quelle couleur est le costume de la jeune fille ? celui du diable ? Pourquoi selon toi ?

4. Saisis cette adresse dans ton navigateur et écoute la fin de la scène . Quel trait de caractère de la jeune fille est mis en évidence ?

Créer son carnet de mise en scène

- Répartissez-vous par quatre : trois élèves jouent chacun un geste de la jeune fille, un(e) élève joue le diable.
- Choisissez un objet qui symbolise l'innocence de la jeune fille et un objet qui symbolise le diable. Dessinez un placement des acteurs qui montre la supériorité de la jeune fille sur le diable.

À vous de jouer

Jouez de façon muette les trois gestes que fait la jeune fille pour empêcher le diable d'approcher.

Atelier d'expression : Mettre en scène et jouer

Atelier d'expression

Choisir un décor

Lis le début de la scène 4
(➡ p. 26 à 29).

◀ **Lecture d'images**

1. À ton avis, quel lieu est représenté sur chaque photographie ? Quels éléments du décor t'ont permis d'identifier chacun ?

2. Ces décors te paraissent-ils réalistes ? Explique ta réponse. Pourquoi selon toi les décorateurs ont-ils fait ce choix ?

3. Si tu étais décorateur(trice) de théâtre, comment représenterais-tu un moulin ? un champ de bataille ?

 **Créer son carnet de mise en scène**

• Lisez la réplique de l'ange.

Scène 4 : L'Ange, La Jeune Fille

La jeune fille quitte sa maison. Affamée, elle aperçoit un poirier chargé de fruits dans un verger. Elle ne peut pas l'atteindre : celui-ci se trouve de l'autre côté d'une rivière. Un ange apparait...

L'Ange. – *(L'ange descend de l'échelle.)* ==Maintenant, je vais te faire un pont de mon corps pour franchir ce petit ruisseau. Tu entreras dans ce jardin et tu mangeras cette poire==
5 ==que tu désires. Tu la mangeras à même l'arbre. Il ne restera plus que le trognon pendu par sa tige à la branche.== Si bien que demain, le jardinier qui a pour travail de les compter croira que c'est un oiseau qui
10 l'a rongée en s'appuyant sur l'air. *(Il lui fait traverser la rivière, elle mange la poire.)* [...]

Ibid.

• Mettez-vous par trois. Répartissez-vous les rôles : deux anges, et une jeune fille. Choisissez un objet symbolisant le verger.
• Préparez la mise en scène suivante à l'aide d'un schéma :
– à gauche, placez un ange qui lit ou récite le texte ;
– à droite, positionnez un ange qui fait entrer la jeune fille dans le verger (acteurs muets).

 **À vous de jouer**

Jouez le ==passage surligné== dans la réplique de l'ange.

Choisir une musique pour accompagner le texte

Scène 10 : Le Jardinier, Le Diable

La jeune fille a rencontré un prince dans le verger et l'a épousé. Mais le prince doit partir à la guerre. La jeune fille devenue princesse reste seule et donne naissance à un enfant. Le jardinier écrit au prince la bonne nouvelle et confie sa lettre à un messager.

Le Jardinier. – Messager ! *(Entre le diable habillé en messager.)* Cette lettre est plus précieuse que tes yeux. Va, porte-la au Prince qui campe à la lisière de la guerre. […]
Le Diable. – Il y a toujours une heure où le destin d'un homme tient à un morceau de papier. C'est là que j'interviens. *(Il déchire la lettre en mille morceaux.)* Flocons de neige dans le ciel incertain. Une danse macabre de papier. *(Il sort une autre lettre.)* Et voilà une autre lettre inspirée de mon plus beau cauchemar. En route.
Ibid.

Lis la fin de la scène 4 et les scènes suivantes (➜ p. 30 à 52).

Scène 11 : Le Diable, Le Prince

Le Prince. – Merci. *(Il pose la lettre et la lit.)*
« Prince, votre fils est né. Cachez votre joie. Un bonheur vient avec un malheur. L'enfant est si laid que je ne peux soutenir sa vue. Il est dans un lieu sombre qui lui ressemble. Ses yeux rouges n'ont pas de cils. Ses mains grattent effroyablement un ventre d'écailles. Il n'a pas de jambes mais les pattes d'un insecte. Je ne peux pas tout dire de son visage et de ma terreur. Voici une page de croix noires, vous comprendrez. »
Ah mon Dieu, mon Dieu !
Ibid.

Scène 13 : Le Jardinier, Le Diable

Le prince écrit à la princesse, lui assurant son amour pour elle et pour son fils. Le diable intercepte cette lettre et en rédige une autre.

Le Diable. – […] Voici la réponse du Prince. Étrangement elle ne s'adresse pas à la Princesse mais à toi, Jardinier.
Le Jardinier. – *(Il lit la lettre.)*
« Jardinier, je t'écris comme à mon plus fidèle ami. Tu exécuteras les ordres de cette lettre sans rien dire. Demain à l'aube, prends une hache et tue l'enfant nouveau-né. Arrache sa langue et ses yeux que tu garderas pour preuve. »
Non, je ne pourrai pas faire cela. Je tuerai une biche à la place et je garderai sa langue et ses yeux. Quant à la mère, j'attacherai son enfant sur son dos et lui dirai de fuir dans la forêt. L'Ange Gardien veillera sur elle. […]
Ibid.

Comprendre

1. Qui du diable ou du jardinier devrait gagner, selon toi ?

2. Reproduis et complète le tableau retraçant l'itinéraire des lettres.

	1re lettre	2e lettre	3e lettre	4e lettre
Qui écrit ?				
À qui ?				
La lettre arrive-t-elle à son destinataire ?				

3. Qui s'oppose aux ruses du diable ? À quel moment le fait-il ?

4. À quoi associes-tu le métier de jardinier ? Pourquoi selon toi est-ce le jardinier qui informe d'une naissance et sauve l'enfant ?

5. lienmini.fr/jdl6-T420 Écoute ces quatre extraits musicaux. À quoi chacun te fait-il penser ? Associe à chaque texte l'un de ces extraits.

Créer son carnet de mise en scène

- Par trois, interprétez le jardinier dans la scène 13, en choisissant un accessoire commun le symbolisant.
- Choisissez deux extraits musicaux, un pour le début de la réplique, l'autre pour la fin, montrant le basculement de la situation. Vous pouvez choisir parmi les extraits proposés ou en chercher d'autres.

À vous de jouer

Répartissez-vous ainsi la réplique du jardinier :
1er acteur / 2e acteur / 3e acteur / en chœur.

Atelier d'expression

Établir une fiche de mise en scène et jouer

9 Lis les scènes 14 et 15, et le début de la scène 16 (➜ p. 53 à 60).

Scène 16 : Le Prince, La Princesse, L'Enfant

Le prince est parti à la recherche de sa femme et de son fils.

Au cœur de la forêt, une maison de bûcheron. Le prince frappe à la porte.

Le Prince. – Voilà des jours que je suis perdu dans le labyrinthe sans lumière de votre forêt. Accueillez-moi dans votre maison. Je ne demande qu'un toit, et un peu de vie autour de moi.

La Princesse. – Vous êtes le bienvenu, mon Prince.

Le Prince. – À quoi vois-tu que je suis un prince, moi qui ne porte plus de couronne ?

La Princesse. – Ce n'est pas à votre couronne que je le sais.

Le Prince. – Une autre femme m'a dit cela il y a longtemps.

La Princesse. – Couchez-vous ici et mettez ce mouchoir sur votre visage. Il vous aidera à dormir.

Le Prince. – Tu connais bien le sommeil des tourmentés.

La Princesse. – Dormez.

Entre l'enfant.

La Princesse. – Mon fils, ton père est là, qui dort, le visage caché par un mouchoir. […]

Elle sort.

Le Prince. – Pourquoi ta mère dit-elle que je suis ton père ?

L'Enfant. – Je ne sais pas.

Le Prince. – Quel âge as-tu ?

L'Enfant. – Sept ans, je crois.

Le Prince. – Va chercher ta mère. *(L'enfant sort.)* Je ne peux pas y croire.

La Princesse revient.

Le Prince. – Est-il vrai que cet enfant est mon fils ?

La Princesse. – Comme il est vrai que je suis ta femme.

Le Prince. – La femme que j'ai aimée avait des mains d'argent, et les tiennes sont de chair.

La Princesse. – Mes mains ont repoussé dans la longue nuit de l'attente. Voici les mains d'argent que tu m'as offertes au lendemain de notre mariage.

Le Prince. – Ainsi nous nous sommes retrouvés.

La Princesse. – Chaque chose est à sa place.

Le Prince. – Viens, rentrons chez nous. Et nous célébrerons notre mariage une deuxième fois.

La Princesse. – Peut-on célébrer un mariage deux fois ?

Le Prince. – Dans mon pays, ce sera une nouvelle loi. Tous les mariages devront être célébrés deux fois. Je ne peux pas croire que tes mains aient repoussé.

La Princesse. – Tu t'étonnes que mes mains aient repoussé, mais c'est ce que font les feuilles chaque année sans que tu t'en émerveilles.

Le Prince. – Détrompe-toi, mon amour. Je m'en émerveille.

L'enfant revient. Il le prend dans ses bras.

Ibid.

Comprendre

1. lienmini.fr/jdl6-T421 Écoute le dialogue entre le jardinier et le prince, quand celui-ci revient de guerre. Que comprend le prince de ce qui s'est passé et du rôle du jardinier ?

2. Pourquoi le prince ne reconnait-il pas sa femme ? Donne deux raisons. Quelle preuve lui donne-t-elle de son identité ? Est-ce que cela te rappelle d'autres contes ?

3. Quel évènement prouve qu'on est dans l'univers du merveilleux ? À quoi peut-on comparer la jeune fille ?

4. Compare la forêt de cette scène avec celle du début : donne-t-elle la même impression ?

5. Observe le dessin de mise en scène : quels sont les deux dispositifs que propose Olivier Py pour représenter la forêt ?

❶ *La Jeune Fille aux mains d'argent,* opéra de **Raoul Lay**, mise en scène de **Catherine Marnas**, avec Franck Manzoni (comédien et marionnettiste). **❷**, **❺** et **❽** *La Jeune Fille, le Diable et le moulin*, mise en scène d'**Olivier Py**, décor de **Pierre-André Weitz**, avec Céline Chéenne (la Jeune Fille), Benjamin Ritter (le Diable) et Samuel Churin (le Jardinier), théâtre du Rond-Point, Paris, 2006. **❻** et **❼** *La Jeune Fille, le Diable et le moulin*, mise en scène de **Philippe Lecomte**, décor d'**Élizabeth Foyé**, avec Marie-Pierre Rodrigue (la Jeune Fille) et Philippe Auzizeau (le Diable), compagnie Voix Public, théâtre de Puget-Théniers, 2011. **❾** *La Jeune Fille, le Diable et le moulin*, mise en scène d'**Olivier Py**, avec François Michonneau (Le Prince) et Delia Sepulcre Nativi (La Princesse), Festival d'Avignon, 2014.

❿

Activité finale

Par groupe de quatre élèves, vous allez mettre en scène le passage surligné.

lienmini.fr/jdl6-T422

Avant de vous lancer dans votre mise en scène, saisissez cette adresse dans votre navigateur et visionnez l'interview d'Olivier Py, qui explique ses choix de mise en scène.

- Répartissez-vous les rôles (le prince, la princesse, le décor) et les répliques. Un personnage peut être joué par plusieurs acteurs, une réplique peut être dite en chœur.
- Élaborez votre fiche de mise en scène.
Il ne vous reste plus qu'à répéter !

	Acteur 1	Acteur 2	Acteur 3	Acteur 4
Répliques et ton				
Accessoires/costume des personnages				
Musique				
Éléments de décor				
Disposition et déplacements (schéma)				

Atelier d'expression : Mettre en scène et jouer

Partie 2 — Étude de la langue

Jacques Martin-Ferrieres (1893-1972), *Sur la Plage*, huile sur toile, 45.4 x 64.8 cm, coll. privée

Les gestes du grammairien

*Cet atelier vous invite à vous interroger : **qu'est-ce que la grammaire ? À quoi sert-elle ?***

*Il va vous permettre de **revoir des connaissances** et de **découvrir des gestes** nécessaires à la production d'énoncés et à la compréhension de textes.*

*Vous allez travailler **individuellement** et **en groupes**, **à l'écrit comme à l'oral**. Vous devrez confronter vos points de vue pour faire le bilan de vos découvertes et **donner du sens aux gestes du grammairien** que vous serez amené(e)s à refaire dans cette partie langue.*

Le capitaine O'Murphy raconte une incroyable histoire un jour de grande tempête. Voici ses paroles et la suite du récit :

« Arbre à tribord ! Après le passage du typhon, sur la mer au petit jour se découpait la silhouette d'un navire arborescent. »

Planté dans la coque d'un vieux vaisseau,
5 enchâssé entre les mâts brisés **et** les cordages, se dressait un arbre superbe et fier. Les hommes du *Narval* plissaient les yeux sur le majestueux végétal, quand le capitaine O'Murphy ordonna que l'**on** mette une chaloupe à la mer.

10 C'était le matin du 24 avril 1894. Les mouettes suspendaient leur vol.

Deux matelots suivirent le capitaine sur le pont du vaisseau, jusqu'au pied de l'étonnant voyageur. Les racines de l'arbre plongeaient dans les entrailles
15 du bateau et avaient depuis longtemps soulevé et vrillé planches et madriers. Les branches avaient arraché les vergues, tranché les haubans et s'élançaient vers le ciel, immenses. Le capitaine s'interrogeait en silence.

« Enfin, **vous** voilà ! Qui que vous soyez, vous êtes bienvenus ! » dit l'arbre. O'Murphy recula.
20 Les deux matelots auraient eu tôt fait de rejoindre la chaloupe si le capitaine ne les avait pas retenus.

« Qui **se** cache ici ? Qui commande **ce** jardin flottant ? »

Les trois hommes firent trois fois le tour du tronc, visitèrent les coursives du vaisseau où couraient les membres noueux de l'arbre.

25 « **Je** suis seul à bord, dit l'arbre. Enfin **nous** sommes quatre **à** présent et voilà bien deux cents ans que je n'**ai** pas reçu de visite ! »

Ce jour-là, le jour de l'arbre, le capitaine O'Murphy crut qu'**il** avait perdu la raison ou la vie pendant la tempête. Dans **quel** monde les arbres parlaient-ils ? Sur **quelles** mers du globe les arbres naviguaient-ils sur des vaisseaux du XVIIIe siècle ?

30 « Je vous dois quelque explication si je ne veux pas vous voir fuir mon vaisseau fantôme, dit l'arbre. Sortez donc un fauteuil du carré des officiers et installez-vous confortablement, capitaine. J'ai une requête. Mais avant, je vous prie de renvoyer vos hommes et votre chaloupe. Il est préférable pour eux que nous restions seuls. [...] »

Fred Bernard et **François Roca**, *L'Homme-bonsaï*, © Éditions Albin Michel, 2003

PARTIE 1 — Prendre des indices, faire des liens

🔍 Pour comprendre qui sont les personnages, où se passe l'histoire

« Arbre à tribord ! Après le passage du typhon, sur la mer au petit jour se découpait la silhouette d'un navire arborescent. »

1. Relevez dans cette phrase trois mots permettant de savoir où se passe l'histoire.

2. Cherchez dans le texte le nom et la profession du personnage principal. Quel lien pouvez-vous faire avec les indices de lieu trouvés ?

🔍 Pour identifier un dialogue

1. Dans quelles lignes pouvez-vous voir que les personnages parlent ? Quels indices vous ont aidé(e)s à identifier les paroles ?

2. Qui prononce la troisième réplique d'après vous ? Confrontez vos hypothèses afin de vous mettre d'accord. Sur quels indices vous êtes-vous appuyé(e)s pour trouver la réponse ?

3. Quel élément de la phrase vous permet d'être sûr(e)s de l'identité du personnage qui prononce les deuxième et quatrième répliques ?

🔍 Pour comprendre les mots inconnus

1. « arborescent » : quel nom reconnaissez-vous dans cet adjectif ? Déduisez le sens de « arborescent ».

2. Voici l'article de dictionnaire du mot « pont ».

> **pont**, n.m.
> **I. 1.** Construction, ouvrage reliant deux points séparés par un cours d'eau, un obstacle... *Pont suspendu.* **2.** Ensemble des organes (d'une automobile) qui transmettent le mouvement aux roues. *Pont arrière.* **3.** Pièce d'étoffe qui se rabat. *Pantalon à pont.* **4.** Jour(s) où l'on ne travaille pas entre deux jours fériés.
> **II.** Ensemble des bordages recouvrant entièrement la coque d'un navire. *Tout le monde sur le pont !*
>
> D'après © *Le Robert de poche*, 2016

Combien de sens ce mot a-t-il ? À votre avis, comment faut-il comprendre « pont » **dans le texte** ?

3. Maintenant que vous avez compris où se déroule l'histoire, que peuvent désigner « les vergues » et « les haubans » (l. 17) ?

PARTIE 2 — Remplacer

🔍 Pour mieux comprendre

1. « L'étonnant voyageur » (l. 13) **Que désigne ce groupe de mots appelé groupe nominal (GN) ?** Retrouvez trois autres GN qui désignent le même personnage et expliquez vos choix.

2. Associez à chaque pronom (surligné en vert dans le texte) le ou les personnages qu'il désigne.

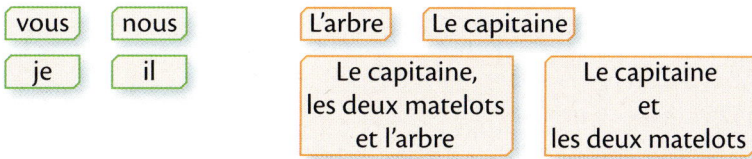

| PARTIE | 3 | Identifier des marques de genre, de nombre et de personne

Pour justifier des accords

1. Posez-vous la bonne question et retrouvez le mot avec lequel s'accordent les verbes soulignés.

> Les hommes du Narval plissaient les yeux.
> Les racines de l'arbre plongeaient dans les entrailles du bateau [...]. Les branches avaient arraché les vergues, tranché les haubans et s'élançaient vers le ciel, immenses.
> Les trois hommes firent trois fois le tour du tronc, visitèrent les coursives du vaisseau où couraient les membres noueux de l'arbre.

2. Quels sont le genre et le nombre du nom désignant ce qui est « planté » et « enchâssé » ?
Quel est ce nom ?

> Planté dans la coque d'un vieux vaisseau, enchâssé entre les mâts brisés et les cordages se dressait un arbre superbe et fier.

| PARTIE | 4 | Supprimer et déplacer

Réduire pour trouver les groupes de mots essentiels

Voici des phrases découpées en groupes de mots.

[Deux matelots suivirent le capitaine]
[sur le pont du vaisseau,]
[jusqu'au pied de l'étonnant voyageur.]

[Après le passage du typhon,]   [sur la mer]
[au petit jour] [se découpait]
[la silhouette d'un navire arborescent.]

1. Oralement, testez les groupes de mots que vous pouvez supprimer, en conservant du sens à chaque phrase.

2. Écrivez ces phrases réduites au minimum. Quelles informations apportaient les groupes de mots que vous avez supprimés ?

Déplacer pour identifier les informations sur les circonstances

Voici trois phrases du texte.

[Le capitaine]   [s'interrogeait]   [en silence]   [.]

[Les trois hommes]   [firent]   [trois fois]   [le tour du tronc]   [.]

[Je]   [suis]   [seul]   [à bord]   [.]

1. Dans chaque phrase, un groupe de mots peut être placé à un ou deux autres endroits. Trouvez-le !

2. Quelles informations ces groupes de mots donnent-ils ?

PARTIE 5 — Transformer (genre, personne, temps)

🔍 Pour comprendre l'orthographe des mots qui se prononcent de la même façon

« le capitaine O'Murphy ordonna que l'**on** mette une chaloupe à la mer. »
« enchâssé entre les mâts brisés **et** les cordages, se dressait un arbre superbe et fier »

1. Lisez à voix haute les mots en gras. Connaissez-vous d'autres mots qui se prononcent de la même manière ? Parmi ces quatre mots, lesquels sont des verbes ?

2. Mettez en commun vos connaissances pour justifier l'orthographe des mots en bleu dans le texte. Chaque membre du groupe doit expliquer aux autres ses « **trucs** », **ses méthodes** pour trouver la bonne orthographe de mots qui se prononcent de la même façon, mais qui s'écrivent différemment (les homophones).

3. Voici maintenant des propositions de transformation pour faire le bilan des méthodes à utiliser afin de choisir la bonne orthographe pour les homophones.
Associez chacune de ces méthodes aux homophones dont vous avez justifié l'orthographe.

remplacer pour bien accorder un déterminant
[sɛt] ?   Les matelots ont aperçu cette plante. → une plante (féminin)
Les matelots ont aperçu cet arbre. → un arbre (masculin)

changer le temps pour vérifier qu'un mot est un verbe
[e]/[ɛ] ?   L'arbre arrache les voiles et les mâts.
passage à l'imparfait → L'arbre arrachait les voiles et les mâts.   **Pas de changement**
Le capitaine est stupéfait.
passage à l'imparfait → Le capitaine était stupéfait.   **Changement**

changer la personne pour trouver les déterminants et pronoms de 3ᵉ personne
[sɛ] ?   Il raconte ses aventures.
Passage à la première personne → Je raconte mes aventures.   **Changement**
Le capitaine raconte ces heures passées avec l'arbre.
Passage à la première personne → Je raconte ces heures passées avec l'arbre.   **Pas de changement**

Qu'avons-nous découvert sur les gestes du grammairien ?

• Faites le point ensemble sur ce que vous avez compris du texte et sur les différents moyens que vous avez utilisés pour mieux le comprendre.
• Tout au long de l'année, vous devrez réutiliser ces gestes du grammairien pour découvrir et maitriser les différentes notions de langue.

Vous allez maintenant utiliser ce que vous avez découvert dans cet atelier.
Avant de commencer, mettez-vous d'accord sur les différents gestes du grammairien que vous pouvez utiliser pour réussir les exercices suivants.

1. Trouvez quels personnages sont désignés par les pronoms « je » et « vous ».
« Je vous dois quelque explication si je ne veux pas vous voir fuir mon vaisseau fantôme, dit l'arbre. » (l. 30-31)
Expliquez la terminaison du verbe « dois ».

2. Quel groupe de mots pouvez-vous supprimer ou déplacer dans la phrase suivante ?
« Sortez donc un fauteuil du carré des officiers et installez-vous confortablement, capitaine. » (l. 31)
Proposez un autre groupe de mots qui apporte une information nouvelle.

Atelier de classe

Qu'est-ce qu'une phrase ?

Voici un atelier qui va vous permettre de réfléchir sur la **phrase**. Vous devez réaliser des activités d'observation et de manipulation **par petits groupes** afin que chacun puisse donner ses idées et les confronter à celles des autres. Lorsque vous vous serez mis d'accord, vous **rédigerez vous-mêmes vos conclusions**.

Encore une histoire tragique

Sur un rayonnage de bibliothèque, un gros livre à couverture rouge demande très poliment à son voisin, un petit maigrichon plutôt pâle :
– Donner me monsieur pardon pourriez renseignement un vous ?
– Excusez-moi, je ne comprends pas ce que vous dites, répond tout aussi poliment
5 le voisin maigrichon.
– Ah, c'est vrai, dit le gros livre rouge avec un soupçon de mépris, j'oubliais que vous n'êtes qu'un petit roman et que vous ne savez pas parler comme nous, les dictionnaires, par ordre alphabétique.
– Un dictionnaire ! s'écrie le roman, indigné. Eh bien, puis-je vous demander,
10 monsieur le dictionnaire, ce que vous faites dans une histoire ? Les histoires, c'est réservé à nous autres les romans.
Réellement vexé, le gros dictionnaire rouge s'abat de tout son poids sur le petit roman, maigre et pâlot.
– Crétin de espèce tiens, dit-il, capables d' des dictionnaires histoires inventer les
15 prouvera que qui sanglantes sont te voilà !

B. Friot, *Nouvelles histoires pressées*, © Milan Poche Junior, 2007

PARTIE 1 — Retrouver les caractéristiques de base de la phrase

Observons et manipulons

1. Le gros dictionnaire tient des propos que le petit roman ne comprend pas. Pour quelle raison ? Peut-on dire que son ensemble de mots est une phrase ?

2. On comprend qu'il pose une question ligne 3 et qu'il ressent une émotion forte dans la dernière ligne. À quoi le voit-on ?

3. Remettez les étiquettes dans l'ordre pour que les phrases du dictionnaire lignes 3 et 14-15 soient correctes. N'oubliez pas les signes de ponctuation !

Donner	me	monsieur	pardon	sanglantes
pourriez	renseignement	un	vous	?
capables	de	espèce	tiens	, dit-il	sont
d'	des	dictionnaires	Crétin	te	voilà	!
histoires	inventer	les	prouvera	que	qui

4. Pourquoi le petit roman dit-il : « Un dictionnaire ! » Est-ce une phrase habituelle ? Justifiez votre réponse.

Qu'avons-nous observé ?

À partir de vos observations, donnez une définition de la phrase en expliquant quels sont les critères pour qu'elle soit correcte.

PARTIE 2

Comprendre le sens des éléments de la phrase minimale

Observons et manipulons

Sur un rayonnage [...], un gros livre à couverture rouge demande très poliment à son voisin, un petit maigrichon plutôt pâle, un renseignement. [...] Réellement vexé, le gros dictionnaire rouge s'abat de tout son poids sur le petit roman, maigre et pâlot.

1. Réduisez ces phrases pour qu'elles ne contiennent plus que les informations essentielles.
Quelles sont ces informations essentielles ?

2. a. Associez les groupes de mots pour qu'ils forment des phrases correctes. Expliquez comment vous avez procédé pour faire vos choix.

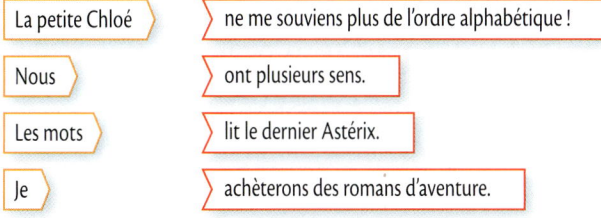

b. Quelle est la classe grammaticale du mot essentiel dans les étiquettes rouges ? Quelle partie de ce mot vous a aidé(e)s à faire le lien entre les étiquettes ?

3. Reproduisez le tableau et complétez-le en n'y mettant que les mots essentiels de chaque phrase.

De qui parle-t-on ?	Qu'en dit-on ?
Mathilda	avait appris toute seule à lire.

1. À trois ans, Mathilda avait appris toute seule à lire en s'exerçant avec les journaux et les magazines qui trainaient à la maison.
2. Le seul livre disponible chez elle, *La cuisine pour tous*, appartenait à sa mère.
3. Un jour, pendant que sa mère jouait au loto, la petite fille décida de se rendre toute seule à la bibliothèque du village.
4. La bibliothécaire, Mme Folyot, est très étonnée de voir chaque jour une si jeune lectrice.

Qu'avons-nous observé ?

À partir de vos observations, expliquez quelles sont les informations essentielles que l'on doit trouver dans une phrase verbale.

PARTIE 3

Distinguer la phrase minimale/phrase étendue et la phrase simple/complexe

Observons et manipulons

Voici une phrase minimale : Mathilda lit des romans.

1. Ajoutez le plus de mots possible à cette phrase pour qu'elle devienne très longue, tout en restant correcte. Quels mots ou groupes de mots avez-vous complétés ?

2. Classez les groupes de mots ci-dessous selon qu'ils peuvent compléter un élément ou toute la phrase.

Mathilda	lit	des romans	Toute la phrase

tous les jours – très gros – aux yeux verts – à la bibliothèque – en hiver – passionnément – de Victor Hugo – avec sa maman – sans s'arrêter – passionnée

3. Inventez une autre action que pourrait faire Mathilda et insérez cette action dans la phrase de la consigne 1. Quel mot avez-vous utilisé pour relier cette nouvelle action à la première partie de la phrase ?

Qu'avons-nous observé ?

À partir de vos observations, expliquez comment on peut enrichir une phrase minimale.

Qu'avons-nous découvert sur la phrase ?

Faites le point avec les membres de votre groupe afin de pouvoir présenter oralement le résultat de vos observations sur la phrase.
- Définir ce qu'est une phrase correcte.
- Expliquer les informations essentielles que donne une phrase verbale.
- Lister les différentes manières d'enrichir cette phrase.

Leçon 1 : La phrase, verbale et non verbale

Activité 1

a. **Lis les suites de mots ci-dessous. Lesquelles sont des phrases, selon toi ?**
1. on pense que les textes 2 et 3 sont des poèmes
2. Gurton lartipait mas pugadants.
3. Nils était un chenapan paresseux : il n'aimait que manger et dormir !
4. Viens.
5. Longtemps les parents du petit Poucet ont cru qu'il était simplet.
6. La sur le pluie tambourine toit.
7. Comme chaque table, monsieur Duchaussais se coiffa de sa théière et enfila ses marmites pour aller ruiner…
8. Parce que c'est possible.
9. Y aura-t-il de la neige cet hiver ?

b. **Associe les erreurs constatées aux suites de mots concernées.**
A. Ordre des mots incorrect.
B. Début de la phrase manquant.
C. Absence de sens.
D. Mots qui n'existent pas.
E. Absence de ponctuation et de majuscule.

c. **Nomme trois conditions pour qu'une suite de mots soit une phrase.**

Activité 2

a. **Voici trois extraits. Pour chacun d'eux, indique le nombre de phrases qu'il contient et explique les indices qui t'ont aidé(e) à répondre.**

b. **Quelle autre remarque importante peux-tu faire ?**

> 1 Dans la nuit parfumée aux herbes de Provence, le lombric se réveille et bâille sous le sol, étirant ses anneaux au sein des mottes molles il les mâche, digère et fore avec conscience.
> **J. Roubaud**, « Le lombric », *Les Animaux de tout le monde*, © Éditions Ramsay, 1983, © Éditions Seghers, Paris 1990, © Éditions Seghers Jeunesse, Paris, 2004

> 2 Il y a très longtemps, dans le Sano, pays des baobabs géants aux troncs et branches cuivrés, vivait une famille de lièvres appelée Famille Bodiel. Papa et Maman Bodiel étaient de braves travailleurs. Ils peinaient sans relâche et sans murmure du matin au soir.
> **A. Hampâté Bâ**, *Petit Bodiel*, © Pocket, 2006

> 3 Il y a très longtemps, dans le Sano, pays des baobabs géants aux troncs et branches cuivrés, vivait une famille de lièvres appelée Famille Bodiel. Papa et Maman Bodiel étaient de braves travailleurs. Ils peinaient sans relâche et sans murmure du matin au soir.
> **A. Hampâté Bâ**, *Petit Bodiel*, © Pocket, 2006

c. **Compte maintenant le nombre de lignes des extraits 2 et 3 et compare-le au nombre de phrases trouvé. Que remarques-tu ? Que peux-tu en conclure ?**

Activité 3

Voici des phrases correctes.
1. Merci.   2. Sortez !   3. Victoire de l'équipe de France de ski sur gazon.   4. Oui.
5. Défense d'entrer.   6. Une bijouterie a été cambriolée la nuit dernière.   7. Ouille !

a. **Recopie les phrases et souligne les verbes conjugués. Que remarques-tu ?**
b. **À partir de ce repérage, propose un classement de ces phrases.**

Je retiens

- Une **phrase** est un mot ou un ensemble de mots **ayant un sens**. **Elle commence par une majuscule et se termine par un signe de ponctuation forte** : point, point d'interrogation, point d'exclamation, points de suspension. Elle respecte les **règles de grammaire**, par exemple l'ordre que doivent avoir les mots.
- Une phrase peut être organisée autour d'un verbe conjugué ; c'est une **phrase verbale**.
- Une phrase peut ne pas s'organiser autour d'un verbe conjugué ; c'est une **phrase non verbale**. Elle est construite autour d'un nom, d'un verbe à l'infinitif, d'une interjection ou d'un adverbe.

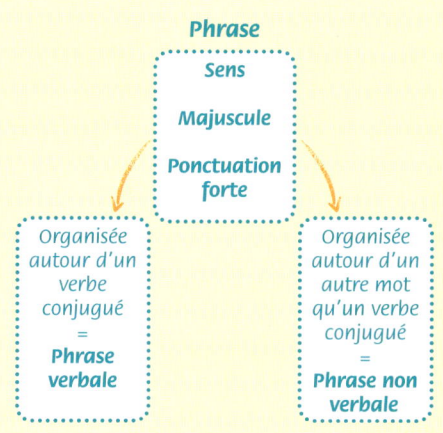

Pour dire, pour écrire

- À l'**oral**, on emploie fréquemment des phrases incomplètes car on connait la situation dans laquelle elles sont dites.
- À l'écrit, il ne faut écrire que des phrases complètes avec majuscule et ponctuation. **Les phrases non verbales** seront surtout utilisées dans les **titres** et dans les **dialogues**.

▼ Repérer ▼

1 **Classe les phrases suivantes en deux groupes, selon qu'elles sont verbales ou non verbales.**

LE JUGE. Vous êtes amis ?
L'OURS. Oui.
LE JUGE. Ah…
L'OURS. Très bons amis.
LE JUGE. Où avez-vous fait sa connaissance ?
L'OURS. Dans le bois.
LE JUGE. Que faisiez-vous dans le bois ?
L'OURS. Je me promenais.
Z. Petan, *Le Procès du loup*, © Magnard, 2006

2 **a. Recopie les phrases non verbales.**
b. Dans quels types de texte peut-on trouver chacune ?
1. 3 œufs. 250 grammes de farine. Sel. Poivre.
2. Naufrage au large des côtes chiliennes. Des rescapés témoignent.
3. Le directeur s'étrangla de fureur. « Quoi ? Des souris ? Dans mon hôtel ! »
4. Demain, soleil au sud de la Loire avec du vent. Il y aura de la pluie au nord.

▼ Manipuler ▼

5 **L'ordre des mots et la ponctuation sont incorrects. Corrige-les pour en faire des phrases.**
1. Alice partit à la poursuite du terrier et tomba dans le lapin blanc.
2. la reine de Cœur veut couper la tête de tous ses sujets
3. de la petite bouteille Le liquide à grandir sert .
4. Pourquoi est-elle restée endormie
5. Car il pleuvait il resta.

6 **Transforme ces phrases non verbales en phrases verbales.** *Ex. : Visite du ministre à l'école maternelle.*
→ *Le ministre a effectué une visite à l'école maternelle.*
1. Déraillement d'un train à Véteuil : pas de blessé.
2. Prière de frapper avant d'entrer.
3. Ralentir : école.
4. Ne pas se pencher par la fenêtre.
5. Mariage en grande pompe de la reine d'Angleterre.

▼ Écrire ▼

9 **Voici la une d'un journal avec des phrases non verbales. Écris un court article de journal correspondant à cette une, avec seulement des phrases verbales.**

▼ Produire à l'oral ▼

12 Par deux, inventez un interrogatoire. Le premier élève posera des questions qui seront toujours des phrases non verbales ; le second répondra toujours avec des phrases verbales. *Ex. : – Des frères ?*
– Non, j'ai deux sœurs.

Leçon 2 — La phrase verbale minimale

Activité 1

À la fin de l'après-midi du 29 septembre 1759, le ciel noircit tout à coup dans la région de l'archipel de Juan Fernandez, à six cents kilomètres environ au large des côtes du Chili. L'équipage de La Virginie se rassembla sur le pont pour voir les petites flammes qui s'allumaient à l'extrémité des mâts et des vergues du navire. […] Heureusement, La Virginie sur laquelle voyageait Robinson n'avait rien à craindre, même de la plus forte tempête.

M. Tournier, *Vendredi ou la vie sauvage*, © Flammarion, 1971

a. Réécris le texte en ne conservant que les mots absolument indispensables pour que les phrases restent correctes et gardent leur sens.

b. Sur chacune des trois phrases réduites, encadre les deux groupes de mots qui la composent et numérote-les. Quel est le point commun des groupes n° 2 ? Quelle colonne du tableau correspond au groupe n° 2 ?

	De quoi/ de qui parle-t-on ?	Qu'est-ce qu'on en dit ?
Phrase 1		
Phrase 2		
Phrase 3		

Activité 2

Photogramme du film de **M. Anderson**, *Le Tour du monde en 80 jours*, 1956

| Phileas Fogg | … | | Le train | … |
| Passepartout | … | | Le contrôleur | … |

a. En t'aidant de l'image, ajoute un mot ou un groupe de mots à chaque sujet proposé, de manière à créer une phrase minimale. Quel est le point commun à tous les groupes que tu as ajoutés ?

b. Encadre les verbes. Ont-ils tous le même nombre de compléments ?

Activité 3

a. Pour chaque phrase, quel groupe de mots peux-tu encadrer par « c'est… qui » ou « ce sont… qui » ? *Ex. : Le chat dort.* → *C'est le chat qui dort.*
1. Le puissant demi-dieu Hercule vole les pommes d'or du jardin des Hespérides.
2. Adam et Ève ont croqué la pomme.
3. Dans la maison des Sept Nains, habite Blanche-Neige.
4. La méchante reine la retrouve.

b. Parmi ces six groupes de mots, lesquels peuvent devenir le sujet du groupe verbal encadré en rouge ? Fais les associations convenables. Quelle est la classe grammaticale des groupes de mots que tu as choisis ?

1. Rentrer chez lui
2. C' (cela)
3. Naviguons
4. Ithaque
5. Maintenant
6. Sa patrie

est le rêve d'Ulysse.

Je retiens

- **La phrase verbale minimale** est obligatoirement constituée d'un **sujet** et d'un **verbe** ou **groupe verbal**. Les autres groupes sont facultatifs.
- **Le sujet** peut être encadré par **« c'est… qui »**. Il peut être un seul mot (un nom propre, un verbe à l'infinitif ou un pronom) ou un groupe nominal (GN). Il commande **l'accord du verbe**. Le sujet se place le plus souvent devant le groupe verbal, parfois après.
- **Le groupe verbal** contient un **verbe conjugué** qui peut avoir des compléments essentiels. Il donne une information sur le sujet. Le verbe et le sujet associés créent le **sens de la phrase**.

GS groupe sujet + **GV** verbe ou groupe verbal contenant un verbe conjugué = phrase minimale

Pour dire, pour écrire

Quand on écrit un texte, il faut vérifier que toutes les phrases verbales contiennent les deux groupes obligatoires d'une phrase minimale.

Repérer

1 Réduis les phrases à des phrases minimales.
1. Tous les matins depuis huit jours, Théophile observait le chien de sa voisine par la fenêtre du salon.
2. Enfin, le gentilhomme invita, dans sa maison de campagne, les deux filles accompagnées de leur mère.
3. Afin de tromper l'ogre, le Petit Poucet échangea les couronnes des filles et les bonnets de ses frères pendant que tous dormaient.

2 Relève le sujet et le groupe verbal de chaque phrase. Indique la classe grammaticale du sujet.
1. La cigale, l'hiver venu, se trouva fort dépourvue.
2. Invité à diner chez la cigogne, le renard se fit piéger.
3. Encore une fois, Renart réussit à voler des anguilles.
4. Courir ne sert à rien.
5. Croyez-vous gagner avec une maison sur le dos ?

3 EXO+   **4** EXO+

Manipuler

5 Repère le sujet de chaque phrase et remplace-le par un pronom.
1. Dans la sombre forêt, le Petit Poucet et ses six frères sèment des cailloux.
2. Les deux méchantes sœurs de Cendrillon lui font faire toutes les tâches ménagères.
3. Après avoir trouvé l'anneau, le prince le fait essayer à toutes les femmes.
4. « Vous êtes la plus belle ! », répond le miroir à la reine.

6 Invente un sujet de la classe grammaticale demandée pour chaque phrase.
1. *(infinitif)* est mon activité favorite.
2. *(nom propre)* a écrit de nombreux romans.
3. Au sommet du palmier, *(GN)* poussaient des cris.
4. *(pronom)* avons visité la Crète.

Écrire

9 Invente une phrase construite autour de chaque verbe proposé que tu conjugueras au temps que tu souhaites, en respectant la ponctuation imposée.
Attention ! La ponctuation influence l'ordre des mots.
Ex. : s'envoler ? → *Le toit du château s'est-il envolé pendant la tempête ?*
1. partir ?   2. découvrir !   3. raconter ?   4. rencontrer.
5. offrir.

10 EXO+   **11** EXO+

Produire à l'oral

12 Voici une scène de théâtre où l'auteur a mis un mot pour un autre. Par deux, réécrivez-la pour que les phrases aient un sens, puis faites une lecture expressive des deux versions.

IRMA, *entrant. Bas à l'oreille de Madame et avec inquiétude.*
C'est Madame de Perleminouze, je fris bien : Madame (*elle insiste sur « Madame »*), Madame de Perleminouze !
MADAME, *un doigt sur les lèvres, fait signe à Irma de se taire, puis, à voix haute et joyeuse.*
Ah ! Quelle grappe ! Faites-la vite grossir !
[…] *Retour d'Irma, suivie de Madame de Perleminouze.*
MADAME, *fermant le piano et allant au-devant de son amie.*
Chère, très chère peluche ! Depuis combien de trous, depuis combien de galets n'avais-je pas eu le mitron de vous sucrer !

J. Tardieu, *Un mot pour un autre*, © Gallimard, 1951

Leçon 3 — Les formes de phrase

Activité 1

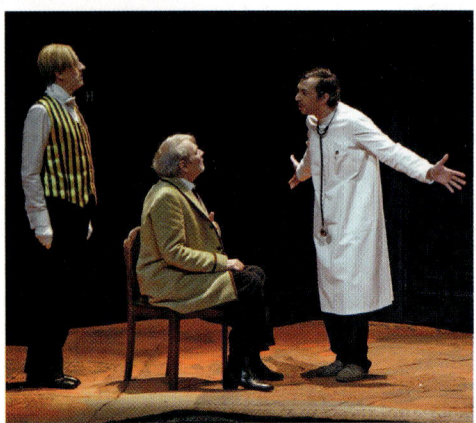

Le Médecin malgré lui, mise en scène de J. Liermier au théâtre Nanterre Amandiers, mars 2007. Avec É. Elmosnino, A. Pralon, M. Kullmann

Sganarelle s'est fait passer pour un médecin auprès de Géronte. Ce dernier insiste pour le payer tandis que Sganarelle fait semblant de ne pas vouloir d'argent.

SGANARELLE. – Je n'en prendrai pas, Monsieur.
GÉRONTE. – Monsieur… […]
SGANARELLE. – Ce n'est pas l'argent qui me fait agir.
GÉRONTE. – Je le crois.
5 SGANARELLE, *après avoir pris l'argent*. – Cela est-il de poids ?
GÉRONTE. – Oui, Monsieur.
SGANARELLE. – Je ne suis pas un médecin mercenaire.
GÉRONTE. – Je le sais bien.
SGANARELLE. – L'intérêt ne me gouverne point.
10 GÉRONTE. – Je n'ai pas cette pensée.

Molière, *Le Médecin malgré lui*, acte II, scène 4, 1666

a. Quel est le sujet de cette scène théâtrale ?
b. Entraine-toi à la jouer avec un(e) camarade.
Vous proposerez un geste pour accompagner chaque réplique.
c. Relève les phrases où Sganarelle dit qu'il ne veut pas l'argent puis réécris-les pour qu'il dise la vérité : en fait il aime l'argent ! *Ex. : ligne 1 : J'en prendrai, Monsieur.*
d. Quels mots as-tu supprimés ? Où étaient-ils placés par rapport au verbe conjugué ?
e. Par quel mot pourrais-tu remplacer le mot « point » ligne 9 ?

Activité 2

Voici des couples de phrases à la forme négative. Lis-les et indique la différence de sens entre les deux phrases.

1. Je n'ai pas d'argent. / Je n'ai plus d'argent.
2. Je n'ai pas compris. / Je n'ai rien compris.
3. Je n'ai pas de billets. / Je n'ai que des billets.
4. Je n'ai pas le temps. / Je n'ai guère de temps.

Activité 3

Voici des phrases affirmatives et les phrases négatives correspondantes.
En plus de la présence de la négation, observe les modifications opérées dans la phrase négative. Que remarques-tu ?

1. Luc a acheté **des** bonbons. / Luc **n'a pas** acheté **de** bonbons.
2. On a vu le feu d'artifice. / On **n'a pas** vu le feu d'artifice.
3. Léon a cuisiné des carottes **et** des navets. / Léon n'a cuisiné **ni** carottes, **ni** navets.
4. **Quelqu'un** viendra demain. / **Personne ne** viendra demain.
5. **Tous les** élèves sont sérieux. / **Aucun** élève **n'**est sérieux.
6. **Tout** est fini. / **Rien n'**est fini.
7. Gaston a **déjà** terminé ses devoirs. / Gaston **n'a pas encore** terminé ses devoirs.

Je retiens

- Une phrase peut être à la **forme affirmative** ou à la **forme négative**.
- La **phrase affirmative** permet d'**affirmer** un fait. Elle n'a pas de marque particulière.
- La **phrase négative** s'utilise quand on veut **nier** ou **contredire** un fait.
- Tous les types de phrase peuvent se mettre à la forme négative.
- **Les négations ont des sens différents** (la plus courante est **ne ... pas**) :
  – **ne ... que** est une restriction ;
  – **ne ... guère** est une négation partielle (pas beaucoup) ;
  – **ne ... plus** signifie la fin d'une action ;
  – **ne ... rien/jamais** est une négation totale ;
  – **ni ... ni** relie plusieurs éléments niés.

Pour dire, pour écrire

À l'oral, **l'oubli du « ne »** de négation est accepté, mais **à l'écrit** cet oubli **est considéré comme une faute de français**.

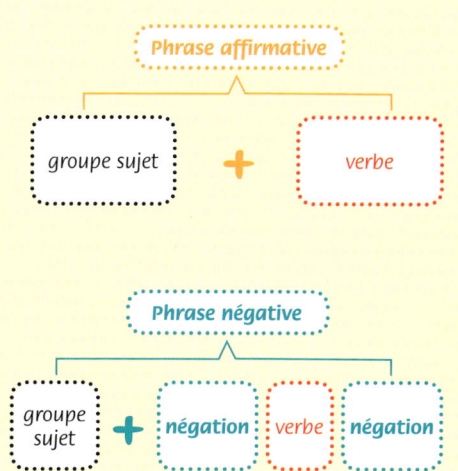

Repérer

1 Ces phrases sont-elles à la forme négative ?
1. Je déteste les épinards.
2. Ne me réveille pas trop tôt demain !
3. J'ignore où sont passées les clefs.
4. Peux-tu arrêter de me casser les oreilles ?
5. Personne ne doit sortir avant d'avoir noté ses devoirs.
6. Rien ne se perd, tout se transforme.

2 Indique, pour chaque phrase du texte, si elle est à la forme affirmative ou négative.

« Viens donc à moi, toi qui es le plus intelligent des animaux, lui dit l'Écureuil. [...]
– Hélas ! répond Leuk, je ne sais pas grimper.
– Alors, mon pauvre ami, dit l'Écureuil, tu n'es pas le plus intelligent des animaux, puisque tu ne peux pas trouver le moyen d'arriver jusqu'à moi. »
En disant ces mots, l'Écureuil fait tomber sur la tête de Leuk un gros fruit, vert et dur.

L. Sédar Senghor et A. Sadji, *La Belle Histoire de Leuk-le-Lièvre*, © Hachette, 1990

Manipuler

5 Mets ces phrases à la forme négative.
1. À Noël, Luc ira en vacances chez sa grand-mère.
2. Le petit frère comprit le sens de cette phrase.
3. As-tu entendu ma question ?
4. Fermez la porte ! Il y a des courants d'air !

6 Réécris les phrases affirmatives en phrases négatives. Pense à utiliser la négation appropriée.
1. Il y a encore des cadeaux à distribuer.
2. Le facteur est déjà passé.
3. Léa veut toujours venir avec nous !
4. Robin a tout rangé.

Écrire

11 Réponds aux questions suivantes par des phrases complètes à la forme négative.
1. Veux-tu que je t'aide pour ton devoir ?
2. Ulysse est-il rentré chez lui rapidement après la guerre de Troie ?
3. Achille était-il un guerrier troyen ?
4. Aimes-tu répondre aux questionnaires ?
5. Les sirènes ont-elles charmé Ulysse ?
6. Passes-tu beaucoup de temps sur l'ordinateur ?
7. Allez-vous à la piscine demain ?

Produire à l'oral

14 a. Le personnage s'exprime-t-il correctement ?
b. Chaque élève invente une phrase commençant par « j'aime » ou « je vois ».
Un(e) élève dit sa phrase ; son(sa) voisin(e) reprend cette phrase, mais en émettant une restriction « ne... que » ; l'élève suivant(e) doit rejeter les propositions de ses camarades en utilisant « ni... ni ».
Ex. : J'aime les bonbons. Moi je n'aime que les carambars. Et moi je n'aime ni les bonbons, ni les carambars !

Leçon 4 — Les types de phrase

Activité 1

> *Léandre est furieux contre son valet Scapin car il pense qu'il l'a trahi auprès de son père.*
> LÉANDRE : Parle donc.
> SCAPIN : Je vous ai fait quelque chose, Monsieur ?
> LÉANDRE : Oui, coquin, et ta conscience ne te dit que trop ce que c'est.
> SCAPIN : Je vous assure que je l'ignore.
> 5 LÉANDRE, *s'avançant pour le frapper* : Tu l'ignores !
> OCTAVE, *le retenant* : Léandre !
> SCAPIN : Eh bien ! Monsieur, puisque vous le voulez, je vous confesse que j'ai bu avec mes amis ce petit quartaut de vin d'Espagne dont on vous fit présent il y a quelques jours. […]
>
> **Molière**, *Les Fourberies de Scapin*, Acte II, scène 3, 1662

Classe les phrases de ce texte dans le tableau.

Phrase apportant une information.	Phrase posant une question.	Phrase exprimant un sentiment fort.	Phrase donnant un ordre.

Activité 2

a. Écoute l'enregistrement du texte de l'activité 1, puis place chaque phrase dans la colonne du tableau qui lui correspond.

 lienmini.fr/jdl6-A101

L'intonation de la voix baisse vers la fin de la phrase. ↘	L'intonation de la voix monte à la fin de la phrase. ⌐	L'intonation de la voix monte vite. ↗	Le ton est haut, puis il descend. La voix peut être plus forte. ⌐

b. Entraine-toi à dire ce texte à haute voix avec la même intonation que celle écoutée.

c. Écoute la suite de l'enregistrement et devine si le comédien donne une information, un ordre, s'il pose une question ou exprime un sentiment fort, rien qu'au ton de sa voix.

Activité 3

a. Voici deux questions posées de trois manières différentes :
1. Je vous ai fait quelque chose, Monsieur ?
2. Est-ce que je vous ai fait quelque chose, Monsieur ?
3. Vous ai-je fait quelque chose, Monsieur ?
1. Pourquoi m'as-tu pris mon tonneau de vin ?
2. Pourquoi est-ce que tu m'as pris mon tonneau de vin ?
3. Pourquoi tu m'as pris mon tonneau de vin ?

b. Pour chaque groupe de trois phrases, classe les questions de la moins élégante à la plus élégante, en t'aidant des modèles donnés ci-dessous.

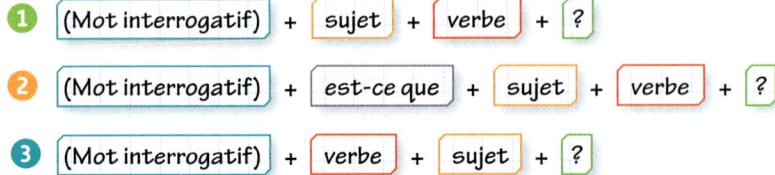

Je retiens

Il existe **quatre types de phrase** :
– La phrase **déclarative** apporte une information. ⊙ ⋯
– La phrase **exclamative** exprime un sentiment fort. !
– La phrase **injonctive** donne un ordre, exprime une défense, un souhait.
  Elle peut être prononcée avec calme ou énervement. ⊙ !
– La phrase **interrogative** pose une question. ?
  On pose la question différemment suivant le niveau de langue employé.

(Mot interrogatif)

verbe + sujet + ? (soutenu)
est-ce que + sujet + verbe + ? (courant)
sujet + verbe + ? (familier ou à l'oral)

Pour dire, pour écrire
• À l'**écrit**, il ne faut pas oublier de terminer ses phrases par le point approprié.
• On trouve davantage de phrases de type **interrogatif**, **exclamatif** ou **injonctif** dans les **dialogues** ou les **textes de théâtre**.
• À l'**oral**, l'intonation indique le type de phrase.

Repérer

1 **Indique à quel type appartient chaque phrase.**
1. Va voir comment se porte ta mère-grand. On m'a dit qu'elle était malade.
2. Elle partit aussitôt pour aller chez sa mère-grand.
3. Demeure-t-elle bien loin ?
4. Hé bien, dit le loup, je veux l'aller voir aussi.
5. Ma mère-grand, que vous avez de grandes oreilles !

2 **Indique à quel niveau de langue appartient chaque interrogation.**
1. Tu as une nouvelle coiffure ?
2. Désirez-vous un dessert, messieurs dames ?
3. Est-ce que vous avez rangé votre chambre ?
4. Combien de livres as-tu dans ta bibliothèque ?
5. Vous passerez à la maison ce soir ?

3 EXO   **4** EXO

Manipuler

5 **Transforme les phrases selon le type demandé.**
1. Il vient d'apercevoir une étoile filante. *(exclamatif)*
2. Le film commence bientôt : nous devons nous dépêcher ! *(injonctif)*
3. Alexis a-t-il retrouvé les chaussures qu'il a perdues hier ? *(déclaratif)*
4. Vous avez acheté tout ce qui était marqué sur la liste. *(interrogatif)*

6 **Pose une question sur l'élément de la phrase déclarative en gras.**
1. Un intervenant viendra parler de ce film **la semaine prochaine**.
2. **Augustin** a gagné le concours d'orthographe.
3. Les élèves iront **à Rome** au mois de juin.
4. Je ne peux t'accompagner **parce que j'ai un rendez-vous chez le dentiste**.

7 EXO   **8** EXO   **9** EXO   **10** EXO

Écrire

11 **Imagine ce que chacun des personnages de ce tableau pourrait dire ou penser en cherchant à utiliser tous les types de phrase.**

G. de La Tour, *La diseuse de bonne aventure*, vers 1630.
Metropolitan Museum of Art, New York

12 EXO   **13** EXO

Produire à l'oral

14 **Entraine-toi à lire chacune de ces phrases de plusieurs manières afin d'en modifier l'intention. Ton voisin devra deviner le type de phrase que tu as choisi d'utiliser.**
1. Tu prends tes affaires pour les ranger
2. Louis s'est excusé auprès de sa sœur
3. Le tour de France passera par le Pic du midi
4. Tu aideras ton grand-père à sortir les vélos
5. Le propre de l'homme, c'est d'aimer

Leçon 5 — L'accord sujet-verbe

Activité 1

Le mercredi 2 octobre, Phileas Fogg joue aux cartes avec ses amis, quand il les étonne en déclarant pouvoir faire le tour du monde en quatre-vingts jours. Aussitôt, Phileas Fogg et son domestique Passepartout font leurs valises et sautent dans un train en partance pour la France. Arriveront-ils à relever leur défi ?

D'après **J. Verne**, *Le Tour du monde en 80 jours*, 1872

a. Recopie et complète le tableau à l'aide du texte.

b. Avec quel groupe de mots est accordé chaque verbe ? Quelle est sa fonction ?

c. À quelle(s) ligne(s) du tableau correspond chacune des descriptions ci-dessous ?

	Verbes	Qui fait l'action ?	Pronom personnel correspondant
1	*joue*	*Phileas Fogg*	*il*
2	étonne		
3	font		
4	sautent		
5	arriveront		

1. Sujet séparé du verbe par un ou plusieurs mots.
2. Sujet placé après le verbe.
3. Sujet placé juste avant le verbe.

d. Dans quels cas l'accord du verbe avec son sujet te semble le plus difficile ? Pourquoi ?

Activité 2

Le formidable développement des chemins de fer au XIXᵉ siècle [permettre] à Phileas Fogg de voyager rapidement.

a. Dans le sujet en bleu de la phrase ci-dessus, supprime tous les mots qui ne sont pas indispensables. À quoi peux-tu réduire le sujet ? Par quel pronom peux-tu le remplacer ?

b. Choisis la bonne forme verbale à placer dans la phrase : *permets • permet • permettent* et explique ton choix. Écris la phrase ainsi obtenue.

Activité 3

a. Observe les deux étiquettes et associes-y les groupes de mots soulignés en fonction de leur sens.

1. Une foule se presse pour prendre le train.
2. Tout le monde n'aime pas les voyages.
3. L'équipe de marins hisse les voiles.
4. Des milliers de curieux attendent l'arrivée du voilier.
5. Chacun a choisi sa destination.
6. Nous avons raté le métro ; on prendra le prochain.

A. Mots désignant une seule personne

B. Mots désignant plusieurs personnes

b. Les mots que tu as classés dans l'étiquette B sont tous sujet. Observe leur verbe, que remarques-tu ?

Activité 4

Associe chaque groupe nominal au pronom sujet correspondant.

1. Omar et moi
2. Julie et toi
3. Raphaël et ses sœurs
4. Maria et ses sœurs

A. elles
B. ils
C. vous
D. nous

Je retiens

- **Le verbe s'accorde en nombre et en personne avec son sujet.** Il faut donc repérer le sujet pour faire l'accord. Il peut être immédiatement avant le verbe, mais aussi après lui ou séparé de lui par d'autres mots.
- Quand le sujet est un GN étendu, il faut identifier le **nom noyau** avec lequel accorder le verbe.
- **Certains mots** comme « une foule », « tout le monde », « on » **peuvent désigner un groupe mais être grammaticalement singuliers.** Le verbe s'accorde alors au singulier.

Pour dire, pour écrire

Quand on écrit ou se relit, il faut **chercher le sujet** ou **le nom noyau du sujet** pour vérifier et corriger l'accord avec le(s) verbe(s).

Repérer

1 Recopie les phrases en soulignant les sujets et en choisissant la bonne forme verbale.
1. Jalouses, Athéna et Héra **punis/punit/punissent** Pâris.
2. Thétis **demande/demandes/demandent** à Héphaïstos des armes pour son fils Achille.
3. Les sirènes **chante/chantes/chantent** pour attirer les marins afin que leurs bateaux **se brise/se brises/se brisent** sur les récifs.
4. La prophétesse des Troyens **ont prédit/avons prédit/a prédit** la guerre.

2 Explique l'accord de chaque verbe en gras.
1. Les pommes que la méchante reine a empoisonnées **doivent** faire mourir Blanche-Neige.
2. Du haut de la tour **brillent** les cheveux d'or de Raiponce.
3. Il y a bien longtemps **vivaient** au fond de la forêt un pauvre bucheron et sa femme.
4. « **Grignotes**-tu notre maison ? », **demandèrent** méchamment les sorcières.

Manipuler

5 Complète chaque phrase avec un groupe nominal sujet qui puisse convenir.
1. … décidèrent de construire une tour qui toucherait le ciel. 2. Pendant quarante jours et quarante nuits … entourent l'arche de Noé. 3. Dans le jardin d'Éden pousse …. 4. Ce mythe explique pourquoi … parlent des langues différentes. 5. … obéiront aux lois.

6 Réécris le texte en remplaçant « elle » par « elles ». Tu accorderas les verbes avec ce nouveau sujet.
Elle avala donc un des gâteaux, et s'aperçut avec joie qu'elle diminuait rapidement. Aussitôt qu'elle fut assez petite pour passer la porte, elle s'échappa de la maison et trouva toute une foule d'oiseaux.
L. **Carroll**, *Alice au pays des merveilles*, trad. H. Bué, 1869

7 Corrige les cinq erreurs commises sur les accords des verbes.

Sur la branche d'un arbre étaient en sentinelle
    Un vieux Coq adroit et matois*.
« Frère, dis un Renard adoucissant sa voix,
    Nous ne sommes plus en querelle :
    Paix générale cette fois.
Je vient te l'annoncer ; descend que je t'embrasses […] »
* rusé
D'après **J. de La Fontaine**, « Le Coq et le Renard », *Fables*, II, 1668

Écrire

C. Monet, *Le déjeuner sur l'herbe* 1865-1866, huile sur toile, Paris, musée d'Orsay

10 Raconte cette scène en utilisant les verbes suivants, dans l'ordre que tu souhaites. *Attention !* Tu n'as pas le droit de modifier les accords des verbes.
ombragent • distribue • bavardent • se reposent • portent • hume.

Leçon 6
La phrase avec compléments circonstanciels
Temps, lieu, moyen, manière

Pieter Brueghel l'Ancien, *Les Jeux d'enfants*, 1560, Kunsthistoriches Museum, Vienne (Autriche)

Activité 1   a. **Observe le tableau de Brueghel et retrouve le personnage décrit dans chaque phrase.**
   1. Au premier plan du tableau, deux enfants jouent en courant avec des cerceaux.
   2. À la fenêtre du bâtiment de gauche, un enfant joue en se cachant avec un masque rouge.
   3. Au coin droit du bâtiment central, un enfant joue en se tenant en équilibre sur des échasses.
   4. Au deuxième plan, sur la droite du tableau, une enfant en sabots joue avec un grand morceau de bois en le berçant.

   b. **Quels sont les trois types de renseignements qui t'ont permis de ne pas te tromper ?**

Activité 2   Voici des groupes de mots composant deux phrases.

   [le petit homme au chapeau mou]   [avec sa grosse clef rouge]   [le lendemain] [,]   [ouvrit]
   [une armoire abimée]   [sur la plus haute étagère] [,]   [prit] [.]
   [une bouteille verte de forme carrée] [,]   [en se haussant sur la pointe des pieds] [,]   [il] [,]

   a. **Reconstitue ces deux phrases en mettant les étiquettes dans l'ordre. N'y a-t-il qu'un ordre possible ?**
   b. **Quels groupes de mots peux-tu déplacer, et même supprimer ? Quelle information apporte chacun de ces groupes de mots ?**

Activité 3   **Si les compléments en gras étaient supprimés, quelles questions pourrais-tu poser pour les retrouver ?**
   1. **Ce soir**, j'irai au théâtre avec ma classe.
   2. L'air est plus vivifiant **à la montagne**.
   3. Il lui fait comprendre ce qu'il veut **sans parler**.
   4. Papa fait descendre le ballon du toit **avec son balai**.

Je retiens

- La phrase minimale peut être enrichie par des **compléments de phrase** appelés **circonstanciels** parce qu'ils précisent les circonstances dans lesquelles se sont déroulés les faits. Ces compléments peuvent être supprimés et déplacés.
- **Le CC de temps** indique quand se passe l'action.
- **Le CC de lieu** indique où se passe l'action.
- **Le CC de manière** indique de quelle façon s'accomplit l'action.
- **Le CC de moyen** indique à l'aide de quoi/de qui quelqu'un fait quelque chose.

Phrase étendue = Phrase minimale GS + GV + Compléments circonstanciels

Compléments circonstanciels :
- **CC lieu** : où ?
- **CC temps** : quand ?
- **CC manière** : comment ? de quelle manière ?
- **CC moyen** : grâce à qui/à quoi ?

Pour dire, pour écrire

Les compléments circonstanciels apportent des **précisions**, des **détails**, sur les circonstances des évènements décrits dans un **récit oral ou écrit**.

Repérer

1 Donne le nom des CC en gras.
1. Maitre corbeau, **sur un arbre perché**, tenait **en son bec** un fromage.
2. Tout avait disparu **en quelques secondes**.
3. Il se promenait, **la tête haute et la moustache arrogante**.
4. **Avec ses nouvelles chaussures de sport**, Mathis pense qu'il courra plus vite.

2 Indique si les groupes de mots en gras sont des compléments circonstanciels de manière ou de moyen.
Hercule ne parvient pas à blesser le lion de Némée **avec ses flèches**. **De sa massue**, il tente de l'assommer mais elle se brise en deux. Finalement, il décide de combattre **au corps à corps** et réussit à tuer l'animal **en l'étouffant dans ses bras**.

3 EXO   **4** EXO

Manipuler

5 Indique si les groupes de mots en gras sont des compléments circonstanciels ou des compléments essentiels et justifie ta réponse. (Pense à faire les manipulations nécessaires.)
1. Louis habite **à Paris**.
2. Son amie Faustine a acheté une maison **à quelques kilomètres de là**.
3. La porte donnait **sur un petit couloir**.
4. Le spectacle va durer **deux heures**.

6 Recopie ces phrases et ajoute le CC demandé.
1. Les enfants sortirent de la salle ... . *(CC manière)*
2. Emmie se rend à l'école ... . *(CC moyen)*
3. ... *(CC temps)*, on est obligé de se couvrir car il fait froid.
4. Ma sœur a passé son permis moto ... . *(CC temps)*
5. ... *(CC lieu)*, le climat est plus agréable qu'ici.

7 Réécris chaque phrase en déplaçant le CC.
1. D'un geste le vieil homme fait taire l'assemblée.
2. Il parvient à se faire entendre grâce à sa forte voix.
3. Nous lui organisons une fête pour son anniversaire.
4. En claquant la porte il manifesta son mécontentement.

8 EXO    **9** EXO

Écrire

10 Enrichis ce texte en y ajoutant des CC.
Noé rassembla les animaux. La pluie se mit à tomber. Elle avait recouvert toute la terre. La colombe revint avec un rameau d'olivier. Noé put sortir de l'arche.

11 Invente deux débuts de contes en respectant les modèles suivants :
Phrase 1 : *CC temps ... CC lieu*.
Phrase 2 : *... CC manière*.

12 EXO   **13** EXO

Produire à l'oral

14 a. Travail de groupe. Observe bien le tableau page de gauche et choisis un des personnages sans le montrer à ton/ta camarade. Fais une phrase minimale sur ce personnage. *Ex. : Une fillette porte une autre.*
Ton/ta camarade doit te poser des questions pour retrouver de quel personnage il s'agit. Il/elle n'a droit qu'à trois questions : Où ? Comment ? Grâce à qui/à quoi ?
b. Tu répondras en enrichissant ta phrase avec les CC demandés. *Ex. : Au premier plan, au milieu du tableau, une fillette porte une autre en chaise à porteur avec un camarade.*

Leçon 7 : La phrase simple et la phrase complexe

Activité 1

1. [Persée décida de secourir Andromède : elle] [était attaquée par un monstre marin.]
2. [Persée décida] [de secourir Andromède : elle était attaquée par un monstre] [marin.]
3. [Persée décida de secourir Andromède] : [elle était attaquée par un monstre marin.]

1. [Persée transforma Atlas] [en montagne car il lui avait refusé l'hospitalité.]
2. [Persée transforma Atlas en montagne] car [il lui avait refusé l'hospitalité.]
3. [Persée transforma Atlas en montagne car il lui avait] [refusé l'hospitalité.]

a. Pour chaque phrase, quel découpage te parait le plus logique parmi les trois proposés ?

b. Recopie les deux découpages que tu auras choisis et souligne en rouge les groupes verbaux. Que remarques-tu ?

c. Complète la définition. Une **proposition** contient … verbe(s) conjugué(s). ❶ ❷ ❸

Activité 2

Phrase **1.** Pégase est un cheval ailé.
Phrase **2.** Il est né quand Persée a tranché la tête de Méduse.
Phrase **3.** À ce moment-là, le sang de la Gorgone a jailli, il est tombé dans la mer et Pégase en est sorti.

a. Recopie les phrases ci-dessus et le tableau, souligne en rouge les verbes conjugués. Puis délimite les propositions et complète le tableau.

	Nombre de verbes conjugués	Nombre de propositions
Phrase 1		
Phrase 2		
Phrase 3		

b. Que constates-tu ?

Activité 3

a. Voici trois séries de phrases. Chaque phrase est constituée d'une seule proposition. Par série, associe les propositions pour former une seule phrase : tu devras modifier la ponctuation et ajouter quelques éléments de liaison.

Série **1.** Lycaon était bien trop cruel. Jupiter l'a puni. Il l'a transformé en loup.
Série **2.** Arachné est devenue une araignée. Elle avait provoqué la déesse Athéna.
Série **3.** Pan et Apollon jouent de la musique. Le roi Midas les écoute.

b. Combien de propositions possède chaque phrase obtenue ?

c. Quels éléments as-tu ajoutés ? Où se trouvent-ils placés ?

Activité 4

Voici une très longue phrase écrite par une élève. Transforme-la en 4 phrases et précise combien elle contient de propositions.

> Le Petit Chaperon rouge traverse le bois car sa mère veut qu'elle apporte des provisions à sa grand-mère, mais le loup l'a aperçue, il a couru chez la vieille dame, il prend sa place et attend la fillette ; lorsqu'elle arrive, il la laisse entrer et il la dévore.

Je retiens

- **La phrase verbale est formée d'une ou plusieurs propositions**, chacune constituée d'un groupe sujet et d'un groupe verbal avec un seul verbe conjugué.
- **Une phrase simple est constituée d'une seule proposition.** Elle contient un verbe conjugué.
- **Une phrase complexe est constituée de plusieurs propositions.** Il y a autant de propositions dans une phrase qu'il y a de verbes conjugués. Ces propositions sont reliées entre elles par **un signe de ponctuation** ou **un mot de liaison**.

Pour dire, pour écrire

Un texte paraît plus rythmé s'il est constitué à la fois de phrases simples et complexes, et non d'une succession de phrases simples ou de phrases complexes très longues.

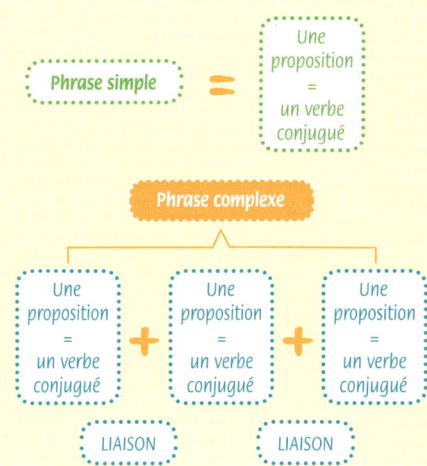

Repérer

1 Recopie les morales de La Fontaine, souligne les verbes conjugués et mets les propositions entre crochets. Lesquelles sont des phrases complexes ?
1. La raison du plus fort est toujours la meilleure.
2. Rien ne sert de courir ; il faut partir à point.
3. Patience et longueur de temps font plus que force ni que rage.
4. Tout bourgeois veut bâtir comme les grands seigneurs, tout prince a des ambassadeurs, tout marquis veut avoir des pages.
5. On a souvent besoin d'un plus petit que soi.

2 Quels groupes de mots sont des propositions ? Explique ta réponse.
Noé fut choisi. • Les animaux montèrent dans l'arche. • La colombe revint. • Les eaux. • Les eaux se mirent à monter. • À cet instant, les hommes et les femmes.

3    **4**

Manipuler

5 Associe les phrases simples de chaque série pour en faire une phrase complexe. Fais les modifications et ajouts d'éléments de liaison nécessaires.
1. Il pleut. Je prends mon parapluie.
2. Le hibou est un oiseau nocturne. Il dort le jour.
3. Lounès lit un roman. Dorothée lit une pièce de théâtre.
4. Antoine fit les courses. Il prépara le repas. Il alla chercher les enfants à l'école.
5. Le bateau entre dans le port. Les passagers en descendent.

6    **7**

Écrire

8 Voici une série de verbes : entourer • regarder • chercher • partir • décider • prendre • finir.
Décris le Petit Poucet et ses frères perdus dans la forêt en utilisant les verbes donnés, en les conjuguant et en respectant les structures de phrase imposées.

phrase simple – phrase complexe à 3 propositions – phrase complexe à 2 propositions – phrase simple

G. Doré, *Le Petit Poucet*, 1862

9    **10** EXO

Produire à l'oral

11 Un élève lance un dé. Il doit ensuite inventer à l'oral une phrase contenant le nombre de propositions indiqué par le dé.

Ex. : → [Le réveil sonne], [alors il se lève], [il se lave], [il s'habille] et [il prépare le petit déjeuner de ses enfants].

Bilan

▶ As-tu bien compris ces leçons sur la phrase ?
Vérifie en lisant cet extrait et en répondant aux questions d'un groupe.

Texte support

Le Malade imaginaire

Scène 8 : Louison, Argan.

Louison. – Qu'est-ce que vous voulez, mon papa ? Ma belle-maman m'a dit que vous me demandez.
Argan. – Oui. Venez çà. Avancez là.
5 Tournez-vous. Levez les yeux. Regardez-moi. Eh ?
Louison. – Quoi, mon papa ? […]
Argan. – N'avez-vous rien à me dire ?
Louison. – Je vous dirai, si vous voulez,
10 pour vous désennuyer, le conte de Peau d'Âne, ou bien la fable du Corbeau et du Renard, qu'on m'a apprise depuis peu.
Argan. – Ce n'est pas là ce que je demande. […]
15 Louison. – Quoi donc ?
Argan. – Ah ! rusée, vous savez bien ce que je veux dire.
Louison. – Pardonnez-moi, mon papa.
Argan. – Est-ce là comme vous m'obéissez ?
20 Louison. – Quoi ?
Argan. – Ne vous ai-je pas recommandé de me venir dire d'abord tout ce que vous voyez ?
Louison. – Oui, mon papa.
25 Argan. – L'avez-vous fait ?
Louison. – Oui, mon papa. Je vous suis venue dire tout ce que j'ai vu.
Argan. – Et n'avez-vous rien vu aujourd'hui ?
Louison. – Non, mon papa. […]
30 Argan. – Ah ! ah ! petite masque, vous ne me dites pas que vous avez vu un homme dans la chambre de votre sœur !
Louison. – Mon papa !

Molière, *Le Malade imaginaire*,
Acte II, scène 8, 1673

Groupe 1

Repérer

1 Dans les répliques de Louison, relève trois phrases non verbales.

2 « Ma belle-maman m'**a dit** que vous me demandez. » (l. 2-3).
Quel est le sujet du verbe en gras ?
Par quel pronom peux-tu le remplacer ?

3 Relève un complément circonstanciel de temps et un complément circonstanciel de lieu dans les deux dernières répliques d'Argan.

Manipuler

4 Transforme la phrase interrogative de la ligne 1 pour que son niveau de langue soit soutenu.

5 Lignes 9 à 12, réduis la phrase de Louison pour en faire une phrase minimale.

6 Lignes 4 à 6, transforme les cinq phrases simples en une seule phrase complexe.

Écrire

7 Ajoute quatre courtes répliques au texte.
Argan n'utilisera que des phrases interrogatives ;
Louison ne prononcera que des phrases négatives.

Le Malade imaginaire, mise en scène N. Briançon au Théâtre 14, Jean-Marie Serreau, du 13 septembre au 29 octobre 2005. Avec Y. Pignot (Argan)

Pour les élèves des trois groupes, saisissez l'adresse du lien-mini sur votre navigateur et écrivez la dictée d'un extrait du *Médecin malgré lui*.

Pédagogie différenciée

Groupe 2

Repérer

1 Quels sont les types de phrase utilisés par Argan dans sa première réplique ? S'agit-il de phrases verbales ou non verbales ?

2 Relève une phrase interrogative de niveau de langue courant et une de niveau de langue soutenu.

3 Dans les quatre dernières répliques, relève un complément circonstanciel de lieu et un de temps.

Manipuler

4 Transforme la question d'Argan ligne 28 en phrase exclamative.

5 Lignes 2-3, ajoute un complément circonstanciel de temps à la phrase.

6 Ligne 18, complète la réplique de Louison pour en faire une phrase complexe.

Écrire

7 Ajoute quatre répliques au texte. Argan questionne sa fille Louison qui ne répond que par des phrases négatives. Tu devras utiliser : *ne…rien*, *ne…que* et *ne…jamais*, dans l'ordre de ton choix.

Groupe 3

Repérer

1 Relève trois phrases non verbales.

2 Quel est le type de phrase le plus utilisé dans le texte ? Pourquoi, à ton avis ?

3 Dans les quatre dernières répliques, relève deux compléments circonstanciels. Précise leur sens.

Manipuler

4 Transforme la réplique d'Argan lignes 16-17 en phrase interrogative et négative, tout en respectant le niveau de langue.

5 Ajoute un complément circonstanciel de ton choix à la réplique d'Argan lignes 30 à 32.
Souligne-le et indique de quel type de complément circonstanciel il s'agit.

6 Ligne 18, complète la réplique de Louison pour en faire une phrase complexe contenant trois propositions.
Mets chacune des propositions entre crochets.

Écrire

7 Ajoute six répliques au texte. Argan questionne sa fille Louison qui ne répond que par des phrases négatives. Tu devras utiliser des mots de négation différents.

Atelier de classe — Qu'est-ce qu'un groupe nominal ?

Voici un atelier qui va vous permettre de réfléchir sur **le groupe nominal**. Vous devez réaliser des activités d'observation et de manipulation **par petits groupes** afin que chacun puisse donner ses idées et les confronter à celles des autres. Lorsque vous vous serez mis d'accord, **vous rédigerez vous-mêmes vos conclusions**.

A. Belot et J. Camescasse, tableau mural « *La vie enfantine* », Delagrave [vers 1910].

PARTIE 1

Repérer le nom et la présence obligatoire du déterminant

Observons et manipulons

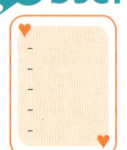

1. Observez ce tableau mural et faites la liste de tous les éléments et personnages qui s'y trouvent. Quelle est la nature des mots que vous avez utilisés ?

2. Faites une phrase commençant par « Sur ce document, nous voyons … » qui contiendra plusieurs mots de la liste.
– De quels petits mots avez-vous fait précéder les mots de la liste ? Vous rappelez-vous comment on les appelle ?
– Votre phrase serait-elle correcte sans eux ?

3. Voici une phrase qui décrit ce tableau : « La fille qui porte un tablier rose s'appuie sur la fenêtre et laisse entrer une hirondelle en soulevant le rideau. »
Trouvez les noms de cette phrase en vous servant des petits mots utiles que vous avez repérés à la question 2.

Qu'avons-nous observé ?

À partir de vos observations, expliquez quelle est la classe des mots qui permettent de nommer des objets, des personnes, des lieux et quel autre type de mot les accompagne obligatoirement dans la phrase.

PARTIE 2

Le nom, noyau du GN, et les CDN (expansions)

Observons et manipulons

1. Relevez les mots placés devant ceux en gras. Peuvent-ils être supprimés ? Quelle information donnent-ils ? Qu'en déduisez-vous sur la nature des mots en gras ?

La **chambre** … est magnifique. […] Le lit est recouvert d'un **cachemire** … et bordé de **coussins** … Par terre s'étale une **fourrure** … si épaisse qu'un **chihuahua** … pourrait facilement s'y perdre.

D'après **D. Pennac**, *Cabot-Caboche*, © Nathan, 2002

2. Placez les étiquettes qui complètent les mots en gras.

| de laine |, | de Pomme |, | distrait |,
| en soie de Chine |, | turquoise |

3. Ces étiquettes ont-elles le même nombre de mots ? Ces mots sont-ils essentiels pour comprendre le texte ? À quoi servent-ils ?

4. Une couette à petits carreaux rouges et verts recouvre mon lit.
Délimitez le groupe de mots dont le mot couette est le noyau.

Qu'avons-nous observé ?

À partir de vos observations, expliquez quels sont les mots que l'on trouve autour d'un nom et quel est leur rôle.

PARTIE 3

Créer des GN et comprendre la nécessité des accords

Observons et manipulons

Dans Paris il y a une rue ;
Dans cette rue il y a une maison ;
Dans cette maison il y a un escalier ;
Dans cet escalier il y a une chambre ;
Dans cette chambre il y a une table ;
Sur cette table il y a un tapis ;
Sur ce tapis il y a une cage ;

Dans cette cage il y a un nid ;
Dans ce nid il y a un œuf ;
Dans cet œuf il y a un oiseau. […]

P. Eluard, « Dans Paris il y a… » (extrait), recueilli dans *Les Sentiers et les Routes de la Poésie*, in *Œuvres complètes*, tome 1, © Gallimard, 1954

1. Repérez les noms communs de ce poème, puis imaginez des mots ou groupes de mots qui enrichiront chacun d'eux. Vous veillerez à accorder ces mots avec les noms si nécessaire.

2. Remplacez tous les une/un par des en suivant ce modèle : « Dans Paris, il y a des rues… ». Quelles sont toutes les autres modifications entraînées par ce changement ?

Qu'avons-nous observé ?

À partir de vos observations, expliquez :
Le lien entre les noms et les déterminants qui les précèdent et le lien entre les noms et certains mots qui les caractérisent.

Qu'avons-nous découvert sur le groupe nominal ?

Faites le point avec les membres de votre groupe afin de pouvoir présenter oralement le résultat de vos observations sur :
- la manière dont on peut reconnaitre un nom
- les mots qui doivent l'accompagner obligatoirement
- les mots qui peuvent le compléter

Leçon

8 Le nom

Activité 1 a. Associe les déterminants aux mots devant lesquels tu peux les placer. À quelle classe grammaticale ces mots appartiennent-ils ?

| des |
| un |
| une |
| cette |

mangent • cailloux • souvent • mot • à • endormi • Italie
jardin • Petit Poucet • couraient • Européens • tristesse • oh

b. Lesquels sont des noms propres ? À quoi les as-tu identifiés ?

c. Classe les noms que tu as identifiés selon qu'ils désignent ce qu'on peut voir, toucher ou uniquement ce qu'on peut penser.

Ce qu'on peut voir ou toucher : concret	Ce qu'on peut uniquement penser : abstrait

Activité 2 a. Trie les noms selon qu'ils sont masculins ou féminins.
fils • bucheron • mères • misère • gaieté • ogres • forêt • ogresse • bottes • cailloux • homme

b. Comment as-tu procédé pour le savoir ?

c. Indique le féminin de chaque nom et encadre la ou les lettre(s) que tu as modifiée(s) ou ajoutée(s) par rapport au masculin. Y a-t-il un intrus ? Pourquoi ?

| un ami | un boulanger | un chat | un loup |
| un chien | un vendeur | un âne | un mouton |

Activité 3 Voici une liste de noms.
magicienne • nez • animaux • prix • dieux • sorcier • tables • joie • enfants • chou • cheveu • cailloux • souris • maisons • princes

a. Reproduis le tableau et complète-le avec les noms de la liste.

Singulier	Pluriel	Singulier ou pluriel

b. Quelle lettre marque le plus souvent le pluriel ?

c. Pourquoi ne peux-tu pas savoir si certains noms sont singuliers ou pluriels ?
En t'aidant de ton tableau, relie chaque terminaison du singulier à sa/ses terminaison(s) du pluriel, puis trouve au moins un exemple pour chacun.

Singulier
1. -al
2. -eau
3. -eu
4. -au
5. -ou

Pluriel
A -oux
B -eux
C -ous
D -aux
E -eaux

Activité 4

Déjà les feuilles rouillées
Font un tapis de velours […]
Et tous les oiseaux sauvages
S'appellent sur les rivages
Près des étangs défleuris.

J. Richepin, *La Chanson des gueux*,
© Flammarion, 1876

a. Identifie les noms de ce texte et relève pour chacun le groupe de mots dont il est le noyau.

b. De combien de mots au minimum est constitué un groupe nominal ? Quel mot se trouve toujours avant le nom ?

Je retiens

- **Le nom** est une **classe grammaticale**. Il sert à désigner un **élément concret** (une personne, un objet…) ou **abstrait** (une idée, un sentiment…). Il peut être commun ou propre.
- **Le nom propre** commence par une majuscule. Il désigne une personne ou un lieu qui est unique.
- **Les noms communs** et certains noms propres peuvent être précédés d'un déterminant.
- **Le nom a un genre**, **masculin** ou **féminin**, donné par le dictionnaire.
- Il varie en **nombre** : **singulier** ou **pluriel**. Le pluriel se fait souvent en ajoutant un **-s**, mais certains noms prennent un **-x**, changent de terminaison ou ne varient pas.
- **Le nom constitue le noyau** du groupe nominal.

Pour dire, pour écrire

Lorsqu'on se relit, il faut s'aider des déterminants pour vérifier la terminaison des noms.

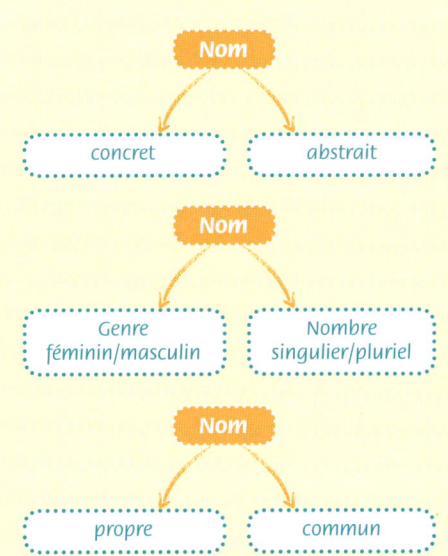

Repérer

1 Dans chaque couple de phrases, lequel des deux mots en gras est un nom ? Comment as-tu fait pour le trouver ?
1. J'ai aimé ce **livre** de Mark Twain. Dans ce roman, le héros se **livre** à d'étranges expériences.
2. **Porte** ce manteau chez le couturier. Tu as dû t'accrocher à une **porte** et tu l'as déchiré.
3. La **cuisine** est son passetemps favori. Il **cuisine** pour sa famille des repas gastronomiques.
4. Sur la plage, l'enfant **tasse** le sable dans son seau. Son père se prépare une **tasse** de thé.
5. Tu **traces** des pas dans la neige. Tes **traces** restent visibles toute la journée.

2 Relève trois noms communs au féminin pluriel, un nom propre, deux noms abstraits et le GN dont « silence » est le nom noyau.

Mais c'est à l'automne surtout, au moment où les oiseaux de passage traversaient le ciel, dans leur grand silence, que Tomek ressentait avec le plus de violence le désir de s'en aller. Les larmes lui en venaient aux yeux tandis qu'il regardait les oies sauvages disparaître à grands coups d'ailes à l'horizon.

J.-C. Mourlevat, *La Rivière à l'envers*,
© Pocket Jeunesse, 2000

Manipuler

5 Mets au singulier les noms pluriels qui suivent.
Orthographe
les poissons • les cheveux • les chevaux • les châteaux • les poux • les bocaux • les verrous • les radis • les feux • les choix

6 Réécris ce texte en mettant au féminin tous les GN désignant des personnes.
Les métiers dans mon collège
Mon collège est dirigé par un principal. Les professeurs enseignent leur matière aux élèves. Le conseiller principal d'éducation s'occupe de la vie scolaire. L'infirmier a en charge la santé. À la cantine, le cuisinier réalise les menus. Le gardien accueille les visiteurs.

Écrire

9 Décris l'homme du tableau en n'utilisant que des noms masculins et la femme en n'utilisant que des noms féminins.

G. Wood, *American Gothic*, 1930,
Art Institute of Chicago Building

Produire à l'oral

12 Un(e) élève choisit les caractéristiques d'un nom : commun ou propre, concret/abstrait, masculin/féminin et singulier/pluriel. Le reste de la classe doit trouver le plus vite possible un nom correspondant et l'épeler. Le(la) plus rapide décide du nom suivant.
Ex. : un nom commun, abstrait, pluriel, féminin → folies

Leçon 9 — Les articles

Activité 1

> Ils entrèrent, et dans la **chaumière** étaient une jolie petite **salle**, une **chambre** où était placé leur lit, une **cuisine** et une **salle à manger** […]. Derrière étaient une petite **cour** avec des **poules** et des **canards**, et un petit **jardin** avec des **légumes** et des **fruits**.
>
> **J. et W. Grimm**, « Le pêcheur et sa femme », *Contes*, 1875

a. Quelle est la classe grammaticale des mots en gras ?

b. De quel petit mot chacun est-il précédé ? Quelle est sa classe grammaticale ?

c. Quel lien y a-t-il entre ce petit mot et celui en gras ?

Activité 2

1. **Le** chat est un animal de la famille des félins.
2. Mes enfants aimeraient avoir **des** chats.
3. Maitre Cornille avait **un** chat qui surveillait son moulin. **Le** chat chassait **les** souris.
4. **L'**Égypte est un pays où **le** chat était une divinité pendant **l'**Antiquité.

Pour un nom général	Pour un nom désignant quelqu'un ou quelque chose d'unique	Pour un nom désignant ce dont on a déjà parlé	Pour un nom dont on n'a pas encore parlé, qui n'est pas précisé

a. Reproduis le tableau et classes-y les articles en gras.

b. Il existe des articles indéfinis et des articles définis. À ton avis, quel est le nom des articles des colonnes jaunes ? Et de la colonne verte ?

Activité 3

a. Transforme les phrases en remplaçant le nom en gras par celui entre parenthèses. Quels articles sont apparus ?

1. J'ai parlé de ce livre à la **fille** de mon ami. *(enfants)*
2. Il s'est réveillé à trois heures du **matin**. *(après-midi)*
3. Ils repensent souvent au **film**. *(exposition)*
4. Les films de la **réalisatrice** ont remporté plusieurs récompenses. *(réalisatrices)*

b. Utilise ce que tu viens de constater pour compléter ces égalités.

| du = de + ? | | des = de + ? | | au = à + ? | | aux = à + ? |

Activité 4

a. Complète le texte de la bulle à l'aide de la liste de courses. Quels petits mots as-tu utilisés devant les noms ?

Courses à faire :
– sucre   – confiture   – farine
– beurre   – lait   – shampoing

Je dois acheter …

b. Devant quels noms de la liste suivante peux-tu mettre les petits mots que tu as utilisés dans la bulle ?

garçon • joie • colère • béton • assiette • courage • eau • voiture • brouillard • sable • question • semoule • cuisinier

c. Peux-tu mettre un chiffre (2, 6…) devant ces noms ? Pourquoi ?

Je retiens

- **L'article appartient à la classe grammaticale des déterminants.** C'est un petit mot qui se place obligatoirement devant un nom commun (et certains noms propres) et qui indique son genre et son nombre.
- On distingue plusieurs catégories d'articles :
  - l'**article indéfini** est utilisé devant un nom désignant ce qui n'est pas connu, dont on n'a pas encore parlé ;
  - l'**article défini** est utilisé devant un nom désignant ce qui est unique, ce dont on parle en général ou ce dont on a déjà parlé ;
  - l'**article partitif** s'utilise au singulier devant certains noms qui ne peuvent pas être comptés. Il peut être remplacé par « **un peu de** ».

Pour dire, pour écrire

- On utilise **les articles indéfinis** lorsqu'on nomme quelque chose ou quelqu'un pour la première fois car le lecteur ne sait pas encore de qui ou de quoi on parle.
- **Quand on reprend** ensuite le même nom ou un nom qui désigne ce qu'on a déjà nommé, **on utilise les articles définis**.

Articles définis :
le/l'
la/l'
les

Articles définis contractés :
de + le = du
de + les = des
à + le = au
à + les = aux

Articles indéfinis :
un/une
de/des

Articles partitifs :
du/de l'
de la/de l'

Repérer

1 Relève tous les articles et indique quel nom chacun détermine.
1. Un jour, je visiterai l'Australie car j'ai toujours rêvé de voir des kangourous et l'opéra de Sydney.
2. Le caméléon a de gros yeux et une peau à la capacité étonnante de changer de couleur.
3. L'avion a été inventé par l'ingénieur Clément Ader.

2 Tous les mots en gras sont-ils des articles partitifs ?
1. Une bonne odeur sort **de la** cuisine ! Je prendrais volontiers **de la** tarte à la myrtille avec **du** thé.
2. Suis les conseils **du** maçon : pour préparer un bon ciment, il faut **du** sable, **du** mortier et **de l'**eau.
3. J'ai beaucoup aimé le personnage **de la** nouvelle car il a **du** courage et **du** tempérament.

3 EXO **4** EXO

Manipuler

5 Réécris les phrases en remplaçant le nom en gras par celui entre parenthèses. Encadre l'article.
1. Ulysse a combattu les **prétendants** (adversaire).
2. Le **cheval de Troie** (ruse) a permis de vaincre la **cité** (Troyens).   3. Achille commande les **soldats** (armée) pendant la bataille.   4. Pénélope pense à l'**arrivée** (retour) d'Ulysse.

6 Complète chaque phrase avec les articles adéquats. Lesquels sont des partitifs ?
1. ... cigogne est ... animal migrateur. Elle quitte ... nord de ... Europe pour passer ... hiver dans ... pays chauds.   2. ... petit déjeuner est prêt. Veux-tu ... beurre ou ... confiture ?   3. Il était une fois ... roi et ... reine très heureux. ... reine mit au monde ... enfant.

7 EXO   **8** EXO

Écrire

G. Doré, illustration pour *Le Petit Poucet*, 1867

9 Décris le vol des bottes de l'ogre par le Petit Poucet en utilisant 4 articles indéfinis (soulignés en rouge), 4 articles définis (soulignés en bleu) et 2 articles partitifs (soulignés en vert).

10 EXO   **11** EXO

Produire à l'oral

12 Chaque élève écrit sur un petit papier un article de son choix et le place dans une urne. À tour de rôle, un(e) élève tire un papier et propose une phrase employant l'article pioché.
Ex. : au → Je mange un gâteau **au** chocolat.

Leçon 10 : Les déterminants possessifs et démonstratifs

Activité 1 — Ce texte contient des articles que tu connais et d'autres déterminants. À toi de les retrouver et d'en faire la liste.

> Il disait à tout le monde :
> « Regardez cet ours en peluche, croyez-le ou non, il m'a sauvé la vie ! »
> Quand le G.I. Charlie fut finalement décoré, il épingla sa médaille sur ma poitrine. L'histoire fit le tour des journaux, on voyait ma photo partout. Je fus très fier de toute cette attention. Charlie me rebaptisa Alamo et je devins la mascotte de son régiment.
>
> T. **Ungerer**, *Otto*, © L'École des loisirs, 1999

Activité 2 — Place les différents déterminants en gras dans les bonnes urnes.

Appartient à Moi, toi, lui...

C'est là-bas !

1. Regarde comme **ces** fleurs sont belles ! Elles sont dans **ton** jardin. **Leur** odeur est envoutante.
2. C'est **mon** livre ! Je l'ai acheté avec **mes** économies.
3. Montre-moi **ce** bobo ! **Ta** robe n'est-elle pas déchirée ?
4. **Cette** enfant est vraiment turbulente ! Elle a cassé **ses** lunettes !
5. **Nos** vacances étaient très réussies grâce à **leurs** conseils.

Activité 3

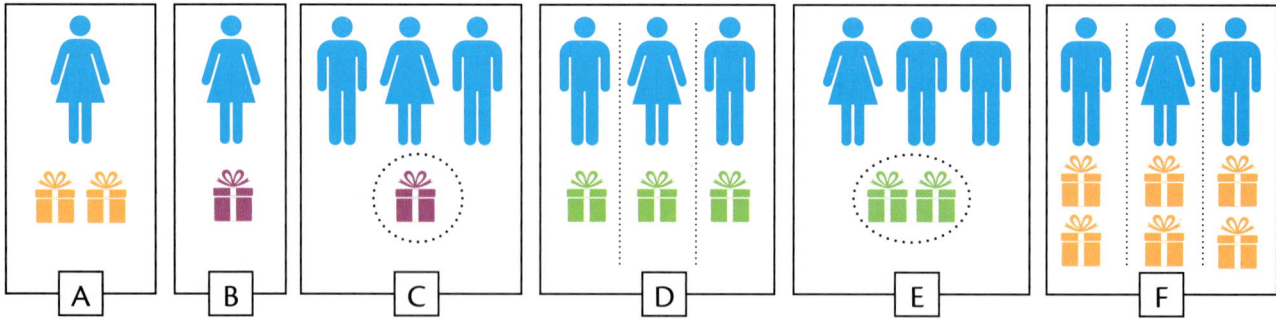

A B C D E F

Observe attentivement les dessins et lis les phrases. Associe chaque phrase à la lettre du dessin correspondant. Plusieurs réponses sont possibles.

1. Ce soir, je lui donnerai son cadeau.
2. Ce soir, je leur donnerai leur cadeau.
3. Ce soir, je leur donnerai leurs cadeaux.
4. Ce soir, je lui donnerai ses cadeaux.

Je retiens

- Le **déterminant** se place devant un nom commun (et certains noms propres) et indique son genre et son nombre.
- Le **déterminant démonstratif** désigne un être ou une chose que l'on montre ou dont on a déjà parlé. Il peut prendre différentes formes, selon l'objet dont on parle : **ce/cet, cette, ces**.
- Le **déterminant possessif** désigne un être ou une chose et précise à qui il appartient. Sa forme change selon le possesseur et l'objet possédé.

Pour dire, pour écrire

Le déterminant possessif « ma » devient « mon » devant les noms féminins commençant par une voyelle ou un h muet.
Ne pas confondre :
– le déterminant possessif **« ses »** avec le démonstratif **« ces »** ;
– le déterminant démonstratif masculin **« cet »** et le féminin **« cette »** !

Déterminants démonstratifs C : qui est là-bas, dont on a déjà parlé → ce, cet, cette, ces

Déterminants possessifs S : à moi, à toi, à elle, à lui, à nous, à vous, à eux, à elles → ma, ta, **sa**, mon, ton, **son**, mes, tes, **ses**, notre, votre, leur, nos, vos, leurs

Repérer

1 Indique si chaque déterminant en gras est possessif ou démonstratif.
1. **Ton** père t'accompagnera à **cette** soirée, demain.
2. **Ce** film n'avait pas d'intérêt ; j'aurais dû le voir à **sa** bande-annonce !
3. Quand vous prenez **votre** bain, évitez de mouiller toutes **vos** affaires !
4. **Ce** soir, je leur rendrai **leurs** affaires.

2 Repère les déterminants de ce texte et indique leur nom, leur genre et leur nombre.
Après ces nobles paroles, il s'assit. Alors Télémaque embrassa son noble père en sanglotant. Le désir de pleurer les submergea [...]. La nuit serait tombée sur leurs pleurs, si Télémaque, tout à coup, n'avait dit à son père : « Père, quels marins t'ont conduit sur leur navire dans Ithaque ? » D'après **Homère**, *L'Odyssée*, chant XVI

3 EXO+ **4** EXO+

Manipuler

5 Mets chaque GN suivant au féminin.
mon fils • son père • mon instituteur • mon ami • cet homme • leur boulanger • ton oncle • ce chat

6 Recopie les phrases suivantes et complète-les avec « ses » ou « ces ». Pense aux urnes de l'activité 2 pour t'aider.
1. ... immeubles sont vraiment laids ; ils gâchent le paysage !
2. Alexis a encore perdu ... chaussettes.
3. Je n'aime pas ... conversations dans lesquelles personne ne s'écoute.
4. ... tomates sont bien mûres.
5. Faustine a pris l'habitude de faire ... devoirs toute seule.

7 EXO+ **8** EXO+

Écrire

C. Pissarro, *Vue de Pontoise : Quai du Pothuis*, détail, 1868, Mannheim, Städische Kunsthalle (Fine Art Museum)

9 Décris ce tableau le plus précisément possible en utilisant des déterminants possessifs et démonstratifs que tu souligneras. Tu peux aussi utiliser d'autres déterminants, bien sûr.
Ex. : Dans **ce** tableau de Camille Pissarro, un homme et une femme se promènent avec **leur** fillette. **Ce** couple nous tourne le dos...

10 EXO+ **11** EXO+

Produire à l'oral

12 Par groupes, écrivez chacun un nom commun de genre et de nombre variés sur un papier placé ensuite dans une urne. Chaque élève tire un nom et invente deux phrases : l'une où le nom sera précédé d'un déterminant démonstratif, l'autre où il sera précédé d'un possessif.

EXO+ lienmini.fr/jdl6-110
→ Fiche 1 EXO 3 7 10
→ Fiche 2 EXO 4 8 11
→ Exercices interactifs

Leçon 11 — L'adjectif qualificatif

Activité 1

Au loin apparut une fille. Elle portait un pull et des chaussettes. Sur sa tête était posé un bonnet. Ses pieds étaient chaussés de bottines.

rayé — mince — trouées — petits — rond — bleu — rouges — blonde — grande — tricotées — usées

a. Réécris le texte en plaçant tous les mots proposés aux endroits adéquats (il peut y avoir plusieurs possibilités). Comment as-tu procédé ?

b. Quel type d'information apportent les mots que tu as ajoutés ? Quelle version du texte préfères-tu ? Pourquoi ?

Activité 2

Masculin singulier	Féminin singulier	Masculin pluriel	Féminin pluriel
		bons	
	facile		
national			
		nouveaux	
			douces
	neuve		
pluvieux			
			mauvaises

Reproduis le tableau et complète-le en t'aidant des cases déjà remplies.

a. Par quel moyen met-on le plus souvent un adjectif au pluriel ? Quelles autres formes existent également ?

b. Par quel moyen met-on le plus souvent un adjectif au féminin ? Quelle modification peut-il y avoir également ?

c. Dans quel cas un adjectif est-il identique au masculin et au féminin ? Et au singulier et au pluriel ?

Activité 3

P.-A. Renoir, *Femme à l'ombrelle dans un jardin*, 1873, Lugano-Castagnola, Villa Favorita

Ayant poussé la **porte** étroite qui chancelle,
Je me suis promené dans le petit **jardin**
Qu'éclairait doucement le soleil du matin,
Pailletant chaque fleur d'une humide **étincelle**.

P. Verlaine, « Après trois ans »,
Poèmes saturniens, 1866

a. Relève les GN dont chaque nom en gras est le noyau. Souligne l'adjectif que chacun contient. Où se trouve-t-il par rapport au nom ?

b. À quel genre et à quel nombre est l'adjectif « étroite » ? Pourquoi ?

c. L'adjectif « humide » est-il au masculin ou au féminin ? Comment as-tu fait pour le savoir ?

Je retiens

- **L'adjectif qualificatif** est **une classe grammaticale**. Il sert à donner des détails sur un nom : sa forme, sa taille, sa couleur, son état... Un participe passé peut également être utilisé comme un adjectif.
- **L'adjectif s'accorde en genre et en nombre** avec le nom qu'il qualifie (ou avec le pronom qui remplace le GN).
- Quand l'**adjectif** fait partie d'un groupe nominal, il est **épithète**. Il peut se placer **avant** ou **après le nom**.
- Il peut également être **attribut du sujet**.

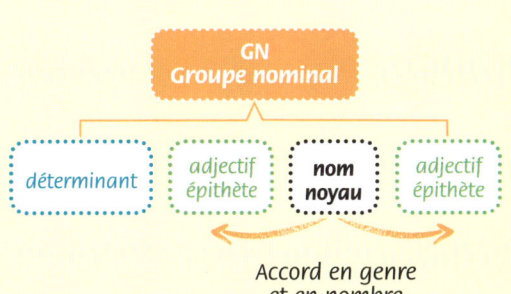

Pour dire, pour écrire

Les adjectifs apportent une précision sur les noms. Ils sont particulièrement utiles dans les descriptions afin de pouvoir mieux se représenter ce qui est décrit.

Repérer

1 Reproduis le tableau et classes-y les adjectifs suivants : neuve • précieux • bizarre • bel • volantes • nouvelles • creuse • rousses • locaux • facile. **Certains peuvent aller dans plusieurs cases.**

	Masculin	Féminin
Singulier		
Pluriel		

2 Quels adjectifs en gras sont des épithètes ? Indique le nom qu'ils qualifient.

La **sage** Athéna transforma alors l'apparence d'Ulysse. Le héros devint **vieux** et **voûté**. Sa **belle** peau se rida, ses cheveux **blonds** devinrent **blancs**, ses yeux si **beaux** se ternirent. Enfin, elle jeta sur lui de **sordides** haillons. Il était devenu **misérable**.

3 EXO  **4** EXO

Manipuler

Orthographe

5 **Mets au féminin singulier les adjectifs** roux • internationaux • beaux • fréquents • courageux • inoffensifs • sauvages • longs • blancs • frais.

6 **Mets entre crochets les GN et souligne les adjectifs épithètes qu'ils contiennent.**

J'aime d'un fol amour les monts fiers et sublimes !
Les plantes n'osent pas poser leurs pieds frileux
Sur le linceul d'argent qui recouvre leurs cimes ;
Le soc s'émousserait à leurs pics anguleux.

Ni vigne aux bras lascifs, ni blés dorés, ni seigles ;
Rien qui rappelle l'homme et le travail maudit.

T. Gautier, *Dans la Sierra*, « España », 1845

7 EXO **8** EXO

Écrire

Gustav Klimt, *Femme avec éventail*, 1917-1918, huile sur toile, Leopold Collection, Vienne, Autriche

9 **Voici une série d'adjectifs déjà accordés :** pensive • penché • multicolores • frisés • noir • marron • violettes. **Décris la femme du tableau. Utilise ces adjectifs, qui seront épithètes, sans les modifier.**

10 EXO  **11** EXO

Produire à l'oral

12 La classe crée deux séries de papiers : sur une série seront écrits des noms masculins ou féminins, singuliers ou pluriels ; sur l'autre, seront écrits des adjectifs au masculin singulier.

On tire au sort simultanément un papier « nom » et un papier « adjectif ». L'élève dont c'est le tour invente une phrase avec le GN constitué des deux mots tirés, convenablement accordés. *Ex. : feuilles et poussiéreux → Le grenier est rempli de feuilles poussiéreuses.*

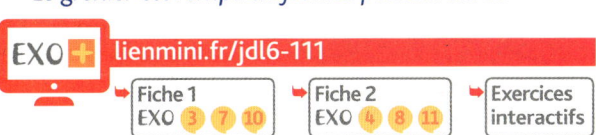

Leçon 12 — Le groupe nominal

Activité 1

> La **grand-mère** voit **le loup**.

a. Les groupes de mots en gras sont des groupes nominaux.
À quelles classes grammaticales appartiennent les mots qui les composent ?

b. À l'oral, un premier élève reprend la phrase en ajoutant une précision à l'un des GN. Le deuxième élève ajoute à son tour une autre précision à l'un des GN. Et ainsi de suite.
Ex. : La fillette apporte un gâteau. → La gentille fillette apporte un gâteau.
→ La gentille fillette apporte un gâteau au chocolat.
La classe écrit les nouveaux GN obtenus.

Activité 2

> **Gandalf** apparut devant **Bilbo**. Le célèbre **magicien** avait une très importante **mission** à lui confier. Mais le petit **hobbit** n'avait pas très envie de quitter sa confortable **maison** de Cul-de-Sac.

a. Réécris le texte en remplaçant les noms en gras par un pronom personnel. Quels mots ont également disparu dans ton texte ?

b. En comparant les deux versions, fais la liste des GN du texte initial. Quelles classes grammaticales sont présentes dans tous les GN ?

Activité 3

Voici un texte dont les GN entre crochets ont été mal délimités.

> Arachné est [une excellente] tisseuse. Malheureusement, elle [possède un trop grand orgueil] et défie la [déesse Athéna]. [Pour punir l'impudente], la [divinité] en fait [une] simple araignée.

Recopie-le et corrige les délimitations des GN en t'aidant de ce que tu as découvert dans les activités 1 et 2.

Activité 4

a. Associe les étiquettes de manière à former le plus de groupes nominaux. Quel est le nom noyau de chaque GN ?

[où dorment les Sept Nains] [grands] [qui sont destinées à Blanche-Neige] [en bois] [vieille]
[pommes] [lits] [les] [de sorciers] [la] [ces] [rouges] [maison] [chancelante] [empoisonnées]

b. Dans un tableau, classe les étiquettes que tu as utilisées. Quels mots prennent les marques de genre et de nombre du nom ?

Nom	Déterminant	Adjectif	Groupe de mots avec un nom ou un verbe conjugué

Je retiens

- Le **groupe nominal** est un groupe de mots organisé autour d'un **nom noyau** et de son **déterminant** qui ont le même genre et le même nombre. Un nom et son déterminant constituent un **GN minimal**.
- Le nom peut être précisé par un ou plusieurs mots : adjectifs épithètes, groupes de mots avec un verbe conjugué ou avec un nom. Le nom, son déterminant et tous les mots qui le précisent constituent un **GN étendu**.
- Les adjectifs épithètes prennent le genre et le nombre du nom qu'ils précisent.
- Quand on remplace un nom par un pronom, tout le groupe nominal disparait.

> nom + déterminant
> =
> groupe nominal **minimal**

> nom + déterminant
> + mots qui apportent
> des précisions sur le nom
> =
> groupe nominal **étendu**

Pour dire, pour écrire

À l'écrit, il faut penser à trouver **le nom noyau** du groupe nominal pour pouvoir faire **les accords qui ne s'entendent pas toujours à l'oral**.

Repérer

1 Identifie les GN et le nom noyau de chacun.
1. Veux-tu voir un film comique ou un documentaire ?
2. Les élèves de la classe visiteront un musée demain.
3. Mon ami pratique la natation et le tir à l'arc.
4. Les Romains ont construit des arcs de triomphe.
5. Un triangle rectangle possède un angle droit.

2 Dans le texte, relève un GN minimal, quatre GN étendus avec un adjectif épithète et un GN étendu avec deux adjectifs épithètes.

Il y a là un grand figuier sauvage, avec un feuillage luxuriant, au-dessus duquel, dans un sifflement, la divine Charybde engloutit l'eau noire. Elle la rejette trois fois par jour, et trois fois, dans un sifflement terrible, l'engloutit.   **Homère**, *Odyssée*, chant XII

Manipuler

5 Identifie les groupes nominaux étendus et réduis-les à des GN minimaux.

Il serait pirate. [...] Il porterait un costume de velours noir, de hautes bottes à revers, une ceinture cramoisie à laquelle seraient passés de longs pistolets. Son coutelas rouillé à force de crimes lui battrait la hanche, une plume ornerait son chapeau de feutre.

M. Twain, *Les Aventures de Tom Sawyer*, 1876

6 Réécris le texte en mettant *trou* et *hobbit* au pluriel et en faisant toutes les modifications nécessaires.

Orthographe

Au fond d'un trou vivait un hobbit. Non pas un trou immonde, sale et humide, rempli de bouts de vers et de moisissures, ni encore un trou sec, dénudé, sablonneux, sans rien pour s'asseoir ni pour se nourrir : c'était un trou de hobbit [...].

J.R.R. Tolkien, *Le Hobbit*, trad. D. Lauzon,
© Christian Bourgois, 2012

Préparer une dictée

9 Indique le genre et le nombre des noms noyaux en gras. Relève les GN auxquels ils appartiennent.

Les **oiseaux** attristés, Orphée, les **bêtes** féroces, les durs **rochers**, les **forêts** si souvent entraînées par tes chants, tous te pleurèrent. Les arbres dépouillèrent leur feuillage, et on dit que les fleuves grossirent de leurs propres **larmes**.

Ovide, *Les Métamorphoses*, XI, trad. A. Collognat,
© Pocket, 2005

Produire à l'oral

12 Voici un texte avec des GN minimaux.

La femme est debout. Son visage est tourné vers nous et ses yeux nous regardent. Elle porte un vêtement bleu. Elle a des cheveux.

Oralement, transformez ce texte avec des GN étendus. Une moitié de la classe décrira la jeune fille de Klimt, l'autre moitié la femme de Manet.

G. Klimt, *Portrait de M. Primavesi*, 1912, MoMA, New York

É. Manet, *Nana*, 1877, Kunsthalle, Hambourg

Leçon 13 — Les pronoms personnels, possessifs et démonstratifs

Activité 1

Dorothée prit les souliers et **les** porta dans la maison. Après **les** avoir déposés sur la table, **elle** revint vers les Munchkins et déclara :

« **J'**aimerais retourner chez mon oncle et ma tante. **Je** suis sûre qu'**ils** se font beaucoup de soucis pour **moi**. Pourriez-**vous** **m'**aider à retrouver mon chemin ? […]

– La route qui mène à la cité d'Émeraude est pavée de briques jaunes, reprit la sorcière. **Vous** ne pourrez pas **la** manquer. »

L. F. Baum, *Le Magicien d'Oz*, trad. M. Costa, © Le Livre de Poche Jeunesse, 2015

a. Retrouve quels noms remplacent les mots en gras et classe leur étiquette dans chaque groupe.

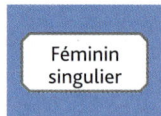 Féminin singulier   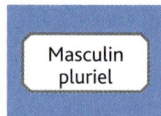 Masculin pluriel

 les · elle · J' · Je · ils · moi · vous · m' · la

b. Quel est le point commun entre les noms et les mots en gras ?

Activité 2

Chaque nom en gras des phrases 1 a été remplacé par des mots étiquettes de la même couleur que lui dans les phrases 2.

1. **Hermès** va voir **Pâris** pour **lui** confier **la pomme d'or**. **Pâris** **l'** offre à **Aphrodite**.
   Sujet   COD   COS   COD   sujet COD   COS
2. **Il** va **le** voir pour **la** **lui** confier. **Il** **la** **lui** offre.

a. Recopie chaque nom suivi de tous les mots qui le remplacent, analyse leur genre et leur nombre et explique le lien qui les unit.
b. Observe les indications de fonctions et explique pourquoi les mots qui remplacent les noms peuvent changer de forme.

Activité 3

a. Retrouve quels noms remplacent les mots en gras.
b. Associe chacun à une bulle.

1. Tu as passé ton été à chanter ; j'ai passé **le mien** à travailler.
2. Mes affaires sont bien rangées ; pas **les siennes** !
3. Vos amis sont sympathiques ; **les nôtres** le sont davantage.
4. Nos armées sont bien préparées mais **les leurs** également.

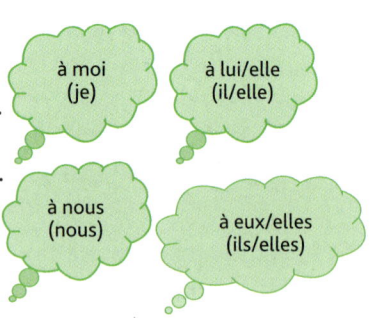

à moi (je) · à lui/elle (il/elle) · à nous (nous) · à eux/elles (ils/elles)

Activité 4

Retrouve quels mots ou groupes de mots remplacent les mots en gras, puis classe-les en deux catégories, selon qu'ils montrent une personne ou un objet, ou qu'ils évoquent un élément du texte dont on a déjà parlé.

1. Voici deux manteaux fourrés. Préférez-vous **celui-ci** ou **celui-là** ?
2. Tu as vu ces maillots de bains ? Je n'achète que **ceux** en promotion.
3. Les hommes unirent leurs forces pour construire une tour immense. **Celle-ci** devait atteindre le ciel. Iahvé confondit leur langage pour qu'ils ne se comprennent plus. **Ceux** qui étaient venus de loin rentrèrent chez eux.

Je retiens

- Le **pronom** est une classe grammaticale. Ces mots **remplacent des noms** ou **des GN**. Ils prennent le genre et le nombre du nom remplacé.
- **Les pronoms personnels** peuvent désigner directement quelqu'un (je/tu…) ou reprendre un nom, un GN ou toute une partie de phrase.
Ils varient selon la fonction qu'ils occupent dans la phrase.
- **Les pronoms démonstratifs** désignent des personnes ou des choses comme si on les montrait du doigt ou évoquent quelque chose dont on a déjà parlé.
Il existe une forme neutre « ce, ceci/cela, ça ».
- **Les pronoms possessifs** permettent d'insister sur l'identité du possesseur avec lequel ils s'accordent. Ils remplacent un nom précédé d'un déterminant possessif.

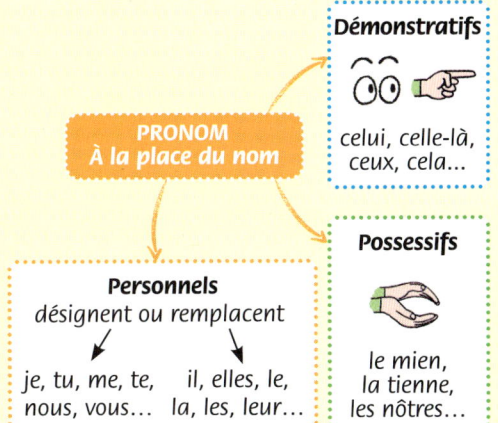

Pour dire, pour écrire

Employer des pronoms permet d'éviter la répétition d'un nom pour ne pas alourdir son discours ou son texte.

Repérer

1 Retrouve quels noms remplacent les pronoms en gras.

Au bout d'un mois, la Barbe bleue dit à sa femme qu'**il** était obligé de faire un voyage en province […], qu'**il la** priait de se bien divertir pendant son absence, qu'**elle** fît venir ses bonnes amies, qu'**elle les** menât à la campagne si **elle** voulait.

C. Perrault, « La Barbe bleue »,
Les Contes de ma mère l'Oye, 1697

2 Indique la nature des pronoms en gras.
1. Ton cahier, je **le** regarderai ce soir.
2. Je prendrai **celui-ci**, s'il vous plaît.
3. Ton frère a deux ans ? **Le mien** aussi !
4. Irez-**vous** au théâtre ce weekend ?

3    **4**

Manipuler

5 Recopie ces phrases et complète-les avec le pronom approprié dont tu indiqueras la nature.
1. Veux-tu prendre mon vélo ? Non, je préfère ….
2. Tu préfères les sonates de Bach ou … de Beethoven ?
3. Les hirondelles volent bas ; … vont bientôt migrer.
4. … qui ont fait cela doivent se dénoncer !

6 Réécris ces phrases en modifiant le nombre de chaque pronom en gras. Pense à faire les modifications nécessaires !
Ex. : je → nous ; tu → vous.
1. **J'**aime le bruit des vagues.
2. Veux-**tu** venir avec **moi** ?
3. **Il lui** offrit des fleurs. **Elle les** accepta.
4. **Ils** reviendront quand **ils** auront tout vu.

7    **8**

Écrire

9 Invente ce que pourrait dire chaque personnage. Utilise des pronoms démonstratifs et possessifs.

Francisco Goya, *Enfants se battant pour des châtaignes*, 1777-1785, Madrid, Fondation Santamarca

10   **11** EXO

Produire à l'oral

12 Par trois, écrivez des noms d'objets et/ou d'animaux sur des papiers que vous mélangez. Le premier en tire un et donne une qualité de cet objet ou animal. Le deuxième affirme que son objet est mieux en employant un pronom possessif. Le troisième indique sa préférence entre les deux avec un pronom démonstratif.

Ex. : élève 1 : « Mon éléphant est merveilleux. »
Élève 2 : « Le mien est beaucoup plus fort. »
Élève 3 : « Je préfère celui de l'élève 1 parce qu'il lance de l'eau avec sa trompe. »

Leçon 14 — Distinguer pronom et déterminant

Activité 1 Dans le texte suivant, les pronoms sont surlignés en jaune et les déterminants en bleu.

Photogramme du dessin animé *Alice au pays des merveilles* de Walt Disney, 1951

Elle prit l'éventail et une paire de gants, et elle allait quitter la chambre quand ses yeux se posèrent sur un petit flacon qui se trouvait près du miroir. Cette fois, il n'y avait pas d'étiquette avec les mots BOIS-MOI, pourtant elle le déboucha et le porta à ses lèvres.

L. Carroll, *Alice au pays des merveilles*, 1865

Observe bien le texte et valide ou non les propositions.

	VRAI	FAUX
1. Le pronom remplace des noms.		
2. Le pronom peut être suivi d'un adjectif.		
3. Les pronoms sont très souvent suivis d'un verbe.		
4. Le déterminant indique le genre et le nombre du nom.		
5. Les déterminants peuvent être séparés du nom par un adjectif.		
6. Les déterminants sont toujours placés avant le nom.		

Activité 2
a. Reproduis les bulles telles qu'elles sont disposées et places-y ces mots selon leur classe grammaticale. Tu peux t'aider des leçons précédentes.

lui • mon • eux • toi • sa • les • celui-ci • des • la • leur • le sien • notre • le nôtre • cette • ce • ceux • je • ta • ça • l' • il • les tiens • le.

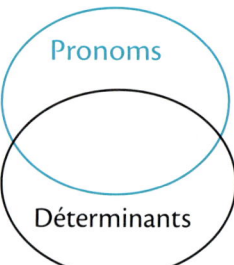

b. As-tu placé des mots dans l'intersection des deux bulles ? Qu'est-ce que cela signifie ?

c. Reproduis le tableau et complète-le.

	Déterminants	Pronoms
Démonstratifs	Ce (garçon)	
	....	Celle-ci
	Ces (enfants)	....
Possessifs	Mon (ballon)	....
	....	La tienne
	Ses (amis)	....
	....	La nôtre
	Votre (voisin)	....
	Leurs (cousins)	....

Activité 3 Relève, dans ces phrases, les mots qui se prononcent de la même manière, mais dont l'orthographe est différente. Retrouve si chaque mot est un déterminant ou un pronom.

1. Si ça la gêne, elle n'a qu'à enlever sa capuche.
2. Ce chien aboie contre tous ceux qui s'approchent.
3. « Notre voiture est cassée ! – La nôtre aussi ! »
4. « Votre proposition ne me satisfait pas. – La vôtre non plus. »
5. Leurs voisins leur font toujours de beaux cadeaux.

Je retiens

- Certains pronoms et déterminants sont des homophones. Pour les distinguer :
  - le **déterminant** est placé **devant un nom** et peut être remplacé par un autre déterminant (un/une/des) ;
  - le **pronom remplace** un nom, un GN ou une partie de phrase. Le pronom est souvent placé devant le verbe.
- Pour d'autres, l'orthographe n'est pas la même suivant que le mot est un déterminant ou un pronom.

Pour dire, pour écrire

Devant un verbe, une seule orthographe possible : **leur**.

Mot	Nature	Astuce pour le reconnaitre
Leur(s) ami(s)	Déterminant possessif 3ᵉ PP — Test de remplacement	S'accorde avec le nom qui le suit. Peut être remplacé par **un/une/des**.
Leur/ lui	Pronom possessif — Test de remplacement	Remplace un GN. Peut être remplacé par son singulier **lui**. Ne prend jamais de **s**.
Ce (garçon)	Déterminant démonstratif masc. sing — Test de remplacement	Est suivi d'un nom masculin singulier. Peut être remplacé par **un**.
Ceux	Pronom démonstratif masc. plur.	Remplace un GN. Est parfois suivi de **qui**.
Sa (fille)	Déterminant possessif fém. sing — Test de remplacement	Est suivi d'un nom féminin singulier. Peut être remplacé par **une**.
Ça = cela (familier)	Pronom démonstratif neutre	Remplace un groupe de mots ou une phrase. Est l'équivalent de **cela**, plus élégant.

Repérer

1 Indique, pour chacun des mots en gras, s'il est déterminant ou pronom. S'il est déterminant, remplace-le par un/une/des, s'il est pronom, retrouve quel GN il remplace.
1. **Le** Petit Poucet a ramassé des cailloux pour **les** jeter derrière **lui**.
2. L'ogresse l'accueille avec **ses** frères.
3. **Elle** a peur que l'ogre **les** mange alors elle **les** cache.
4. **Le** petit héros prend **les** couronnes des petites ogresses et **les** place sur la tête de **ses** frères.
5. Le Petit Poucet vole **la** paire de bottes de l'ogre et **la** met pour aller plus vite.
6. Les petits garçons retrouvent **leurs** parents qui **leur** ouvrent les bras.

2 Indique si leur est un pronom ou un déterminant.
[Le Petit Poucet] leur dit donc : « Ne craignez point, mes frères […], suivez-moi seulement. » Ils le suivirent, et il les mena jusqu'à leur maison par le même chemin qu'ils étaient venus dans la forêt. Ils n'osèrent d'abord entrer, mais ils se mirent tous contre la porte pour écouter ce que disaient leur père et leur mère.

C. Perrault, *Le Petit Poucet*, 1697

Manipuler

6 Imagine le GN que chacun des pronoms en gras peut remplacer. Tu entoureras le déterminant.
*Ex. : Léa voudrait **celles** qui sont en cuir. → Ces bottes.*
1. Jean **l'**a aperçu hier.
2. C'est **le mien** !
3. Jeanne a perdu **les siennes** hier.
4. Je préfère **celui-ci**.
5. Rapporte-**les** tout de suite !
6. Vous **l'**avez bien réussi !

7 Complète ces phrases avec le pronom leur ou le déterminant leur(s).
1. Les ouvriers ont mis … casque et … bottes pour se rendre sur le chantier.
2. Ils ont pris … petit déjeuner très tôt le matin car il … faut des forces pour travailler.
3. Le contremaitre … donne des instructions. Il … recommande d'être prudents.
4. … chantier … donne satisfaction.
5. … journées ne sont pas de tout repos.

Écrire

11 Voici des ingrédients pour composer une recette : deux œufs, de la farine, du sucre, du chocolat, trois poires, dix amandes. Pour chaque ingrédient, tu feras une phrase dans laquelle il est repris par un pronom, en respectant ce modèle :
« *Prenez deux œufs, cassez-les…* » Le tout fera une excellente recette !

Produire à l'oral

14 Par deux, inventez des devinettes en désignant le nom que vous voulez faire deviner par un pronom, selon le modèle suivant :
« *Je le bois chaud tous les matins. … C'est le lait !* »
« *Le mien est rouge à pois bleus. … C'est mon bonnet !* »

Bilan

▶ As-tu bien compris les leçons sur le nom ?
Vérifie en lisant cet extrait et en répondant aux questions d'un groupe.

Texte support

Le téléphone

Le téléphone

Dans les herbes, dans les buissons
Dans les fleurs bleues, rouges ou jaunes
C'est pour entendre ta chanson
Que je t'appelle ô **Téléphone**.

5 Gaie comme celle du pinson
Celle de la grive en automne
Si douce qu'elle donne le frisson
Est la note du **Téléphone**. […]

Plumages bruns, plumages blonds
10 Plumages roux comme l'automne
Ces cous courts ou bien ces cous longs
Ce sont des cous de **Téléphone**.

Becs ouverts avec conviction
Piaillant jusqu'à s'en rendre aphones[1]
15 Pour réclamer double ration
Tels sont les fils du **Téléphone**.

Fin comme du papier canson
Comme le bec de la cigogne
Ou la truffe du hérisson
20 Tu as beau nez ô **Téléphone**.

Mais on dit qu'il a l'ambition
D'être élu maire de Carcassonne !
Je crains que dans ces conditions
Las[2] on ne rie du **Téléphone**.

J. Roubaud, « Le téléphone »
in *Les Animaux de personne*, © Éditions Seghers,
Paris 1991, © Éditions Seghers Jeunesse, Paris, 2004

1. aphones : sans voix
2. Las : hélas

Groupe 1

Repérer

1 Strophe 1 : Relève les noms en précisant leur genre et leur nombre. Relève les deux déterminants différents qui les précèdent et donne leur nature.

2 « bleues » (v. 2) : quelle est la classe grammaticale de ce mot ? Justifie sa terminaison.

3 Dans les deux dernières strophes, relève deux pronoms différents mis pour « téléphone ». Précise le nom de ces pronoms.

Manipuler

4 Réécris les vers 9 et 10 en mettant le nom au singulier et en faisant les changements nécessaires. Quel adjectif n'as-tu pas modifié ? Pourquoi ?

5 Réduis les deux groupes nominaux des vers 18 et 19 pour en faire des groupes nominaux minimaux.

6 « ta chanson » (v. 3) : ajoute deux adjectifs épithètes à ce groupe nominal minimal.

7 Recopie la première strophe en remplaçant les noms par d'autres noms. Fais les modifications nécessaires.

Écrire

8 Invente un petit texte pour parler de ton téléphone ou de celui que tu rêverais d'avoir. Tu utiliseras des déterminants possessifs et des adjectifs que tu accorderas correctement.

Pour les élèves des trois groupes, saisissez l'adresse du lien-mini sur votre navigateur et écrivez la dictée. Soyez attentif(ve) aux accords dans le groupe nominal.

Pédagogie différenciée

Groupe 2

Repérer

1. Strophe 3 : « ces cous courts ». Comment s'appelle ce groupe de mots ? Souligne le mot noyau et indique la classe gramaticale de chaque mot.

2. Strophe 2 : quelle est la classe grammaticale du mot « celle » ? Quel nom remplace-t-il ? Quel autre mot de même classe grammaticale remplace ce nom dans la strophe ?

3. « Dans les fleurs bleues, rouges ou jaunes » (v. 2). Quelle est la classe grammaticale des mots qui accompagnent le nom ? Justifie leur accord.

Manipuler

4. Réécris les vers 1 et 2 en mettant les noms au singulier en faisant les changements nécessaires.

5. Réécris le vers 3 en remplaçant le groupe nominal par un pronom qui respecte la nature du déterminant.

6. « Comme le bec de la cigogne
Ou la truffe du hérisson » (v. 18-19)
Écris deux vers sur le même modèle en changeant de partie du corps et d'animaux. Tu souligneras les GN.

Écrire

7. Invente la « chanson » du téléphone en utilisant obligatoirement : trois déterminants de natures différentes soulignés en bleu, trois pronoms de natures différentes soulignés en vert et au moins six adjectifs accordés correctement soulignés en rouge.

Groupe 3

Repérer

1. Relève trois GN introduits par un déterminant différent et précise la nature de chacun des mots du GN.

2. Relève un pronom personnel présent dans la strophe 1. Qui désigne-t-il ? Trouve un autre pronom dans une autre strophe et indique sa nature.

3. « douce » (v. 7) : quelle est la classe grammaticale de ce mot ? Justifie sa terminaison.

Manipuler

4. Réécris les vers 3 et 4 en mettant les pronoms au pluriel et en faisant les changements nécessaires.

5. Vers 11, remplace les deux groupes nominaux par des pronoms démonstratifs.

6. « ta chanson » (v. 3) : transforme ce groupe nominal minimal en groupe nominal étendu avec trois précisions.

Écrire

7. Choisis un objet moderne qui t'entoure et rédige à son sujet une ou plusieurs phrases. Ton texte devra contenir au moins trois GN étendus, un pronom possessif, un personnel et un démonstratif, deux déterminants démonstratifs et un possessif. Souligne ces éléments.

Comment reconnaitre un verbe et comprendre son fonctionnement ?

Voici un atelier qui va vous permettre de réfléchir sur **le verbe et son fonctionnement**. Vous devez réaliser des activités d'observation et de manipulation **par petits groupes** afin que chacun puisse donner ses idées et les confronter à celles des autres. Lorsque vous vous serez mis d'accord, **vous rédigerez vous-mêmes vos conclusions**.

Un soir que les enfants **étaient** couchés, et que **le bûcheron était auprès du feu avec sa femme**, il lui dit, le cœur serré de douleur :
« Tu **vois** bien que nous ne **pouvons** plus nourrir nos enfants ; je ne saurais les voir mourir de faim devant mes yeux, et je **suis** résolu de les mener perdre demain
5 au bois, ce qui **sera** bien aisé, car, tandis qu'ils **s'amuseront** à fagoter, nous n'avons qu'à nous enfuir sans qu'ils nous voient.
— Ah ! s'écria la bûcheronne, pourrais-tu toi-même mener perdre tes enfants ? »
[...] [Le Petit Poucet] **s'était levé** doucement et **s'était glissé** sous l'escabelle de son père, pour les écouter sans **être** vu. Il **alla** se recoucher et ne dormit point du
10 reste de la nuit, songeant à ce qu'il **avait** à faire.
Il se **leva** de bon matin, et alla au bord d'un ruisseau, où il emplit ses poches de petits cailloux blancs, et ensuite revint à la maison. On partit, et le petit Poucet ne découvrit rien de tout ce qu'il **savait** à ses frères. Ils allèrent dans une forêt fort épaisse. [...] Lorsque ces enfants se virent seuls, ils se mirent à crier et à pleurer de
15 toute leur force.
Le petit Poucet les laissait crier [...]. Il leur dit donc :
« Ne craignez point, mes frères ; mon père et ma mère nous **ont laissés** ici, mais je vous **ramènerai** bien au logis : suivez-moi seulement. »

C. Perrault, *Le Petit Poucet*, 1697

PARTIE 1

Identifier un verbe, son infinitif et son groupe

Observons et manipulons

1. Voici plusieurs tests de manipulation à effectuer sur les étiquettes de la proposition en gras :
Test 1 : Quelle(s) étiquette(s) peu(ven)t être encadrée(s) par « ne... pas » ?
Test 2 : Quelle(s) étiquette(s) peu(ven)t être précédée(s) de « il » ?

| Le bucheron | était | auprès du feu |
| avec sa femme |

— Quel est le point commun des mots en orange dans le texte ? Un verbe peut-il se conjuguer ?
Bilan des tests : à quelle classe grammaticale appartiennent les mots en orange ? À quelle classe appartient le mot étiquette sur lequel les manipulations sont possibles ?

2. Rendez à chaque forme verbale du 2ᵉ paragraphe son infinitif (l. 3-6). Il peut y avoir plusieurs formes pour un même infinitif.
voir • pouvoir • s'amuser • fagoter • avoir • s'enfuir • nourrir • savoir • mourir • être • mener • perdre

3. En primaire, vous avez appris à classer les verbes en trois groupes.
— À l'aide de vos connaissances, classez les infinitifs de la question 2.
— Quelle terminaison est commune à certains infinitifs des verbes des 2ᵉ et 3ᵉ groupes ?
— Choisissez la bonne proposition :

	Présent de l'indicatif
nourrir	nous nourrons/nourrissons
mourir	nous mourons/mourissons
s'enfuir	nous nous enfuyons/nous enfuissons
munir	nous munons/munissons

En vous aidant des choix que vous venez de faire, corrigez si nécessaire votre classement en trois groupes.

Qu'avons-nous observé ?

À partir de vos recherches, récapitulez les différents moyens pour identifier un verbe.
Expliquez comment procéder pour classer les verbes dans chaque groupe.

PARTIE 2

Repérer les différents modes

Observons et manipulons

1. Voici les mêmes verbes, conjugués différemment. Quelles formes expriment un ordre ?

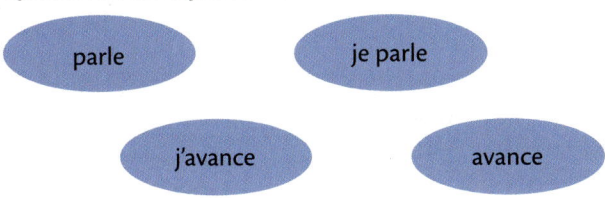

– Est-ce le sens du verbe ou la manière dont il est conjugué qui exprime l'ordre ?
– Dans le dernier paragraphe du texte, relevez deux verbes qui expriment un ordre et un verbe qui exprime une action qui s'est réellement passée pour les personnages.

2. Observez les tableaux de conjugaison à la fin de votre manuel et repérez les différents modes écrits en capitales. Mettez-vous ensuite d'accord sur les propositions qui sont vraies.

	VRAI	FAUX
Il existe 3 modes.		
L'indicatif utilise des pronoms personnels sujets.		
L'impératif a trois personnes grammaticales.		
L'infinitif et le participe utilisent un pronom sujet.		
L'infinitif et le participe sont deux modes qui n'utilisent pas les personnes ; on les nomme « modes impersonnels ».		

Qu'avons-nous observé ?

À partir de vos recherches, récapitulez le nom des modes étudiés en 6ᵉ en les classant en deux colonnes : ceux qui changent selon les personnes/ceux qui n'ont pas de personne.

PARTIE 3

Distinguer les différents temps de l'indicatif

Observons et manipulons

1. Sur une frise, reportez les formes verbales écrites en gras et en vert dans le texte en fonction du moment qu'elles expriment.

passé	présent	futur
...	vois...	...

2. Observez les formes verbales que vous avez mises dans le passé. Ont-elles le même nombre de mots ?

3. Les verbes « savait » et « alla » expriment tous les deux le passé. Sont-ils conjugués au même temps ? Décomposez chaque verbe en deux parties : radical, terminaison.

Pour repérer le temps auquel un verbe est conjugué, il faut être attentif(ve) à :

son radical ?   sa terminaison ?

Qu'avons-nous observé ?

À partir de vos recherches, expliquez ce que permettent d'exprimer les temps auxquels un verbe est conjugué et rappelez comment on identifie le temps employé.

Qu'avons-nous découvert sur le verbe ?

Faites le point avec les membres de votre groupe afin de pouvoir présenter oralement le résultat de vos observations sur le verbe :
- les moyens de le reconnaitre
- les moyens de classer les verbes
- le rôle des modes et des temps

Leçon 15 — Le présent de l'indicatif

Activité 1 Lis ce texte.

> Pendant qu'il **parle**, un vent **se lève**, glacial, tranchant, venu du nord. Il **surprend** Houmbaba, puis **disparaît**. Un autre le **remplace**, brûlant, qui **éclaire** la Forêt du sud. Puis le couchant **s'anime** à son tour et le levant **frémit**.
> À ces signes, Gilgamesh **reconnaît** la présence de Shamash, qui lui **dit** :
> « Je suis là. […] Mes Treize Vents sont à tes côtés. »
>
> *Le Premier Roi du monde, l'épopée de Gilgamesh*, adap. **J. Cassabois**,
> © Le Livre de Poche Jeunesse, 2004

a. Classe les verbes en gras dans le texte selon leur groupe.
b. Les terminaisons sont-elles les mêmes pour tous les groupes ?

1er groupe	2e groupe	3e groupe

Activité 2

a. Chaque élève prépare une carte avec la lettre [e] une autre avec la lettre [t].

AUDIO lienmini.fr/jdl6-A102

b. Écoute le texte. Pour chaque verbe, montre la carte qui correspond à la dernière lettre du verbe.
Quelle question t'es-tu posée pour choisir la bonne carte pour le roseau ? pour le lion ? pour le bouc ?

c. Quel verbe utilise-t-on pour le cri du chien ? Écris ce verbe à l'infinitif puis à la 3e personne. À quelle lettre dois-tu prêter attention ?

J. Bolton, Fauvette, *Harmonia Ruralis*, 1735-1799

Activité 3

a. Complète les bulles avec au moins deux formes verbales du texte à chacune des personnes données.

b. Observe les terminaisons pour chaque bulle. Que remarques-tu ?
Le -s est-il une marque de pluriel pour le verbe ? Explique ta réponse.

> tu…
>
> ils…
>
> « Les enfants passent l'après-midi chez leurs amis.
> – Penses-tu qu'ils s'amusent ?
> – Tu ne crois tout de même pas qu'ils s'ennuient !
> – Non, mais tu sais bien qu'ils sont un peu difficiles en ce moment.
> – Tu exagères toujours. Ils grandissent, voilà tout ! »

Activité 4

a. Voici une liste de formes verbales au présent de l'indicatif.

chante • finis • pose • sait • va • peut • veux • prends • guéris • finissent • chantez • posons • pouvons • savez • vont • guérissons • pouvez • finit • chantes • allons • prennent • veulent • guérissent • prenez • posent • savent • voulez.

Retrouve les 9 verbes et écris chaque forme verbale en séparant le radical et la terminaison selon le modèle aim-e, aim-ons, aim-ent → aim-er

b. Observe le radical de chaque verbe. Combien de radicaux peut avoir un verbe du 3e groupe ? et du 2e groupe ?

Je retiens

- Au **présent de l'indicatif**, les verbes du **1er groupe** ne changent pas de radical. Il faut être vigilant(e) :
  - aux verbes en **-eter** et **-eler** qui prennent un accent grave **è** pour faire le son [ɛ] au singulier et à la 3e personne du pluriel. Seuls **appeler**, **jeter** et leurs composés doublent le **l** ou le **t** ;
  - aux verbes en **-yer** car le **y** est remplacé par un **i** au singulier et à la 3e personne du pluriel.
- Les verbes du **2e groupe** ont deux radicaux. Au singulier, le radical est court. Au pluriel, le radical se termine en **-iss**.
- Le radical des verbes du **3e groupe** se modifie souvent aux 1re, 2e ou 3e personnes du pluriel.
- **Avoir** et **être** ainsi que 6 verbes irréguliers sont à **connaitre par cœur** : aller, faire, dire, venir, vouloir, savoir.

La formation du présent de l'indicatif

1er groupe	2e groupe	3e groupe
je R e tu A es il/elle D e nous I ons vous C ez ils/elles A L ent	je R is tu A is il/elle D it nous I ons vous C ez ils/elles A L ent	je R s tu A s il/elle D t nous I ons vous C ez ils/elles A L nt

Les formes irrégulières

je veu**x**/ je peu**x** tu veu**x**/tu peu**x** il/elle pren**d** il/elle ven**d**	vous fai**tes**/vous di**tes** ils/elles **vont** ils/elles **font**

Pour dire, pour écrire

À l'oral, on ne distingue pas le son [i]. À l'écrit, pour la 3e pers. sing., il faut vérifier le groupe du verbe : 1er gr → -ie / 2e → -it.

▼ Repérer ▼

1 Sépare le radical et la terminaison de chaque verbe puis indique son infinitif et son groupe.

Liste 1. 1. nous tassons 2. nous agissons 3. nous disons 4. vous cassez 5. vous choisissez 6. vous vivez

Liste 2. 1. je prends 2. tu cours 3. il tue 4. elle mord 5. nous guérissons 6. vous pliez 7. ils voient 8. elles font

2 Relève, dans le texte, les verbes conjugués au présent. Précise leur infinitif.

« Qu'est-ce qu'on va faire, Lebrac ? interrogeaient tour à tour les gars. »
La nuit tombait peu à peu.
« Ça dépend ! répondit évasivement le chef. […]
– Les autres ne viennent pas, ni Boulot, ni La Crique !
– Qu'est-ce qu'ils font ? »

L. Pergaud, *La Guerre des boutons*, 1912

▼ Manipuler ▼

7 Repère le sujet de chaque verbe entre parenthèses et conjugue-le au présent.

Moi, je ne *(faire)* ni une, ni deux, je *(sortir)* dans le jardin, je *(creuser)* un petit trou dans une plate-bande, j'y *(planter)* la branche de macaroni, j'*(arroser)* et je *(aller)* me coucher. Le lendemain matin, je *(redescendre)*. La branche *(être)* devenue énorme […]. Je l'*(empoigner)* à deux mains, j'*(essayer)* de l'arracher… Impossible ! je *(gratter)* la terre autour du tronc, et je m'*(apercevoir)* qu'il *(tenir)* au sol par des centaines de petites racines en vermicelle. Cette fois, je *(être)* désespéré. Je n'*(avoir)* même plus envie de retourner chez Bachir.

D'après **P. Gripari**, *La Sorcière de la rue Mouffetard*, © La Table Ronde, 1967

8 Transpose ces verbes à la personne demandée entre parenthèses. Attention aux modifications du radical !

1. je viens *(nous)* 2. tu appelles *(vous)* 3. vous buvez *(tu)* 4. je fais *(vous)* 5. nous voulons *(je)* 6. ils prennent *(tu)* 7. tu sais *(vous)* 8. nous tenons *(je)* 9. vous avez *(ils)* 10. je suis *(tu)* 11. il apparait *(ils)* 12. je vais *(vous)*

▼ Écrire ▼

13 Invente les discussions que pourraient avoir les personnages de ce tableau. Tu veilleras à présenter et à ponctuer ton dialogue correctement.

Auguste Renoir, *Le déjeuner des canotiers*, 1880, The Phillips Collection, huile sur toile, 1,30 m x 1,73 m

Leçon 16 — Les homophones de verbes au présent

Activité 1

a. Recopie ces phrases. Écoute ensuite leur lecture et écris les mots manquants. Compare l'orthographe que tu as choisie avec celle de tes camarades. Pourquoi y a-t-il des différences ?

AUDIO lienmini.fr/jdl6-A103

Les homophones sont des mots qui se prononcent de la même façon.

1. Gretel et … frère … arrivés dans la maison en pain d'épices.
2. Charles Perrault … l'auteur des contes ; Jacob … Wilhelm Grimm aussi.
3. Le Petit Poucet … semé des cailloux … l'orée de la forêt.
4. … lit souvent aux enfants des contes qui … une fin heureuse.

b. Test de transformation : réécris les quatre phrases à l'imparfait. Que constates-tu sur les mots que tu as écrits ?

c. Test de substitution : quel mot prononcé [sɔ̃] dans la 1re phrase peut être remplacé par : le/ce ?

d. Test de substitution : dans la dernière phrase, quel mot se prononçant [ɔ̃] peux-tu remplacer par : elle/il ?

e. En utilisant ce que tu as remarqué, rends à chaque mot sa classe grammaticale.

a — sont — est — ont — et — son — à — on

1. déterminant
2. mot de liaison invariable
3. pronom
4. verbe

Activité 2

1. <u>C'est</u> pendant la nuit que le Petit Poucet <u>s'est</u> rendu compte que l'ogre voulait le manger.

a. Deux groupes de mots homophones ont été soulignés dans la phrase. Quelle est la classe grammaticale du second mot de chaque groupe ?

b. Test de transformation : réécris la phrase en remplaçant « le Petit Poucet » par « je ». Quel homophone a été modifié ?

2. **Ces** **jours** derniers, l'ogre a mis **ses** **bottes** de sept lieues.

c. Quelle est la classe grammaticale du mot qui suit chaque homophone ?

d. Associe chaque homophone à son sens et à sa classe grammaticale.

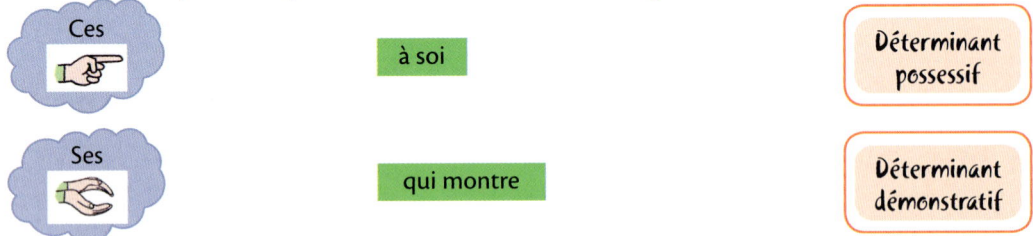

e. Test de transformation : réécris la phrase 2 en mettant les mots en gras au singulier.

Activité 3

Ma sœur [met] encore [mes] chaussures [mais] je ne suis pas d'accord !

a. Quel est le point commun des mots encadrés ?

b. Réécris la phrase à l'imparfait. Quel est le seul mot qui a été modifié ?

c. Associe chaque mot encadré à une de ces affirmations.

Je suis suivi d'un nom. | Je suis un verbe. | Je peux être remplacé par « cependant ».

Je retiens

Les **homophones** sont des mots qui **se prononcent de la même façon** mais qui ont une **orthographe** et un **sens différents**. Beaucoup d'homophones fréquents sont des verbes. Comme on ne peut pas se fier à la prononciation, il faut utiliser des manipulations pour trouver la bonne orthographe.

Pour dire, pour écrire

Pour vérifier qu'on choisit la bonne orthographe pour un homophone, il faut faire **des changements de temps/de personne/de nombre** dans sa tête ou au brouillon. Il faut en même temps **s'aider du sens que doit avoir la phrase** car une orthographe mal choisie gêne pour comprendre sa signification.

Homophone			Quel test peut-on faire ? – changement de temps – changement de personne – changement de nombre	Orthographe adéquate
[a]	a	Verbe « avoir » à la 3ᵉ pers. sing. au présent	PASSAGE DE LA PHRASE À L'IMPARFAIT	avait
	à	Préposition		Pas de changement
[ɔ̃]	ont	Verbe « avoir » à la 3ᵉ pers. plur. au présent		avaient
	on	Pronom		Pas de changement
[sɔ̃]	sont	Verbe « être » à la 3ᵉ pers. plur. au présent		étaient
	son	Déterminant possessif masc. sing.		Pas de changement
[e] [ɛ]	est	Verbe « être » à la 3ᵉ pers. sing. au présent		était
	et	Conjonction de coordination = et puis		Pas de changement
[mɛ]	met	Verbe « mettre » à la 3ᵉ pers. sing. au présent	PASSAGE DE LA PHRASE À L'IMPARFAIT	mettait
	mais	Conjonction de coordination = cependant		Pas de changement
	mes	Déterminant possessif pluriel	PASSAGE DU NOM QUI SUIT AU SINGULIER	mon/ma
[sɛ]	ses	Déterminant possessif pluriel	PASSAGE DU NOM QUI SUIT AU SINGULIER	son/sa
	ces	Déterminant démonstratif pluriel		ce/cet/cette
	c'est	Pour montrer	PASSAGE À LA 1ʳᵉ PERS. DU SINGULIER : *JE*	Pas de changement
	s'est	Pour conjuguer un verbe pronominal (se + verbe)		me suis

Leçon 17 — Les emplois du présent de l'indicatif

Le Roman de Renart, trois histoires racontées par S. Wion, illustrées par R. Windenlocher et mises en couleur par S. Bernès, *Je bouquine* N° 32, octobre 1986

Activité 1

a. Imagine ce que peut dire ou penser chaque personnage en complétant ses bulles. Quel temps as-tu employé ?

b. Pourquoi Renart sourit-il ? Qu'a-t-il l'habitude de faire à son entourage selon toi ? Quel temps as-tu employé pour répondre ?

c. Les verbes conjugués au présent dans ces phrases indiquent-ils une action qui se passe au moment de l'histoire, un peu avant, ou un peu après ?

1. Un peu avant, Renart attache un seau à la queue du loup Ysengrin.
2. Ysengrin pense qu'il est en train de pêcher des poissons.
3. Un moment plus tard, Ysengrin comprend qu'il s'est fait berner.

Activité 2

C'**étaient** des marchands qui **revenaient** des bords de la mer, ramenant des harengs frais. […]

À la distance d'une portée d'arc, Renart **reconnut** aisément les lamproies et les anguilles. Son plan est bientôt fait : il rampe sans être aperçu jusqu'au milieu du chemin, il s'étend […] sans mouvement et sans haleine. La voiture avance ; un des marchands regarde, voit un corps immobile et, appelant son compagnon :

« Je ne me trompe pas, c'est un goupil ou un blaireau.

– C'est un goupil, dit l'autre. » […]

Le croyant mort, les marchands le jettent dans leur charrette.

10   Pendant qu'ils se félicitent de l'aventure et qu'ils se promettent de découdre[1], en arrivant, la robe de Renart, celui-ci ne s'en inquiète guère ; il sait qu'**entre faire et dire il y a souvent un long trajet**.

Le Roman de Renart, trad. P. Paris, 1861

1. découdre : enlever

a. Observe les verbes surlignés pour déterminer si le récit est au présent ou au passé.
b. À quel temps sont les autres verbes du texte ? L'action racontée à ce temps te parait-elle importante ou non ? Parait-elle proche ou lointaine ?
c. Quel nom donne-t-on à un texte entre guillemets ? Quel temps les marchands emploient-ils aux lignes 7 et 8 ? Pourquoi ?
d. À quel temps est la phrase en gras ? Ce qui est dit est-il toujours vrai ou seulement à un moment donné ?

Je retiens

On emploie :
- **le présent d'actualité** ou **d'énonciation** pour exprimer ce qui se passe au moment où on parle (récit au présent, dialogues) ;
- **le présent de vérité générale** pour exprimer ce qui est considéré comme toujours vrai (proverbes, morales, documents scientifiques) ;
- **le présent de narration** pour raconter une action passée en donnant l'impression qu'elle se passe sous nos yeux au moment où on lit (dans un récit au passé) ;
- **le présent d'habitude** ;
- **le passé proche** ou **le futur proche** de l'action présente.

Les emplois du présent

Présent d'actualité	Présent de vérité générale	Présent de narration
Ce qui se passe au moment où on parle : – récit au présent ; – dialogues.	Ce qui est considéré comme vrai : – morale ; – document scientifique.	Un fait passé raconté au présent dans un récit au passé.

Pour dire, pour écrire

La présence de **compléments circonstanciels de temps** aide à repérer les emplois de passé ou futur proches ainsi que le présent d'habitude.

Repérer

1 Dans chaque phrase, le présent exprime-t-il une habitude ou une vérité générale ?
1. Rien ne sert de courir, il faut partir à point.
2. Un travail fait sérieusement porte toujours ses fruits.
3. La raison du plus fort est toujours la meilleure.
4. Je quitte la maison tous les matins à 8 heures.
5. Deux et deux font quatre.
6. Comme tous les samedis, je t'appelle pour aller au cinéma.
7. Après la pluie vient le beau temps.

2 Indique si les verbes en gras expriment une action présente, future ou passée.

La fourmi **dit** : « La cigale **sort** à l'instant de chez moi ! Elle voulait que je lui donne à manger !
– Elle exagère ! **répond** son amie. Tu l'as mise dehors, tu es tranquille maintenant !
– Non, elle **revient** demain pour voir si j'ai changé d'avis ! »

3 Repère les verbes conjugués au présent de l'indicatif, puis indique leur valeur. Dans la seconde réplique de Renart, à quel temps est le verbe qui n'est pas conjugué au présent ?

« Comment, bel oncle, vous êtes encore là ? Allons, hâtez-vous, prenez vos poissons et partons ; le jour ne peut tarder à venir.
– Mais, dit Ysengrin, je ne puis les remonter. Il y en a tant, tant, que je n'ai pas la force de soulever l'engin.
– Ah ! reprend Renart en riant, je vois ce que c'est ! Mais à qui la faute ? Vous avez voulu trop prendre, et le vilain a raison de le dire : Qui tout désire tout perd. »

Le Roman de Renart, trad. P. Paris, 1861

Manipuler

8 Conjugue les verbes entre parenthèses au présent de l'indicatif, puis retrouve les phrases qui expriment une vérité générale.

GÉRONTE. – Ma foi, seigneur Argante, *(vouloir)*-vous que je vous dise ? L'éducation des enfants *(être)* une chose à quoi il *(falloir)* s'attacher fortement.
ARGANTE. – Sans doute. À quel propos cela ?
GÉRONTE. – À propos de ce que les mauvais déportements des jeunes gens *(venir)* le plus souvent de la mauvaise éducation que leurs pères leur *(donner)*.

Molière, *Les Fourberies de Scapin*, II, 1, 1671

9 Utilise ces compléments circonstanciels pour construire des phrases en respectant les valeurs de présent données : chaque jour • en général • à l'instant • tout à l'heure.
1. Sortir de chez soi : *(passé proche)* 2. Venir chez toi : *(futur proche)* 3. Prendre son petit déjeuner : *(habitude)* 4. Se coucher à 21 h 00 : *(habitude)*

Écrire

12 Invente les règles de sécurité que l'on pourrait tirer de ces situations. Tu rédigeras tes règles au présent de vérité générale.

Leçon 18 — L'imparfait et les 3ᵉ personnes du passé simple

Activité 1

En amont de ce passage, la falaise disparaissait sous une végétation luxuriante. La jungle nous submergea de ses miasmes fétides, saturés d'odeurs lourdes d'humus et de moisi. Parfois, un tigre rôdait sur la berge, […] puis s'évanouissait dans l'épaisseur des taillis.

F. Place, *Les Derniers Géants*, © Casterman, 2008

a. Relève les verbes qui sont conjugués à l'imparfait. À quoi les as-tu identifiés ?
b. Classe les verbes que tu as relevés précédemment en trois groupes.
c. La terminaison change-t-elle en fonction du groupe du verbe ?

Activité 2

a. Observe le tableau de gauche et repère d'où vient le radical de l'imparfait qui est en bleu.
b. En utilisant ce que tu viens de constater, trouve le radical de l'imparfait des verbes dans le tableau de droite. À quoi faut-il être attentif pour ces verbes ?

Infinitif	Présent	Imparfait
Demander	Nous demand**ons**	Je **demand**ais
Finir	Nous finiss**ons**	Tu **finiss**ais
Prendre	Nous pren**ons**	Il **pren**ait
Venir	Nous ven**ons**	Nous **ven**ions
Mettre	Nous mett**ons**	Vous **mett**iez

	Présent	Imparfait
Crier	Nous crions	→ Nous … ions
Briller	Nous brillons	→ Vous … iez
Essayer	Nous essayons	→ Nous … ions
Peigner	Nous peignons	→ Vous … iez

Activité 3

Voici une série de verbes conjugués au passé simple.
il aperçut • elle vint • on vit • il souffla • elle retint • il courut • on finit • elle demeura • ils grossirent • ils voulurent • elles dormirent • ils tinrent • elle aima • il survécut • elles devinrent • on perdit

a. Dans un tableau, classe les verbes en fonction de leur voyelle de conjugaison : A, I, U, IN
b. À quel(s) groupe(s) appartiennent les verbes de chaque colonne ?
c. Quelles sont les trois dernières lettres de l'infinitif des verbes avec la voyelle -in- ?

Activité 4

a. Associe les verbes au passé simple à leur forme au présent. Identifie ensuite le radical.
Passé simple : **1.** il dansa • **2.** il finit • **3.** il put • **4.** il apparut • **5.** il écrivit • **6.** il vit
Présent : **A.** il finit • **B.** il danse • **C.** il voit • **D.** il écrit • **E.** il peut • **F.** il apparait

b. À quels groupes appartiennent les verbes dont le radical du passé simple est le même que celui du présent ?

Activité 5

a. Associe chaque forme verbale au son de la partie en gras : [k] [s] [g] [ʒ]
rou**g**ir • avan**ç**ait • man**g**e • **g**ronde • lan**c**e • **c**asse • ran**g**ea

b. Observe ces formes verbales. Repère celles auxquelles il faudrait ajouter une cédille ou un « e » pour obtenir le bon son. Ensuite, écris-les correctement.
je plongais • tu forcais • elle partaga • elle apercut • nous percions • vous arrangiez • ils traçaient

Je retiens

- L'imparfait de l'indicatif est un temps qui se forme sur le **radical du présent de l'indicatif à la 1re personne du pluriel**, sauf pour « être » à connaître par cœur. Les terminaisons sont les mêmes pour tous les verbes.
- **Le passé simple de l'indicatif** se forme sur **le radical du présent** pour les verbes des 1er et 2e groupes mais beaucoup de verbes du 3e groupe ont **un radical différent**.

Pour dire, pour écrire

- À l'imparfait, pour les verbes terminés par **-illir**, **-iller**, **-gner**, **-yer** et **-ier**, il ne faut pas oublier le **-i-** de la terminaison aux deux premières personnes du pluriel, même s'il s'entend peu.
- Les verbes en **-ger** s'écrivent **-ge-** avant le **a** pour faire [ʒ].
- Les verbes en **-cer** s'écrivent **-ç-** avant le **a** pour faire [s].
- Le passé simple est un temps employé à l'écrit, surtout à la troisième personne.

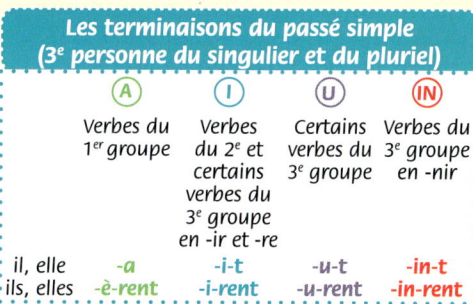

L'Imparfait

Repérer

1 Quelles sont les formes verbales à l'imparfait ?
je connais • ils apprenaient • il éclaircissait • nous plantons • tu parais • nous sautions • vous appuyez • vous vous ennuyiez • elle nait • vous veilliez

2    **3**

Manipuler

4 Conjugue chaque verbe à l'imparfait à la 1re personne du singulier et du pluriel.
courir • embrasser • entendre • avoir • devoir • tenir • franchir • demander • être • vieillir

5 Conjugue chaque verbe à l'imparfait à la personne indiquée. *Orthographe*
plonger *(3e pers. du sing.)* • plier *(1re pers. du plur.)* • menacer *(2e pers. du sing.)* • justifier *(1re pers. du plur.)* • diriger *(3e pers. du plur.)* • rayer *(2e pers. du plur.)*

6    **7**

Écrire

8 Réécris ce texte en conjuguant les verbes à l'imparfait.
Chaque matin à 6 heures, le vieil homme se lève. Il commence par s'habiller chaudement et s'élance dans la campagne pour une longue marche. À son retour, il mange un solide petit déjeuner et lit les nouvelles dans le journal. Sa journée peut enfin vraiment débuter.

9    **10**

Le Passé simple

Repérer

1 Relève les verbes conjugués au passé simple et justifie leur voyelle de conjugaison.

Pénélope s'éveilla. Deux servantes l'accompagnèrent, et elles descendirent ensemble vers la salle où les prétendants festoyaient. Ses servantes à ses côtés, Pénélope se tint un moment sur le seuil de la salle richement ornée ; un beau voile encadrait son visage.
D'après **Homère**, *L'Odyssée*, chant XXI

2    **3**

Manipuler

4 Réécris le texte en conjuguant les verbes au passé simple.

Persée s'abat alors sur [le dos du monstre] comme un aigle [...], et il plonge son épée recourbée dans son épaule droite. Atteint d'une profonde blessure, le monstre bondit et se dresse dans l'air de toute sa taille gigantesque. Il rugit [...].
A. Collognat, *25 métamorphoses d'Ovide*,
© Le Livre de Poche Jeunesse, 2014

5    **6**    **7**   **8**

Produire à l'oral

9 Dans une urne, il y a quatre papiers portant chacun l'une des voyelles de conjugaison du passé simple. Chacun(e) tire à son tour un papier et donne un verbe correspondant à la voyelle tirée, conjugué à la 3e personne du singulier et du pluriel.
Ex. : in → il vint, ils vinrent

Leçon 19 : Les emplois de l'imparfait et du passé simple dans le récit

Activité 1

a. À quel type appartient le texte ? dialogue • article de journal • récit • mode d'emploi

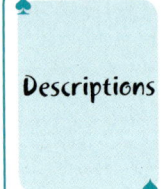

L'enfant entra dans la forêt. Des chauvesouris volaient en frôlant sa tête. Au fur et à mesure de son avancée, les arbres semblaient se resserrer autour de lui. Ils étaient très hauts et inquiétants. Des ronces aux épines acérées couvraient le sol. Les nuages voilaient petit à petit la lune. Le garçon aperçut soudain une licorne qui se précipita vers lui.

b. **Quels sont les temps utilisés ? Relève un verbe du texte pour chacun des temps.**

c. **Oralement, lis ce texte en supprimant les phrases au passé simple. Trouves-tu que l'histoire progresse ? Pourquoi ?**

d. **Reproduis de façon schématique le dessin ci-contre en mettant en bleu le décor et les actions secondaires et en rouge les actions principales du texte.**
À l'aide de ton dessin, fais les bonnes associations :

Actions principales •	• Imparfait •	• Premier plan
Actions secondaires •	• Passé simple •	• Second plan
Décor •		

Activité 2

Quand ils approchèrent des sirènes, Ulysse courut vers ses compagnons, leur boucha les oreilles avec de la cire. Puis il pria les marins de l'attacher au mât. Mais ensuite il demanda avec insistance à ses compagnons de le détacher.

a. **Relève les verbes au passé simple. Reproduis la frise chronologique et classes-y les actions qu'ils expriment.**

⟵————————————|————————⟶
⠀⠀⠀⠀⠀⠀⠀⠀⠀⠀⠀⠀⠀⠀⠀⠀⠀⠀⠀⠀⠀présent

b. **Choisis les réponses justes.** Ces actions au passé simple sont :
☐ simultanées (se passent en même temps) ;   ☐ successives (se suivent) ;
☐ clairement délimitées dans le temps ;   ☐ répétitives.

Activité 3

a. **À quel temps sont les phrases ?**
  1. Bilbo fumait sa pipe chaque soir après le dîner.
  2. L'elfe avait d'étranges oreilles pointues et parlait une langue inconnue.
  3. La grotte était tapissée de pierreries qui étincelaient à la lumière.
  4. Tous les ans, Gandalf rendait visite au hobbit pour son anniversaire.
  5. Devant eux s'étendait la forêt des Ents, les hommes-arbres.

b. **Classe les phrases selon qu'elles expriment une action qui se répète ou qu'elles servent à décrire.**

Je retiens

- L'**imparfait** et le **passé simple** sont des temps utilisés dans le récit au passé.
- Les **verbes au passé simple** racontent :
  – des **actions de premier plan**, les actions **principales** qui sont terminées, qui se sont passées à un moment précis et qu'on voit se dérouler entièrement ;
  – des **actions successives**.
- Les **verbes à l'imparfait** servent :
  – à **décrire** ;
  – à raconter les **actions de second plan**, c'est-à-dire qui ne font pas avancer l'histoire, qui ne sont pas les actions principales ;
  – à raconter des **actions qui se répètent, habituelles**.

Pour dire, pour écrire

Dans un récit écrit au passé, il faut utiliser **à la fois** l'imparfait et le passé simple. Il faut veiller à bien **raconter au passé simple les actions principales** qui font avancer l'histoire. Le contexte, les actions secondaires, le décor doivent être à l'imparfait.

Récit au passé
- Passé simple
  → actions de premier plan
  → actions principales
  → actions successives
- Imparfait
  → descriptions
  → actions de second plan
  → actions qui se répètent, habituelles

▼ Repérer ▼

1 Identifie les actions de premier plan. À quel temps sont-elles racontées ?
1. Il se promenait dans la campagne quand la pluie se mit à tomber.
2. Le téléphone sonna alors que j'étais plongée dans mes pensées.
3. Pendant que la tarte cuisait, il éplucha les légumes.
4. Le train entra en gare, alors que les voyageurs commençaient à s'impatienter.

2 Indique pour chaque phrase si l'imparfait exprime une habitude ou sert à décrire.
1. Chaque hiver, Renart éprouvait la même difficulté à trouver à manger.
2. Le jambon était tendre et savoureux pour le goupil affamé.
3. La ruse et l'intelligence du chat Tibère égalaient celle de Renart.
4. Ysengrin et Renart allaient souvent pêcher dans l'étang gelé.

▼ Manipuler ▼

7 Réécris les phrases au passé en utilisant l'imparfait et le passé simple.
1. Le temps est très lourd quand l'orage éclate.
2. L'accident se produit parce que de nombreuses voitures circulent.
3. Tous les habitants dorment paisiblement ; soudain un cri déchire le silence.
4. Quand sa mère arrive, elle regarde la mer.
5. Les spectateurs attendent le début de la pièce quand le rideau s'ouvre.

8 Réécris ce texte en utilisant l'imparfait et le passé simple

Mais Apollon est soutenu par les ailes de l'amour ; il vole, il poursuit la nymphe sans relâche. Déjà, penché sur les épaules de la fugitive, il effleure du souffle de son haleine ses cheveux flottants. Daphné est à bout de forces ; elle pâlit et, brisée par la fatigue, elle tourne les yeux vers les eaux du Pénée.

A. Collognat, *25 métamorphoses d'Ovide*,
© Le Livre de Poche Jeunesse, 2014

▼ Écrire ▼

13 Raconte à l'imparfait et en variant les verbes, la semaine habituelle de cet(te) élève, à partir de son emploi du temps.

Lundi	Mercredi	Jeudi	Dimanche
12 h 30 Atelier journal	8 h Contrôle de maths	18 h 30 Cours de guitare	10 h Footing avec Adil

14 En t'aidant de la photographie, décris la tour et raconte le travail des hommes qui la construisent. Tu utiliseras le passé simple et l'imparfait.

Tour en construction, New York, 1913

Leçon 20 — Le futur de l'indicatif

Activité 1

Le devin Hélénus conseille Énée.

Voici des signes. Un jour où, triste et solitaire, tu chemineras sur les bords d'un fleuve, une laie* se présentera à ta vue [...]. Ce sera le lieu marqué d'avance pour ta ville.

Enfin [...], tu iras trouver la Sibylle [...]. Elle te présentera les divers peuples de l'Italie, tes futurs combats, et te dira comment triompher de tous les obstacles.

Virgile, *L'Énéide*, trad. d'après D. Nisard, © L'École des loisirs, 1988

* laie : femelle du sanglier

a. Relève les verbes qui sont conjugués au futur. À quoi les as-tu identifiés ?

b. Dans un tableau, classe les verbes que tu as relevés précédemment. La terminaison change-t-elle en fonction du groupe du verbe ?

	tu	il/elle
1er groupe		
3e groupe		

Activité 2

Voici les terminaisons du futur pour tous les verbes : -ai, -as, -a, -ons, -ez, -ont.

elle | réussir ⟩ a

a. Recopie les formes verbales et sépare d'un trait le radical des terminaisons.

 1. je chanterai • tu finiras • il partira • nous commencerons • vous guérirez • ils mentiront • elles agiront

b. Observe à présent le radical. À quelle forme du verbe ressemble-t-il ? Indique à quels groupes appartiennent ces verbes.

c. Voici d'autres verbes conjugués. Fais la même chose que pour la liste 1. Que constates-tu ? Quelle consonne précède toujours les terminaisons ?

 2. je viendrai • tu pourras • il verra • nous courrons • vous voudrez • ils sauront

 3. je cueillerai • tu iras • il fera • nous prendrons • vous croirez • ils mettront

d. Retrouve l'infinitif de chaque verbe des listes 2 et 3 et indique à quel groupe il appartient.

Activité 3

Pour qu'il se libère de la sorcière qui le menace, Bachir conseille à son ami de lui demander la sorcière à cheveux.

« Dès qu'elle sera devenue grenouille à cheveux, toi, attrape-la et ligote-la bien fort et bien serré avec une grosse ficelle. Elle ne pourra plus se dilater pour redevenir sorcière. Après cela, tu lui raseras les cheveux, et ce ne sera plus qu'une grenouille ordinaire. »

P. Gripari, *La Sorcière de la rue Mouffetard et autres contes*, © La Table Ronde, 1967

Relève les verbes au futur et classe chacun dans la bulle correspondant à son emploi.

(Futur pour donner un ordre)   (Action qui se passera dans l'avenir)

Je retiens

- Les terminaisons du futur sont les mêmes pour tous les groupes : **-ai, -as, -a, -ons, -ez, -ont**.
- Pour les verbes du 1er et du 2e groupes, et certains verbes du 3e groupe, le radical est l'infinitif.
- Pour tous les autres verbes du 3e groupe, l'infinitif perd sa voyelle ou bien le radical est particulier. Il faut l'apprendre par cœur. En général, l'usage nous donne la conjugaison correcte.

Pour dire, pour écrire

On emploie le futur pour :
– **exprimer une action qui aura lieu après le moment où l'on parle, dans l'avenir** (demain, dans une heure, l'année prochaine…) ;
– **donner un ordre de manière atténuée**.

La formation du futur

| je / tu / il/elle / nous / vous / ils/elles | RADICAL | + r + | ai / as / a / ons / ez / ont |

Repérer

1 Retrouve les verbes conjugués au futur.
1. chantai
2. finiront
3. font
4. danserai
5. boirons
6. agissons
7. prendrez
8. dormira
9. rama

2 Recopie ces verbes, entoure leur radical, puis écris leur infinitif.
1. choisiras
2. apprendront
3. ramasserai
4. viendrez
5. croirons
6. courront
7. cueillerai
8. signalerons
9. répondront

3 Retrouve les verbes au futur, puis indique pour chacun s'il a une valeur d'avenir ou d'ordre.

Le Seigneur s'adresse à Noé.

« Fais-toi une arche de bois résineux. Tu la feras en roseaux et tu l'enduiras de bitume en dedans et en dehors. […] Pour moi, je vais amener le déluge, les eaux, sur la terre […] Mais j'établirai mon alliance avec toi et tu entreras dans l'arche. […] De tout ce qui vit, de tout ce qui est chair, tu feras entrer dans l'arche deux de chaque espèce pour les garder en vie avec toi. »

La Bible, Genèse, 6

4 EXO+ **5** EXO+

Manipuler

6 Retrouve le sujet des verbes entre parenthèses, puis conjugue-les au futur.

Gilgamesh s'adresse au vieil Outanapishti.

« Est-ce que je *(être)* immortel, ainsi ?
– Oui, tu *(être)* immortel ! Comme tous ceux […] qui ont accompli une œuvre juste. Non seulement personne ne t'*(oublier)*, mais chacun *(porter)* en lui une part d'humanité que tu *(avoir)* donnée. Voilà comment tu *(devenir)* immortel ! »

D'après *Le Premier Roi du monde, l'épopée de Gilgamesh*, adapté par **J. Cassabois**, © Le Livre de Poche Jeunesse, 2004

7 Transpose ces verbes à la personne demandée entre parenthèses.
1. j'accepterai *(vous)*
2. tu mettras *(ils)*
3. ils écouteront *(je)*
4. nous écrirons *(tu)*
5. vous tiendrez *(elle)*
6. il attendra *(nous)*
7. j'aurai *(il)*
8. tu apprendras *(je)*
9. il se reposera *(vous)*
10. ils verront *(il)*

8 EXO+ **9** EXO+ **10** EXO+ **11** EXO+

Écrire

12 Imagine ce que raconte la diseuse de bonne aventure. Tu commenceras ainsi : « Beau seigneur, je vous prédis que vous … *(verbes au futur)*… »

Le Caravage, *La Diseuse de bonne aventure*, 1594, musée du Louvre, Paris

13 EXO+ **14** EXO+

Produire à l'oral

15 Raconte ton avenir proche ou lointain. Tu peux parler de tes prochaines vacances ou des études que tu feras… Tu peux aussi imaginer ta future vie d'adulte. Tu devras utiliser le futur.

EXO+ lienmini.fr/jdl6-120

Fiche 1 EXO 4 8 9 13
Fiche 2 EXO 5 10 11 14
Exercices interactifs

Leçon 21 — Le conditionnel présent

Activité 1

Voyez-vous, ma grande ambition, mon rêve fou, c'était de tenir un cirque de souris blanches ! Lorsque les rideaux rouges s'**ouvriraient** sur la scène, le public **verrait** mes souris dressées, célèbres dans le monde entier […]. J'**aurais** des souris blanches qui **chevaucheraient** des rats blancs, et ces rats blancs **feraient** le tour de la piste à un galop d'enfer.

R. Dahl, *Sacrées Sorcières*, trad. M.-R. Farré, © Gallimard Jeunesse, 2007

a. De quoi parle le narrateur du texte ? Pense-t-il qu'il pourra réaliser ce qu'il imagine ?

b. Relève les verbes en gras et classe-les dans le tableau d'après leur infinitif.

c. Observe les terminaisons. Varient-elles suivant les groupes ? À quel autre temps sont-elles semblables ?

d. Observe maintenant le radical. Celui-ci est le même qu'un temps simple de l'indicatif que tu connais. Lequel ?

	1er groupe	3e groupe
je		
il		
ils/elles		

Activité 2

a. Observe ces autres phrases. À quel temps est le verbe « savoir » dans la phrase 1 ? dans la phrase 2 ? Place ces deux verbes sur la flèche du temps.
   1. Urien sait qu'il deviendra le chef de sa tribu.
   2. Urien savait qu'il deviendrait le chef de sa tribu.

```
              PASSÉ         PRÉSENT              FUTUR
phrase 1. ─────────────────────────────────────────→
phrase 2.
```

b. L'action énoncée par le 2e verbe de la phrase a-t-elle lieu avant, en même temps ou après celle du 1er verbe ? Place ces deux autres verbes sur la flèche du temps.

c. Lis les quatre phrases suivantes et repère chaque verbe conjugué au conditionnel.
   1. Si je pouvais déménager, j'irais à Tahiti.
   2. Pourriez-vous me prêter votre stylo, s'il vous plait ?
   3. Hier, papa a dit que nous irions en Bretagne cet été.
   4. On serait des chevaliers et on irait sauver la princesse.

d. Associe chaque phrase à l'étiquette qui correspond aux emplois du conditionnel.

Futur dans le passé   Hypothèse : « si… »   Rêve   Formule de phrase très polie

Activité 3

a. Écoute la chanson de Claude François intitulée *Si j'avais un marteau*.

AUDIO lienmini.fr/jdl6-A104

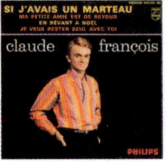

b. Penses-tu que les verbes qu'il emploie sont conjugués au futur ou au conditionnel présent ? Explique pourquoi la confusion est possible.

c. Réécoute la chanson et choisis un des couplets que tu mettras à la 3e personne du singulier. Pourquoi cette opération te permet-elle d'être sûr(e) du temps utilisé ?

Je retiens

- **Le conditionnel présent** se conjugue de la même manière pour tous les groupes : on ajoute les terminaisons de l'imparfait au radical du futur.
- *Attention !* **La 1re personne du singulier du conditionnel et celle du futur ont la même prononciation.** Pour ne pas les confondre, il faut mettre la phrase à une autre personne (la 3e personne du singulier, par exemple).

Pour dire, pour écrire

On emploie le conditionnel pour :
- exprimer **un rêve** ;
- exprimer **une hypothèse**, **une condition** (la phrase est introduite par « si … + verbe à l'imparfait », et le deuxième verbe au conditionnel exprime le résultat de cette condition) ;
- se montrer **très poli(e)** (niveau de langue soutenu) ;
- exprimer le **futur dans un récit au passé**.

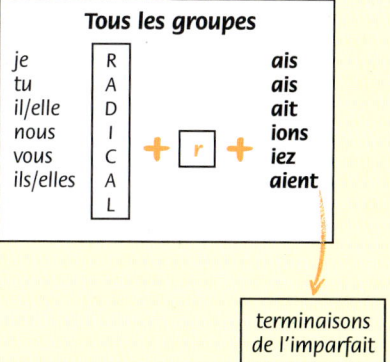

Repérer

1 Parmi ces verbes conjugués à l'imparfait et au conditionnel présent, ne recopie que ceux conjugués au conditionnel. Qu'est-ce qui t'a permis de les reconnaitre ?
je lisais • tu peignais • il remplirait • nous croirions • vous laissiez • ils écouteraient • tu pensais • il ferait • nous emportions.

2 Relève les verbes au conditionnel présent dans ce texte.
Le seigneur des aigles ne voulait les amener à aucun endroit proche des habitations des hommes.
« Ils tireraient sur nous avec leurs grands arcs d'if, dit-il, car ils croiraient que nous en voulons à leurs moutons. Et, en d'autres temps, ils auraient raison. »
J.R.R. Tolkien, Le Hobbit,
trad. D. Lauzon, © Christian Bourgois, 2012

3    **4**

Manipuler

5 Conjugue les verbes suivants au conditionnel, aux personnes demandées. Attention aux modifications du radical.
1. rentrer *(il)*   4. aller *(vous)*   7. mettre *(je)*
2. agir *(nous)*   5. voir *(elle)*   8. vendre *(nous)*
3. boire *(tu)*   6. courir *(elles)*   9. devoir *(ils)*

6 Transpose ces phrases au conditionnel présent. Fais toutes les modifications nécessaires.
1. Pouvez-vous me donner l'heure s'il vous plait ?
2. Si elle y croit vraiment, elle y arrivera.
3. Cela faisait trois fois qu'il tentait ce saut.
4. Les enfants se souvenaient de cette belle fête.
5. Ulysse se souviendra de son ile d'Ithaque.
6. Je veux voyager pour découvrir d'autres cultures.

7 Conjugue les verbes de ce texte au conditionnel présent.
S'il était encore une fois
Vers les châteaux des contes bleus
Je *(être)* le beau fils du Roi
Et toi tu *(cracher)* le feu.

Nous *(aller)* trouver Blanche-Neige
Dormant dans son cercueil de verre,
Nous *(pouvoir)* croiser le cortège
De Malbrough revenant de guerre.
D'après G. Jean, Les Mots d'Apijo,
© éditions Saint-Germain-des-Prés, 1980

8 EXO   **9** EXO   **10** EXO   **11** EXO

Écrire

12 À partir des éléments donnés, invente des phrases que tu formuleras de façon très polie au conditionnel.
1. vouloir accompagner quelqu'un
2. se faire prêter un objet
3. demander à quelqu'un de se pousser

13 EXO   **14**

Produire à l'oral

15 Par deux : le premier invente une phrase au futur ; le deuxième redit la même phrase en la faisant précéder de la formule : « Il / elle m'a dit que… ». Le verbe au futur deviendra un verbe au conditionnel.
Ex. : élève 1 : « Nous <u>irons</u> au cinéma demain. »
élève 2 : « Il m'a dit que nous <u>irions</u> au cinéma demain. »

Leçon 22 — L'impératif

Activité 1

Gilgamesh débarque sur l'île où vit le vieil Outanapishti.

« **Donne**-moi, je t'en prie, le secret de la vie sans fin. Oh oui, **donne**-le-moi et **apaise** mon chagrin ! »

Outanapishti ne répond pas. Il regarde ce géant que ses illusions ont délabré.

« **Réfléchis**, Gilgamesh ! **Regarde** bien autour de toi et **réfléchis** ! […] **Choisis** ! Cette liberté-là, tu la possèdes. Jusqu'à maintenant, tu as toujours préféré le pire. **Fais**-en usage pour le meilleur ! Tu le peux. […] Je vais t'expliquer. Mais d'abord, **assieds**-toi sur cette natte, **mange** un pain et **bois** une coupe de bière. »

Le Premier Roi du monde, l'épopée de Gilgamesh, adapté par J. Cassabois, © Le Livre de Poche Jeunesse, 2004

a. À qui s'adresse Gilgamesh ? Que veut-il ?

b. À qui s'adresse Outanapishti ? Peux-tu, dans ces phrases, retrouver le sujet des verbes en gras ? Quel pronom Outanapishti utilise-t-il dans ses phrases déclaratives ?

c. Pourquoi les deux personnages n'ont-ils pas besoin d'utiliser des pronoms sujets pour demander ou ordonner ?

Activité 2

a. Place les verbes en gras du texte dans le tableau.

1er groupe	2e groupe	3e groupe

b. À quel temps de l'indicatif la conjugaison de ces verbes ressemble-t-elle ?

c. Sachant que ces verbes sont à la 2e personne du singulier, dans quel groupe la terminaison est-elle différente du temps de l'indicatif ?

Activité 3

La princesse Nausicaa souhaite venir en aide à Ulysse. Elle s'adresse à ses servantes.

« Ne **fuyez** pas cet homme comme un ennemi, vous n'avez rien à craindre. **Venons**-lui plutôt en aide, car les dieux aiment que l'on accueille les étrangers. **Allons** ! **Donnez**-lui un châle propre, une tunique, **lavez**-le dans le fleuve en un lieu abrité du vent. »

D'après **Homère**, *L'Odyssée*, chant XI

a. À quelles personnes sont conjugués les verbes en gras ? À quels personnages renvoient-ils ?

b. Classe les verbes selon qu'ils donnent des ordres, des conseils ou une interdiction.

Ordres — Conseils — Interdiction

c. Observe le texte et indique dans quel cas le verbe en gras est suivi d'un tiret.

d. Observe les deux listes de verbes à l'impératif. Pour ceux qui se finissent par une voyelle, qu'observes-tu à leur terminaison quand ils sont suivis de « en » ou de « y » ?

| 1 | chante | lave | parle | mange | pense | va |
| 2 | chante-la | lave-le | parles-en | manges-en | penses-y | vas-y |

Je retiens

- **L'impératif est un mode** qui sert à formuler des **ordres**, des **interdictions** ou des **conseils**.
- Il ne compte que **trois personnes** auxquelles on peut donner un ordre : **tu**, **nous** et **vous**. On ne donne pas d'ordre à quelqu'un d'absent. Les sujets ne sont **pas exprimés**, c'est-à-dire qu'ils n'apparaissent pas.
- La conjugaison du présent de l'impératif est la même que celle du présent de l'indicatif sauf :
  – pour les verbes du 1er groupe et « aller » qui ne prennent **pas de -s à la 2e personne du singulier** ;
  – pour certains verbes qui ont un radical particulier ;
  – **être** : sois, soyons, soyez ;
  – **avoir** : aie, ayons, ayez ;
  – **savoir** : sache, sachons, sachez ;
  – **vouloir** : veuille, voulons, veuillez (voulons est très peu employé).

Pour dire, pour écrire

- Il faut placer un tiret entre le verbe à l'impératif et le pronom qui le suit.
- On trouve toujours un **-s à la 2e personne du singulier** devant « en » et « y ».

Attention ! On écrit « vas-y », mais « va-t'en. »

Repérer

1 Parmi ces verbes, quels sont ceux qui sont conjugués à l'impératif ?
1. Je souhaite que tu apprennes tes leçons.
2. Sois sage pendant notre absence.
3. Veuillez avoir la gentillesse de me répondre.
4. Il faut que tu aies fini ta valise avant demain.
5. Allons au restaurant ce soir.
6. Dans 15 minutes, allez vous mettre à table.

2 Indique l'infinitif et la personne des verbes conjugués à l'impératif.
1. faites   4. sois   7. aie   10. cueillons
2. croyons   5. sachez   8. veuillez   11. nageons
3. rédige   6. dites   9. va   12. lis

Manipuler

6 Conjugue ces verbes à toutes les personnes de l'impératif. Attention ! Les verbes suivis d'un astérisque présentent une difficulté.
1. chanter   4. prendre   7. aller*   10. savoir*
2. étudier   5. dire*   8. voir   11. tenir
3. obéir   6. faire*   9. être*   12. mettre

7 Mets ces phrases à l'impératif. Attention aux modifications.
1. Tu te caches.
2. Vous lui direz de venir.
3. Tu me donnes ta glace !
4. Nous nous promenons dans les bois.
5. Vous ferez un dessin pour maman.
6. Attention à la route !
7. Dans le jardin, vous apprenez le nom des fleurs.

Écrire

11 Invente une recette de potion pour transformer les grenouilles en princes ou princesses. Choisis des ingrédients originaux, puis rédige la recette à l'impératif, à la personne qui te convient.

12 Ce schéma explique le pliage d'une étoile à cinq branches. Rédige le mode d'emploi au présent de l'impératif.

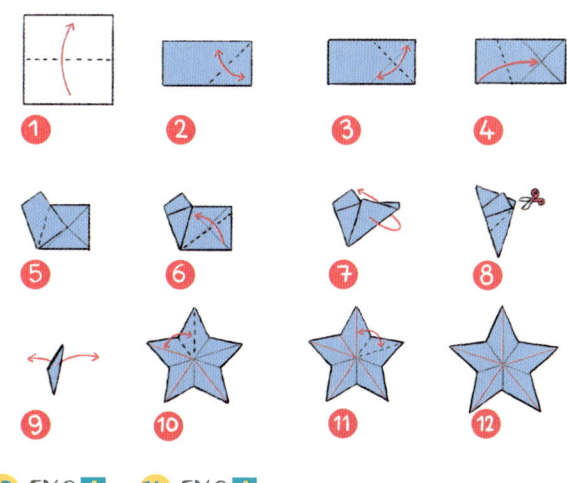

Produire à l'oral

15 Par groupes de 3 : un élève prend une position particulière que le deuxième ne doit pas voir. Le troisième donne des conseils à l'impératif au deuxième pour qu'il reproduise la position du premier.

Leçon 23 — Les temps composés

Activité 1

a. Observe la composition de ces formes verbales, puis propose un classement en deux listes : il dormira • nous étions sortis • fleurissant • j'eus terminé • nous aimerions • qu'ils aient voulu • tu entendis • elles avaient compris • ayant changé • je vois • ils peignaient • tu aurais voulu • nous avons fini • vous aurez eu • que je sois.

Liste 1	Liste 2

b. **Que reconnais-tu dans les formes verbales en deux parties ?**
En conjugaison, « simple » veut dire « en un mot » et « composé » veut dire « en plusieurs mots ». **Quels noms de temps connais-tu en rapport avec ces termes ?**

Activité 2

a. Observe les formes verbales ci-dessous et associe-les par deux (une rouge et une bleue). Quel élément des formes en rouge t'aide à le faire ?

- Il a joué (passé composé)
- Elle avait joué (plus-que-parfait)
- Elle aura joué (futur antérieur)
- Il eut joué (passé antérieur)

- Il jouait
- Il joua
- Elle joue
- Elle jouera

b. Quel est l'infinitif correspondant à l'ensemble des formes verbales ?

c. De quelle couleur sont les verbes aux temps simples ? et ceux aux temps composés ?

d. Reproduis le tableau ci-contre des temps du mode indicatif. À partir des associations que tu as faites à la consigne a., complète-le avec les noms des temps composés, indiqués entre parenthèses dans les étiquettes.

Temps simples	Temps composés
présent	
imparfait	
passé simple	
futur simple	

Activité 3

a. Recopie les phrases suivantes. Souligne en bleu les verbes à un temps simple et en rouge les verbes à un temps composé.
1. La belette ne pouvait plus sortir du grenier parce qu'elle avait trop grossi.
2. Quand il aura fini le fromage, le renard quittera le corbeau.
3. La cigale cria famine après qu'elle eut chanté tout l'été.
4. Le loup dit que l'agneau a médit de lui l'année précédente.
5. Après qu'elle eut gagné la course, la tortue reçut une médaille.

b. Numérote ensuite les actions de chaque phrase dans l'ordre dans lequel elles se passent.
Ex. : Le lion laisse la vie sauve au rat car il l'a libéré d'un filet.   2   1

c. Les actions exprimées par un verbe à un temps composé se passent-elles avant ou après celles exprimées à un temps simple ?

d. « Antérieur » **signifie** « qui se passe avant ». Quels noms de temps connais-tu en rapport avec ce mot ?

W. **Aractingi**, *La belette entrée dans un grenier*, 1993 (Coll. Aractingi)

Je retiens

- **À chaque temps simple** correspond **un temps composé**.
Pour l'indicatif :
  – présent → passé composé
  – imparfait → plus-que-parfait
  – passé simple → passé antérieur
  – futur simple → futur antérieur
- Un temps composé se forme en conjuguant **l'auxiliaire « être »** ou **« avoir » suivi du participe passé**. Celui-ci **s'accorde avec le sujet quand on emploie l'auxiliaire « être »**.
- Un temps composé exprime **une action antérieure**, qui se déroule avant celle exprimée au temps simple.

TEMPS COMPOSÉ = auxiliaire à un temps simple + participe passé du verbe choisi

Pour dire, pour écrire

Repérer les temps simples et les temps composés d'un récit permet de comprendre dans quel ordre les actions se déroulent. Cet ordre n'est pas forcément celui dans lequel elles sont racontées.

Repérer

1 Relève les verbes à un temps composé.
voulut • avais désiré • eut maigri • souhaitons • aient été • auront pris • finissent • es né • avoir lu • seriez parties

2 Relève les verbes à un temps composé et donne leur infinitif.
Pendant qu'on retirait le pauvre Marquis de la rivière, le Chat s'approcha du Carrosse, et dit au Roi que dans le temps que son Maître se baignait, il était venu des Voleurs qui avaient emporté ses habits, quoiqu'il eût crié au voleur de toute sa force ; le drôle les avait cachés sous une grosse pierre.
C. Perrault, « Le Chat botté », 1697

3 Numérote les verbes pour indiquer dans quel ordre les actions se déroulent. Pour t'aider, repère les verbes à un temps simple et les verbes à un temps composé.
1. Demain, **j'irai** à la piscine. Avant, je me **serai acheté** un nouveau maillot.
2. Je ne **sais** plus où **j'ai posé** mon CD.
3. Quand vous **aurez fait** l'exercice 2, vous **ferez** l'exercice 3.
4. Il **s'aperçut** qu'il **avait** déjà **lu** ce livre.

4    **5**

Manipuler

6 a. Conjugue les auxiliaires « être » et « avoir » au présent et au passé composé.
b. Conjugue ces verbes au passé composé à la première personne du singulier : sortir • deviner • vouloir • partir • prendre.
c. Conjugue ces verbes au plus-que-parfait à la troisième personne du singulier : entrer • voir • entendre • être • avoir.

7 Identifie le temps simple utilisé puis conjugue les verbes entre parenthèses au temps composé qui convient.
1. Après que le héros *(saisir)* sa grande épée, il trancha la tête du monstre.
2. Apollon change les oreilles de Midas en oreilles d'âne car celui-ci ne pas *(reconnaitre)* la meilleure musique.
3. Quand Ulysse *(rejoindre)* Pénélope, ils seront à nouveau heureux.
4. Persée pouvait épouser Andromède car il *(délivrer)* celle-ci d'un monstre marin.

8    **9** EXO

Écrire

10 Poursuis cette recette avec cinq autres consignes au futur simple et au futur antérieur.
1. Tu prendras une grande jatte plate.
2. Quand tu auras pris la jatte, tu y verseras la farine.
3. Quand tu y auras versé la farine, …

11 EXO   **12** EXO

Produire à l'oral

13 Chaque élève écrit sur un morceau de papier un verbe conjugué à la personne et au temps (simple ou composé) de son choix. À tour de rôle, chacun tire un papier. Si le verbe écrit est à un temps simple, l'élève doit le conjuguer au temps composé correspondant. S'il est à un temps composé, il doit le conjuguer au temps simple correspondant.
*Ex. : tu auras chanté → tu chanteras
(futur antérieur) → (futur simple)*

Leçon 24 — La lettre finale et l'accord simple du participe passé

Activité 1

La princesse Ariane attend Thésée avec Soumada.

Assises en surplomb de la plage, à l'abri des buissons, chaudement **vêtues**, elles scrutaient le navire à la lueur de la lune pour tenter d'y déceler une présence humaine. Apparemment, il n'y avait personne à bord. […]

D'abord pleine d'espoir, Ariane sentait le doute s'insinuer en elle : si Thésée avait **échoué** ? Si le fil s'était **cassé** ? […]

Thésée arrive enfin et Ariane se précipite vers le navire. Le capitaine Thalès s'inquiète.

Thésée souriait, **amusé** :

« Mais pas du tout, mon brave Thalès ! C'est grâce à elle que nous sommes en vie ! Jamais, sans elle, je n'aurais **pu** tuer le Minotaure… »

M.-A. Hartmann, *Ariane contre le Minotaure*, coll. Histoires Noires de la mythologie, © Nathan Jeunesse, 2004

a. Retrouve de quels verbes à l'infinitif sont issus les participes passés en gras.

b. À quel nom ou pronom se rapporte chacun d'eux ?

c. Observe la terminaison des participes passés en gras : dirais-tu que ces terminaisons ressemblent à celles de verbes ou à celle d'adjectifs ? Justifie ta réponse.

d. Dessine les bulles ci-dessous et places-y correctement les participes passés en gras.

> Complète un nom à la manière d'un adjectif

> Suit l'auxiliaire *être* ou *avoir*.

Activité 2

a. Classe les six mots en gras du texte de l'activité 1 selon le groupe de leur infinitif. Quelle voyelle entend-on toujours à la fin des mots en gras du 1er groupe ?

1er groupe	3e groupe

b. Quelles voyelles peut-on entendre à la fin des participes passés du 3e groupe ?

c. Observe ces groupes nominaux et retrouve la lettre finale des participes passés du 3e groupe.

1. Une fille surpri**s**e
2. Une lettre découver**t**e
3. Une voiture partie
4. Une toile pein**t**e

A. Un garçon surpri… ?
B. Un message découver… ?
C. Un train parti… ?
D. Un tableau pein… ?

d. Quel réflexe peux-tu acquérir lorsque tu hésites sur la terminaison d'un participe passé ?

Activité 3

a. Observe ces verbes conjugués au passé composé.

1. il a mangé   elle a mangé   ils ont mangé   elles ont mangé
2. il est tombé   elle est tombée   ils sont tombés   elles sont tombées

b. Quel est l'auxiliaire utilisé dans la liste 1 ? La terminaison du participe passé change-t-elle suivant le sujet ?

c. Réponds aux mêmes questions pour la liste 2.

d. Quelle règle peux-tu en déduire ?

Je retiens

- **Le participe passé** est un mode impersonnel.
- C'est une forme du verbe qui **ne se conjugue pas.**
- On l'emploie de deux manières :
  – employé seul, **il complète le nom (ou pronom) et s'accorde avec lui comme un adjectif (en genre et en nombre)** ;
  – placé après l'auxiliaire, **il sert à former les temps composés.**

Pour dire, pour écrire

- Le **participe passé** dans les temps composés :
  – employé **avec l'auxiliaire « être »**, le participe passé **s'accorde** en genre et en nombre avec le **sujet**.
  – employé **avec l'auxiliaire « avoir »**, le participe passé **ne s'accorde jamais avec le sujet.**
- Pour trouver la lettre finale d'un participe passé du 3ᵉ groupe, il faut le mettre au féminin.

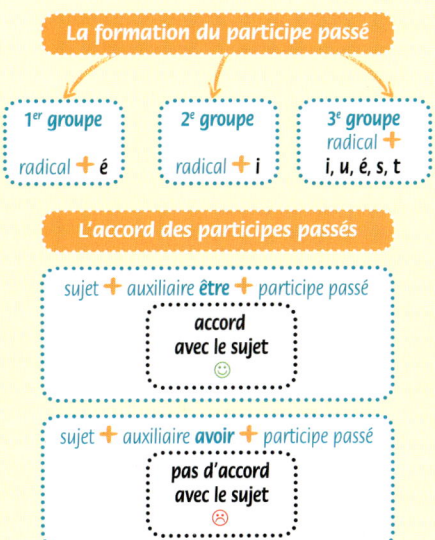

Repérer

1 Associe la bonne case à chaque participe passé. Pense au féminin.
1. connu
2. di
3. offer
4. fai
5. mi
6. vu
7. écri

S | T | Ø

2 a. Lis le texte.
Le soir, je restais des heures allongé sur le pont à contempler les étoiles, bercé par le choc répété des vagues sur l'étrave empanachée d'écume.
F. Place, *Les Derniers Géants*, © Casterman, 2008
b. Le narrateur est-il un homme ou une femme ? Justifie ta réponse.
c. L'étrave est la partie avant de la coque d'un bateau. Quel est le genre de ce mot ? Justifie ta réponse à l'aide du texte.

3   **4**

Manipuler

5 Trouve le participe passé des verbes à l'infinitif et accorde-le au nom.
1. un poisson *(paner)*
2. un arbre *(abattre)*
3. une toile *(peindre)*
4. des lettres *(envoyer)*
5. des mots *(écrire)*
6. des livres *(lire)*
7. des sorties *(permettre)*
8. des cartes *(recevoir)*

6 Trouve les participes passés de ces verbes.
1. monter
2. croire
3. dire
4. prendre
5. voir
6. découvrir
7. pouvoir
8. faire
9. guérir
10. partir
11. boire
12. tenir

7 EXO   **8** EXO

Préparer une dictée

9 Relève tous les participes passés du texte et cherche avec quels mots ils s'accordent.

Lorsque la poussière, soulevée par les derniers soldats, fut retombée au tournant du chemin, la grande maison plongea dans une torpeur anxieuse. [...] Elle marcha longtemps vers le nord à travers des blés dévastés et des villages anéantis. Des chaumières avaient brûlé. [...] Les routes, semées de rôdeurs et de pillards, se hérissaient de barrages.

F. Place, *La Fille des batailles*, © Casterman, 2007
Avec l'aimable autorisation des auteurs et des éditions Casterman

10 EXO   **11** EXO

Produire à l'oral

12 a. La classe est divisée en 4 groupes ; chaque élève reçoit un numéro. Le groupe 1 se répartit des GN. Le groupe 2 se répartit des verbes ou participes passés. Le groupe 3 se prépare à intervenir avec l'auxiliaire *être*, le groupe 4 avec l'auxiliaire *avoir*.
b. Le professeur appelle un numéro. Les élèves des groupes 1 et 2 désignés vont au centre de la salle. Ils disent leur GN et leur participe. Selon les possibilités, un(e) élève du groupe 3 (auxiliaire *être*) ou 4 (auxiliaire *avoir*) vient au milieu et complète la phrase au temps de son choix (parfois les groupes 3 et 4 peuvent intervenir pour la même phrase). **La phrase est redite en entier.**

Leçon 25 — Les terminaisons en [e] ou [ɛ] : -er/é/és/ées/ait/ez…

Activité 1

Garance **marchait** sous le couvert des arbres, le long des haies bordant des parcelles **inondées**, elle **allait** sans pouvoir **demander** son chemin, dînant parfois d'un œuf **volé** aux poules, le plus souvent d'une poignée de noisettes, **guidée** au seul bruit du canon qui faisait **trembler** l'air comme un orage au loin.

F. Place, *La Fille des batailles*, © Casterman, 2007

a. Relève tous les verbes en gras. À quels groupes appartiennent-ils ?

b. Lis tous ces mots à haute voix et fais une remarque sur la façon dont tu prononces les différentes terminaisons. Classe les verbes en gras dans les trois nuages selon leur terminaison.

> Verbes à l'infinitif   Participes passés   Verbes à l'imparfait

Activité 2

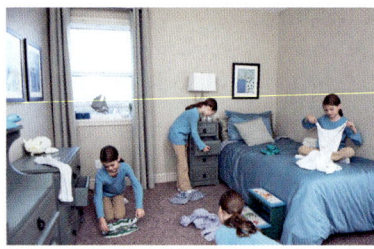

1.   2.

a. Observe bien ces images : dans laquelle l'action est-elle en train de se dérouler ? Dans quelle image l'action est-elle terminée ?

b. Associe chacune de ces phrases à l'image qui lui correspond.
  1. Je vois les enfants rangés.   2. Je vois les enfants ranger.

c. Compare ces phrases et fais un petit dessin pour illustrer chacune.
  1. Râper des carottes/des carottes râpées
  2. Laver une voiture/une voiture lavée
  3. Croquer une pomme/une pomme croquée

Activité 3

a. Classe les formes verbales dans un tableau.

chanter • fini • buvait • chantait • bu • finir • boire • finissez • chanté • buvez • finissait • chantez.

	1er groupe	2e groupe	3e groupe
infinitif			
participe passé			
2e personne du pluriel			
imparfait			

b. Lis à haute voix les colonnes de chaque groupe de verbe. Pour quels groupes les différentes formes du verbe s'entendent-elles ? Pour quel groupe ne s'entendent-elles pas ?

c. Utilise ces phrases pour trouver la terminaison du verbe « danser ».
  1. Je veux courir → Je veux dans…
  2. J'ai couru → J'ai dans…
  3. Vous courez → Vous dans…
  4. Je courais → Je dans…

Je retiens

- **Les terminaisons en [e] des verbes du 1ᵉʳ groupe peuvent être confondues** parce qu'elles se prononcent de la même manière :
  – l'infinitif en **-er** ;
  – le participe passé en **-é** qui peut s'accorder : **-é, -ée, -és, -ées** ;
  – la terminaison de la 2ᵉ personne du pluriel du présent de l'indicatif et de l'impératif : **-ez**.
- **Les terminaisons de l'imparfait se prononcent [ɛ] mais sont parfois confondues** avec les autres : **-ais, -ait, -aient**.
- **Pour éviter les confusions, on peut remplacer le verbe du 1ᵉʳ groupe par un verbe d'un autre groupe.** On mettra le verbe du 1ᵉʳ groupe à la même forme que celle du verbe de l'autre groupe.

Pour dire, pour écrire

Quand **le participe passé est employé seul ou avec l'auxiliaire « être »**, il **s'accorde avec le nom ou le sujet**. Il faut donc penser à faire cet accord.

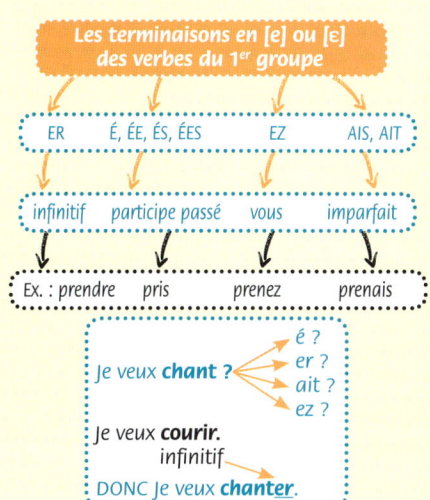

Repérer

1 Réunis chaque verbe du 1ᵉʳ groupe à celui du 3ᵉ groupe qui peut le remplacer en observant leurs terminaisons.
1. sonn**ait** • laissez • passer • croisée • donnés • baignais • calmées • ramaient • volé
2. vend**ait** • prendre • vendues • prenaient • pris • vendez • prise • vendus • prenais

2 Explique l'orthographe des terminaisons en gras.
Soudain, l'idée lui vint de retourn**er** à leur ancien camp pour regard**er** si rien n'avait été oubli**é**. [...] Pendant qu'ils discut**aient**, le garçon tapot**ait** nonchalamment de la main la peau de caribou séch**ée**, comme s'il s'était agi d'un tambour.
D. Gravier-Badreddine, « Le Tonnerre et la Foudre », *Contes traditionnels du pays des glaces*

3  **4**

Manipuler

5 Complète par -er, -ez, -é, -ée, -és.
1. Vous devez cass... des œufs, ajout... du sucre, de la farine et remu... la pâte ainsi form....
2. Vers... la pâte dans un moule beurr... et laiss... repos.... Puis vous épluch... des pommes et vous plac... les fruits coup... sur la pâte.
3. Préchauff... le four pour enfourn... votre gâteau.

6 Dictée préparée : repère les verbes du 1ᵉʳ groupe, avec quels mots les participes passés s'accordent-ils ?
Il fallut décharger, porter les bagages au prix de mille difficultés le long des rives escarpées et haler à force de bras nos esquifs ballottés entre les écueils. Deux hommes périrent dans cette malheureuse affaire, happés par le tourbillon des eaux sombres.
F. Place, *Les Derniers Géants*, © Casterman, 2008

7  **8**

Écrire

9 Utilise les verbes proposés, sans changer leur forme, pour créer trois phrases sur une partie de Quidditch ou d'un autre jeu.
lancés • donner • envoyés • retourné • arrêter • lâchée

10 Invente une histoire sur les dangers courus par les passagers de la barque. Fais un brouillon avec au moins six verbes du 1ᵉʳ groupe que tu utiliseras. Rédige ensuite ton récit aux temps du passé. Souligne les infinitifs en rouge, les participes passés en bleu et les imparfaits en vert. Attention aux accords !

Hokusai, *La Grande Vague de Kanagawa*, 1831, Metropolitan Museum of Art, New York

11  **12** EXO

Produire à l'oral

13 Par groupe, chacun prépare une phrase avec deux ou trois formes en [e]. Quand le jeu commence, un élève lit sa phrase et un autre doit la répéter en remplaçant les verbes du premier groupe par des verbes d'autres groupes, même si le sens n'est pas respecté. Il en déduit alors la bonne orthographe des formes en [e].

Bilan

▶ As-tu bien compris ces leçons sur le verbe ?
Vérifie en lisant cet extrait et en répondant aux questions d'un groupe.

Texte support

Orphée l'enchanteur

« Je m'appelle Aristée. Et toi, quel est ton nom ?

– Je te le dirai plus tard. Ne te vexe pas. J'ai une bonne raison pour cela, et tu la
5 connaîtras, je t'en donne ma parole. Bavardons d'abord un moment, qu'en dis-tu ? Et mangeons ! Tes moutons se garderont bien tout seuls. J'ai cheminé sans pause depuis l'aube et je meurs de faim. »

10 En entendant ces mots, Aristée se palpa le ventre et constata avec satisfaction que la sensation de pesanteur s'était envolée :

« J'ai faim, moi aussi ! se surprit-il à répondre. Malheureusement, j'ai épuisé
15 toutes mes réserves.

– Ne t'en fais pas, le rassura Orphée, j'ai de quoi manger pour deux. »

Ils s'installèrent près de l'eau, à la fraîcheur des aulnes. Avant toute chose, Orphée se
20 lava les pieds, les mains et le visage. Il prit le temps, aussi, de nettoyer son bandeau et ses sandales qu'il mit à sécher sur une pierre.

Il s'apprêtait à savourer pleinement ce moment de détente passé en compagnie
25 d'un simple berger. Il n'en connaîtrait pas de pareil avant longtemps. Le port de Pagases de Tessalie n'était plus loin. Et si Orphée se réjouissait d'y embarquer à bord de l'Argo, il n'oubliait pas combien la mer est redoutable
30 et pleine de dangers.

G. Jimenes, *Orphée l'enchanteur*,
« Histoires noires de la mythologie », © Nathan, 2004

Groupe 1

Repérer

1 « Je te le dirai » (l. 3).
Indique l'infinitif et le temps de ce verbe, puis justifie sa terminaison.

2 Dans les lignes 6 à 9, relève deux verbes qui expriment un ordre. À quel mode sont-ils conjugués ?

3 Dans le troisième paragraphe, relève un verbe conjugué à un temps composé. Donne l'infinitif de ce verbe. À quel temps est-il conjugué ?

Manipuler

4 « la mer **est** redoutable **et** pleine de dangers. » (l. 29-30)
a. Réécris ce passage à l'imparfait.
b. En t'aidant de ta réécriture, justifie l'orthographe des mots en gras.

5 Réécris l'avant-dernier paragraphe au présent.

6 « J'ai cheminé » (l. 8).
Remplace « j'ai » par « je veux » et fais la modification nécessaire.

Écrire

7 Orphée raconte à Aristée l'un de ses souvenirs de danger en mer.
Fais ce récit en quelques lignes. Tu écriras au passé composé, entre guillemets, en utilisant la première personne du singulier pour Orphée.

Pour les élèves des trois groupes, saisissez l'adresse du lien-mini sur votre navigateur et écrivez la dictée. Soyez attentif(ve) aux accords des participes passés. Trois noms propres : Grecs, Troie, Ulysse.

Pédagogie différenciée

Groupe 2

Repérer

1 Relève les trois verbes des lignes 7 (« Tes moutons... ») à 9, donne leur infinitif et indique leur temps.

2 « Bavardons » (l. 6) : à quel temps et à quel mode ce verbe est-il conjugué ? Qu'exprime ce mode ? Relève un autre verbe conjugué de la même manière.

3 À quel temps sont conjugués les verbes de l'avant-dernier paragraphe ? Justifie son emploi.

Manipuler

4 Réécris les deux premiers verbes de la dernière phrase au passé composé.

5 « En entendant... envolée : » (l.10-12).
Réécris ce passage pour qu'il devienne un récit au présent. Attention au temps du verbe « envoler ».

6 Réécris les phrases lignes 19 à 22 en remplaçant « Orphée » **par** « Orphée et Aristée » **et fais toutes les modifications nécessaires.**

Écrire

7 Poursuis le texte sur quelques lignes : raconte le repas d'Orphée et du berger Aristée en utilisant l'imparfait et le passé simple.

Groupe 3

Repérer

1 Relève tous les verbes des lignes 10 à 12, donne leur infinitif et indique pour chacun s'il est conjugué à un temps simple ou composé.

2 À quel temps le verbe « est » de la dernière phrase est-il conjugué ? Quelle est sa valeur ?

3 Relève tous les verbes des lignes 7 (« Tes moutons ») à 9 et classe-les sur cet axe du temps que tu auras recopié.

```
————————————|————————————>
           présent
```

Manipuler

4 À quel temps sont conjugués les verbes de l'avant-dernier paragraphe ? Réécris ce passage en passant les verbes au passé composé.

5 « Il s'apprêtait à savourer pleinement ce moment de détente passé en compagnie d'un simple berger. » (l. 23-25).
Remplace « moment de détente » **par** « heure » **et fais toutes les modifications nécessaires.**

6 « Il n'en connaîtrait pas de pareil avant longtemps. » (l. 25-26).
À quel temps le verbe est-il conjugué ? Justifie son emploi. Réécris les trois dernières phrases du dernier paragraphe pour qu'elles deviennent un récit au présent. Attention au temps du verbe « connaitre ».

Écrire

7 Raconte le voyage qu'a fait Orphée avant de rencontrer Aristée. Tu feras un récit à la 3e personne qui devra pouvoir se placer avant l'extrait. Utilise les mêmes temps que ceux du récit de l'extrait.

Orphée (détail), IIIe s.
Mosaïque, El Jem, musée archéologique

Atelier de classe : Qu'est-ce qu'un complément du verbe ?

Voici un atelier qui va vous permettre de réfléchir sur les **compléments du verbe**. Vous devez réaliser des activités d'observation et de manipulation **par petits groupes** afin que chacun puisse donner ses idées et les confronter à celles des autres. Lorsque vous vous serez mis d'accord, vous **rédigerez vous-mêmes vos conclusions**.

John William Waterhouse, *Pénélope et les prétendants* (1912), huile sur toile, Credit Line, Aberdeen (Écosse).

PARTIE 1

Repérer les compléments essentiels

Observons et manipulons

Observez le tableau. Qui sont les personnages ? Que font-ils ?

1. Individuellement, rédigez chacun(e) quatre ou cinq phrases pour décrire le tableau en utilisant au choix les compléments ci-après. Vous pouvez vous appuyer sur le texte de l'*Odyssée*. (Chant XIX, que vous pouvez écouter : lienmini.fr/jdl6-A105)

| Au fond | un bouquet | en mariage | son fil |
| concentrée | le dos | sans faire attention à eux |

2. Au sein de votre groupe, formez le plus de phrases possible avec les étiquettes ci-dessous. Vous n'êtes pas obligés de toutes les utiliser à chaque fois et pouvez jouer sur la place des mots. Si vous êtes astucieux, vous pourrez créer au moins 15 phrases !

Pénélope défait… | le soir | sa toile | en secret | pour ne pas devoir épouser un prétendant

3. Quel est le seul groupe de mots que vous n'avez pu ni déplacer, ni supprimer ? Quel mot complète-t-il ?

4. Dans vos textes, quels sont les groupes de mots des étiquettes que vous ne pouvez ni déplacer ni supprimer ? Entourez les mots qu'ils complètent. Quelle est la nature de ces mots ?

5. Complétez votre description avec de nouvelles phrases contenant ces verbes : s'appuyer, jouer, sembler, observer, demander, espérer, forcer. Soulignez ensuite les compléments que vous ne pouvez ni supprimer ni déplacer.

Qu'avons-nous observé ?

À partir de vos observations, expliquez quels sont les deux types de compléments qui existent dans une phrase. Pour les groupes que l'on ne peut ni déplacer, ni supprimer, quelle est la classe grammaticale du mot qu'ils complètent ?

PARTIE 2

Distinguer les verbes d'action et les verbes d'état

Observons et manipulons

À la demande d'Ulysse, Circé redonne à ses compagnons transformés en cochons leur apparence humaine.

Mes guerriers redeviennent plus jeunes qu'auparavant, et me paraissent plus beaux et plus grands que je ne les avais jamais vus ; ils me reconnaissent aussitôt, me serrent les mains, poussent des cris d'allégresse qui font retentir le palais.

Homère, *Odyssée*, chant X, trad. E. Bareste

1. Comment peut-on caractériser les guerriers d'Ulysse dans le texte ? Quels verbes permettent de les qualifier ?

2. Quelles actions font-ils ? Quels verbes l'indiquent ?

3. Recopiez le texte, encadrez les verbes et soulignez leurs compléments essentiels.

4. Quels sont les compléments qui apportent des informations sur le sujet du verbe (verbes d'état) ? Quels sont ceux qui complètent le verbe (verbes d'action) ?

5. Relevez dans vos propres textes une phrase contenant un verbe d'action et une autre contenant un verbe d'état. Si vous n'avez pas employé de verbes d'état, inventez une nouvelle phrase contenant un des verbes repérés dans le texte.

Qu'avons-nous observé ?

À partir de vos observations, expliquez quels sont les deux types de verbes que l'on peut distinguer et quels types de compléments ils introduisent.

PARTIE 3

Identifier les constructions des verbes d'action

Observons et manipulons

Circé **accourt**, **ouvre** ses portes, les invite à la suivre, et tous mes guerriers **entrent** imprudemment dans le palais. […] Quand elle leur **a donné** ce breuvage, elle les **frappe** de sa baguette et les **enferme** dans l'étable.

Homère, *Odyssée*, chant X, trad. E. Bareste

1. Dans cet extrait, les verbes sont en gras et leurs compléments essentiels sont soulignés.
– Tous les verbes ont-ils des compléments essentiels ?
– Ceux qui ont des compléments essentiels en ont-ils le même nombre ?
– Classez les verbes dans un tableau en fonction de leur nombre de compléments.

2. Dans vos textes, quels sont les verbes d'action ? Soulignez les compléments de ces verbes, puis classez-les en deux groupes : ceux qui sont reliés directement au verbe et ceux qui sont séparés du verbe par un petit mot (appelé préposition).

Qu'avons-nous observé ?

À partir de vos observations, rédigez une remarque sur la construction des verbes d'action : ont-ils toujours un complément ? Si oui, combien peuvent-ils en avoir ?

Qu'avons-nous découvert sur les compléments du verbe ?

Faites le point avec les membres de votre groupe afin de pouvoir présenter oralement le résultat de vos observations sur :
- les compléments essentiels
- les verbes d'action et les verbes d'état
- la construction des verbes d'action

Leçon 26 — Les compléments COD, COI

Activité 1 a. Dans le texte suivant, repère les groupes de mots qui complètent les verbes en gras.

> *Ulysse et ses compagnons arrivent en vue de Charybde et Scylla, deux monstres marins.*
> Lorsque nous sommes à quelque distance de l'île, j'**aperçois** une épaisse fumée, je **vois** s'élever des vagues immenses, et j'**entends** un bruit terrible gronder au sein des mers : les rames **échappent** aux mains de nos marins épouvantés.
> **Homère**, *Odyssée*, chant XII, trad. E. Bareste.

b. Où sont placés ces groupes de mots par rapport au verbe ?
c. Peut-on déplacer ou supprimer ces groupes de mots ?

Activité 2 a. Repère les compléments essentiels des verbes en gras.
1. Le Rat **libère** le Lion.
2. La Tortue **propose** une course à son voisin le Lièvre.
3. L'hiver venu, la Cigale **renonce** à chanter.
4. Le Renard **imagine** une ruse pour obtenir le fromage.
5. Après avoir vu le Bœuf, la Grenouille **tente** de grossir.
6. Malgré lui, le Corbeau **donne** son fromage au Renard.

b. Classe les phrases en 3 groupes.
c. Auquel des trois schémas correspond chacun de tes groupes ?

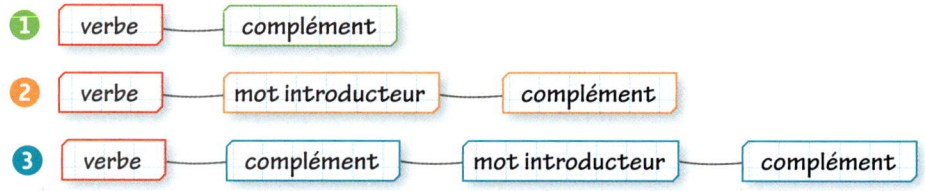

Activité 3 a. Associe les compléments en gras à leur classe ou nature grammaticale.
1. Le Lapin Blanc rencontre **Alice**.
2. Elle pense à **la petite clé d'or**.
3. Il **l'**attend et souhaite **lui** parler.
4. Alice croit **grandir**.
5. La Reine veut **que l'on coupe la tête aux valet**s.

A. Verbe à l'infinitif
B. GN
C. Nom propre
D. Proposition introduite par *que*
E. Pronom

b. Les compléments des verbes sont-ils placés le plus souvent avant ou après le verbe ?
c. Quelle est la classe grammaticale du complément qui se place avant le verbe ?

Activité 4 Observe les phrases suivantes et indique si les compléments soulignés complètent directement le verbe ou s'ils sont reliés au verbe par un mot introducteur (à, de, en...).
1. La nymphe Écho répétait <u>les paroles de Narcisse</u>.
2. Mais Narcisse ignorait <u>les jeunes filles</u>.
3. Écho rêvait de <u>l'embrasser</u>.
4. Mais Narcisse ne pensait qu'à <u>sa propre image</u>.
5. Il mourut et Écho assista à <u>sa transformation en fleur</u>.

Je retiens

- Le complément d'objet est un complément essentiel d'un verbe d'action : **on ne peut ni le déplacer ni le supprimer**.
- Le complément d'objet peut être **un nom propre, un GN, un pronom, un verbe à l'infinitif, une proposition**.
- Il se place généralement **après le verbe**, sauf s'il s'agit d'un pronom.
- Il peut être un complément d'objet **direct (COD)** ou **indirect (COI)**.
- Un verbe peut avoir **deux compléments d'objet**, généralement un COD et un COI appelé **complément d'objet second** (COS) précédé d'un mot introducteur (préposition).

Complément du verbe essentiel, non déplaçable

COD Complète directement le verbe d'action

COI Relié au verbe par un mot introducteur (une préposition)

Pour dire, pour écrire

Le complément d'objet permet de **comprendre sur quoi ou sur qui porte l'action**. Il fait ainsi **progresser le récit** en donnant des précisions.

Repérer

1 Repère les compléments essentiels des verbes en gras ; sont-ils COD ou COI ?
1. Elle **attend** l'autobus pour le centre-ville.
2. Elle **a envoyé** un message à ses amis.
3. Je **tiens** beaucoup à ce livre.
4. On **s'habitue** toujours aux nouveautés.
5. Nous **craignons** la pluie.

2 Les compléments soulignés sont-ils des COD ou des COI ? Justifie tes réponses.
1. Les Troyens ne se sont pas habitués <u>à la guerre</u>.
2. Ulysse pense souvent <u>aux dangers qu'il a traversés</u>.
3. Un hôte grec recevait toujours <u>du pain et du vin</u> à son repas.
4. Les compagnons d'Ulysse manquent parfois <u>de courage</u>.
5. Nous <u>lui</u> écrivons souvent.
6. <u>Nous</u> répondra-t-il ?

Manipuler

5 a. Parmi ces verbes, lesquels peuvent être suivis d'un COD, ou d'un COI, ou de deux compléments ?
pousser à • boire • s'appuyer sur • parler à • prendre • demander • se souvenir de • désirer.
b. Invente une phrase pour chaque verbe.

6 Complète les phrases suivantes avec la bonne préposition pour introduire le complément d'objet.
1. Jules cherche ... vendre sa moto.
2. La sorcière se marie ... le prince.
3. La navigatrice compte ... un vent fort pour gagner la course.
4. Les participants redoutent ... échouer.
5. Un soigneur s'occupe ... la girafe malade.
6. Les électeurs ont voté ... cette candidate.

Écrire

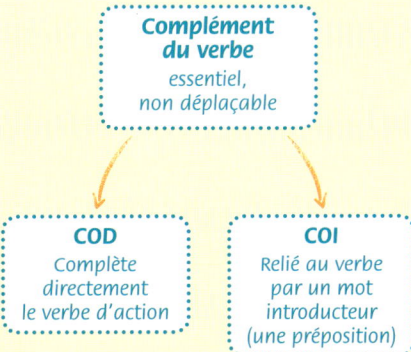

John William Waterhouse, *Ulysse et les Sirènes*, 1891, National Gallery of Victoria, Melbourne

9 Décris l'image ci-dessus en utilisant les structures de phrase suivantes.
1. Sujet – verbe – COI *(GN)*.
2. Sujet – verbe – COD *(proposition)*.
3. Sujet – verbe – COD *(GN)* – COI *(nom)*.
4. COD *(GN)* – verbe – sujet ?

Produire à l'oral

12 Petit Bac ! Trouve un complément pour chaque case. Pour le GN, c'est le noyau qui doit commencer par la lettre choisie. *Attention*, il n'y a pas de pronoms pour toutes les lettres de l'alphabet.

	Nom propre	GN	infinitif	pronom
C : Ulysse entend...	...Circé.	...le grand cyclope.	...crier.	...celui-ci.
Le marin redoute...				
Les enfants réclament...				
Le héros voudrait...				

Leçon 27 — Les pronoms compléments

Activité 1

a. Lis le texte suivant.

> *Le petit soldat de plomb vient de retrouver la charmante petite danseuse.*
> Le soldat en fut ému, il fut sur le point de pleurer, mais ce n'était pas convenable.
> Il **la** regarda et elle **le** regarda, mais ils ne dirent rien.
> À cet instant, l'un des petits garçons prit le soldat et **le** jeta dans le poêle, sans donner aucune raison : c'était sûrement le troll de la tabatière qui en était cause.
>
> **H.C. Andersen**, *L'Intrépide Soldat de plomb*, in *Contes*, trad. R. Boyer, © Gallimard, 1992

b. Trouve quels noms sont remplacés par les pronoms en gras et fais une remarque sur le lien entre le nom et le pronom.

c. Pourquoi, selon toi, le mot « le » souligné n'est-il pas un pronom ? Quelle est sa classe grammaticale ?

Activité 2

a. Les compléments soulignés ont été remplacés par des pronoms.
Associe les phrases correspondantes.

1. Ménélas se souvient de la ruse du cheval (COI).
2. Hermès offre l'herbe magique (COD) à Ulysse.
3. Hermès offre l'herbe magique à Ulysse (COS).

A. Hermès lui offre l'herbe magique.
B. Ménélas s'en souvient.
C. Hermès l'offre à Ulysse.

b. Que remarques-tu sur la place du CO lorsqu'il s'agit d'un pronom ?

c. Explique ce qui est difficile quand il faut repérer des COI et COS qui sont des pronoms.

d. Que faut-il faire pour savoir si un pronom est COD, COI ou COS ?

Activité 3

a. Recopie les phrases suivantes en remplaçant les pronoms en gras par les GN suivants :
la lampe magique, Shéhérazade, les personnages (x 2).

1. Le sultan **lui** offre un collier.
2. Shéhérazade **les** invente pour divertir le sultan.
3. Elle **leur** donne vie chaque nuit dans ses histoires.
4. Aladdin **la** trouve et un génie en sort.

b. Entoure les prépositions s'il y en a.

c. Recopie le tableau ci-dessous. Place les GN utilisés et les pronoms qu'ils remplacent dans le tableau, selon qu'ils sont COD ou COI.

COD		COI	
GN	Pronom	GN	Pronom

d. Les pronoms sont-ils tous semblables ?

Activité 4

a. Observe les phrases suivantes et remplace le pronom par les GN entre parenthèses.

1. Les enfants en parlent. *(leurs vacances)*
2. Lili s'y rend tous les mercredis. *(la piscine)*
3. Le Petit Prince y pense tout le temps. *(sa fleur)*
4. Jean en revient. *(Angleterre)*

b. Dans quels cas utilise-t-on le pronom « y » ? Dans quels cas utilise-t-on le pronom « en » ?

Je retiens

- Le pronom peut remplacer un nom ou un groupe nominal. Il a donc la **même fonction que le nom**.
- Pour retrouver la fonction d'un pronom complément, on le remplace par un nom. Quand il est **COD**, **COI** ou **COS**, il peut se placer entre le sujet et le verbe.
- Quand il s'agit d'un COI ou d'un COS, la préposition peut ne pas apparaitre.
- Les pronoms personnels n'ont pas la même forme selon qu'ils sont COD ou COI.

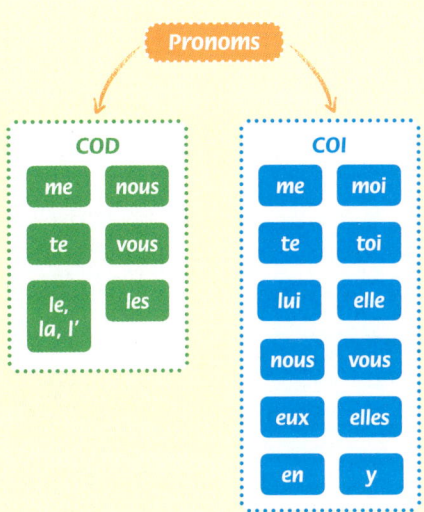

Pour dire, pour écrire

- Les pronoms compléments permettent d'**éviter les répétitions** et allègent ainsi le style du texte.
- Ils peuvent aussi servir à **provoquer la curiosité du lecteur**, qui doit alors deviner le nom caché derrière le pronom.

Repérer

1 a. Remplace les pronoms compléments d'objet soulignés par le GN de ton choix. Fais attention à respecter le genre et le nombre.

Ex. : Peter Pan les écoute chaque soir.
→ *Peter Pan écoute les histoires de Wendy chaque soir.*

1. Wendy leur raconte des histoires.
2. Peter Pan la bannit de l'ile.
3. Le crocodile lui fait très peur.
4. Le chef des Peaux-Rouges le leur offre après avoir retrouvé Lily la Tigresse.
5. Le capitaine Crochet leur lance un défi.

b. Pour chaque pronom que tu as remplacé, indique s'il est COD, COI ou COS.

2 Indique si les pronoms en gras sont COD, COI ou COS.
1. Alice voit des gâteaux et **les** mange.
2. Le Chapelier Fou **lui** sert du thé.
3. Le chat du Cheshire **leur** tient des propos absurdes.
4. Alice ne **le** comprend pas.
5. Alice **y** réfléchit.
6. Le Chapelier Fou **leur** propose du lait.

3 Relève les pronoms COD, COI et COS.

Calypso s'adresse à Ulysse, qu'elle retient depuis longtemps chez elle.

« Je vais t'aider à quitter cet endroit. Si tu veux couper des arbres pour te faire un radeau, je l'approvisionnerai de pain, d'eau et de vin, et de tout ce que tu me demanderas, pour que tu ne meures pas de faim. Je te donnerai de chauds habits et un bon vent, ce qui te permettra de rentrer chez toi sain et sauf s'il plaît aux dieux. »

J. Werner Watson, d'après Homère, *L'Iliade et L'Odyssée*, © édition des Deux Coqs d'or, 1956.

4    **5**

Manipuler

6 Remplace les GN compléments d'objet soulignés par un pronom.
1. La tempête a englouti le radeau d'Ulysse.
2. Pénélope cacha aux prétendants qu'elle était rusée.
3. Télémaque reconnut son père.
4. Poséidon accorda sa vengeance à son fils le cyclope.

7 Remplace les pronoms compléments d'objet soulignés par le GN de ton choix. Attention, deux de ces phrases sont incorrectes. Explique pourquoi.
1. Le professeur leur ordonne de se taire.
2. Je le demande s'il peut me prêter son stylo.
3. Je ne lui réponds pas.
4. Je le parle à voix basse.
5. Je la vois dans la classe.

8    **9**

Écrire

10 Invente une phrase au sujet du GN souligné en le désignant par un pronom CO, comme dans l'exemple.

Ex. : Cette année il y aura un voyage à Londres.
→ *Le professeur d'anglais l'organise.*

1. Les grenouilles ont coassé toute la nuit.
2. Les jours de départ en vacances, des bouchons se forment fréquemment sur les routes.
3. Il aperçut de l'autre côté de la rue un homme aveugle.
4. Elle a discuté avec ses nouveaux voisins.

11 EXO   **12**

Leçon 28 — L'attribut du sujet

Léon Carré, « Un sultan et deux femmes à ses pieds, l'une d'elles parle », illustration pour *Les Mille et Une Nuits*, 1926

Activité 1

a. Décris le sultan et les deux femmes en quatre ou cinq phrases. Tu utiliseras obligatoirement les mots : supérieur, habillé richement, assis, respectueux. *Attention aux accords !*

b. À quoi servent les mots ou groupes de mots que tu as placés après chaque verbe ?

Activité 2

Voici une série de verbes : demeurer • courir • attraper • avoir l'air • sembler • découvrir • paraitre • manger.

a. Quels sont ceux qui pourraient remplacer le verbe « être » dans les phrases ci-dessous ?
1. Le sultan est très puissant.
2. Shéhérazade est très courageuse et elle est sûre d'elle.
3. Elle sait que ses histoires sont assez palpitantes pour attiser la curiosité du souverain.

b. Ces verbes expriment-ils une action ou un état ?

Activité 3

a. Parmi les propositions suivantes, lesquelles peux-tu utiliser pour terminer la phrase ?
Les deux enfants sont ...

Hansel et Gretel • combattre • courageux • des frères et sœurs • perdus dans la forêt • prisonniers de la sorcière • fortement • vaincre • les enfants du bucheron

b. À quelles classes grammaticales appartiennent les propositions que tu as selectionnées ?

Activité 4

Les attributs du sujet du texte ci-dessous ont été enlevés. Retrouve-les et explique comment tu as procédé.

Attributs à retrouver : des jambes • muette • subjugué.

Soudain, la petite sirène apparait sur le rivage. Quand il la voit, le prince semble **...** et s'approche de l'inconnue. La queue de poisson et les nageoires de celle-ci sont devenues **...** grâce au filtre de la sorcière. Mais malheureusement la petite sirène demeure **...**.

Je retiens

- L'attribut du sujet est un **complément essentiel** du verbe.
- Il fait **partie du groupe verbal**, ne peut être **supprimé** et complète **un verbe d'état** : *être, sembler, devenir, paraître, s'appeler, avoir l'air, passer pour, rester, demeurer* ou tout verbe que l'on pourrait remplacer par *être*.
- Il est le plus souvent un **adjectif qualificatif**, un **nom** ou un **GN**. Il **s'accorde en genre** et **en nombre** avec lui.

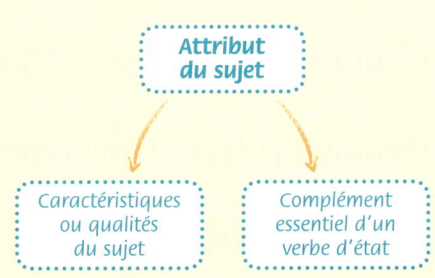

Pour dire, pour écrire

- L'attribut du sujet permet d'indiquer **une caractéristique** ou **une qualité du sujet**.
- Il est très utile **pour écrire une description** car il permet de donner des détails sur la forme, la taille, la couleur, les qualités et défauts... Il permet aussi de renseigner sur **les sentiments**.

Repérer

1 Précise si chaque groupe de mots en gras est un attribut du sujet. Justifie tes choix.

1. Ce malade a rencontré **un grand médecin**. / Plus tard, Leila deviendra **un grand médecin**.
2. Le chat est **un félin**. / Le vétérinaire soigne **un félin**.
3. La présidente félicita **le vainqueur de la course**. / Le 3ᵉ concurrent fut **le vainqueur de la course**.

2 Repère les attributs du sujet et retrouve le sujet sur lequel ils donnent des détails.

Ils étaient fort pauvres, et leurs sept enfants les incommodaient beaucoup, parce qu'aucun d'eux ne pouvait encore gagner sa vie. Ce qui les chagrinait encore, c'est que le plus jeune était fort délicat et ne disait mot [...]. Il était fort petit, et quand il vint au monde, il n'était guère plus gros que le pouce, ce qui fit qu'on l'appela le petit Poucet. Cependant il était le plus fin et le plus avisé de tous ses frères.

C. Perrault, *Le Petit Poucet*, 1697

3    **4**

Manipuler

5 Complète les phrases avec un attribut du sujet de la classe grammaticale demandée.

1. Cendrillon deviendra ... *(GN)*.
2. Cendrillon deviendra ... *(adjectif)*.
3. Cette fée est ... *(adjectif)*.
4. Cette fée est ... *(nom propre)*.

6 Invente des phrases dans lesquelles tu insèreras les attributs suivants et où l'accord est correct. Attention aux marques de genre et de nombre que les attributs portent déjà !

rusé • jalouse • une puissante sorcière • endormies • magiques • furieux

7    **8**

Écrire

J. E. Southall, *La Belle au bois dormant*, 1908, Birmingham Museum and Art Gallery

9 a. **Décris les différents personnages du tableau ci-dessus en utilisant les verbes suivants et au moins cinq attributs** : sembler • paraître • rester • demeurer • avoir l'air.

b. Souligne les attributs.

10    **11**

Lire

12 a. Relève tous les attributs du sujet.

Atalante demeurait invincible à la course. À chaque épreuve, les autres adversaires étaient distancés. Atalante était remarquable par sa vitesse mais aussi par sa beauté. De nombreux adversaires succombaient à son charme. Mais, un jour, Atalante tomba amoureuse à son tour.

b. Quel verbe, normalement verbe d'action, est utilisé ici comme un verbe d'état ?

c. Selon toi, Atalante est-il/elle un homme ou une femme ? Justifie ta réponse.

Bilan

▶ As-tu bien compris ces leçons sur les compléments du verbe ?
Vérifie en lisant cet extrait et en répondant aux questions d'un groupe.

Texte support

Le Petit Prince

Le petit prince, tombé sur la Terre, craint que la fleur qu'il aime soit mangée par le mouton dessiné pour lui par l'aviateur. Ce dernier est le narrateur :

[Le petit prince] rougit, puis reprit :
– Si quelqu'un **aime** une fleur qui n'existe qu'à un exemplaire dans les millions et les millions d'étoiles, ça suffit pour qu'il **soit**
5 heureux quand il la **regarde**. Il se dit « Ma fleur est quelque part… » Mais si le mouton mange la fleur, c'est pour lui comme si, brusquement, toutes les étoiles s'éteignaient ! Et ce n'est pas important ça !
10 Il ne put rien dire de plus. Il éclata brusquement en sanglots. La nuit était tombée. J'avais lâché mes outils. Je me **moquais** bien de mon marteau, de mon boulon, de la soif et de la mort. Il y avait, sur
15 une étoile, une planète, la mienne, la Terre, un petit prince à consoler ! Je le pris dans les bras. Je le berçai. Je lui disais : « La fleur que tu aimes n'est pas en danger… Je lui dessinerai une muselière, à ton mouton… Je
20 te dessinerai une armure pour ta fleur… Je… » Je ne savais pas trop quoi dire. Je me sentais très maladroit. Je ne savais comment l'atteindre, où le rejoindre… C'est tellement mystérieux, le pays des
25 larmes.

Antoine de Saint-Exupéry,
Le Petit Prince, chapitre XVIII,
© Gallimard, 1946.

Groupe 1

Repérer

1 Relève les compléments essentiels des quatre verbes en gras et indique pour chacun s'il est COD, COI ou attribut du sujet.

2 « Je lui dessinerai une muselière [...] » (l. 18-19) : recopie cette phrase et encadre le verbe. Souligne les compléments essentiels et donne leur nom.

3 Dans la phrase précédente, quel nom remplace le pronom « lui » ?

Manipuler

4 « [...] ça suffit pour qu'il soit heureux quand il la regarde. » (l. 4 à 5) : « soit » est une forme du verbe *être*. Trouve l'adjectif attribut du sujet de cette phrase et remplace-le par un GN attribut du sujet.

5 Dans la phrase précédente, remplace le pronom complément d'objet du verbe en gras par un groupe nominal.

6 « J'avais lâché <u>mes outils</u> » (l. 12). Remplace le complément souligné par un pronom. Quelle est sa fonction ?

Écrire

7 « Je lui dessinerai une muselière, à ton mouton… Je te dessinerai une armure pour ta fleur… Je… » (l. 18-21). Imagine deux autres objets que le narrateur va dessiner et précise à qui ils sont destinés en utilisant des COD et des COS. Tu peux t'inspirer des images. Souligne les COD en bleu et les COS en vert.

DICTÉE lienmini.fr/jdl-006

Pour les élèves des trois groupes, saisissez l'adresse du lien-mini sur votre navigateur et écrivez la dictée.
Aides : Harry, une dragonne (femelle de dragon), se rendre compte.

Pédagogie différenciée

Groupe 2

Repérer

1 Relève les compléments essentiels des quatre verbes en gras et précise pour chaque complément s'il est COD, COI ou attribut du sujet.

2 Indique la classe grammaticale de chaque complément relevé (GN, pronom, adjectif).

3 Relève un pronom COS dans le texte et recopie la phrase dans laquelle il se trouve.

Manipuler

4 « […] ça suffit pour qu'il soit heureux quand il la regarde. » (l. 4-5). Trouve l'attribut du sujet de cette phrase et remplace-le par un GN attribut du sujet.

5 « Je me sentais très maladroit. » (l. 21-22). Réécris cette phrase en remplaçant « je » par « elle ». Fais tous les changements nécessaires.

6 « Je ne savais comment l'atteindre, où le rejoindre… » (l. 22-23). Remplace les pronoms compléments d'objet par un groupe nominal.

Écrire

7 « Je lui dessinerai une muselière, à ton mouton… Je te dessinerai une armure pour ta fleur… Je… » (l. 18-21). Imagine deux autres objets que le narrateur va dessiner et à qui ils sont destinés en utilisant des COD et des COS. Tu peux t'inspirer des images.

Groupe 3

Repérer

1 Dans le texte, relève et recopie : un verbe suivi d'un CO, un verbe suivi d'un attribut.
Attention ! Ne relève pas les verbes en gras.

2 Relève un GN COD, un pronom COD, un adjectif attribut, un pronom COS. Recopie, à chaque fois, le verbe et son complément.
Attention ! Ne relève pas les verbes en gras.

3 « Je me sentais très maladroit. Je ne savais comment l'atteindre, où le rejoindre… » (l. 21-23).
a. Avec quel mot « maladroit » est-il accordé ? Précise de qui il s'agit. Quel est le nom de ce complément ?
b. Relève le complément des verbes « atteindre » et « rejoindre ». Quel est le nom de ce complément et quelle est sa classe grammaticale ? Précise de qui il s'agit.

Manipuler

4 « […] ça suffit pour qu'il soit heureux quand il la regarde. » (l. 4-5). Remplace l'attribut du sujet de cet extrait par un groupe nominal.

5 « Je me sentais très maladroit. » (l. 21-22). Réécris la phrase pour que le texte soit raconté par deux narratrices. Fais tous les changements nécessaires. Pourquoi l'accord de « maladroit » a-t-il changé ?

6 « Je me moquais bien de mon marteau, de mon boulon, de la soif et de la mort. » (l. 12-14). Remplace les quatre COI par un pronom.

Écrire

7 Le narrateur dessine deux autres objets et explique à quoi ils servent et à qui ils sont destinés. Fais-le parler. Tu peux t'inspirer des images.

305

Atelier de classe : Qu'est-ce qu'un texte ?

Voici un atelier qui va vous permettre de réfléchir sur le **texte**. Vous devez réaliser des activités d'observation et de manipulation **par petits groupes** afin que chacun puisse donner ses idées et les confronter à celles des autres. Lorsque vous vous serez mis d'accord, vous **rédigerez vous-mêmes vos conclusions**.

PARTIE 1

Comprendre l'ordre et la progression du récit

Observons et manipulons

1. Observez bien cette planche de *Boule et Bill*.

J. Roba, *Boule et Bill*, tome 20, « Bill, nom d'un chien ! », p. 6, © Studio Boule et Bill, 2016, Mediatoon/Dupuis

a. Comprenez-vous cette histoire ? Expliquez-la.

b. Remettez ces vignettes dans l'ordre et rédigez un petit texte composé d'une phrase par vignette qui commencera par l'un des mots suivants : ensuite, d'abord, mais, alors, finalement, puis, et, soudain.
Vous utiliserez ces mots dans l'ordre qui convient. Plusieurs réponses sont parfois possibles.

2. Voici trois suites de phrases. Trouvez celle qui est incohérente, celle dont l'ordre chronologique n'est pas respecté et celle qui est correcte. Expliquez vos choix.
1. La passante se promenait. Elle se fit un café. Le Chien suivit le garçon. Soudain les pommes tombèrent.
2. La passante mit un certain temps à se rendre compte qu'elle était suivie. Elle s'arrêtait devant un magasin, Le Chien s'arrêtait à ses pieds. Elle collait son nez à la vitrine, il y collait aussi le sien. […] Et ainsi de suite, jusqu'au moment où la passante s'arrêta devant la devanture d'un marchand de fruits.
3. La passante essaya de faire partir Le Chien. Elle rentra chez elle. Elle se promenait sans voir Le Chien. Elle acheta des pommes. Le Chien la suivait. Elle s'arrêta devant la devanture d'un marchand de fruits, puis entra.

Note : Un des textes est tiré de : **D. Pennac**, *Cabot-Caboche*, © Nathan, 2002

Qu'avons-nous observé ?

À partir de vos observations, expliquez quelles sont les conditions à respecter pour qu'une suite de phrases forme un texte cohérent.

PARTIE 2

Écrire et lire un texte cohérent

Observons et manipulons

La femme faisait ses courses. Elle arriva à la caisse mais elle ne crut pas qu'elle avait déposé toutes ses courses. Elle voulut lui montrer son caddie vide. Vous voyez bien que je n'ai plus rien ! J'aperçus alors Bill caché sous le caddie avec de la marchandise.

1. Listez tous les problèmes de compréhension posés par ce texte selon vous, et tentez de les expliquer.

2. Vérifiez ce que vous avez trouvé en remplissant le tableau ci-contre.
a. Repérez les phrases qui sont du récit et celle qui correspond à une parole de personnage. Quel est le problème ?
b. Combien de fois la cliente est-elle désignée par un nom ? Combien de fois par un pronom ? Quel est le problème ?
c. Phrase 2 : remplacez les pronoms qui désignent les personnages par des mots qui permettent de mieux les distinguer.

	1 : Récit ou dialogue ?	2 : Nom ou pronom qui désigne la cliente	3 : Nom ou pronom qui désigne la caissière	Conclusion : problème de compréhension repéré
Phrase 1				
Phrase 2				
Phrase 3				
Phrase 4				
Phrase 5				
Problème de compréhension repéré				

Qu'avons-nous observé ?

À partir de vos observations, expliquez quelles sont les conditions à respecter pour qu'on identifie clairement :
le narrateur et le personnage • le récit et les paroles des personnages • les différents personnages.

PARTIE 3

Écrire un texte agréable à lire

Observons et manipulons

1. En regardant les textes <u>sans les lire</u>, lequel des deux vous parait le plus agréable et le plus facile à lire ?

Quand il se réveillait, Gueule Noire léchait ses plaies avec application.
« Regarde-moi ce gâchis ! Tu t'es égratigné la truffe à une boîte de conserve et coupé à un tesson de bouteille. Tu ne peux pas regarder où tu mets les pattes ? »

D'après **D. Pennac**, *Cabot-Caboche*, © Nathan, 2002

ce chien est à vous les Meierlen échangèrent un regard quel chien s'informa M. Meierlen en plissant les yeux nous avons retenu une chambre à deux lits ici M. et Mme Meierlen, de Stuttgart au son de cette voix, le chien fit demi-tour il vint se coucher au pied de son maître en remuant la queue

D'après **D. Galin**, *Les Aventures d'un chien perdu*, © Rageot, 1989

2. Comparez les deux textes et trouvez ce qui manque à celui qui vous plait le moins.

Qu'avons-nous observé ?

À partir de vos observations, expliquez quelles sont les conditions à respecter pour qu'un texte soit agréable à lire et facilement compréhensible.

Qu'avons-nous découvert sur ce qui fait un texte ?

Faites le point avec les membres de votre groupe et présentez oralement le résultat de vos observations sur ce qui permet d'identifier un texte :
- une certaine présentation
- la ponctuation
- les mots qui organisent le récit
- les reprises nominales et pronominales
- le déroulement des actions
- la présence d'un narrateur
- les temps utilisés

Leçon 29 — Les reprises nominales et pronominales

Activité 1

Il était si courageux qu'on l'avait appelé Cœur de lion. […] Quand on lui avait donné son surnom, il en avait été très fier et il se promenait, la tête haute, la moustache arrogante […].

Un jour qu'il passait près d'une mare, il entendit un appel au secours. C'était **une grenouille** qui s'était coincé la patte dans une racine. La pauvre tirait vainement sur sa patte, rien à faire. Peu à peu, elle perdait ses forces et allait s'évanouir. Or, tapie sous une roche, la redoutable couleuvre n'attendait que ce moment pour se précipiter sur le batracien et l'avaler tout cru.

Cœur de lion ne fit ni une ni deux. […]

Il n'hésita pas à se mouiller, il trancha la racine et délivra la malheureuse.

R. Boudet, *La Petite Bête*, © L'École des loisirs, 1989

a. Quelle est la classe du déterminant du GN en gras qui désigne la grenouille ? Pourquoi est-il utilisé ?

b. Relève les autres groupes nominaux qui désignent la grenouille. À quelle classe appartiennent les déterminants utilisés ?

c. Relève les mots qui désignent Cœur de lion dans le dernier paragraphe. À quelle classe grammaticale appartiennent-ils ? Peux-tu en déduire qui est Cœur de lion ?

Activité 2

Renart n'avait pas mangé depuis trois jours et il avait très faim. L'animal rusé décida alors de voler les bacons entreposés dans un grenier. Ceux-ci étaient en effet fort appétissants et le goupil aimait beaucoup ces jambons fumés.

a. Lis ce texte.
Associe chaque nom aux mots qui le reprennent.

b. Quel est le genre et le nombre de « Renart » ? Et celui des mots qui le reprennent ?

c. Pourquoi les mots qui reprennent « les bacons » sont-ils au masculin pluriel ?

1. Renart
2. les bacons

A. il
B. l'animal rusé
C. ceux-ci
D. le goupil
E. ces jambons fumés

Activité 3

Il était une fois une reine qui accoucha d'un fils très laid et très mal fait. Une fée assura que l'héritier du trône aurait beaucoup d'esprit et que cet être si intelligent pourrait donner autant d'esprit qu'il en aurait à celle qu'il aimerait le mieux.
Tout cela consola un peu la pauvre reine d'avoir mis au monde ce si vilain marmot.

D'après **C. Perrault**, « Riquet à la houppe », *Contes*, 1697

a. Relève les groupes nominaux qui désignent le fils.
b. Reproduis le tableau et classes-y ces GN.

Informations sur le physique	Informations sur les qualités morales	Informations sur le statut social

Je retiens

- On utilise les mots de **reprise** pour **remplacer un nom propre, un GN ou toute une phrase**. Ils peuvent être des GN ou des pronoms qui doivent prendre le genre et le nombre du mot qu'ils remplacent.
- **Attention !** Le mot de reprise doit pouvoir remplacer le nom sans changer le sens de la phrase.

Pour dire, pour écrire

- **Dans un texte**, il faut repérer les différentes manières de désigner un personnage, un lieu ou un objet afin de **bien les identifier**.
- Il ne faut pas abuser du pronom « il » qui ne permet pas toujours de faire comprendre de qui ou de quoi on parle.
- **Au cours de l'écriture**, il convient de varier **les désignations** pour rendre **le texte moins répétitif**.

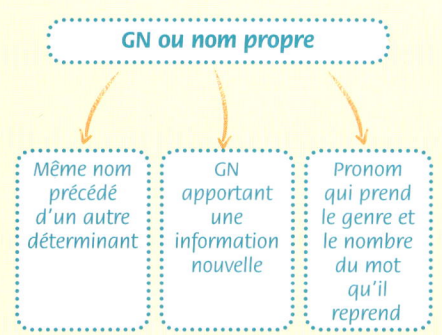

Repérer

1 Relève les GN qui désignent la princesse.

Un jour, la royale enfant partit dans le bois et comme elle s'ennuyait, elle prit sa balle en or. Mais la balle d'or roula tout droit dans l'eau de la fontaine. La princesse la suivit des yeux, mais la balle disparut. La jeune fille se mit à pleurer, pleurer de plus en plus fort.

D'après **J. et W. Grimm**, « Le prince grenouille », *Contes*, 1812

2 a. Relève les GN qui désignent les cinq personnages présents et classe-les dans le tableau.

Il était une fois un Gentilhomme qui épousa en secondes noces une femme, la plus hautaine et la plus fière qu'on eût jamais vue. Elle avait deux filles de son humeur […]. Le Mari avait de son côté une jeune fille, mais d'une douceur et d'une bonté sans exemple […]. Les noces ne furent pas plus tôt faites, que la Belle-mère fit éclater sa mauvaise humeur ; elle ne put souffrir les bonnes qualités de cette jeune enfant, qui rendaient ses filles encore plus haïssables.

C. Perrault, *Cendrillon*, 1697

Le Gentilhomme	L'épouse	Les filles de l'épouse	La fille du Gentilhomme

b. Relève un pronom qui désigne la belle-mère.

Manipuler

5 a. Quel problème remarques-tu dans ce texte ?

Nadia vint, comme à l'ordinaire, s'approcha sans méfiance d'un éventaire de légumes pour acheter, cette fois, des haricots verts, et Nadia allait payer quand la marchande saisit Nadia par le poignet, enleva Nadia et hop ! enferma Nadia dans le tiroir-caisse.

D'après **P. Gripari**, *La Sorcière de la rue Mouffetard*, © La Table Ronde, 1967

b. Redonne à ce texte sa forme d'origine en enlevant les répétitions.

6 a. Relève les désignations utilisées pour le Petit Chaperon rouge et le Loup. Quels problèmes remarques-tu ?

Le Petit Chaperon rouge partit à travers la forêt. Soudain la jeune femme rencontra un Loup qui voulut savoir où elle allait. La petite fille lui répondit qu'il se rendait chez sa grand-mère. Afin d'arriver le premier, l'animal proposa une course au petit garçon.

b. Propose d'autres désignations pour celles qui ne conviennent pas.

Écrire

9 Invente un court récit mettant en scène ces deux personnages en variant à chaque fois leur désignation.

G. Doré, *Le Loup et L'Agneau*, 1868

Produire à l'oral

12 Qui est-ce ? Pense à un personnage célèbre et imagine trois ou quatre GN de reprise pour le désigner. Tes camarades doivent deviner à qui tu penses. Celui qui trouve fait deviner à son tour.

Commencez ainsi : « Devinez quel est mon personnage : on peut l'appeler….. »

Ex. : Devinez quel est mon personnage : on peut l'appeler le Gaulois aux menhirs, l'homme tombé dans la marmite, l'ami d'Astérix, l'amateur de sangliers… C'est Obélix !

Leçon 30 — Reconnaitre le narrateur d'un récit

Activité 1 — Lis le texte et réponds aux questions.

> J'avais alors deux ans et j'étais bien le chat le plus gras et le plus naïf qu'on pût voir. [...] J'avais, au fond d'une armoire, une véritable chambre à coucher, coussin de plumes et triple couverture.
>
> **É. Zola,** *Nouveaux contes à Ninon,* 1864

1. Qui est l'auteur du texte ? Où trouves-tu cette information ?
2. Qui est le personnage ?
3. Qui raconte l'histoire ? Relève le mot qui désigne cette personne.
4. Existe-t-il un lien entre l'auteur et celui qui raconte ? Pourquoi ?
5. Réécris la première phrase du texte à la 3ᵉ personne du singulier. Est-ce toujours la même personne qui raconte ?

Activité 2 — Lis le texte et réponds aux questions.

> Il était une fois une paire de chaussures qui étaient mariées ensemble. La chaussure droite, qui était le monsieur, s'appelait Nicolas, et la chaussure gauche, qui était la dame, s'appelait Tina. Elles habitaient une belle boîte de carton où elles étaient roulées dans du papier de soie.
>
> **P. Gripari,** « La paire de chaussures », *Contes de la rue Broca,* © La Table Ronde, 1967

1. Recopie le tableau et complète-le.
2. Explique pourquoi tu ne peux pas compléter toutes les lignes du tableau.

	Nicolas	Tina	Gripari
Auteur			
Personnage			
Pronom utilisé pour désigner les personnages			
Celui qui raconte			

Activité 3

a. Lis le texte et repère les personnages.

> *Le jeune Louys vient d'entrer dans une boutique du Mont-Saint-Michel.*
>
> Puis, s'adressant au fabricant de médailles, il conclut :
> « Je suis votre homme ! Faites-moi une médaille belle, et grosse, et qui représenterait...
> — Tu ferais mieux de réfléchir, conseilla Garin. Cette médaille, tu la garderas toute ta vie.
> — Prenez votre temps, renchérit le marchand. »
>
> **É. Brisou-Pellen,** *Le Crâne percé d'un trou,* © Gallimard Jeunesse, 2013

b. Relie les personnages aux pronoms qui les désignent dans l'ensemble du texte. Que constates-tu ?

1. Garin   A. je
2. Le marchand   B. il
3. Louys   C. tu

c. Sur quelle partie du texte t'appuies-tu pour savoir si le personnage est ou non le narrateur ?

Je retiens

- **Le narrateur** d'un récit est la personne imaginaire qui raconte l'histoire. Il ne faut pas le confondre avec **l'auteur** qui a écrit l'histoire et qui est une personne réelle.
- Le narrateur **peut être un personnage du récit** : il raconte l'histoire en employant la première personne « je » quand il parle de lui, et la troisième personne pour les autres personnages.
- Le narrateur **peut ne pas faire partie de l'histoire** : il raconte en désignant les personnages à la troisième personne « il/elle, ils/elles ».

Pour dire, pour écrire

- **Attention !** Pour rédiger un récit, il faut **choisir** un narrateur personnage de l'histoire ou extérieur au récit et **ne pas en changer**, même si on insère un dialogue dans le récit.
- Pour écrire **la suite d'un texte**, il faut garder le même narrateur que celui du texte de départ.

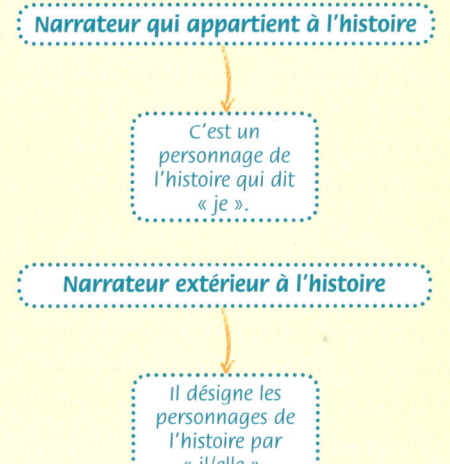

Narrateur qui appartient à l'histoire
→ C'est un personnage de l'histoire qui dit « je ».

Narrateur extérieur à l'histoire
→ Il désigne les personnages de l'histoire par « il/elle ».

Repérer

1 Identifie les personnages de ce récit. Le narrateur est-il un des personnages ?

Au milieu du champ, on avait attaché un épouvantail à un poteau pour empêcher les oiseaux de picorer les grains de maïs bien mûrs. Le menton dans la main, Dorothée l'observa un moment.
« Bien le bonjour, dit l'Épouvantail d'une voix enrouée.
– Est-ce que… Est-ce que vous m'avez dit quelque chose ? demanda Dorothée avec saisissement. »

L. F. Baum, *Le Magicien d'Oz*, 1931

2 a. Repère, dans ce texte, le passage de dialogue et la partie de récit.
b. Identifie les personnages et le narrateur de l'histoire.
c. Relève, dans son récit, les mots qui prouvent que le narrateur est un personnage.

« Et si quelqu'un parmi les mortels t'interroge sur la perte honteuse de ton œil, dis-lui qu'il a été arraché par […] Ulysse qui habite à Ithaque ! »
Mes paroles augmentèrent sa colère et, de ses bras puissants, [le Cyclope] arracha des blocs de rochers à la montagne pour les lancer dans notre direction.

D'après **Homère**, *L'Odyssée*, chant IX

3 Trouve qui est le narrateur de ce texte.

J'ai compris que j'étais vieux, le jour où je me suis retrouvé dans la vitrine d'un antiquaire. J'ai été fabriqué en Allemagne. Mes tout premiers souvenirs sont assez douloureux. J'étais dans un atelier et l'on me cousait les bras et les jambes pour les assembler. […] Puis je fus emballé et mis dans une boîte.

T. Ungerer, *Otto*, © L'École des loisirs, 1999

4    **5**   **6**    **7**

Manipuler

8 Réécris le texte de l'exercice n° 3 « Otto » pour que le narrateur ne soit pas un personnage de l'histoire. Entoure tous les mots que tu as dû modifier.

9 Réécris les deux dernières phrases du texte de l'activité 2 pour que ce soit les chaussures qui racontent. Entoure tous les mots que tu as dû modifier.

10 EXO   **11**

Écrire

12 Imagine à partir d'une couverture.
Voici la couverture du roman *Momo, petit prince des Bleuets*. Tu peux y voir les deux héros : Momo et M. Édouard. Imagine d'abord deux phrases dans lesquelles Momo est le narrateur, puis deux autres dans lesquelles M. Édouard est le narrateur.

Y. Hassan, *Momo, petit prince des Bleuets*, © Syros, 2006

13 Poursuis ce texte en rédigeant trois ou quatre phrases et en gardant le même narrateur.

Le jeune Paul prenait son temps pour s'habiller. En effet, il n'était pas du tout pressé d'aller chez le dentiste…

Leçon 31 S'exprimer correctement à l'oral et à l'écrit

Activité 1 Écoute le texte lu afin de répondre aux questions.

 lienmini.fr/jdl6-A106

1. Par quels pronoms les personnages sont-ils désignés ? Sais-tu si ce sont des filles ou des garçons ?
2. Quel mot indique le lieu où les personnages se trouvent ? Peux-tu dire de quel lieu il s'agit ?
3. Quel mot donne une indication de temps ? Peux-tu dire de quel jour il s'agit ?

E. Brami, *Ta Lou qui t'aime*, © Seuil, 1999

Activité 2 **a.** Dans le texte, observe le vocabulaire employé et la tournure des phrases.

> Qu'est-ce qu'elle croyait, la Parisienne ? Que j'allais y offrir le thé au salon ? Qu'on allait grignoter des petits fours ? Ça se pointe sans prévenir chez les gens, ça tortille les fesses et ça vient vous faire la leçon ! Si seulement cet abruti de Corniaud y avait arraché un bifteck au mollet [...]. J'ai fini par y envoyer la poêle sur le museau pour
> 5 le faire taire. J'ai failli attraper la fille, c'est pas passé loin, dommage.
>
> **J.-C. Mourlevat**, *L'Enfant océan*, © Pocket Jeunesse, 1999

b. Cette manière d'écrire est-elle habituelle dans un roman ? Justifie ta réponse en relevant à chaque fois un élément du texte. Imagine qui parle, à qui et dans quel lieu.

Activité 3 **a.** « se pointe » (l. 2) du texte de l'activité 2. À quel niveau de langue (familier, courant ou soutenu) appartient ce verbe ? Propose un synonyme appartenant à un autre niveau de langue.

b. Relève une phrase à la forme négative. Quel(s) mot(s) ser(ven)t à faire la négation ?

c. « Qu'est-ce qu'elle croyait, la Parisienne ? » **Que désigne le pronom « elle » ? Réécris la phrase de manière à supprimer ce pronom.**

d. « Si seulement ... faire taire. » (l. 3-5).
Le « y » te semble-t-il d'un usage correct ici ? En langage courant, quels pronoms devraient être employés à sa place ?

Activité 4 On ne s'exprime pas de la même manière selon les époques : le langage oral évolue.

 lienmini.fr/jdl6-A107

a. Écoute cet extrait de farce, lu en ancien français puis dans une traduction de 1987 et enfin de 2001.

b. Que remarques-tu concernant la manière dont les mots sont prononcés aux différentes époques ?

c. Quel mot, synonyme de « cela », apparait trois fois dans la version de 2001 ? À quel niveau de langage appartient-il ?

Je retiens

- On ne s'exprime pas de la même manière dans la classe, avec des amis, avec des adultes inconnus... **On doit s'adapter à son interlocuteur et à la situation dans laquelle on se trouve.**
- À l'écrit, mais aussi à l'oral dans certaines situations, il faut respecter **un certain nombre de règles**. Ainsi, il faut penser que :
  - le **« ne »** de négation est obligatoire ;
  - le niveau de langue doit être **courant ou soutenu** ;
  - le **GN sujet** ne peut pas être repris dans la même proposition par un pronom ;
  - dans une **phrase interrogative**, le mot interrogatif est au début et le sujet doit toujours être inversé.
- À l'écrit, le lecteur doit pouvoir facilement comprendre tous les éléments de l'histoire : personnages, lieux, époques.

Pour dire, pour écrire

- **En classe**, il faut utiliser un langage scolaire qui respecte à l'oral **les mêmes règles que l'écrit**.
- À l'écrit, il faut **relire son texte** pour corriger les tournures utilisées plutôt à l'oral en dehors de la classe.

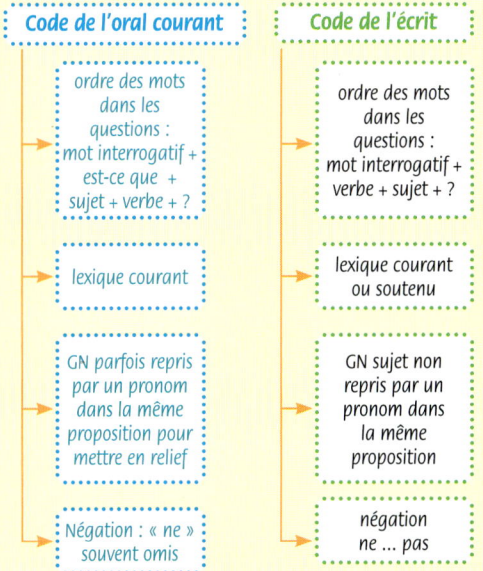

Repérer

1 Pour chaque extrait, identifie ce qui n'est pas acceptable à l'écrit.
1. Renart et Ysengrin ils avaient très faim.
2. Renart avait pas mangé depuis plusieurs jours.
3. Un jour d'hiver où ça caillait, Renart a entraîné Ysengrin sur un lac gelé pour choper du poisson.
4. Le roi demanda à Renart : « Tu peux me jurer que tu ne commettras plus de ruses ? »
5. Renart, il vit que la lune se reflétait dans l'eau : il ressemblait à un fromage.

2 Retrouve les groupes de trois mots ou expressions de même sens et classe-les selon le niveau de langue auquel ils appartiennent : familier, courant ou soutenu.
très • manger • disgracieux • voiture • voler • extrêmement • rire • bouffer • chouraver • vachement • piauler • subtiliser • demeure • avoir la dalle • être affamé • rigoler • automobile • moche • laid • caisse • se gausser • se sustenter • appartement • avoir faim

Manipuler

5 Réécris chaque phrase pour qu'elle soit correcte à l'écrit.
1. Le triangle il est pas rectangle. Parce qu'il a pas d'angle droit.
2. au premier plan de l'image, il y a un enfant qui rigole
3. En lisant l'histoire, on peut se demander : le personnage il va faire quoi ?
4. Ils sont des êtres vivants, le lézard, le cerisier et la libellule.

6 Ces mots peuvent appartenir à des niveaux de langue différents : une fiole • le blé • chauffer • planer. À l'aide d'un dictionnaire, précise lesquels. Emploie ces mots dans une phrase pour chaque sens trouvé.

Écrire

9 Tu reçois trois invitations pour une fête : réponds à chaque invitation : tu écris une carte, une lettre et un SMS. Adapte ta réponse au destinataire !
1. Un anniversaire chez un(e) ami(e).
2. Une fête de famille chez ta grand-mère.
3. Une réception de collégiens à la mairie.

10 EXO **11** EXO

Produire à l'oral

12 Voici la première phrase de plusieurs dialogues. Un(e) élève choisit l'une des phrases qu'il/elle adresse à un(e) autre élève. Ce/cette dernier(ère) doit lui répondre en utilisant le même niveau de langue.
1. J'vous dérange ?
2. Monsieur, j'ai peur de vous être importun.
3. Est-ce que je vous dérange ?
4. Désolé(e), mais je pourrai pas venir à ta fête.
5. Je suis désolé(e) mais je ne pourrai pas venir à ta fête.
6. Je vous présente mes plus plates excuses : des obligations m'empêchent de participer à votre fête.

Leçon 32 — Le récit au présent

Activité 1

« Ah, docteur ! gémit l'ogre, ça ne va vraiment pas fort. Je sens comme un poids sur l'estomac et j'ai toujours envie de vomir. Si ça continue, il faudra que je me mette au régime.

– Voyons, voyons, dit le médecin, ne vous affolez pas. […] Dites-moi ce que vous avez mangé ces jours derniers.

– Eh bien, dit l'ogre en rassemblant ses souvenirs, avant-hier, j'ai croqué un garde champêtre, un coureur cycliste et une marchande de fruits et légumes. Tous bien frais, et pas trop gras. […] Et vous pensez que c'est grave ?

– Mais pas du tout ! répond le médecin. Tenez, avalez ce cachet, et dans trente secondes vous ne sentirez plus rien.

– Oh merci, docteur, merci beaucoup ! »

Et l'ogre, tout joyeux, retrouve d'un seul coup son bel appétit. […] Il saute sur le médecin et n'en fait qu'une bouchée.

B. Friot, « Consultation », *Nouvelles histoires pressées*, © Milan poche Junior, 2007

a. Quel est le problème de l'ogre ? Cite une phrase qui l'explique et donne le temps du verbe.
b. Que craint-il ? Cite une phrase qui l'explique et donne le temps de son verbe.
c. Quel temps utilise-t-il pour raconter ce qu'il a fait avant de venir au cabinet médical ?
d. Place sur une frise chronologique les évènements dans l'ordre où ils se sont réellement déroulés et indique quel temps est utilisé pour chacun dans le texte.

- L'ogre dévore le médecin.
- Il croque un garde champêtre.
- Il parle au docteur.
- Il se sent mieux.
- Il saute sur le médecin.
- Il avale un cachet.
- Il est malade.

Ordre des évènements
Temps utilisé dans le texte

Activité 2

Lis cette fable.

La Grenouille qui se veut faire aussi grosse que le Bœuf

Une Grenouille vit un Bœuf
Qui lui sembla de belle taille.
Elle, qui n'était pas grosse en tout comme un œuf,
Envieuse, s'étend, et s'enfle, et se travaille,
5   Pour égaler l'animal en grosseur,
  Disant : « Regardez bien, ma sœur ;
Est-ce assez ? Dites-moi ; n'y suis-je point encore ?
– Nenni. – M'y voici donc ? – Point du tout. – M'y voilà ?
– Vous n'en approchez point. » La chétive pécore
10   S'enfla si bien qu'elle creva.

J. de La Fontaine, livre 1, *Fables*, 1668

W. Aractingi, *La Grenouille qui se veut faire aussi grosse que le Bœuf*, 1981, (coll. Aractingi)

a. Quel temps est utilisé dans le récit, vers 1, 2 et 10 ?
b. À ton avis, pour quelle raison l'auteur utilise-t-il le présent dans le récit au vers 4 ? Quelle impression cela donne-t-il ? Justifie l'utilisation du présent dans les vers 6 à 9.

Je retiens

Le **présent de l'indicatif** est utilisé dans un récit **pour raconter les faits qui se déroulent en même temps que le récit** lui-même. Les **faits qui se sont déroulés avant** sont racontés **à l'imparfait et au passé composé**, et **ceux** qui se dérouleront **après** sont au futur.

Pour dire, pour écrire

- On raconte le plus souvent des faits qui se sont déjà passés ; c'est pourquoi les récits sont généralement au passé. Mais on peut choisir de **raconter certains passages au présent pour les rendre plus vivants** : le lecteur aura l'impression que les faits se déroulent sous ses yeux.
- Les temps des dialogues sont indépendants du temps du récit.

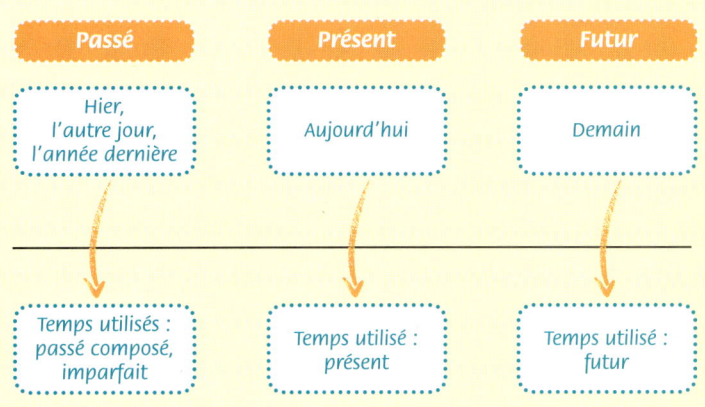

Repérer

1 Ce texte est-il au présent ou au passé ?
La cigale chante tout l'été. Quand vient l'hiver, elle n'a plus rien. Elle sollicite l'aide de la fourmi qui refuse de lui donner de la nourriture.

2 Quels sont les temps des verbes de ce récit ? Explique pourquoi l'auteur a choisi de les utiliser.
Les enfants comprennent tout, cela est bien connu. […] Mais je soupçonne, hélas, que ces contes seront lus également par des grandes personnes. En conséquence, je crois devoir donner quelques explications.
P. Gripari, *La Sorcière de la rue Mouffetard*, La Table Ronde, 1967

3 a. Distingue le récit du dialogue. À quels signes reconnais-tu que tu lis un dialogue ?
b. Est-ce un récit au passé ou au présent ? Explique si tu dois trouver la réponse en observant le récit ou le dialogue.
Alice fait la rencontre d'une étrange chenille.
« Qui êtes-vous ? »
[…] Alice répondit, un peu confuse :
« Je… je le sais à peine moi-même quant à présent. […].
– Qu'entendez-vous par là ? dit la Chenille d'un ton sévère. Expliquez-vous.
– Je crains bien de ne pouvoir pas m'expliquer, dit Alice, car, voyez-vous, je ne suis plus moi-même. »
L. Carroll, *Alice au pays des merveilles*, 1865, trad. H. Bué, 1869

Manipuler

6 Complète ces débuts de récit en ajoutant trois phrases pour chacun d'eux.
1. Le Lièvre n'a pas pris la Tortue au sérieux. À présent, il le regrette …
2. Le chat a vu la souris se glisser derrière le buffet …
3. La campagne est déserte. Les champs s'étendent à perte de vue. Au loin, …

7 Transforme ce récit au passé en récit au présent.
Sa marraine ne fit que la toucher avec sa baguette et en même temps ses habits furent changés en des habits de drap d'or et d'argent […]. Quand elle fut ainsi parée, elle monta en carrosse, mais sa marraine lui recommanda sur toutes choses de ne pas passer minuit […]. Elle promit à sa marraine qu'elle ne manquerait pas de sortir du bal avant minuit.
C. Perrault, *Cendrillon*, 1697

Écrire

10 Imagine un court récit avec les verbes aux temps indiqués. Choisis ceux qui te plaisent et ajoute autant de mots que tu veux.
1. Peindre, crier, sauter, prendre **au passé composé**.
2. Lire, avaler, tomber, voler **au présent**.
3. Se gratter, réciter, demander **au futur**.

Leçon 33 — Le récit au passé

Activité 1

> Après les vacances de Pâques, le dernier trimestre commença. Grand-mère et moi, nous avions décidé de passer les grandes vacances en Norvège. Nous en parlions tous les jours. Grand-mère avait loué deux cabines sur le premier bateau partant pour Oslo. Puis, d'Oslo, elle m'emmènerait sur la côte sud, près d'Arendal.
>
> **R. Dahl**, *Sacrées Sorcières*, trad. M.-R. Farré, © Gallimard Jeunesse, 2007

Copie les étiquettes et complète-les. Indique quelles actions du texte correspondent au moment du récit. Repère les temps utilisés.

1. Avant les vacances de Pâques / Avant le moment du récit → … → Temps utilisé …
2. Après les vacances de Pâques / Au moment du récit → Le trimestre **commença**. Nous **parlions** des grandes vacances → Temps utilisés …
3. Aux grandes vacances / Après le moment du récit → … → Temps utilisé …

Activité 2

1. Hier, j'ai rencontré quelqu'un d'un peu bizarre. D'abord, je n'ai pas tout de suite compris ce qu'il disait. […] Et ce matin, je suis parti à l'école plus tôt que d'habitude. Il m'attendait au coin de la rue.

B. Friot, « Rencontre », *Histoires pressées*, © Milan Poche Junior, 2007

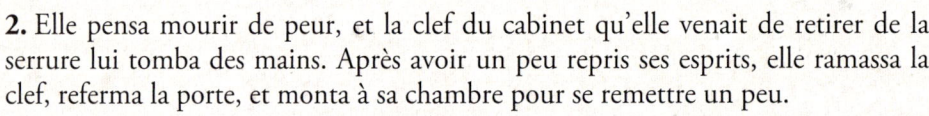

2. Elle pensa mourir de peur, et la clef du cabinet qu'elle venait de retirer de la serrure lui tomba des mains. Après avoir un peu repris ses esprits, elle ramassa la clef, referma la porte, et monta à sa chambre pour se remettre un peu.

C. Perrault, « La Barbe bleue », *Histoires du temps passé*, 1697

Recopie et complète le tableau comparant les deux textes.

Textes	Narrateur (1re ou 3e personne)	Temps utilisés
Récit qui pourrait être oral n°…	…	… + …
Récit plus littéraire, écrit n°…	…	… + …

Activité 3

Raconte ce qui s'est passé avant et ce qui se passera après. Indique les temps que tu as utilisés à chaque fois. *Ex. : L'arbre tomba. Juste avant, le bucheron l'avait scié (plus-que-parfait). Quelques heures plus tard, il le découperait (conditionnel présent) en planches.*

1. Léon riait. Quelques minutes auparavant, …. Juste après …
2. Cécile était en première année d'université. L'année d'avant …. Trois ans après …
3. David était au lit avec de la fièvre. La veille, …. Le lendemain …

Je retiens

- Pour raconter un **récit au passé**, on peut employer :
  - le **passé simple** et l'**imparfait** ;
  - le **passé composé** et l'**imparfait** pour un récit oral ou dans un langage moins soutenu.
- On emploie le **plus-que-parfait** pour les faits qui se sont déroulés **avant** les faits racontés à l'imparfait, au passé simple ou au passé composé.
- On emploie le **conditionnel présent** pour les faits qui se produiront **après** les faits racontés à un temps du passé.

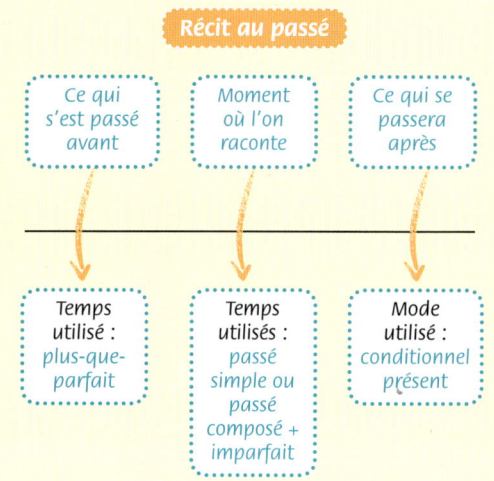

Pour dire, pour écrire

Lorsqu'on lit un récit au passé, on doit faire attention aux indications temporelles et au temps des verbes afin de reconstituer **l'ordre chronologique des évènements**.

Repérer

1 Indique si les actions soulignées se situent avant ou après celle du verbe en gras.
1. La reine <u>avait interrogé</u> son miroir. Elle **venait d'apprendre** que Blanche-Neige était encore vivante. <u>Elle irait</u> donc tuer elle-même la jeune fille !
2. L'ogre ne **savait** pas que le Petit Poucet <u>échangerait</u> les bonnets pendant la nuit.
3. Ali Baba **se réjouissait** : la veille, <u>il avait découvert</u> la caverne magique.
4. Le prince **arriva** devant le château. On lui <u>avait dit</u> qu'une princesse y était endormie.
5. Le Loup **se dépêcha**. Ainsi, il <u>arriverait</u> avant le Petit Chaperon rouge chez sa mère-grand.

2 Indique si ces phrases appartiennent à des récits au passé composé, au passé simple ou au présent.
1. Les Athéniens se préparèrent au combat. Après les sacrifices, les dieux leur semblaient favorables.
2. Damien s'éloigne discrètement. Il s'est aperçu que son voisin l'observait avec insistance.
3. Louise s'est levée, elle a pris son blouson et est partie sans un mot. Une telle attitude la révoltait.

3 EXO **4** EXO

Manipuler

5 Réécris ce récit au passé composé pour qu'il devienne un récit au passé simple.
En deux mois, il a achevé le dressage de la petite fille. Sa maîtresse est devenue son amie. Il a commencé par lui apprendre qu'il était plus important que son cartable, ses poupées, ses disques et ses caprices. Ensuite, il a refusé de faire le beau ou de donner la patte.

D. Pennac, *Cabot-Caboche*, © Nathan, 2002

6 Complète les phrases en conjuguant les verbes entre parenthèses au temps approprié.
1. Pallas était furieuse. La veille, Arachné *(tisser)* une plus belle toile que la sienne. La déesse ne *(tarder)* pas à la châtier.
2. Écho dépérit par amour. Elle *(ne pas imaginer)* que Narcisse la *(délaisser)* parce qu'il aimait trop son propre reflet !
3. Le prince s'étrangla avec la bague que Peau d'âne *(placer)* dans son gâteau. Le lendemain, il *(se servir)* de cet anneau pour la retrouver.

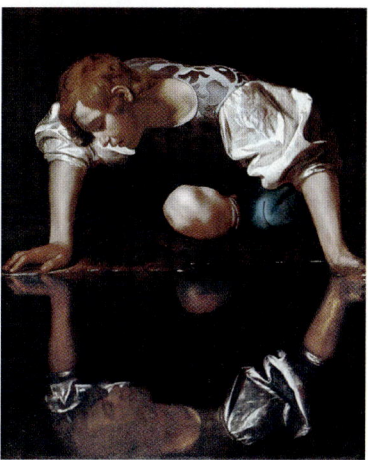

Le Caravage, *Narcisse*, 1598, Palais Corsini, Rome

7 EXO **8** EXO **9** EXO **10** EXO

Produire à l'oral

11 Travail en groupes. Un(e) élève imagine une phrase au passé. Son(sa) voisin(e) de gauche la complète en racontant ce qui s'est passé avant et son(sa) voisin(e) de droite en racontant ce qui se passera ensuite. Attention aux temps à utiliser !
Ex. : Élève 1 : « Luc se promenait au parc. »
Élève 2 : « Le jour d'avant, il était allé au cinéma. »
Élève 3 : « Le lendemain, il irait à la piscine. »

12 EXO **13** EXO

Leçon 34 — La ponctuation

Activité 1

a. Écris deux fois le texte. Ponctue ton premier texte de sorte que l'ogre soit vainqueur du Petit Poucet. Ponctue le second de sorte que le Petit Poucet soit vainqueur.

> l'ogre arriva à la porte de la maison une hache à la main avec assurance le Petit Poucet l'attendit caché derrière la porte son frère le suivit avec crainte l'ogre poussa la porte sans peur le Petit Poucet s'avança la hache frappa tout fut terminé

b. Quels signes de ponctuation as-tu utilisés ? Sont-ils les mêmes dans tes deux textes ?
c. Quel rôle joue la ponctuation que tu as ajoutée ?

Activité 2

a. Observe le texte. Que remarques-tu ?

> les heures passent avec une lenteur désespérante la vieille dame ne se décidera-t-elle donc jamais à se coucher elle écrit écrit écrit encore sans fatigue dirait-on sans lassitude à son âge pourtant on a besoin de repos
> pour la première fois de sa vie Guillaume se ronge les ongles

D'après **Gudule**, *La Bibliothécaire*, © Livre de Poche Jeunesse, 2014

Illustration : **Ch. Durual**

 AUDIO lienmini.fr/jdl6-A108

b. Retrouve sa ponctuation en écoutant la lecture qui en est faite. Quels indices, à l'écoute, t'ont aidé(e) ?
c. Quels signes de ponctuation as-tu placés à la fin des phrases ?
d. Quel signe de ponctuation as-tu placé à l'intérieur des phrases ?

Activité 3

> Un jour cependant, Vendredi montra à Robinson une tache blanche qui palpitait dans l'herbe, et il lui dit :
> — Marguerite.
> — Oui, répondit Robinson, c'est une marguerite.
> 5 Mais à peine avait-il prononcé ces mots que la marguerite battait des ailes et s'envolait.
> — Tu vois, **dit-il** aussitôt, nous nous sommes trompés. Ce n'était pas une marguerite, c'était un papillon.

M. Tournier, *Vendredi ou la vie sauvage*, © Éditions Gallimard, 1971

a. Quels signes de ponctuation particuliers sont utilisés ici pour indiquer les paroles ? En connais-tu d'autres ?
b. Quel est le signe orthographique utilisé entre les deux mots en gras ? Pourquoi est-il employé ?

Je retiens

- La ponctuation sert à **structurer** un texte et donc à en faciliter la compréhension. Elle aide à distinguer le dialogue du récit.
- Les signes de **ponctuation forte** . ? ! terminent les phrases et indiquent leur type : interrogatif, exclamatif…
- Les signes de **ponctuation faible** , ; séparent les mots et les propositions.
- Le début et la fin des **paroles** sont indiqués par des guillemets « » et le changement de locuteur est indiqué par le tiret – .

Pour dire, pour écrire

- On ne peut pas **séparer le verbe du sujet, ni un verbe de son complément par une virgule.** Deux signes de ponctuation ne peuvent pas se suivre.
- Pour lire un texte, la ponctuation aide à savoir où faire une pause, **respirer**. Elle permet aussi de **mettre le ton**, c'est-à-dire de faire entendre les intentions de l'auteur.

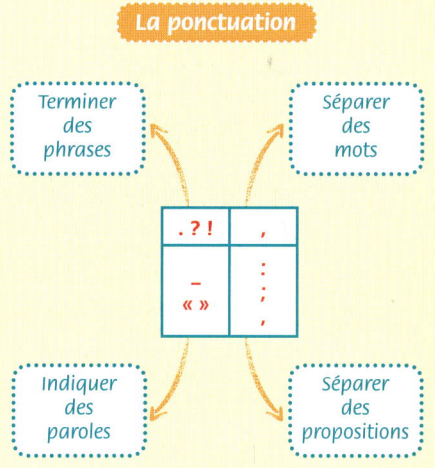

Repérer

1 Lis chaque couple de phrase à voix haute en respectant la ponctuation et trouve quelle phrase est mal ponctuée.
1. **a.** Le petit prince veut qu'on lui dessine un mouton.
b. Le petit prince, veut qu'on lui dessine un mouton.
2. **a.** À leur arrivée chez Calypso. Les compagnons d'Ulysse sont transformés en pourceaux.
b. À leur arrivée chez Calypso, les compagnons d'Ulysse sont transformés en pourceaux.
3. **a.** Bilbo doit quitter sa confortable maison.
b. Bilbo doit quitter, sa confortable maison.

2 a. Combien ce poème contient-il de phrases ? Aide-toi de la ponctuation forte.
b. Quel signe de ponctuation repères-tu au vers 2 ? À quoi sert-il ?

Il pleure dans mon cœur
Comme il pleut sur la ville ;
Quelle est cette langueur
Qui pénètre mon cœur ?

Ô bruit doux de la pluie
Par terre et sur les toits !

P. Verlaine, « Il pleure dans mon cœur », *Romances sans paroles*, 1872

Manipuler

5 Ajoute la ponctuation forte dans les phrases.
1. Quel temps fera-t-il dimanche Nous pourrions faire un piquenique
2. Hourra Victoire de l'équipe du Groenland
3. Comme il tombait de fatigue, il alla se coucher
4. J'ai entendu de bonnes critiques sur ce film L'avez-vous vu
5. Ne ris pas Tu vas gagner à ce jeu

6 Réécris les phrases en changeant la ponctuation de manière à changer le sens.
1. Allons manger, Grand-Mère !
2. Accident de circulation : un piéton a traversé la rue. Sans regarder la voiture s'est engagée sur le carrefour.
3. « L'homme, dit cet animal, est sauvage. »

Produire à l'oral

9 Invente les phrases que prononcent les personnages en respectant la ponctuation.

Moloch, M. Uderzo, D. Ray, D. Parada, *Les Mémoires de Mathias*, « T. 1 Le tambour magique », © Idées Plus, 2015

10 Voici des structures de phrases dont il ne reste que la ponctuation. Invente un texte en t'inspirant de l'image.

_____ .
_____ …
« _____ ?
_____ ! »
_____ !

J. Tenniel, 1865

Leçon 35 — La progression d'un texte

Activité 1

Un élève a expliqué ce tableau à l'oral.

a. Écoute deux fois son texte, puis retrouve à quelle liste d'idées préparée au brouillon il correspond.

AUDIO lienmini.fr/jdl6-A109

Liste 1
- présentation des personnages
- description physique des personnages
- description des tapisseries
- punition d'Arachné

Liste 2
- présentation des personnages
- Minerve et les objets qui la représentent
- Arachné et les objets qui la représentent
- lieu de la scène

Liste 3
- présentation du peintre
- Minerve et les objets qui la représentent
- Arachné et les objets qui la représentent

b. À l'écoute, comment as-tu identifié les changements d'idées ?

R.A. Houasse, *Minerve chasse la tisserande Arachné*, 1688, château de Versailles

Activité 2

Voici le récit d'un élève.

> *Un moment le cyclope entendit des bruits et il vit Ulysse et il se dit qu'il n'était pas tout seul parce qu'il y avait d'autres hommes et il s'approcha d'eux et en attrapa pour les manger.*

a. Combien ce récit a-t-il de phrases ? Combien d'actions raconte-t-il ? Par quel mot sont-elles reliées entre elles ?

b. Voici les conseils donnés par le professeur : *Fais plusieurs phrases correctement ponctuées. Organise le texte en deux paragraphes. Utilise des mots de liaison variés.*
Aide l'élève à améliorer son récit.

Activité 3

> Ulysse venait de quitter l'île de Circé quand il comprit que son bateau était entraîné vers les terribles monstres de Charybde et Scylla. Tous ses compagnons présents sur le navire tremblaient de peur.

Poursuis ce texte de trois manières différentes, en ajoutant à chaque fois deux phrases suivant la progression demandée.
1. Le texte continue en décrivant les monstres Charybde et Scylla.
2. Le texte continue en racontant les actions d'Ulysse pour échapper aux monstres.
3. Le texte continue en reprenant à chaque fois le dernier élément de la phrase précédente.

Je retiens

- **Un récit oral ou écrit doit progresser en faisant s'enchaîner de manière logique les actions et les idées.** L'enchaînement peut être montré par des mots de liaison.
- À l'**écrit**, chaque action ou groupe d'actions ou chaque idée constitue **un paragraphe**.
- À l'**oral**, on indique à l'auditeur qu'on change d'idée ou d'action par **une courte pause**.

Pour dire, pour écrire

Avant de produire un récit oral ou écrit, il faut **prévoir son organisation en faisant la liste des idées principales. Pour une histoire, il faut choisir les lieux et l'époque**, de manière qu'ils correspondent bien aux actions qui vont s'y dérouler.

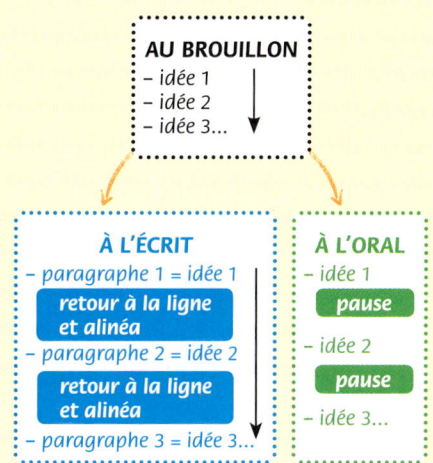

Repérer

1 Voici le brouillon d'un élève et son récit rédigé. Indique à quelles lignes du récit correspond chaque élément du brouillon. Quels éléments t'ont aidé(e) ?
① pleine lune → reflet dans l'eau
② Renart emmène le loup Ysengrin près d'un puits
③ lune = fromage
④ Ysengrin veut aller le chercher → tombe

   C'était une nuit de pleine lune. Le ciel était sans nuage et la lune se reflétait dans l'eau. Pour se moquer d'Ysengrin, Renart décida alors de lui jouer un tour.
   Le goupil appela le loup : « Ysengrin, viens vite voir ce qui est au fond de ce puits ! J'ai une belle surprise pour toi ! » Curieux, le loup accourut.
   Renart lui dit de regarder par-dessus la margelle. « Un gros fromage se trouve au fond ! » s'écria le loup.
   Alors Ysengrin décida d'aller le chercher et demanda de l'aide à Renart. Celui-ci l'aida si bien qu'il tomba au fond du puits, où il n'y avait aucun fromage.

2 EXO    **3** EXO

Manipuler

4 Recopie le texte en rétablissant les paragraphes. Aide-toi de la première colonne.

1. Rendre le cyclope ivre	Pour piéger le cyclope, Ulysse commença par lui donner du vin. Le monstre en but jusqu'à tomber sur le sol, ivre. Alors le héros plein de ruse chauffa un pieu qu'il avait rendu très pointu. Ulysse encouragea ensuite ses compagnons à surmonter leur peur. Ensemble, ils enfoncèrent le pieu dans l'œil du cyclope. Polyphème poussa un hurlement.
2. Préparer un pieu	
3. Crever l'œil du cyclope Polyphème	

5 EXO    **6** EXO

Écrire

7 Recopie le texte en rétablissant les paragraphes. Sépare le récit de la description.

Après avoir navigué quelques jours, nous approchâmes de l'île des Sirènes. Ce sont des créatures dangereuses, envoûtant les navigateurs par leur chant et les entraînant dans la mort. Pour échapper à leur charme, je fis ce que la magicienne avait dit : je bouchai les oreilles de mes compagnons avec de la cire molle.

D'après **Homère**, *L'Odyssée*, Chant XII

8 Voici le brouillon d'une rédaction pour raconter les préparatifs de départ de Phileas Fogg, le héros de Jules Verne, avant son tour du monde. Après l'avoir lu, rédige le récit, bien organisé, correspondant.
1. trouver son passeport   **2.** aller retirer de l'argent à la banque   **3.** demander à Passepartout de préparer les bagages   **4.** prendre un fiacre   **5.** arriver à la gare

9 EXO    **10** EXO

Produire à l'oral

11 Voici des phrases pour débuter un récit. Un(e) élève ajoute une nouvelle phrase qui reprend la dernière idée. Un(e) 2ᵉ élève fait de même avec la phrase ajoutée... *Ex. : Un beau matin, une grenouille rencontra un bœuf. Ce bœuf était la plus belle bête du troupeau. C'est pourquoi cette belle bête avait gagné plusieurs concours agricoles...*
1. Alice, assise auprès de sa sœur, s'ennuyait.
2. Un meunier laissa à ses trois fils son moulin, son âne et son chat.
3. Shéhérazade décida de raconter chaque soir une histoire palpitante au sultan.

Leçon 36 : Les mots qui organisent le récit

Activité 1 a. **Les étapes de ce récit ont été mélangées. Classe-les dans l'ordre.**

Quatre animaux surprennent des brigands dans une maison abandonnée et cherchent un moyen pour les chasser.

1	L'âne se dressa d'abord en posant ses pieds de devant sur la fenêtre, le chien monta sur le dos de l'âne, le chat grimpa sur le chien, le coq prit son vol et se posa sur la tête du chat.
2	Alors les quatre compagnons s'assirent à table, s'arrangèrent de ce qui restait, et mangèrent comme s'ils avaient dû jeûner un mois.
3	Puis ils se précipitèrent par la fenêtre dans la chambre en enfonçant les carreaux qui volèrent en éclats. Les voleurs, en entendant cet effroyable bruit, se levèrent en sursaut, et se sauvèrent tout épouvantés dans la forêt.
4	Cela fait, ils commencèrent ensemble leur musique à un signal donné. L'âne se mit à braire, le chien à aboyer, le chat à miauler, le coq à chanter.

D'après les **Frères Grimm**, *Les Musiciens de la ville de Brème*, trad. F. Baudry, 1864

b. **Quels mots ou groupes de mots t'ont aidé(e) à retrouver le bon ordre ?**

Activité 2 **Ce récit ne raconte pas les faits dans l'ordre chronologique. Place-les sur la frise que tu auras recopiée.**
Découverte du bébé par Milo • arrivée du message • Milo ronchonne. • Milo fait des sourires au bébé.

| Dimanche | Lundi | Mardi | Mercredi | Jeudi | Vendredi | Samedi | Dimanche | Lundi | Mardi | Mercredi |

Ce fut un mercredi que le vieux Milo découvrit le panier avec l'enfant endormi. Trois jours auparavant il avait trouvé un mystérieux message anonyme annonçant l'arrivée du garçonnet. Mais Milo n'y avait pas cru. Le premier jour, Milo n'avait cessé de ronchonner contre le bambin qui pleurait. Mais une semaine plus tard, il ne cessait de faire des sourires au bébé qui gazouillait.

Activité 3 a. **Recopie et complète les phrases à l'aide des mots de la liste.**

pour que   mais   afin que   pourtant   car   parce que

1. Les parents du Petit Poucet décidèrent d'abandonner leurs enfants dans la forêt _____ ils étaient trop pauvres pour les nourrir.
2. La fée transforme une citrouille en carrosse _____ Cendrillon aille au bal.
3. La Bête avait l'apparence d'un monstre, _____ la Belle en tomba amoureuse.

b. **Quels mots servent à apporter une explication ? Lesquels expriment une opposition ? Lesquels indiquent le but ?**

Je retiens

Les **repères temporels** sont des mots qui organisent le récit en structurant les différentes étapes de l'histoire. Certains donnent des indications sur l'**ordre** et la **durée des actions** dans le temps. Les **connecteurs logiques** indiquent la **relation logique** entre des actions.

Pour dire, pour écrire

- Les **repères** aident à bien **organiser les étapes d'un texte**. Pendant la lecture, ils permettent de comprendre **dans quel ordre se déroulent les actions**.
- À l'écrit, ils aident à **structurer les idées** du texte. Ils peuvent être associés aux paragraphes.

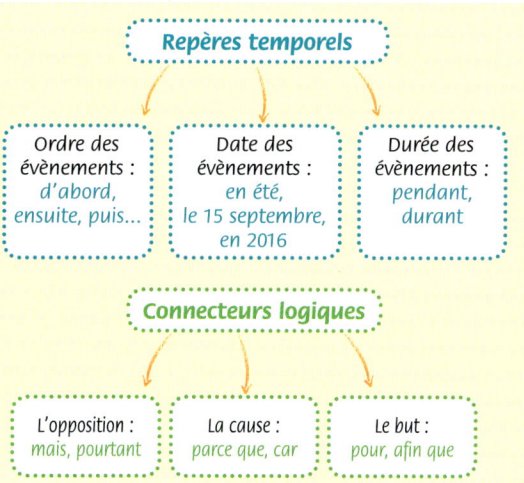

Repères temporels
- Ordre des évènements : d'abord, ensuite, puis...
- Date des évènements : en été, le 15 septembre, en 2016
- Durée des évènements : pendant, durant

Connecteurs logiques
- L'opposition : mais, pourtant
- La cause : parce que, car
- Le but : pour, afin que

▼ Repérer ▼

1 Relève le repère temporel de chaque phrase et indique son sens.
1. Athéna changea Arachné en araignée. Auparavant, la tisseuse avait manqué de respect à la déesse.
2. Zeus fit de Lycaon un loup le jour où il comprit que c'était un homme très cruel.
3. Pendant sa fuite, Daphné supplia son père de la changer en arbre.

2 Relève un repère temporel, puis un connecteur qui indique la cause et un connecteur qui indique l'opposition.

Il était une fois un garçon qui n'avait de goût qu'aux choses de la mer. Il s'ennuyait tant de rester à terre qu'il voulut être marin, mais son père refusa, parce qu'il désirait qu'il choisisse un autre métier.

I. Frain, *Contes du cheval bleu*, © Jean Picollec, 1980

▼ Manipuler ▼

5 Transforme cette recette en texte. Remplace chaque numéro par un repère temporel pour chaque étape.
1. Mettre le sucre et la farine dans le saladier.
2. Ajouter les œufs et mélanger.
3. Délayer avec du lait.
4. Verser le mélange dans un moule.
5. Faire cuire 30 minutes.

6 Relie les couples de phrases grâce à ces repères temporels ou connecteurs logiques : parce que • enfin • auparavant.
1. Ils sortent dans la rue. Ils avaient mis leur chapeau.
2. J'ai tondu la pelouse, coupé la haie et taillé les rosiers. J'ai profité de mon jardin.
3. Pour aller au Louvre, il faut plutôt prendre le bus. Le métro est moins rapide.

▼ Écrire ▼

9 Imagine une suite à chaque phrase en utilisant le connecteur demandé.
1. La vieille femme prit son chapeau ... *(connecteur de but)*
2. Le petit prince voulait qu'on lui dessine un mouton ... *(connecteur de cause)*
3. L'enfant ne savait ni lire ni écrire ... *(connecteur d'opposition)*
4. Il existe un pays qui n'est présent sur aucune carte ... *(connecteur d'opposition)*
5. Tomil avait toujours refusé de quitter sa boutique ... *(connecteur de cause)*

▼ Produire à l'oral ▼

12 L'histoire en chaine. En groupe, inventez une histoire dont chacun(e) à tour de rôle sera l'auteur(e).

Voici le début : Autrefois, le ciel était si près de la terre qu'il suffisait de lever la main pour le toucher. Et les hommes ne s'en privaient pas ! Ils en détachaient même de bons bouts pour le manger car…

Un(e) premier(ère) élève continue ce début en ajoutant une phrase. Il/elle s'arrête sur un repère temporel ou un connecteur logique et cède la parole à un(e) autre élève, et ainsi de suite. Le (la) dernier(ère) élève qui raconte clôt le récit.

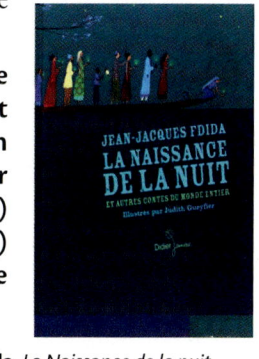

J.-J. Fdida, *La Naissance de la nuit et autres contes du monde entier*, © Didier jeunesse, 2006

Bilan

As-tu bien compris ces dernières leçons sur la construction d'un texte ?
Vérifie en lisant cet extrait et en répondant aux questions d'un groupe.

Texte support

Bilbo le Hobbit

Le Hobbit Bilbo, en mission pour le magicien Gandalf, arrive au cœur d'une montagne où habite Gollum, un être monstrueux qui vit seul avec un anneau magique...

En fait, Gollum vivait sur un îlot de roche visqueuse au milieu du lac. À présent, il guettait Bilbo de loin, ses yeux semblables à des longues-vues. [...]

Il monta dans sa barque et quitta son île en toute hâte, tandis que Bilbo restait assis au bord de l'eau (et du découragement), profondément troublé. Soudain, Gollum apparut et siffla en un murmure :

« Qu'on nous éclaboussse, mon trézzzor ! Ce doit être un morceau de choix ; du moins ça nous ferait une bouchée succulente, ça, Gollum ! » Et en disant Gollum il produisit un affreux bruit de déglutition dans sa gorge. C'est de là qu'il tenait son nom, même s'il se désignait toujours lui-même en disant « mon trésor ».

Le hobbit tressaillit violemment quand le sifflement parvint à ses oreilles, et tout à coup il aperçut les yeux luminescents fixés sur lui. [...]

« Je suis M. Bilbo Bessac. J'ai perdu les nains, j'ai perdu aussi le magicien ; je ne sais plus où je suis et je ne veux pas le savoir, seulement partir d'ici. »

« Qu'esssst-ce qu'il a dans ses mains ? » dit Gollum en regardant l'épée, qui ne lui plaisait pas trop.

« Une épée, une lame forgée à Gondolin ! »

« Sssss », fit Gollum, et il devint tout à coup très poli. « P'têt' si vous restez là qu'on causerait un peu avec lui, mon trézzzor. Il aime les énigmes, p'têt' que oui, hein ? ».

J. R. R. Tolkien, *Le Hobbit*, trad. D. Lauzon,
© Christian Bourgois éditeur, 2012

Groupe 1

Repérer

1 a. Quel est l'auteur de ce texte ?
b. Quels sont les deux personnages ?
c. Observe le premier paragraphe. Le narrateur est-il un personnage de l'histoire ou n'en fait-il pas partie ? Justifie ta réponse.

2 « – Qu'essst-ce qu'il a ... pas trop. » (l. 20-21). Relève deux éléments qui prouvent que cette phrase est extraite d'un dialogue. Quel temps est utilisé dans les paroles ?

3 Lignes 4-7.
a. À quels temps est raconté ce récit ?
b. Relève le repère temporel de ce paragraphe.

Manipuler

4 « – Qu'essst-ce qu'il a dans ses mains ? »
De quel type de phrase s'agit-il ? Réécris-la pour qu'elle soit dans un niveau de langue soutenu.

5 Dans le deuxième paragraphe, par quel GN est repris « un îlot de roche visqueuse » (l. 1) ? Invente une autre manière de le nommer avec un nom et un adjectif.

6 Réécris la première phrase de façon que le narrateur soit Gollum.

Écrire

7 Écris en quelques lignes la réponse que Bilbo fait à Gollum après sa dernière question. Tu penseras à bien ponctuer et à utiliser le temps identifié à la question 2.

DICTÉE lienmini.fr/jdl-007

Pour les élèves des trois groupes, saisissez l'adresse du lien-mini sur votre navigateur et écrivez la dictée.
Cinq noms propres : Agamemnon, Ménélas, Arès, Troyens, Achéens.

Pédagogie différenciée

Groupe 2

Repérer

1 a. Quel est l'auteur de ce texte ?
b. Quels sont les personnages ?
c. Observe un passage de récit. Le narrateur est-il un personnage de l'histoire ou n'en fait-il pas partie ? Justifie ta réponse.

2 Dans le deuxième paragraphe, quel repère temporel marque l'arrivée de Gollum ?

3 Retrouve la partie du texte qui est un dialogue, indique les lignes et explique ce qui t'a permis de le repérer.

Manipuler

4 Réécris le premier paragraphe de façon que le narrateur soit Gollum.

5 « Le hobbit tressaillit violemment quand le sifflement parvint à ses oreilles, et tout à coup **il** aperçut les yeux luminescents fixés sur lui. »
Quel nom le pronom en gras remplace-t-il ? Invente un GN qui pourrait remplacer ce nom.

6 « P'têt si vous restez là qu'on causerait un peu avec lui, mon trézzzor. » (l. 24-25).
Réécris cette phrase pour qu'elle soit correcte et en langage soutenu.

Écrire

7 Continue le texte du premier paragraphe en quelques lignes, en racontant ce qu'observe Gollum et ce que fait Bilbo.
Tu penseras à garder les mêmes temps et le même narrateur et tu emploieras deux désignations différentes pour Gollum.

Groupe 3

Repérer

1 a. Quel est l'auteur de ce texte ?
b. Quels sont les personnages ?
c. Le narrateur est-il un personnage de l'histoire ou n'en fait-il pas partie ? Justifie ta réponse.

2 Dans les deux premiers paragraphes, relève tous les repères temporels qui organisent le récit.

3 a. Repère le dialogue et donne trois éléments qui t'ont permis de répondre.
b. Indique les lignes de la première prise de parole, précise quel personnage s'exprime et à qui il s'adresse.

Manipuler

4 Relève les repères temporels des lignes 14-16 puis réécris-les en les remplaçant par des connecteurs de même sens.

5 « P'têt si vous restez là qu'**on** causerait un peu avec **lui**, mon trézzzor. <u>Il</u> aime les énigmes, p'têt que oui, hein ? » (l. 24-26).
Retrouve les GN que remplacent les pronoms en gras et invente un nouveau GN pour le <u>il</u> souligné.

6 De quelle manière et dans quel niveau de langue s'exprime Gollum ? Justifie ta réponse en citant des éléments du texte. Réécris sa dernière réplique pour qu'il s'exprime correctement et dans un niveau de langue soutenu.

Écrire

7 Au brouillon, fais une liste des actions des personnages dans les deux premiers paragraphes.
En t'aidant de cette liste, raconte ensuite ces actions dans un récit au présent dont Bilbo sera le narrateur. Tu emploieras deux désignations différentes pour Gollum.

Photogramme du film *Le Hobbit, un voyage inattendu*, réalisation P. Jackson, © 2012 Warner Bros Entertainment Inc.

Atelier de classe : Qu'est-ce qu'un mot ?

*Voici un atelier qui va vous permettre de réfléchir sur les **mots**. Vous devez réaliser ces activités d'observation et de manipulation **par petits groupes** afin que chacun d'entre vous puisse donner ses idées et les confronter à celles des autres. Lorsque vous serez tous d'accord, **vous rédigerez vous-mêmes vos conclusions**.*

PARTIE 1

Découvrir le rôle des mots

Observons et manipulons

© Peyo – 2016 – Licensed through I.M.P.S. (Brussels) – www.smurf.com

1. En groupes, jouez la scène des cinq vignettes en langue schtroumpfe, puis en français après en avoir fait la traduction.
Expliquez la différence entre la langue des Schtroumpfs et le français. Comment avez-vous remplacé les mots schtroumpfs ?

2. Lisez cet extrait de conte berbère complètement schtroumpfé.
Le Schtroumpf s'était schtroumpfé **d'une** schtroumpf : **il la** fit schtroumpfer. **La** schtroumpf **se** schtroumpfa. **Le** Schtroumpf schtroumpfa **et** schtroumpfa **le** schtroumpf schtroumpf. **Et puis il** schtroumpfa **ses** schtroumpfs, schtroumpfa **sa** schtroumpf **et** schtroumpfa **la** schtroumpf schtroumpfette **pour la** schtroumpfer **aussi**.
– Le texte est-il facilement compréhensible ? Quelle sorte de mot a disparu ? Observez bien la fin des mots, majuscules et les mots soulignés.
– À quoi servent les mots en français qui ont été conservés en gras ?

> L'Ogre s'était muni d'une chaîne : il la fit tinter. La porte s'ouvrir, L'Ogre entra et dévora le pauvre vieux. Et puis il revêtit ses habits, prit sa place et attendit la petite fille pour la dévorer aussi.
> **T. Amrouche**, « Le Grain magique », *Contes, poèmes et proverbes berbères de Kabylie*, © La Découverte, 2007

Qu'avons-nous observé ?

À partir de vos observations, expliquez quels mots portent plus particulièrement le sens et quels mots organisent la pensée en phrases. Utilisez, si possible, un vocabulaire grammatical dans votre explication.

PARTIE 2

Savoir prononcer les mots

Observons et manipulons

Dans le texte suivant, des mots ou des groupes de mots ont été remplacés, non pas comme dans la BD par le mot « schtroumpf », mais par leur écriture en Alphabet phonétique international (API).

Alors je me dirigeai vers ma rue, [ʒɑ̃tʁe] dans ma maison, je saluai mes parents, mes amis et mes anciens compagnons, et je fis de grandes [laʁʒɛs] aux veuves [eozɔʁfəlɛ̃]. J'étais, [ɑ̃nɛfe], rentré enrichi plus que jamais des [dɛʁnjɛʁzafɛʁ] que j'avais faites en vendant mes marchandises.

D'après *Les Mille et Une Nuits*, « Troisième voyage de Sindbad le marin », trad. J.-C. Marchus, *Contes merveilleux*, © Magnard, 2002

1. Individuellement, réécrivez le texte tel que vous le comprenez.

2. En groupes, confrontez vos réécritures pour obtenir un texte acceptable. Utilisez un tableau de phonétique d'un dictionnaire si nécessaire.

3. Étudiez les sons.
– **Comparez** [ʒɑ̃tʁe] et [laʁʒɛs]. Quel son est commun ? Quelle lettre représente-t-il dans chaque mot ?
– Quel phénomène oral se produit dans le groupe [eozɔʁfəlɛ̃] ? Quel son marque ce phénomène ?
– Quel groupe connait ce même phénomène avec un autre son ?

Qu'avons-nous observé ?

À partir de vos observations, expliquez la différence entre un message oral et un message écrit. Dites si l'alphabet écrit est un outil très adapté pour restituer l'oral. Donnez quelques exemples pris dans le texte.

PARTIE 3

Savoir écrire les mots

Observons et manipulons

1. En groupe, retrouvez la bonne orthographe du texte.

Il avait *(des/dés/dès)* yeux rouges comme *(de/deux)* tisons enflammés, *(laid/laie/lait/les) (dans/dents)* de devant longues et saillantes comme les défenses d'un cochon, une bouche énorme aussi vaste que l'orifice d'un *(puis/puits/puy)*, des lèvres pendantes sur la poitrine, *(des/dés/dès)* oreilles sursautantes comme les oreilles de l'éléphant et qui lui couvraient les épaules, et des ongles crochus comme les griffes du *(lion/Lyon)*.

D'après *Les Mille et Une Nuits*, « Troisième voyage de Sindbad le marin », *Contes merveilleux*, Magnard, 2002

Justifiez oralement vos choix en analysant la classe grammaticale du mot choisi ou son sens dans le contexte.

2. En groupe, résolvez cette énigme. Trouvez deux verbes à l'infinitif qui peuvent compléter logiquement la phrase.

	tache		
Cette		est impossible à	.
	tâche		

Quel type de signe orthographique montre son importance dans cet exercice ?

Qu'avons-nous observé ?

À partir de vos observations, expliquez comment vous pouvez orthographier un mot dont la prononciation ressemble à celle d'un autre mot. Sur quoi pouvez-vous vous appuyer pour réussir ? Quel type de signe ne doit pas être négligé pour progresser en orthographe ?

Qu'avons-nous découvert sur les mots ?

Faites le point avec les membres de votre groupe afin de pouvoir présenter oralement le résultat de vos observations sur :
• le rôle des mots
• leur prononciation
• leur orthographe

Leçon 37 — L'origine des mots

> ERRER famille du lat. *errare, erratum* « aller à l'aventure », « se tromper », d'où *aberrare* « s'éloigner » et *aberratio* « diversion » ; *error* « course à l'aventure », « erreur » ; *erroneus* « vagabond » et bas lat. « qui est dans l'erreur » ; *erraticus* « vagabond ».
> ♦ [1] ERRER (sav.) fin XIIIᵉ s. : *errare*. ♦ [2] ERREUR (probablement sav.) XIIᵉ s. : *error*.
> ♦ [3] ERRONÉ (sav.) XIVᵉ s. : *erroneus*. ♦ [4] ERRATUM (sav.) XVIIIᵉ s., plur. ERRATA (sav.) XVIᵉ s. : mots lat., part. passé neutre de *errare*. ♦ [5] ERRATIQUE (sav.) XIIIᵉ s., rare avant le XIXᵉ s. : *erraticus* ♦ [6] ABERRER (sav.) XVIᵉ s. : *aberrare* : ABERRATION (sav.) XVIIᵉ s. « éloignement », XVIIIᵉ s. optique et sens mod. : *aberratio*.

J. Picoche, *Dictionnaire étymologique du français*, © Dictionnaire Le Robert, 2008

Activité 1
Lis cet article de dictionnaire, puis réponds aux questions.

a. En quelle langue sont les mots écrits en italique : en espagnol, en français, en italien ou en latin ? Justifie ta réponse par un élément de l'article du dictionnaire.

b. Quelles sont les trois lettres communes à tous les mots en italique ?

c. Que deviennent ces trois lettres quand les mots passent en français ? Que peux-tu en déduire ?

Activité 2
a. Classe les mots de chaque paire selon leur degré de ressemblance avec le mot d'origine.
captif-chétif • cause-chose • entier-intègre • étroit-strict

Mot d'origine	Mot français très ressemblant	Mot français moins ressemblant
Ex. : *fragilis*	fragile	frêle
captivus		
causa		
integer		
strictus		

b. Les mots de formation savante sont très proches du latin. Dans quelle colonne sont-ils ?

c. Cherche dans un dictionnaire à partir de quels mots grecs le savant Richard Owen a formé le mot *dinosaure* en 1842.

Activité 3
a. Cherche dans un dictionnaire la langue d'origine des mots suivants : une vague • un matelot • un magasin • le sucre • le chocolat • un pantalon • le football • le handball.

b. D'après toi, comment ces mots sont-ils arrivés en français ?

Activité 4

 lienmini.fr/jdl6-A110

Trouve les deux mots de l'activité 3 qui ont fait le plus long trajet pour arriver jusqu'à toi. Télécharge le fond de carte et relie les pays d'origine des deux mots à la France.

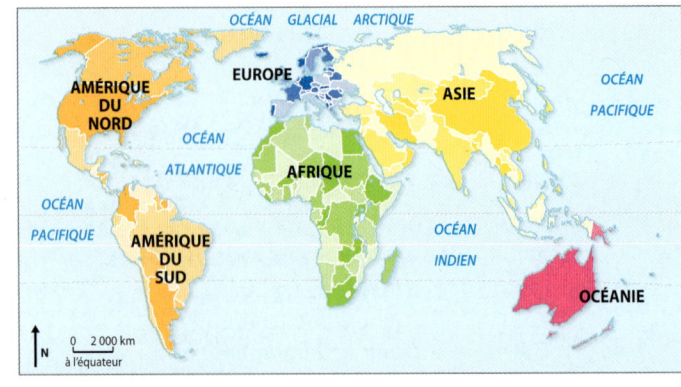

Je retiens

- Les mots du français viennent surtout de mots latins.
- Les mots courants se sont éloignés du latin par la prononciation populaire ; les mots savants ont été créés ou empruntés à partir du **latin** et du **grec**.
- Le français fait des **emprunts** à de nombreuses langues étrangères.
- Chercher **l'étymologie d'un mot**, c'est retrouver son voyage jusqu'à nous depuis son **origine**.

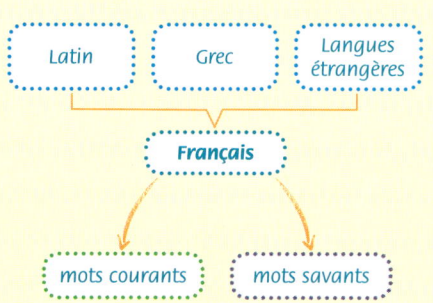

Pour dire, pour écrire

- Le **langage scientifique** utilise beaucoup de termes d'**origine grecque**. Ces mots sont communs à de nombreuses langues étrangères qui permettent aux savants de se comprendre facilement.
- L'étymologie d'un mot explique parfois son orthographe.

Repérer

1 a. Trouve quelle est la langue d'origine des mots ou expressions français en italique.

Sur un *prospectus*, elle lut qu'on offrait un *animal* pour l'achat d'un *aquarium*. L'*omnibus* l'amena au *terminus* devant le magasin qui fermait. En plus du poisson rouge *gratis*, elle reçut en *bonus* des plantes aquatiques. À son retour, elle voulut prendre de l'eau au *lavabo* et cassa le bocal. Elle jeta les morceaux avec les *détritus*. *In extremis*, elle sauva les plantes et le petit poisson.

b. Trouve, dans le texte, un mot français de la même famille qu'*aquarium*.

c. Quel mot en italique désigne un moyen de transport en commun, si on lui supprime un bloc de quatre lettres ?

2 Lis cet extrait.

Massimo affirme qu'il y a de l'eau dans la zone repérée par (b) sur son schéma de la casserole. Recopiez et complétez le diagramme de Massimo ci-contre en précisant les états physiques en vert et les changements d'état en bleu.

a. Quel mot du texte est de la même famille que *copia* (= « abondance » en latin) ?

b. Deux mots de la première phrase sont d'origine grecque. Lesquels ?

c. Trouve au moins un mot courant qui se finit avec le même élément d'origine grecque que *diagramme*.

3 EXO   **4** EXO

Manipuler

5 Classe les mots selon leur origine. Aide-toi d'un dictionnaire.

ballon • bungalow • cabane • curry • mouton • ruche • salon • shampoing • soldat.

Gaulois	Italien	Langues d'Inde

6 Observe ces racines grecques.

-chron(o)- (= le temps) • -orth(o)- (= droit) • -phon- (= voix) • -graph- (= écrire) • -mètr- (= mesure) • -télé- (= loin).

a. Associe-les deux à deux pour former trois mots français.

b. Donne oralement le sens de chaque mot français en réutilisant le sens grec.

7 EXO   **8** EXO

Écrire

9 Cherche l'origine du mot « sandwich » et raconte en quelques lignes comment il est apparu.

10 EXO   **11** EXO

Produire à l'oral

12 Expose en quelques phrases devant tes camarades l'origine du mot « atlas ».

R. de Hooghe, page extraite d'un atlas maritime (1693-1694), publié par Mortier, Amsterdam

lienmini.fr/jdl6-137

Fiche 1 EXO 3 7 10 • Fiche 2 EXO 4 8 11 • Exercices interactifs

Leçon 38 : La formation des mots et les familles de mots

Activité 1

a. Décris le monstre présent au centre du blason de cette famille allemande. De quoi son corps est-il composé ?

b. Associe le nom des deux animaux que tu reconnais pour donner un nom à ce monstre.

c. Dessine ton blason personnel en associant deux animaux existants et nomme le monstre ainsi créé.

Blason de la famille Grasman

Activité 2

a. Examine le mot « composer » **ainsi présenté** : com-<u>poser</u>.

b. Change la première partie du mot, mais garde la seconde pour créer au moins quatre **nouveaux verbes.** *Ex. : composer > disposer*

c. Remplace « poser » **par** « porter ». Combien de nouveaux verbes trouves-tu ?

d. Ajouter un premier élément devant « poser » **ou** « porter » **change-t-il le sens du verbe ?**

Activité 3

a. Examine le mot « lionceau » **ainsi présenté** : <u>lion</u>-c-eau (= **le petit du lion**).

b. Retrouve le parent des petits suivants : baleineau • chevreau • cigogneau • dindonneau • éléphanteau • lapereau • louveteau • perdreau • pourceau • renardeau • serpenteau • souriceau • vermisseau.

c. Observe la partie en gras des mots. Explique ce qu'elle change par rapport au mot d'origine.

mur**et** • buch**ette** • chat**on** • prun**eau** • îl**ot** • plant**ule** • ru**elle**.

Activité 4

Certains de ces mots ont des lettres communes. Trouve trois groupes de trois mots. Écris la partie commune en tête de colonne et les trois mots dans la case inférieure.

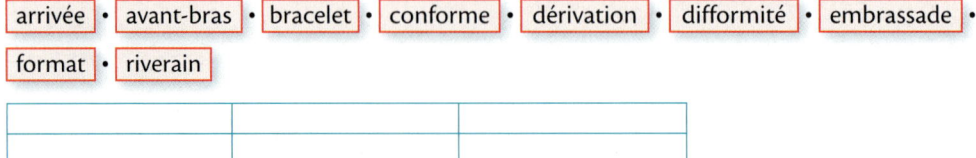

Je retiens

- Un **mot composé** associe deux ou plusieurs autres mots en les juxtaposant ou en les reliant par un tiret ou une préposition.
- Un **mot dérivé** comporte un **radical** auquel viennent s'ajouter, à gauche, un **préfixe**, à droite, un **suffixe**.
- Une **« famille de mots »** est un ensemble de mots de même radical ou de même étymologie.

Pour dire, pour écrire

- Pour désigner les **nouveaux objets du quotidien**, la langue française a souvent utilisé les **mots composés**.
- Dans un récit imaginaire, de nouveaux objets extraordinaires porteront des noms composés inventés par l'auteur.

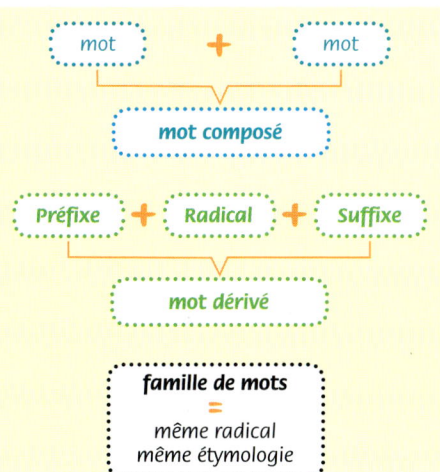

Repérer

1 Indique si le mot en gras possède un préfixe ou un suffixe ou les deux.
1. Tom Sawyer **encouragea** ses amis à peindre la clôture.
2. Becky trouvait que Tom n'était pas **bavard**.
3. Le Juge **dévisagea** Tom **longuement**.
4. Il craignait les colères **incontrôlables** de son père.
5. Tante Polly ne **supportait** pas les disputes entre Tom et son frère.

2 Lis ce texte.
Avant de partir pour l'école, Bruno prépara un casse-croute. Il l'emballa, puis le mit dans son cartable. Au moment du déjeuner, il déballa son sandwich et il le dévora avec appétit. Durant l'après-midi, il ouvrit une **plaquette** de chocolat pour en offrir à ses camarades.
a. Trouve un verbe qui possède un préfixe.
b. Quels sont les deux verbes du texte qui appartiennent à la même famille ?
c. Repère un mot composé du texte et trouve un autre mot composé qui a la même première partie.
d. Retrouve le mot d'origine en supprimant le suffixe du mot en gras.

3 EXO  **4** EXO **5** EXO

Manipuler

6 Remplace l'expression en gras par un mot de la même famille qui possède un de ces préfixes négatifs : dés- • in- • im- • mal- • mé-.
1. C'est un coup de **pas de chance**, votre aventure.
2. En effet, j'ai eu un empêchement **qui n'était pas prévu**.
3. La dispute avec ton meilleur ami t'a causé un grand **manque d'espoir**.
4. C'est ma mère surtout qui était **pas contente**.
5. Mon comportement était **pas adapté**.
6. Sa vie n'était pas **sans bonheur**.

7 Remplace l'expression en gras par un adjectif comportant le suffixe -ble qui exprime la possibilité.
1. C'est une aventure **dont on peut rire**.
2. Il se rase avec un rasoir **qu'on peut jeter**.
3. Elle a eu un comportement **qu'on peut admirer**.
4. Vous devez avoir une écriture **qu'on peut lire**.
5. Ces tableaux **qu'on peut remarquer** sont exposés au Louvre.
6. Ces œuvres **auxquelles on peut accéder** plaisent à tous.

8 EXO  **9** EXO

Écrire

10 Crée un animal imaginaire à partir du corps de deux autres animaux. Donne-lui un nom et raconte une histoire.
Ex. : un tigréléphant avec des défenses et des rayures grises.
Dans ton texte, utilise aussi au choix « arc-en-ciel », « poisson-lune » ou « homme-grenouille ».

11 EXO

Lire

12 Relève deux mots composés et quatre mots dérivés dont tu trouveras le radical.
Une demi-douzaine d'élèves a été convoquée au bureau de la principale-adjointe. Durant la pause méridienne, un ballon, envoyé d'un tir maladroit, a brisé une vitre du rez-de-chaussée. Chacun fournit un témoignage précis sur l'incident. Le geste était involontaire. Un joueur, dans son élan, avait dérapé et le ballon avait échappé à son contrôle. Les élèves ont été sermonnés, sans être sanctionnés.

13 EXO

Leçon 39 — Polysémie et champ lexical

Activité 1 — Observe le dessin suivant. D'après toi, que fait le personnage ?
Confronte ta réponse avec celles de tes camarades. Avez-vous tous compris le même geste ? Que pouvez-vous en déduire sur la nécessité d'être précis ?

Illustration : **C. Lapointe**

Activité 2 — **a.** Lis le texte.

> Bilbo, qui ne se méfiait pas, ne vit ce matin-là qu'un vieillard avec un bâton. Il portait un grand chapeau bleu et pointu, une longue cape grise et une écharpe argent, surmontée d'une barbe blanche qui descendait jusque sous la ceinture, ainsi que d'énormes bottes noires.
> « Bonne journée ! » dit Bilbo, et il le pensait. Le soleil brillait, et l'herbe était très verte. Mais Gandalf le regarda sous de longs sourcils broussailleux qui dépassaient en bordure de son large chapeau.
>
> *Le Hobbit* de **J.R.R. Tolkien**. Trad. de l'anglais par D. Lauzon.
> © Christian Bourgois éditeur 2012 pour la traduction française

Pour décrire un nouveau personnage, on utilise des mots qui nomment des parties du corps ou qui décrivent.

b. Trouve deux noms présents dans le texte correspondant à une partie du corps ou du visage.

c. Trouve le nom de quatre éléments d'habillement dans le texte.

d. D'après toi, les personnages se connaissent-ils ? Justifie ta réponse.

Activité 3 — L'un des mots de l'activité 2 désigne aussi la « taille » d'un homme, ainsi qu'un accessoire qui entoure la taille. Trouve ce mot et emploie-le dans trois phrases différentes. Tu peux utiliser un dictionnaire pour t'aider.

Activité 4 — **a.** Trouve le point commun des mots de la liste suivante. Explique ton choix.

souris • écran • clavier • logiciel • câble • sacoche.

b. Trouve l'intrus parmi les mots de la liste suivante. Explique ton choix.

souris • mulot • lapin • castor • écureuil • chat • rat.

Je retiens

- Les mots techniques ou scientifiques, les mots composés ou certains mots d'emprunt, employés pour un usage précis, ont un **seul sens**.
- Presque la moitié des mots courants ont souvent plusieurs sens, c'est la **polysémie** (*poly* = plusieurs, *sémie* = sens en grec).
- Un article de dictionnaire commence par le **sens propre** (ou **sens premier**). Le **sens figuré**, plus imagé, vient ensuite.
- Le **champ lexical** est un ensemble des mots se rapportant à une même idée ou à un mot-clé.

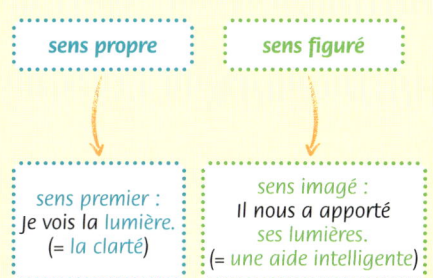

Pour dire, pour écrire

- Les mots polysémiques permettent de jouer avec le sens des mots. **En poésie, la polysémie donne souvent un ton humoristique.**
- Pour décrire un paysage particulier, on peut utiliser le champ lexical de la forêt ou de la mer par exemple

Repérer

1 Précise si le mot en gras désigne un animal ou non. Aide-toi d'un dictionnaire si nécessaire.
1. Elle a enlevé la **puce** de son portable.
2. Ne caresse pas ce chien plein de **puces**.
3. Le Petit Chaperon rouge a peur du **loup**.
4. Tu porteras un **loup** pour le bal masqué.
5. Ces fleurs attirent les **papillons**.
6. Le **papillon** de ma roue de bicyclette s'est desserré.
7. Le vent a tordu les **baleines** de son parapluie.
8. Les **baleines** sont protégées.

2 a. Quel est le sujet du texte ?
Le poète Victor Hugo a composé de très nombreux poèmes au cours de sa vie. Il écrivait des alexandrins et d'autres sortes de vers. Quand il ne trouvait pas de mot pour la rime, il lui arrivait d'en créer un. Son travail poétique est apprécié de tous et sa poésie est encore récitée de nos jours.
b. Nomme le champ lexical qui donne au texte son unité.
c. Relève tous les mots qui appartiennent à ce champ lexical.

Manipuler

5 Classe les mots dans un tableau à deux colonnes selon qu'ils ont un seul ou plusieurs sens possibles. Aide-toi d'un dictionnaire si nécessaire.
rectangulaire • bazar • fer à repasser • portemanteau • fourchette • pli • refuge • tête

6 Trie les mots en faisant deux groupes. Explique ton choix en donnant le nom du champ lexical.
bouteille • canette • farine • four • limonade • moule • œuf • soda • soif • sucre • verre

Écrire

9 Choisis un tableau qui représente un paysage (désert, mer, montagne, ville…). Fais une liste d'une vingtaine de mots qui nomment les éléments du décor que tu reconnais. Décris ce tableau en une dizaine de lignes en utilisant tous les mots du champ lexical que tu as repéré.

Lire

12 a. Quel est le champ lexical des mots en gras ?
Ali Baba s'était attendu à voir un lieu de ténèbres et d'obscurité ; mais […] il vit de grandes provisions de bouche, des ballots de **riches** marchandises en piles, des étoffes de **soie** et de **brocart**, des tapis de **grand prix**, et surtout de l'**or** et de l'**argent** monnayés par tas et dans des sacs ou grandes bourses de cuir les unes sur les autres […]. Cette grotte servait de retraite à des voleurs qui avaient succédé les uns aux autres.
D'après *Les Mille et Une Nuits*, trad. A. Galland, 1704-1717

b. D'après les termes du champ lexical, quel type d'histoire es-tu en train de lire ?

Produire à l'oral

13 À la manière des *Mille et Une Nuits*, un personnage entre dans une salle et découvre un ensemble d'objets, de meubles ou d'outils qui appartiennent à un même univers (un laboratoire de magicien, une armurerie dans *Star Wars*, une chambre de princesse à la cour, etc.). Raconte ce qu'il voit.

Leçon 40 — Synonymes et antonymes

Activité 1

F. Lorioux, *La Cigale et la Fourmi*, 1921

Ces deux personnages de La Fontaine se ressemblent et s'opposent. Ils se ressemblent, car ces petites créatures sont de taille …

a. Choisis le mot le plus adapté parmi les propositions suivantes :

colossale   considérable   importante   infime   gigantesque

b. Ils s'opposent, car l'une est … et l'autre …
Choisis le couple de réponses qui convient le mieux parmi les propositions suivantes :

prodigue/économe   prodigieuse/économique   indigne/écologique   prospère/étourdie

c. Justifie tes deux réponses en utilisant un dictionnaire.

Activité 2

a. Classe les mots suivants selon leur sens, ceux qui disent la même chose que « bâtir » et ceux qui disent l'inverse.
édifier • construire • ruiner • démolir • ériger • élever • démanteler • abattre.

b. Réécris les phrases suivantes en remplaçant chaque mot en gras par un équivalent de la liste ci-dessus.
   1. Le riche bourgeois veut **élever** un château aussi beau que celui du seigneur du lieu.
   2. La tempête **ruine** les restes de cette vieille demeure.

Activité 3 Dans la fable de La Fontaine « La Grenouille qui se veut faire aussi grosse que le Bœuf », le vers « Le monde est plein de gens qui ne sont pas plus sages » comporte un mot « sages » qui a plusieurs sens (polysémie). Choisis le plus adapté de ses synonymes pour bien comprendre le texte.
   1. Le monde est plein de gens qui ne sont pas plus **calmes**.
   2. Le monde est plein de gens qui ne sont pas plus **réservés**.
   3. Le monde est plein de gens qui ne sont pas plus **raisonnables**.

Activité 4 Laquelle de ces deux affirmations est vraie ? Vérifie ta réponse à l'aide d'un dictionnaire.
   1. Le mot « synonyme » est le synonyme du mot « antonyme ». Il a le même sens.
   2. Le mot « synonyme » est l'antonyme du mot « antonyme ». Il a le sens contraire.

Je retiens

- Un mot qui a le même sens qu'un autre est son **synonyme**.
- Un mot polysémique peut avoir plusieurs synonymes selon ses nuances.
- Un mot qui a le sens contraire d'un autre est son **antonyme**.
- Un mot peut être l'antonyme de mots différents selon son contexte d'emploi.
- Certains proverbes utilisent les antonymes pour exprimer l'opposition de deux personnalités. *Ex. : À père avare, fils prodigue.*

Pour dire, pour écrire

- Utiliser des synonymes évite les répétitions. Cela permet de varier l'expression.
- Dans une description, les **antonymes** permettent de dresser des portraits de deux **personnages opposés**.

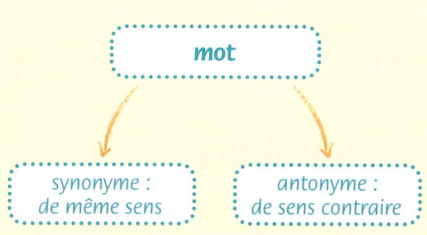

Repérer

1 Complète la seconde phrase par un synonyme ou un antonyme.
1. Sganarelle est **têtu**. / Martine est ... *(synonyme)*
2. Sganarelle est **brutal**. / Lucas est ... *(synonyme)*
3. Lucinde est **muette**. / Jacqueline est ... *(antonyme)*
4. Jacqueline est **volubile**. / Lucinde est ... *(antonyme)*

2 Pour chaque couple de phrases, précise si les mots en gras sont synonymes ou antonymes.
1. La fourmi est **avare**. / La cigale est **dépensière**.
2. Le loup est un animal **sauvage**. / Le chien est un animal **domestique**.
3. Le renard s'apprête à **flatter** le corbeau. / Le corbeau se laisse **enjôler** par le renard.
4. La **grandeur** du bœuf impressionne la grenouille. / La grenouille souffre de sa **petitesse**.

Manipuler

5 Recopie les phrases avec un synonyme du mot entre parenthèses.
1. Dans les pièces de Molière, les ... sont souvent plus malins que leurs maitres. *(valets)*
2. Les ... de l'Illustre Théâtre ont parcouru la France. *(comédiens)*
3. La scène était ... par des bougies. *(illuminée)*

6 Recopie les phrases avec un antonyme du mot entre parenthèses.
1. L'ogre est un personnage ... des contes. *(doux)*
2. Barbe Bleue gardait sur lui la clé d'une chambre ... *(connue de tous)*
3. La Sphinge posait des questions ... aux passants. *(simples)*

Lire

9 a. Relève dans le texte les synonymes des mots s'esclaffer
- dangers
- réserves.

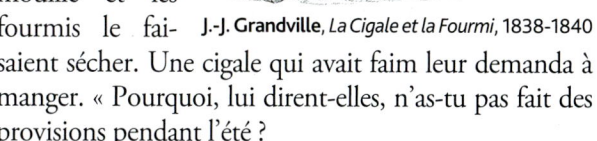

C'était l'hiver ; le grain était mouillé et les fourmis le faisaient sécher. Une cigale qui avait faim leur demanda à manger. « Pourquoi, lui dirent-elles, n'as-tu pas fait des provisions pendant l'été ?
– Je n'étais pas oisive, dit-elle, je chantais en artiste.
– Ah ! l'été, tu étais musicienne, repartirent les fourmis en riant ; en hiver fais-toi danseuse. »
Il ne faut être négligent en rien, sous peine de s'exposer aux chagrins et aux périls.

Ésope, *Fables*, trad. É. Chambry, © Gallimard, 2003

b. Relève dans le texte les antonymes des mots : active • prévoyant • sec.
c. « **Négligent** » **a pour synonymes** « **paresseux** » **ou** « **insouciant** ». **Lequel convient le mieux pour la morale ? Justifie ton choix.**

Écrire

12 Écris une courte histoire d'animaux, où les phrases d'action ont à chaque fois trois verbes synonymes. Utilise par exemple « grimper » et ses synonymes : « Elle gravit la pente, grimpe sur les rochers et escalade tous les obstacles. »

Leçon 41 — Les accents et le tréma

Activité 1

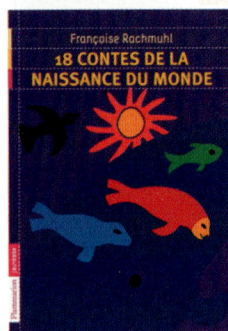

Quand le Créateur eut fini de créer le monde, il lui restait encore une tâche, agréable à vrai dire : il s'agissait de faire à l'une de ses créatures le don de l'immortalité. À qui le ferait-il ? Il hésitait. Évidemment il pensait à Premier Homme, cet être insupportable qui se croyait supérieur aux autres animaux parce qu'il se tenait sur ses pattes arrière. [...]

F. **Rachmühl**, « La lenteur du caméléon »,
18 contes de la naissance du monde, © Flammarion, 2002

a. Relève tous les mots qui ont un accent aigu. Quelle lettre porte l'accent aigu ?
b. Découpe en syllabes les mots avec accent aigu. Par quelle lettre se termine la syllabe accentuée ?
c. Relève deux mots qui ont un accent qui n'est pas aigu.

Activité 2

a. Classe les mots suivants selon la voyelle qui porte l'accent grave.
à • accès • arrière • çà • collège • crème • deçà • delà • ère • holà • là • mère • où • oxygène • près • procès • règle • règne • très.

b. Observe le plus grand groupe que tu as constitué et reclasse ses mots en fonction de leur dernière lettre. Que constates-tu ?

Activité 3

Compare l'orthographe des mêmes mots à deux époques différentes. Qu'en conclus-tu sur la présence de l'accent circonflexe ?
Au XVIe siècle : aage • beste • forest • gasteau • nostre • paste • roole.
Aujourd'hui : âge • bête • forêt • gâteau • notre/nôtre • pâte • rôle.

Activité 4

a. Prononce silencieusement (dans ta tête) les mots baie • dais • gai • lait • mais • paix • taie.
b. Prononce ensuite les mots caïman • maïs • naïf. Quelle influence a le tréma sur le *i* ?
c. Prononce les deux mots un coin • coïncider. Ta conclusion est-elle toujours valable ?

Activité 5

Écoute et écris le texte de cette dictée : Achille, suite à la mort de Patrocle, veut se venger en tuant Hector.

Je retiens

- Le **e** s'écrit avec l'**accent aigu** quand la syllabe suivante contient une autre voyelle que le e muet. Il est fréquent en **syllabe finale** (noms abstraits, participes passés).
- L'**accent grave** se met sur **e** quand il est suivi d'une syllabe avec un **e muet**. Il marque aussi certains mots finis par **s** (*très, dès, près...*).
- L'**accent grave** est l'accent des homonymes : *à, çà (deçà), là (delà/holà/voilà), où, déjà*.
- L'**accent circonflexe** sur *a, e, o* marque un *s* ou une syllabe disparus. Il est facultatif sur *i* et *u*, sauf en conjugaison et en cas d'homonymie.
- Le **tréma** se met sur un *e*, un *i* ou un *u* à prononcer séparément.

Pour dire, pour écrire

Les accents doivent faire l'objet d'une relecture particulière avant de rendre un texte écrit. **Certains accents sont nécessaires pour distinguer des mots homonymes.**

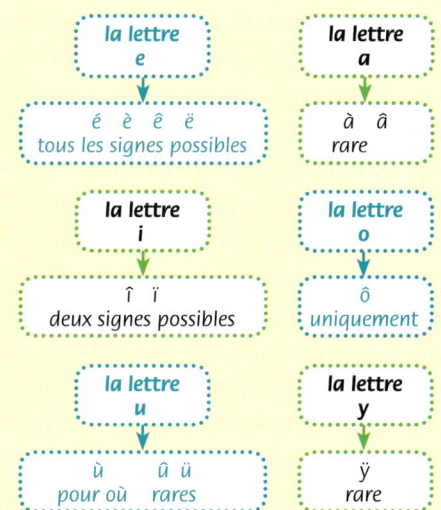

Repérer

1 Relève les accents aigus et graves des phrases.
1. À cause des ténèbres, il a allumé la lumière extérieure.
2. Les insectes, attirés par la luminosité, se sont approchés trop près des ampoules.
3. Dès la tombée de la nuit, l'obscurité est profonde.

2 Quel est le mot intrus de chaque série ? Justifie ton choix à l'aide d'un dictionnaire.
1. aigüe • ambigüe • cigüe • contigüe • exigüe.
2. aïkido • bonsaï • haïku • samouraï • taïga.

3    **4**

Manipuler

5 a. Forme les noms abstraits à partir des adjectifs proposés. *Ex. : absurde > absurdité.*
agile • banal • brutal • complice • digne • égal • facile • fertile • légal • médiocre • probe • utile • véloce.
b. Quels noms peuvent compléter les phrases ? Plusieurs solutions sont possibles.
1. La panthère a grimpé dans l'arbre avec ... .
2. Son invention m'a ravi, elle est d'une telle ... .

6 a. Classe les noms selon que le *s* final s'entend ou non : accès • aloès • après • cacatoès • excès • faciès • grès • palmarès • progrès • succès • très.
b. Utilise un mot de chaque sorte dans une phrase.

7 Complète les phrases avec les mots de la liste. Aide-toi d'un dictionnaire si nécessaire.
héroïque • laïque • naïf.
1. Il croit encore au Père Noël, il est vraiment ... .
2. Hercule fut ... contre l'hydre de Lerne.
3. L'école républicaine est ... .

8 EXO   **9**

Préparer une dictée

10 Les mots en gras doivent-ils être accentués ou non ? Recopie ce texte en mettant les accents si nécessaire.

Abel est pasteur, il fait **paitre** du menu **betail**, des moutons et des **chevres**. Caïn, lui, cultive la **terre**. Un jour vient **ou** Caïn, **fier** et heureux, en **preleve** une partie pour l'offrir **a** Dieu, et lui rendre ainsi hommage. Abel, de son **cote**, **presente** en offrande les **premiers-nes** de son troupeau.

D'après **J. Vallon**, *L'Histoire de Caïn et Abel*, © Gallimard jeunesse, 1997

11 EXO   **12** EXO

Produire à l'oral

13 a. Apprends ce texte par cœur, puis récite-le en prononçant de façon appuyée les syllabes marquées par un accent grave ou un accent circonflexe.

Il marcha trente jours, il marcha trente nuits.
Il allait, muet, pâle et frémissant aux bruits,
Furtif, sans regarder derrière lui, sans trêve,
Sans repos, sans sommeil ; il atteignit la grève
Des mers dans le pays qui fut depuis Assur.
« Arrêtons-nous, dit-il, car cet asile est sûr.
Restons-y. Nous avons du monde atteint les bornes. »

V. Hugo, « La Conscience », *La Légende des siècles*, 1859

b. Improvise une histoire d'athlète qui commencerait ainsi : « Il/elle courut deux jours, il/elle courut deux nuits... »

Leçon 42 — Règles de position : [ɛ] ou [e], [n] ou [m], [ʒ] ou [g]

Activité 1

a. **Pour certains de ces mots, le suffixe -esse marque le féminin d'un nom masculin. Classe les mots en deux groupes. Quel est le point commun du second groupe trouvé ?**
allégresse • ânesse • délicatesse • déesse • enchanteresse • étroitesse • hardiesse • hôtesse • princesse • vieillesse.

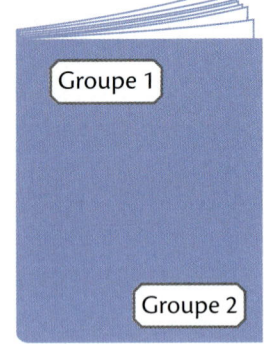

b. « Espèce » **et** « hardiesse » **se terminent par le même son. Quelles différences orthographiques observes-tu ?**

c. **Le** e **du suffixe du mot** boule**tt**e **se prononce de la même façon que le** e **du suffixe du mot** hôt**e**sse.
Pourquoi ces deux suffixes ne portent-ils pas d'accent, selon toi ?

d. **Mets l'adjectif** ancien **au féminin. Compare ce féminin avec les deux mots de la consigne précédente.**

Activité 2

a. **Sur ton cahier, découpe ces mots par syllabes.**
asservir • bestiaux • cessation • destruction • geste • lessive • mercure • nerveux • permis • section • technologie.

b. **(C = consonne) Quel est le schéma des syllabes avec le** e ? `C + e` **ou** `C + e + C` ?

c. **Quel signe devient inutile quand le schéma de la syllabe est** `C + e + C` ?

d. **Dans les activités 1 et 2, à quel moment l'emploi de l'accent est-il impossible ?
Rédige une phrase comme pour une leçon à retenir.**

Activité 3

a. **Le préfixe** con- **(du latin** cum : avec**) a formé avec des radicaux latins commençant par** -b, -m, **ou** -p **des mots français en** comb-, comm- **et** comp-.
Trouve les mots correspondant à ces définitions à l'aide d'un dictionnaire :
   1. mot en comb- : lutter contre quelqu'un ; …
   2. mot en comb- : mélange d'au moins deux éléments ou habit d'une pièce pour le corps ; …
   3. mot en comm- : action d'aller chercher un objet pour quelqu'un ; …
   4. mot en comm- : activité de vente ou synonyme de magasin ; …
   5. mot en comp- : originaire de la même patrie ; …
   6. mot en comp- : pansement qu'on presse sur une plaie ; …

b. **Explique l'orthographe des préfixes** en-/in- **dans :** embêter, immobile, imposer.

Activité 4

a. **Classe ces formes verbales selon leur infinitif.**
nous dialoguions • elle surnagea • ils partageront • j'enrage • tu déménageais • nous encouragerons • vous jugiez • je zigzaguais • tu délègues • il naviguera • vous monologuez • elles conjuguèrent.

b. **Compare la sonorité de l'infinitif et celle de la forme conjuguée. Que remarques-tu ?**

c. **Sur quel radical sont formés les verbes** « dialoguions » **et** « encouragerons » **?**

d. **Fais une remarque en rapprochant la sonorité du radical de celle du verbe conjugué.**

Je retiens

- Un **e** placé devant une consonne double ou un **x** ne prend jamais d'accent aigu. *Ex. : une adresse, un expert.*
- Le **e** d'une syllabe finie par un son consonne ne prend jamais d'accent aigu. *Ex. : un prestidigitateur*
- Le **n** s'écrit **m** devant **b**, **m** ou **p** sauf dans quelques cas.
- Le **g** se prononce [g] devant *a, o, u* et [ʒ] devant *e, i* ou *y* ; pour avoir [g] avec *e, i,* ou *y*, il faut écrire *gu*.

Pour dire, pour écrire

- L'orthographe dépend parfois de la position d'une lettre dans le mot.
- Connaitre certaines fréquences d'emploi des sons ou des lettres permet d'éviter facilement des erreurs. **Ainsi, le son [ʒ] s'écrit-il surtout *ge* en finale de mot.**

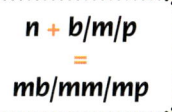

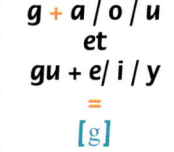

Repérer

1 a. Dans le texte, trouve quatre exemples de *e* devant une consonne double.
b. Trouve trois emplois différents de la lettre *g*.

Mais la gentillesse de la vieille était feinte, car c'était une méchante sorcière qui guettait les petits enfants et n'avait bâti sa maisonnette de pain que pour les attirer. Quand il en tombait un en son pouvoir, elle le tuait, le faisait cuire, le mangeait et pour elle, c'était jour de fête.

J. et W. Grimm, « Jeannot et Margot », *Contes*, trad. M. Robert, © Gallimard, 1976

2 a. Trouve la lettre qui a toujours la même position à l'intérieur de ces mots.
benne • femme • échelle • ficelle • greffe • renne • steppe.
b. Découvre l'intrus et justifie ton choix.
c. Emploie les mots **femme**, **renne** et **steppe** dans une même phrase.

Manipuler

5 Recopie les phrases en ajoutant des accents aigus si nécessaire.
1. Cet été, la cigale n'a trouve aucune miette.
2. Dans sa maisonnette, la fourmi, guillerette, a compte toutes ses assiettes.
3. Elle a ecoute la pauvresse, son ancienne voisine chanter.

6 Recopie les phrases en remplaçant [ʒ] par l'orthographe qui convient.
1. La [ʒ]eune athlète a re[ʒ]oint le [ʒ]ymnase.
2. Dans son don[ʒ]on, le [ʒ]éant protè[ʒ]e ses trésors.
3. Les pi[ʒ]ons conver[ʒ]ent au centre du [ʒ]ardin.
4. Les[ʒ]estes du [ʒ]ongleur les ré[ʒ]ouissent.

   10 EXO

Préparer une dictée

11 La femme regarda l'arbre avec gourmandise. Elle cueillit un de ses fruits et le mangea. Elle le tendit à l'homme, qui en mangea aussi. Brusquement, ils se rendirent compte qu'ils étaient nus et eurent honte. Ils se firent des vêtements avec des feuilles de figuier.

D. Joly, *15 récits d'animaux dans la Bible*, © Flammarion, 2002

a. Explique les emplois de la lettre *g*.
b. Donne un mot de la même famille que **femme**, **gourmandise**, **fruit**, **compte**, **vêtement**.

Lire

13 a. Lis ce passage.

Phileas Fogg était de ces gens mathématiquement exacts, qui, jamais pressés et toujours prêts, sont économes de leurs pas et de leurs mouvements. Il ne faisait pas une enjambée de trop, allant toujours par le plus court. Il ne perdait pas un regard au plafond. Il ne se permettait aucun geste superflu.

J. Verne, *Le Tour du monde en 80 jours*, 1872

b. Trouve un adjectif pour qualifier Phileas Fogg. Justifie ton choix par des éléments du texte.
c. Comment est formé le mot « enjambée » ? Donne deux mots de la même famille.
d. Trouve dans le texte deux exemples de mots avec un *e* suivi de deux consonnes.

Leçon 43 Le son [s] et les liaisons

Activité 1

a. Lis ce texte.

Représentation de la pièce *Le Gora* de **Courteline**, par la compagnie de théâtre amateur « La compagnie à Gilles » avec S. Chauvière et A. Gautier

BOBÉCHOTTE
Le petit nangora que m'a donné la concierge, et, à cet égard-là, il n'y a pas mieux. Un vrai amour de petit nangora, figure-toi ; pas plus gros que mon poing, avec des souliers blancs, des yeux comme des cerises à l'eau-de-vie, et un bout de queue pointu, pointu, comme l'éteignoir de ma grand'mère… Mon Dieu, quel beau petit nangora !

GUSTAVE
Je vois, au portrait que tu m'en traces, qu'il doit être, en effet, très bien. Une simple observation, mon loup ; on ne dit pas : un petit nangora.

BOBÉCHOTTE
Tiens ? Pourquoi donc ?

GUSTAVE
Parce que c'est du français de cuisine.

BOBÉCHOTTE
Eh ben, elle est bonne, celle-là ! Je dis comme tu m'as dit de dire.

GUSTAVE
Oh ! Mais pas du tout ; je proteste. Je t'ai dit de dire : un angora, mais pas : un petit nangora. *(Muet étonnement de Bobéchotte)* C'est que, dans le premier cas, l'*a* du mot angora est précédé de la lettre *n*, tandis que c'est la lettre *t* qui précède, avec le mot *petit*.

G. **Courteline**, « Le Gora », *Les Lieds de Montmartre*, 1922

b. Quel animal la concierge a-t-elle offert à Bobéchotte ?
c. Quel est le sujet de la dispute des deux personnages ?

Activité 2

 lienmini.fr/jdl6-A111

a. Écoute attentivement la lecture de la première réplique de Bobéchotte en suivant le texte.
b. Quand entends-tu le son [z] ?
c. Quelles sont les lettres qui font entendre le son [s] ?

Activité 3

 lienmini.fr/jdl6-A112

a. Écoute attentivement la lecture du texte.
b. Quand entends-tu le son [t] entre deux mots qui se suivent ?
c. Explique pourquoi les deux mots sont liés à l'oral.

Je retiens

- Le son [s] peut s'écrire /s/, /ss/, /sc/, /c/, /ç/ et parfois /t/.
- La lettre /s/ se prononce [z] entre deux voyelles à l'intérieur d'un mot.
- Dans un groupe lié par le sens, **des mots finis par /s/ /x/ ou /z/ se lient au mot suivant s'il a une voyelle initiale ou un *h* non aspiré**. On entend alors [z].
- Les liaisons en [t], [n] et [r] sont courantes, plus rares en [v], [g] ou [p].

Pour dire, pour écrire

- **Lire à voix haute** permet de placer sa respiration et de **repérer les groupes de sens** qui nécessitent des **liaisons**.
- Lors d'une dictée, il faut être attentif(ve) aux liaisons pour améliorer son orthographe, en repérant les marques du pluriel ou les terminaisons verbales.

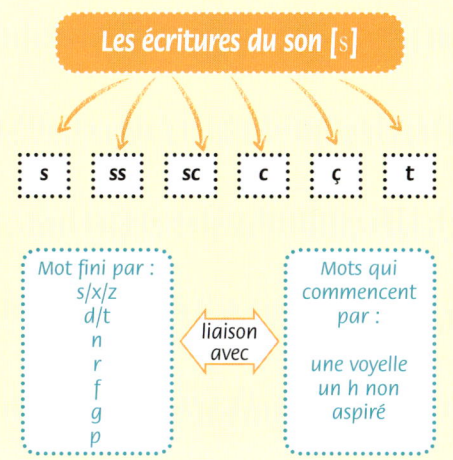

Repérer

1 Relève un exemple de mot où le son [s] est rendu par un /s/, par un /c/, par un /ç/ et par un /t/.
Il y avait une fois un marchand qui était extrêmement riche. Il avait six enfants, trois garçons et trois filles ; et, comme ce marchand était un homme d'esprit, il n'épargna rien pour l'éducation de ses enfants, et leur donna toutes sortes de maîtres.

Mme **Leprince de Beaumont**, « La Belle et la Bête », 1758

2 a. Relève un exemple de mot où le son [s] est rendu par un /s/, par /ss/, et par un /c/.
b. Trouve trois liaisons où le son [z] est entendu.
Cette cadette, qui était plus belle que ses sœurs, était aussi meilleure qu'elles. Les deux aînées avaient beaucoup d'orgueil, parce qu'elles étaient riches ; elles faisaient les dames, et ne voulaient pas recevoir les visites des autres filles de marchands.

Mme **Leprince de Beaumont**, « La Belle et la Bête », 1758

3  **4**

Manipuler

5 Complète les phrases suivantes avec le son [s].
1. De toute fa…on, tu connais ta le…on.
2. J'en ai a…ez de cette situa…ion !
3. …et achat n'est pas né…e…aire.
4. Nous de…endons pré…ipitamment les e…caliers.

6 Recopie ces phrases en entourant les liaisons entendues.
1. Tes enfants ont neuf ans.
2. Ils ont trouvé de vieux albums chez un bouquiniste.
3. Elles adorent les activités de plein air.
4. Ses yeux ont une couleur très étrange.
5. Tu es un amour.
6. Faites les hachures en bleu.

7  **8**

Préparer une dictée

Les sirènes tentent les Argonautes avec leur chant

9 Quand Orphée eut fini, chacun se sentait apaisé, la querelle était oubliée, l'harmonie régnait de nouveau. La mer rosissait à l'horizon. On se prépara à prendre un court repos.
Les Argonautes s'endormirent paisiblement.

B. Brais, V. Dechemin, *Jason et les Argonautes*,
© Hachette Jeunesse, 1993

a. **Lis le texte à voix haute et explique les liaisons que tu fais.**
b. **Relève les sons [s] et [z] présents dans les mots.**

10 EXO **11** EXO

Produire à l'oral

12 Lis ces phrases à voix haute.
1. Chevalier, tu dois te fier à ton fier destrier.
2. Les fils du propriétaire ont arraché les fils électriques.
3. Écoute l'histoire qu'elles te content et prends l'air content.
4. Ça me convient qu'ils te convient à la cérémonie.
5. Ils excellent dans l'art de préparer un excellent repas.

a. **Quelle remarque peux-tu faire sur chaque phrase ?**
b. **Explique, avec tes mots, la difficulté rencontrée dans la phrase 2 de l'exercice.**

Leçon 44 — Les homonymes lexicaux

Activité 1

HOMONYMES
Il y a le vert du cerfeuil
Et il y a le ver de terre.
Il y a l'endroit et l'envers,
L'amoureux qui écrit en vers,
Le verre d'eau plein de lumière,
La fine pantoufle de vair
Et il y a moi, tête en l'air,
Qui dis toujours tout de travers.

M. Carême, extrait de *Le Mât de cocagne*, © Fondation Maurice Carême, DR

a. Avec quelles sonorités ou quels mots joue le poète ?
b. Quelle préposition de même sonorité manque dans cet ensemble ?

Activité 2

a. Quels mots de même orthographe, mais de sens différent peuvent compléter ces couples de phrases ?
   1. Le capitaine demanda au ..., le plus jeune matelot, de laver le pont du bateau.
   2. En dessert, nous avons eu de la ... au chocolat.

   1. Le dentiste a pris une empreinte de son ... pour lui faire fabriquer un appareil.
   2. La Belle au Bois dormant reposait endormie depuis cent ans dans son ....

   1. Elle a emmené ... amie avec elle en vacances.
   2. Comme il est sourd, il monte toujours le ....

b. Complète la phrase suivante en t'appuyant sur tes réponses à la question a. et sur les trois cartes.
Certains mots qui ont le même ... et la même ... n'ont pas le même ...

[Orthographe] [Son] [Sens]

Activité 3

a. Devinette : Qui, du marin ou du gardien de phare, ne peut plus écrire quand il est à terre ?
Choisis la meilleure réponse : Le marin, car il a jeté ...  l'ancre   l'encre
b. Explique comment cette devinette joue sur les mots.

Activité 4

a. Lis à haute voix ces deux vers de Victor Hugo.
Et ma blême araignée, ogre illogique et las,
Aimable, aime à régner, au gris logis qu'elle a.
b. De quoi t'es-tu aperçu(e) à la lecture ?
c. Victor Hugo joue-t-il avec les mots de la même façon que Maurice Carême ? Explique ton point de vue.

Je retiens

- Les **homonymes** sont des **mots de sens différent** qui se ressemblent par le son, les **homophones**, ou l'orthographe, les **homographes**, ou plus rarement par les deux.
- L'homonymie est une source d'incompréhension à la lecture (les homographes) ou à l'audition (les homophones). **C'est le contexte**, c'est-à-dire le reste de la phrase, **qui permet de faire le choix du sens et de l'orthographe**.

Pour dire, pour écrire

L'**homonymie** permet de produire des **jeux de mots**. Les devinettes utilisent souvent ce procédé pour surprendre et faire rire. C'est aussi un ressort habituel du **comique de mots**.

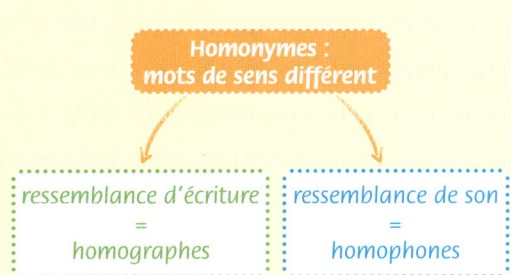

Homonymes : mots de sens différent
- ressemblance d'écriture = homographes
- ressemblance de son = homophones

Repérer

1 Relève ce qui permet de choisir le bon homonyme. Aide-toi d'un dictionnaire pour trouver un lien de sens.
1. Cette maison abrite un *(repaire/repère)* de voyous.
2. Cette marque sur le mur est un *(repaire/repère)* de distributeur de prospectus.
3. Ce navire pêche des *(lieus/lieues/lieux)* noirs.
4. Les pompiers arrivent sur les *(lieue/lieus/lieux)*.

2 Trouve cinq paires d'homonymes dans ce texte et donne la classe de chaque mot trouvé.

Dès son réveil, le coq lance son appel qui réveille toute la ferme. Tout le monde doit se mettre au travail. Ses fils et ses filles lui obéissent au doigt et à l'œil. Ils travaillent sans rechigner. Jamais un cri de protestation. Le fermier appelle ses bêtes pour les emmener au pré. Un voisin, sur son tracteur, lui crie bonjour en le croisant sur le chemin.

3    **4**

Manipuler

5 a. Choisis entre les deux homophones. Indique si ta solution est un verbe ou un nom.
1. Le singe pousse un *(cri/crie)* d'alarme.
2. La boxeuse *(défi/défie)* son adversaire du regard.
3. Votre oncle se *(mari/marie)* demain à la mairie.
4. Il va gagner, je t'en fais le *(pari/parie)*.
5. Personne ne se *(souci/soucie)* de son bien-être.

b. Quand écris-tu le mot en *-i* ? Quand écris-tu le mot en *-ie* ?

6 a. Trouve les noms qui correspondent aux verbes en *-yer*. *Ex. : balayer → bala-yer → bala-i → balai.*
appuyer • convoyer • employer • ennuyer • envoyer • essayer • octroyer • relayer • renvoyer.

b. Conjugue chaque verbe à la 3ᵉ personne du singulier du présent indicatif. *Ex. : balayer → il balaie.*

7    **8**

Préparer une dictée

9 Prépare le texte de cette dictée en choisissant le bon mot.

Le couloir s'élargissait maintenant et débouchait *(sur/sûr)* un *(pré/près/prêt)* carré entouré de plantes épineuses. D'un *(bon/bond)*, il franchit la *(haie/hais/hait)* et se rua sur le Minotaure qui somnolait. La bête n'eut pas le *(taon/tant/temps)* de se dresser sur ses *(pâtes/pattes)* que déjà le courageux Athénien fondait sur elle. Thésée enfonça son glaive dans le *(flan/flanc)* de la créature qui rua.

D'après **M. Piquemal**, *Petite anthologie de la mythologie*, SEDRAP, 1996

Victoire de Thésée sur le Minotaure. Relevé de vase peint par M. Le comte de Lamberg, 1813

Écrire

10 Écris un quatrain en faisant rimer deux couples d'homonymes. Choisis au moins un des couples suivants : champ/chant • cours/court • eau/haut • faim/fin • maitre/mettre • vend/vent • voie/voix.

11    **12**

Produire à l'oral

13 a. Lis ce texte à voix haute.

Geai ressue mât chair l'or, lin vite à sion queue tu mats à dresser pourras l'air dix nez rats sien ment dés, dix manches d'œufs sept ambre.

C. Fourier, « Lettre à sa cousine Laure », *Anthropos*, 1827

b. Explique ce qu'a voulu faire l'auteur. Dans quel jeu les syllabes à deviner sont des dessins ?

lienmini.fr/jdl6-144
Fiche 1 EXO 3 7 11 • Fiche 2 EXO 4 8 12 • Exercices interactifs

Bilan

▶ As-tu bien compris ces dernières leçons sur le lexique ?
Vérifie en lisant cet extrait et en répondant aux questions d'un groupe.

Texte support

Journal d'Ève

Ève découvre le ciel de la Création.

Les étoiles ne sont pas mal non plus. J'aimerais bien m'en trouver quelques-unes pour les mettre dans mes cheveux. Mais j'imagine que ça ne sera jamais possible. C'est incroyable
5   comme elles sont loin, on ne le dirait pas à les voir. La première fois qu'elles sont apparues, la nuit dernière, j'ai essayé d'en gauler plusieurs mais ma perche n'était pas assez longue, ce qui m'a surprise ; je suis ensuite
10 passée aux mottes de terre, jusqu'à épuisement, mais je n'en ai pas décroché une seule. Ça, c'est parce que je suis gauchère et que je ne sais pas bien lancer. […] au moins quarante ou cinquante fois, j'ai vu de mes
15 yeux la boule noire de ma motte arriver au beau milieu des grappes dorées, et chaque fois, elle les a ratées d'un cheveu. Si j'avais montré un peu plus de constance, peut-être que j'aurais réussi à en décrocher une.
20 Alors j'ai versé quelques larmes, rien de plus naturel, je suppose, pour une personne de mon âge. Je me suis reposée, j'ai pris un panier, et je suis partie vers l'extrémité inférieure du demi-cercle, là où les étoiles
25 touchaient presque la terre, et où je pourrais les ramasser à la main, ce qui serait à tous égards préférable : j'allais pouvoir les cueillir délicatement, avec tendresse, sans risque de les meurtrir.

M. Twain, *Journal d'Adam, Journal d'Ève*, trad. F. Michalski, L'Œil d'Or, 2004.

Groupe 1

Repérer

1 Comment est formé le mot « demi-cercle » ? Donne un exemple de mot formé de la même manière.

2 À quel champ lexical appartiennent les mots « cheveux », « yeux », « larmes » ?

3 Repère une liaison à faire à l'oral entre les éléments d'un GN dans les deux premières phrases du texte. Trouve un autre exemple de liaison que tu expliqueras.

Manipuler

4 Sur quel radical est formé l'adjectif « incroyable » ? Donne la signification de son préfixe ou de son suffixe. Forme un adjectif avec l'un ou l'autre.

5 Trouve le nom en -esse de la famille de l'adverbe « délicatement ». As-tu employé des accents pour l'écrire ? Pourquoi ?

6 « Fois » dans « chaque fois » est un homonyme lexical.
Fais une phrase mathématique avec ce mot. Fais une phrase avec un de ses homonymes.

Écrire

7 Adam a regardé Ève agir la nuit précédente. Dans son journal, il raconte les multiples tentatives de sa compagne pour atteindre les étoiles, son découragement et son départ avec son panier.
Utilise les mots « étoiles », « perche », « motte », « larmes », « se reposer », « panier » et « ramasser ».

Pour les élèves des trois groupes, saisissez l'adresse du lien-mini sur votre navigateur et écrivez la dictée.
Deux noms propres : Andromaque, Hector.

Pédagogie différenciée

Groupe 2

Repérer

1 Comment s'appelle le type de formation du mot « demi-cercle » ? Forme un autre mot avec « demi » pour premier élément.

2 Dans le texte, à quel champ lexical appartiennent les mots « cheveux », « yeux », « larmes » ? Trouve un quatrième mot lui appartenant aussi.

3 Repère une liaison à faire à l'oral entre les éléments d'un GN. Trouve une autre liaison faite à partir d'une autre lettre finale.

Manipuler

4 Sur quel radical est formé le verbe « décrocher » ? Change le préfixe de ce verbe pour dire le contraire.

5 Forme, sur le modèle de « tendresse », le nom de la même famille que « délicatement ». Explique la présence ou l'absence d'un accent aigu dans le mot que tu as trouvé.

6 L'expression « chaque fois » comporte un mot qui ressemble à d'autres mots. Comment nomme-t-on cette ressemblance ?
Emploie « fois » dans une phrase de ton invention, puis fais une phrase avec un de ses homonymes.

Écrire

7 Adam raconte l'étrange comportement d'Ève la nuit précédente. Dans son journal, il détaille les premières tentatives de sa compagne pour atteindre les étoiles, son découragement, puis son départ avec le panier. Il essaie aussi d'expliquer l'envie qu'elle a d'orner sa chevelure.

Groupe 3

Repérer

1 Trouve, dans le texte, un mot composé. Donne un autre mot formé avec le même premier élément.

2 Dans le second paragraphe, il y a « main ». Trouve trois autres mots pour compléter un champ lexical que tu nommeras.

3 Repère trois liaisons différentes à faire à l'oral, soit par la lettre finale, soit par les classes de mots reliés.

Manipuler

4 Trouve un mot ayant un préfixe et un suffixe et donne un autre mot formé avec le même suffixe que celui du mot trouvé.

5 Forme, sur le modèle de « tendresse », le nom de la même famille que « délicatement ». Trouve un exemple d'un autre type où l'accent aigu est aussi inutile.

6 « Mais » ressemble à « mai ». Comment appelle-t-on ce phénomène lexical ? Dans les dix premières lignes, trouve un nom, homonyme de deux autres noms, l'un désignant un organe, l'autre désignant la croyance.

Écrire

7 Dans son journal, Adam raconte les tentatives successives d'Ève au cours de la nuit précédente pour atteindre les étoiles. Il explique les raisons de son attitude, selon lui.

Voute céleste

ÊTRE (AUXILIAIRE)

INDICATIF

Présent		Passé composé		
je	suis	j'	ai	été
tu	es	tu	as	été
il, elle	est	il, elle	a	été
nous	sommes	nous	avons	été
vous	êtes	vous	avez	été
ils, elles	sont	ils, elles	ont	été

Imparfait		Plus-que-parfait		
j'	étais	j'	avais	été
tu	étais	tu	avais	été
il, elle	était	il, elle	avait	été
nous	étions	nous	avions	été
vous	étiez	vous	aviez	été
ils, elles	étaient	ils, elles	avaient	été

Passé simple		Passé antérieur		
je	fus	j'	eus	été
tu	fus	tu	eus	été
il, elle	fut	il, elle	eut	été
nous	fûmes	nous	eûmes	été
vous	fûtes	vous	eûtes	été
ils, elles	furent	ils, elles	eurent	été

Futur simple		Futur antérieur		
je	serai	j'	aurai	été
tu	seras	tu	auras	été
il, elle	sera	il, elle	aura	été
nous	serons	nous	aurons	été
vous	serez	vous	aurez	été
ils, elles	seront	ils, elles	auront	été

CONDITIONNEL

Présent	
je	serais
tu	serais
il, elle	serait
nous	serions
vous	seriez
ils, elles	seraient

IMPÉRATIF
Présent : sois, soyons, soyez

PARTICIPE
Présent	Passé
étant	été

INFINITIF
être

AVOIR (AUXILIAIRE)

INDICATIF

Présent		Passé composé		
j'	ai	j'	ai	eu
tu	as	tu	as	eu
il, elle	a	il, elle	a	eu
nous	avons	nous	avons	eu
vous	avez	vous	avez	eu
ils, elles	ont	ils, elles	ont	eu

Imparfait		Plus-que-parfait		
j'	avais	j'	avais	eu
tu	avais	tu	avais	eu
il, elle	avait	il, elle	avait	eu
nous	avions	nous	avions	eu
vous	aviez	vous	aviez	eu
ils, elles	avaient	ils, elles	avaient	eu

Passé simple		Passé antérieur		
j'	eus	j'	eus	eu
tu	eus	tu	eus	eu
il, elle	eut	il, elle	eut	eu
nous	eûmes	nous	eûmes	eu
vous	eûtes	vous	eûtes	eu
ils, elles	eurent	ils, elles	eurent	eu

Futur simple		Futur antérieur		
j'	aurai	j'	aurai	eu
tu	auras	tu	auras	eu
il, elle	aura	il, elle	aura	eu
nous	aurons	nous	aurons	eu
vous	aurez	vous	aurez	eu
ils, elles	auront	ils, elles	auront	eu

CONDITIONNEL

Présent	
j'	aurais
tu	aurais
il, elle	aurait
nous	aurions
vous	auriez
ils, elles	auraient

IMPÉRATIF
Présent : aie, ayons, ayez

PARTICIPE
Présent	Passé
ayant	eu

INFINITIF
avoir

AIMER (1ER GROUPE)

INDICATIF

Présent		Passé composé		
j'	aime	j'	ai	aimé
tu	aimes	tu	as	aimé
il, elle	aime	il, elle	a	aimé
nous	aimons	nous	avons	aimé
vous	aimez	vous	avez	aimé
ils, elles	aiment	ils, elles	ont	aimé

Imparfait		Plus-que-parfait		
j'	aimais	j'	avais	aimé
tu	aimais	tu	avais	aimé
il, elle	aimait	il, elle	avait	aimé
nous	aimions	nous	avions	aimé
vous	aimiez	vous	aviez	aimé
ils, elles	aimaient	ils, elles	avaient	aimé

Passé simple		Passé antérieur		
j'	aimai	j'	eus	aimé
tu	aimas	tu	eus	aimé
il, elle	aima	il, elle	eut	aimé
nous	aimâmes	nous	eûmes	aimé
vous	aimâtes	vous	eûtes	aimé
ils, elles	aimèrent	ils, elles	eurent	aimé

Futur simple		Futur antérieur		
j'	aimerai	j'	aurai	aimé
tu	aimeras	tu	auras	aimé
il, elle	aimera	il, elle	aura	aimé
nous	aimerons	nous	aurons	aimé
vous	aimerez	vous	aurez	aimé
ils, elles	aimeront	ils, elles	auront	aimé

CONDITIONNEL

Présent	
j'	aimerais
tu	aimerais
il, elle	aimerait
nous	aimerions
vous	aimeriez
ils, elles	aimeraient

IMPÉRATIF
Présent : aime, aimons, aimez

PARTICIPE
Présent	Passé
aimant	aimé

INFINITIF
aimer

AGIR (2E GROUPE)

INDICATIF

Présent		Passé composé		
j'	agis	j'	ai	agi
tu	agis	tu	as	agi
il, elle	agit	il, elle	a	agi
nous	agissons	nous	avons	agi
vous	agissez	vous	avez	agi
ils, elles	agissent	ils, elles	ont	agi

Imparfait		Plus-que-parfait		
j'	agissais	j'	avais	agi
tu	agissais	tu	avais	agi
il, elle	agissait	il, elle	avait	agi
nous	agissions	nous	avions	agi
vous	agissiez	vous	aviez	agi
ils, elles	agissaient	ils, elles	avaient	agi

Passé simple		Passé antérieur		
j'	agis	j'	eus	agi
tu	agis	tu	eus	agi
il, elle	agit	il, elle	eut	agi
nous	agîmes	nous	eûmes	agi
vous	agîtes	vous	eûtes	agi
ils, elles	agirent	ils, elles	eurent	agi

Futur simple		Futur antérieur		
j'	agirai	j'	aurai	agi
tu	agiras	tu	auras	agi
il, elle	agira	il, elle	aura	agi
nous	agirons	nous	aurons	agi
vous	agirez	vous	aurez	agi
ils, elles	agiront	ils, elles	auront	agi

CONDITIONNEL

Présent	
j'	agirais
tu	agirais
il, elle	agirait
nous	agirions
vous	agiriez
ils, elles	agiraient

IMPÉRATIF
Présent : agis, agissons, agissez

PARTICIPE
Présent	Passé
agissant	agi

INFINITIF
agir

PARTIR (3E GROUPE)

INDICATIF

Présent		Passé composé		
je	pars	je	suis	parti(e)
tu	pars	tu	es	parti(e)
il, elle	part	il, elle	est	parti(e)
nous	partons	nous	sommes	parti(e)s
vous	partez	vous	êtes	parti(e)s
ils, elles	partent	ils, elles	sont	parti(e)s

Imparfait		Plus-que-parfait		
je	partais	j'	étais	parti(e)
tu	partais	tu	étais	parti(e)
il, elle	partait	il, elle	était	parti(e)
nous	partions	nous	étions	parti(e)s
vous	partiez	vous	étiez	parti(e)s
ils, elles	partaient	ils, elles	étaient	parti(e)s

Passé simple		Passé antérieur		
je	partis	je	fus	parti(e)
tu	partis	tu	fus	parti(e)
il, elle	partit	il, elle	fut	parti(e)
nous	partîmes	nous	fûmes	parti(e)s
vous	partîtes	vous	fûtes	parti(e)s
ils, elles	partirent	ils, elles	furent	parti(e)s

Futur simple		Futur antérieur		
je	partirai	je	serai	parti(e)
tu	partiras	tu	seras	parti(e)
il, elle	partira	il, elle	sera	parti(e)
nous	partirons	nous	serons	parti(e)s
vous	partirez	vous	serez	parti(e)s
ils, elles	partiront	ils, elles	seront	parti(e)s

CONDITIONNEL

Présent	
je	partirais
tu	partirais
il, elle	partirait
nous	partirions
vous	partiriez
ils, elles	partiraient

IMPÉRATIF
Présent : pars, partons, partez

PARTICIPE
Présent	Passé
partant	parti

INFINITIF
partir

ALLER (3E GROUPE)

INDICATIF

Présent		Passé composé		
je	vais	je	suis	allé(e)
tu	vas	tu	es	allé(e)
il, elle	va	il, elle	est	allé(e)
nous	allons	nous	sommes	allé(e)s
vous	allez	vous	êtes	allé(e)s
ils, elles	vont	ils, elles	sont	allé(e)s

Imparfait		Plus-que-parfait		
j'	allais	j'	étais	allé(e)
tu	allais	tu	étais	allé(e)
il, elle	allait	il, elle	était	allé(e)
nous	allions	nous	étions	allé(e)s
vous	alliez	vous	étiez	allé(e)s
ils, elles	allaient	ils, elles	étaient	allé(e)s

Passé simple		Passé antérieur		
j'	allai	je	fus	allé(e)
tu	allas	tu	fus	allé(e)
il, elle	alla	il, elle	fut	allé(e)
nous	allâmes	nous	fûmes	allé(e)s
vous	allâtes	vous	fûtes	allé(e)s
ils, elles	allèrent	ils, elles	furent	allé(e)s

Futur simple		Futur antérieur		
j'	irai	je	serai	allé(e)
tu	iras	tu	seras	allé(e)
il, elle	ira	il, elle	sera	allé(e)
nous	irons	nous	serons	allé(e)s
vous	irez	vous	serez	allé(e)s
ils, elles	iront	ils, elles	seront	allé(e)s

CONDITIONNEL

Présent	
j'	irais
tu	irais
il, elle	irait
nous	irions
vous	iriez
ils, elles	iraient

IMPÉRATIF
Présent : va, allons, allez

PARTICIPE
Présent	Passé
allant	allé

INFINITIF
aller

ACHETER

INDICATIF
Présent
- j' achète
- tu achètes
- il, elle achète
- nous achetons
- vous achetez
- ils, elles achètent

Imparfait
- j' achetais
- tu achetais
- il, elle achetait
- nous achetions
- vous achetiez
- ils, elles achetaient

Passé simple
- j' achetai
- tu achetas
- il, elle acheta
- nous achetâmes
- vous achetâtes
- ils, elles achetèrent

Futur simple
- j' achèterai
- tu achèteras
- il, elle achètera
- nous achèterons
- vous achèterez
- ils, elles achèteront

CONDITIONNEL
Présent
- j' achèterais
- tu achèterais
- il, elle achèterait
- nous achèterions
- vous achèteriez
- ils, elles achèteraient

IMPÉRATIF
Présent
- achète, achetons, achetez

PARTICIPE
Présent	Passé
achetant	acheté

INFINITIF
acheter

ÉPELER

INDICATIF
Présent
- j' épelle
- tu épelles
- il, elle épelle
- nous épelons
- vous épelez
- ils, elles épellent

Imparfait
- j' épelais
- tu épelais
- il, elle épelait
- nous épelions
- vous épeliez
- ils, elles épelaient

Passé simple
- j' épelai
- tu épelas
- il, elle épela
- nous épelâmes
- vous épelâtes
- ils, elles épelèrent

Futur simple
- j' épellerai
- tu épelleras
- il, elle épellera
- nous épellerons
- vous épellerez
- ils, elles épelleront

CONDITIONNEL
Présent
- j' épellerais
- tu épellerais
- il, elle épellerait
- nous épellerions
- vous épelleriez
- ils, elles épelleraient

IMPÉRATIF
Présent
- épelle, épelons, épelez

PARTICIPE
Présent	Passé
épelant	épelé

INFINITIF
épeler

AVANCER

INDICATIF
Présent
- j' avance
- tu avances
- il, elle avance
- nous avançons
- vous avancez
- ils, elles avancent

Imparfait
- j' avançais
- tu avançais
- il, elle avançait
- nous avancions
- vous avanciez
- ils, elles avançaient

Passé simple
- j' avançai
- tu avanças
- il, elle avança
- nous avançâmes
- vous avançâtes
- ils, elles avancèrent

Futur simple
- j' avancerai
- tu avanceras
- il, elle avancera
- nous avancerons
- vous avancerez
- ils, elles avanceront

CONDITIONNEL
Présent
- j' avancerais
- tu avancerais
- il, elle avancerait
- nous avancerions
- vous avanceriez
- ils, elles avanceraient

IMPÉRATIF
Présent
- avance, avançons, avancez

PARTICIPE
Présent	Passé
avançant	avancé

INFINITIF
avancer

MANGER

INDICATIF
Présent
- je mange
- tu manges
- il, elle mange
- nous mangeons
- vous mangez
- ils, elles mangent

Imparfait
- je mangeais
- tu mangeais
- il, elle mangeait
- nous mangions
- vous mangiez
- ils, elles mangeaient

Passé simple
- je mangeai
- tu mangeas
- il, elle mangea
- nous mangeâmes
- vous mangeâtes
- ils, elles mangèrent

Futur simple
- je mangerai
- tu mangeras
- il, elle mangera
- nous mangerons
- vous mangerez
- ils, elles mangeront

CONDITIONNEL
Présent
- je mangerais
- tu mangerais
- il, elle mangerait
- nous mangerions
- vous mangeriez
- ils, elles mangeraient

IMPÉRATIF
Présent
- mange, mangeons, mangez

PARTICIPE
Présent	Passé
mangeant	mangé

INFINITIF
manger

ÉTUDIER

INDICATIF
Présent
- j' étudie
- tu étudies
- il, elle étudie
- nous étudions
- vous étudiez
- ils, elles étudient

Imparfait
- j' étudiais
- tu étudiais
- il, elle étudiait
- nous étudiions
- vous étudiiez
- ils, elles étudiaient

Passé simple
- j' étudiai
- tu étudias
- il, elle étudia
- nous étudiâmes
- vous étudiâtes
- ils, elles étudièrent

Futur simple
- j' étudierai
- tu étudieras
- il, elle étudiera
- nous étudierons
- vous étudierez
- ils, elles étudieront

CONDITIONNEL
Présent
- j' étudierais
- tu étudierais
- il, elle étudierait
- nous étudierions
- vous étudieriez
- ils, elles étudieraient

IMPÉRATIF
Présent
- étudie, étudions, étudiez

PARTICIPE
Présent	Passé
étudiant	étudié

INFINITIF
étudier

ENVOYER

INDICATIF
Présent
- j' envoie
- tu envoies
- il, elle envoie
- nous envoyons
- vous envoyez
- ils, elles envoient

Imparfait
- j' envoyais
- tu envoyais
- il, elle envoyait
- nous envoyions
- vous envoyiez
- ils, elles envoyaient

Passé simple
- j' envoyai
- tu envoyas
- il, elle envoya
- nous envoyâmes
- vous envoyâtes
- ils, elles envoyèrent

Futur simple
- j' enverrai
- tu enverras
- il, elle enverra
- nous enverrons
- vous enverrez
- ils, elles enverront

CONDITIONNEL
Présent
- j' enverrais
- tu enverrais
- il, elle enverrait
- nous enverrions
- vous enverriez
- ils, elles enverraient

IMPÉRATIF
Présent
- envoie, envoyons, envoyez

PARTICIPE
Présent	Passé
envoyant	envoyé

INFINITIF
envoyer

JETER

INDICATIF
Présent
- je jette
- tu jettes
- il, elle jette
- nous jetons
- vous jetez
- ils, elles jettent

Futur simple
- je jetterai
- tu jetteras
- il, elle jettera
- nous jetterons
- vous jetterez
- ils, elles jetteront

CONDITIONNEL
Présent
- je jetterais
- tu jetterais
- il, elle jetterait
- nous jetterions
- vous jetteriez
- ils, elles jetteraient

IMPÉRATIF
Présent
- jette, jetons, jetez

APPELER

INDICATIF
Présent
- j' appelle
- tu appelles
- il, elle appelle
- nous appelons
- vous appelez
- ils, elles appellent

Futur simple
- j' appellerai
- tu appelleras
- il, elle appellera
- nous appellerons
- vous appellerez
- ils, elles appelleront

CONDITIONNEL
Présent
- j' appellerais
- tu appellerais
- il, elle appellerait
- nous appellerions
- vous appelleriez
- ils, elles appelleraient

IMPÉRATIF
Présent
- appelle, appelons, appelez

Les verbes **jeter** et **appeler** se conjuguent comme **acheter** et **épeler**, sauf pour les conjugaisons comportant le son [ɛ] : on double le **l** ou le **t** du radical (je**tt**-, appe**ll**-) pour faire le son [ɛ]. Les quatre temps ci-contre sont concernés par cette double consonne.

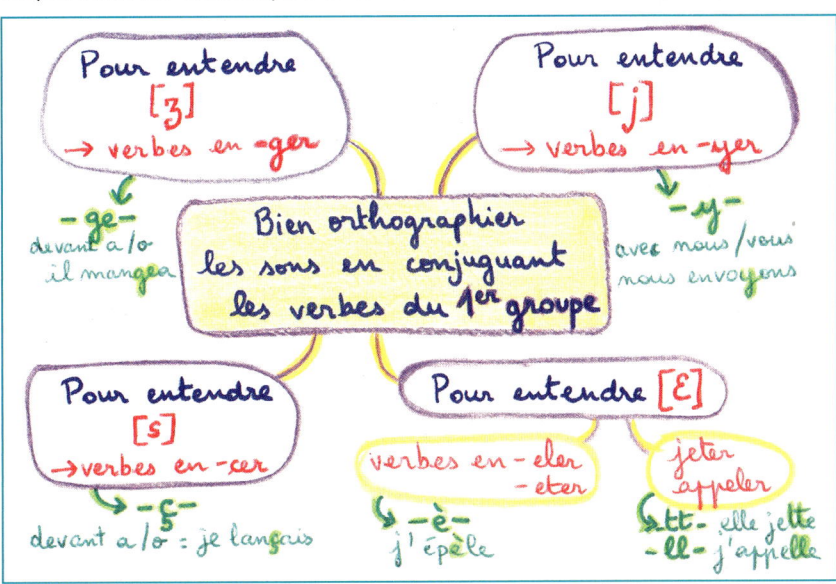

CUEILLIR

INDICATIF
Présent
- je cueille
- tu cueilles
- il, elle cueille
- nous cueillons
- vous cueillez
- ils, elles cueillent

Imparfait
- je cueillais
- tu cueillais
- il, elle cueillait
- nous cueillions
- vous cueilliez
- ils, elles cueillaient

Passé simple
- je cueillis
- tu cueillis
- il, elle cueillit
- nous cueillîmes
- vous cueillîtes
- ils, elles cueillirent

Futur simple
- je cueillerai
- tu cueilleras
- il, elle cueillera
- nous cueillerons
- vous cueillerez
- ils, elles cueilleront

CONDITIONNEL
Présent
- je cueillerais
- tu cueillerais
- il, elle cueillerait
- nous cueillerions
- vous cueilleriez
- ils, elles cueilleraient

IMPÉRATIF
Présent
cueille, cueillons, cueillez

PARTICIPE
Présent	Passé
cueillant	cueilli

INFINITIF
cueillir

DIRE

INDICATIF
Présent
- je dis
- tu dis
- il, elle dit
- nous disons
- vous dites
- ils, elles disent

Imparfait
- je disais
- tu disais
- il, elle disait
- nous disions
- vous disiez
- ils, elles disaient

Passé simple
- je dis
- tu dis
- il, elle dit
- nous dîmes
- vous dîtes
- ils, elles dirent

Futur simple
- je dirai
- tu diras
- il, elle dira
- nous dirons
- vous direz
- ils, elles diront

CONDITIONNEL
Présent
- je dirais
- tu dirais
- il, elle dirait
- nous dirions
- vous diriez
- ils, elles diraient

IMPÉRATIF
Présent
dis, disons, dites

PARTICIPE
Présent	Passé
disant	dit

INFINITIF
dire

FAIRE

INDICATIF
Présent
- je fais
- tu fais
- il, elle fait
- nous faisons
- vous faites
- ils, elles font

Imparfait
- je faisais
- tu faisais
- il, elle faisait
- nous faisions
- vous faisiez
- ils, elles faisaient

Passé simple
- je fis
- tu fis
- il, elle fit
- nous fîmes
- vous fîtes
- ils, elles firent

Futur simple
- je ferai
- tu feras
- il, elle fera
- nous ferons
- vous ferez
- ils, elles feront

CONDITIONNEL
Présent
- je ferais
- tu ferais
- il, elle ferait
- nous ferions
- vous feriez
- ils, elles feraient

IMPÉRATIF
Présent
fais, faisons, faites

PARTICIPE
Présent	Passé
faisant	fait

INFINITIF
faire

METTRE

INDICATIF
Présent
- je mets
- tu mets
- il, elle met
- nous mettons
- vous mettez
- ils, elles mettent

Imparfait
- je mettais
- tu mettais
- il, elle mettait
- nous mettions
- vous mettiez
- ils, elles mettaient

Passé simple
- je mis
- tu mis
- il, elle mit
- nous mîmes
- vous mîtes
- ils, elles mirent

Futur simple
- je mettrai
- tu mettras
- il, elle mettra
- nous mettrons
- vous mettrez
- ils, elles mettront

CONDITIONNEL
Présent
- je mettrais
- tu mettrais
- il, elle mettrait
- nous mettrions
- vous mettriez
- ils, elles mettraient

IMPÉRATIF
Présent
mets, mettons, mettez

PARTICIPE
Présent	Passé
mettant	mis

INFINITIF
mettre

PEINDRE

INDICATIF
Présent
- je peins
- tu peins
- il, elle peint
- nous peignons
- vous peignez
- ils, elles peignent

Imparfait
- je peignais
- tu peignais
- il, elle peignait
- nous peignions
- vous peigniez
- ils, elles peignaient

Passé simple
- je peignis
- tu peignis
- il, elle peignit
- nous peignîmes
- vous peignîtes
- ils, elles peignirent

Futur simple
- je peindrai
- tu peindras
- il, elle peindra
- nous peindrons
- vous peindrez
- ils, elles peindront

CONDITIONNEL
Présent
- je peindrais
- tu peindrais
- il, elle peindrait
- nous peindrions
- vous peindriez
- ils, elles peindraient

IMPÉRATIF
Présent
peins, peignons, peignez

PARTICIPE
Présent	Passé
peignant	peint

INFINITIF
peindre

PRENDRE

INDICATIF
Présent
- je prends
- tu prends
- il, elle prend
- nous prenons
- vous prenez
- ils, elles prennent

Imparfait
- je prenais
- tu prenais
- il, elle prenait
- nous prenions
- vous preniez
- ils, elles prenaient

Passé simple
- je pris
- tu pris
- il, elle prit
- nous prîmes
- vous prîtes
- ils, elles prirent

Futur simple
- je prendrai
- tu prendras
- il, elle prendra
- nous prendrons
- vous prendrez
- ils, elles prendront

CONDITIONNEL
Présent
- je prendrais
- tu prendrais
- il, elle prendrait
- nous prendrions
- vous prendriez
- ils, elles prendraient

IMPÉRATIF
Présent
prends, prenons, prenez

PARTICIPE
Présent	Passé
prenant	pris

INFINITIF
prendre

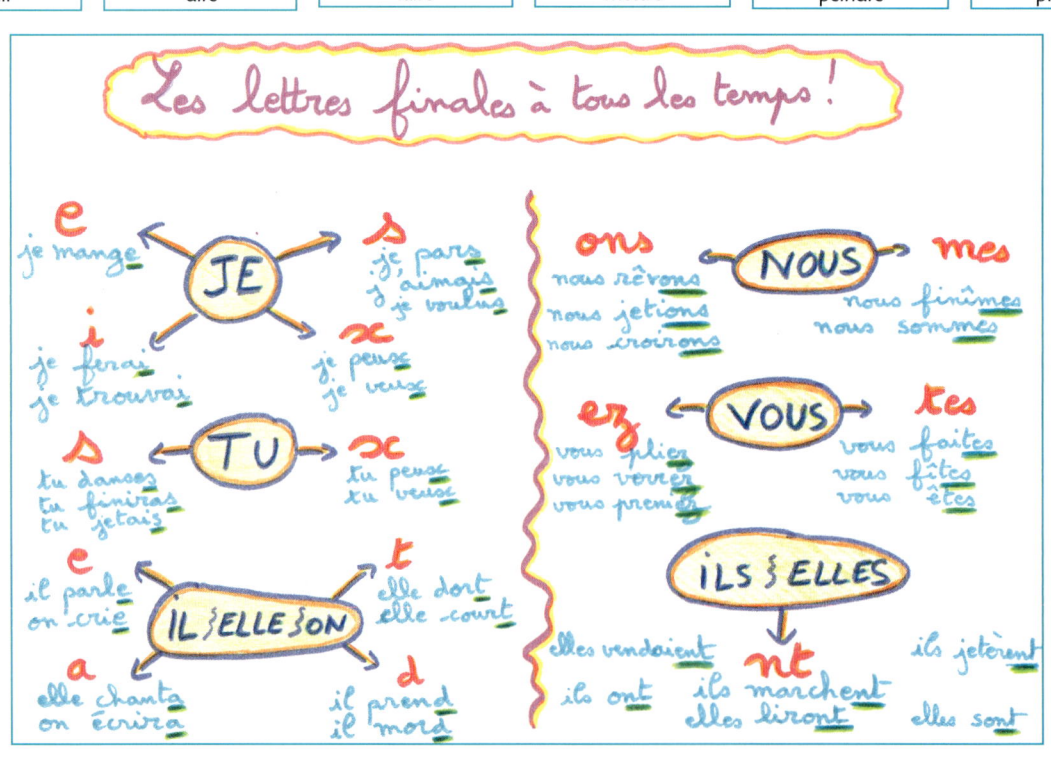
Les lettres finales à tous les temps !

DEVOIR

INDICATIF
Présent
je	dois
tu	dois
il, elle	doit
nous	devons
vous	devez
ils, elles	doivent

Imparfait
je	devais
tu	devais
il, elle	devait
nous	devions
vous	deviez
ils, elles	devaient

Passé simple
je	dus
tu	dus
il, elle	dut
nous	dûmes
vous	dûtes
ils, elles	durent

Futur simple
je	devrai
tu	devras
il, elle	devra
nous	devrons
vous	devrez
ils, elles	devront

CONDITIONNEL
Présent
je	devrais
tu	devrais
il, elle	devrait
nous	devrions
vous	devriez
ils, elles	devraient

IMPÉRATIF
Présent
dois, devons, devez

PARTICIPE
Présent	Passé
devant	dû

INFINITIF
devoir

POUVOIR

INDICATIF
Présent
je	peux
tu	peux
il, elle	peut
nous	pouvons
vous	pouvez
ils, elles	peuvent

Imparfait
je	pouvais
tu	pouvais
il, elle	pouvait
nous	pouvions
vous	pouviez
ils, elles	pouvaient

Passé simple
je	pus
tu	pus
il, elle	put
nous	pûmes
vous	pûtes
ils, elles	purent

Futur simple
je	pourrai
tu	pourras
il, elle	pourra
nous	pourrons
vous	pourrez
ils, elles	pourront

CONDITIONNEL
Présent
je	pourrais
tu	pourrais
il, elle	pourrait
nous	pourrions
vous	pourriez
ils, elles	pourraient

IMPÉRATIF
Présent
pas d'impératif

PARTICIPE
Présent	Passé
pouvant	pu

INFINITIF
pouvoir

SAVOIR

INDICATIF
Présent
je	sais
tu	sais
il, elle	sait
nous	savons
vous	savez
ils, elles	savent

Imparfait
je	savais
tu	savais
il, elle	savait
nous	savions
vous	saviez
ils, elles	savaient

Passé simple
je	sus
tu	sus
il, elle	sut
nous	sûmes
vous	sûtes
ils, elles	surent

Futur simple
je	saurai
tu	sauras
il, elle	saura
nous	saurons
vous	saurez
ils, elles	sauront

CONDITIONNEL
Présent
je	saurais
tu	saurais
il, elle	saurait
nous	saurions
vous	sauriez
ils, elles	sauraient

IMPÉRATIF
Présent
sache, sachons, sachez

PARTICIPE
Présent	Passé
sachant	su

INFINITIF
savoir

VENIR

INDICATIF
Présent
je	viens
tu	viens
il, elle	vient
nous	venons
vous	venez
ils, elles	viennent

Imparfait
je	venais
tu	venais
il, elle	venait
nous	venions
vous	veniez
ils, elles	venaient

Passé simple
je	vins
tu	vins
il, elle	vint
nous	vînmes
vous	vîntes
ils, elles	vinrent

Futur simple
je	viendrai
tu	viendras
il, elle	viendra
nous	viendrons
vous	viendrez
ils, elles	viendront

CONDITIONNEL
Présent
je	viendrais
tu	viendrais
il, elle	viendrait
nous	viendrions
vous	viendriez
ils, elles	viendraient

IMPÉRATIF
Présent
viens, venons, venez

PARTICIPE
Présent	Passé
venant	venu

INFINITIF
venir

VOIR

INDICATIF
Présent
je	vois
tu	vois
il, elle	voit
nous	voyons
vous	voyez
ils, elles	voient

Imparfait
je	voyais
tu	voyais
il, elle	voyait
nous	voyions
vous	voyiez
ils, elles	voyaient

Passé simple
je	vis
tu	vis
il, elle	vit
nous	vîmes
vous	vîtes
ils, elles	virent

Futur simple
je	verrai
tu	verras
il, elle	verra
nous	verrons
vous	verrez
ils, elles	verront

CONDITIONNEL
Présent
je	verrais
tu	verrais
il, elle	verrait
nous	verrions
vous	verriez
ils, elles	verraient

IMPÉRATIF
Présent
vois, voyons, voyez

PARTICIPE
Présent	Passé
voyant	vu

INFINITIF
voir

VOULOIR

INDICATIF
Présent
je	veux
tu	veux
il, elle	veut
nous	voulons
vous	voulez
ils, elles	veulent

Imparfait
je	voulais
tu	voulais
il, elle	voulait
nous	voulions
vous	vouliez
ils, elles	voulaient

Passé simple
je	voulus
tu	voulus
il, elle	voulut
nous	voulûmes
vous	voulûtes
ils, elles	voulurent

Futur simple
je	voudrai
tu	voudras
il, elle	voudra
nous	voudrons
vous	voudrez
ils, elles	voudront

CONDITIONNEL
Présent
je	voudrais
tu	voudrais
il, elle	voudrait
nous	voudrions
vous	voudriez
ils, elles	voudraient

IMPÉRATIF
Présent
veuille, voulons, veuillez

PARTICIPE
Présent	Passé
voulant	voulu

INFINITIF
vouloir

Index des notions

Partie littérature • Partie langue

A

accents et tréma 337
accord simple du participe passé 291
accord sujet-verbe 245
adjectif qualificatif 38, 40, 41, 104, 128, 261
antonymes et synonymes 34, 40, 44, 140, 335
article contracté, défini, indéfini, partitif 257
attribut du sujet 261, 303

C

champ lexical 42, 100, 111, 151, 164, 211, 333
comparaison 167, 175
compléments COD, COI 299, 301
compléments, pronoms 301
compléments circonstanciels (phrase avec) 119, 247
conditionnel présent 285
connecteurs logiques 323
connecteurs temporels 55, 121
conte (vocabulaire du) 14-21

D

déterminant 263
déterminant et pronom, distinguer 267
déterminant possessif et démonstratif 259

E

épithète 261
expressions orales et écrites 313

F

famille de mots 331
figure de style 28, 96, 129, 131, 134
futur, formation et emplois 283

G

groupe nominal 43, 253, 255, 263 ;
    minimal et étendu 263

H

homonymes lexicaux 343
homophones de verbes au présent 275

I

imparfait, formation 279
impératif, conjugaison et emplois 41, 281, 287

L

liaisons et sons 340, 343

M

métaphore 168
mots, étymologie 329
mots composés et dérivés 331

N

narrateur 18, 117, 311
niveau de langue 180
nom commun et nom propre 255 ; genre et nombre 255
nom noyau 263

P

participe passé, lettre finale 291
passé simple, 3e personne 279
passé simple, emplois dans le récit 72, 281
personnification 166
phrase, formes 241 et types 96, 101, 163, 221, 243
phrase minimale 235, 239
phrase simple et complexe 249
phrase verbale et non verbale 174, 237
poésie (vocabulaire de la) 164-167, 170-171, 172-175
polysémie 333
ponctuation 38, 319
présent de l'indicatif 273, emplois 277
pronom complément (COD, COI, COS) 301
pronom personnel, possessif et démonstratif 43, 211, 265

R

récit au passé 317 et au présent 315
récit, organiser 323
règles de position [ɛ] ou [e], [n] ou [m], [ʒ] ou [g] 339
repères temporels 323
reprises nominales et pronominales 309

S

sens propre et figuré 333

T

temps composés et temps simples 289
terminaisons en [e] ou [ɛ] 293
texte, progression 321
théâtre (vocabulaire du) 209, 211-214

V

verbe, compléments 296
verbe, fonctionnement 270

Index des auteurs et des œuvres

Partie littérature • Partie langue

Afanassiev, Alexandre, « Vassilissa-la-très-belle » 26
Apollodore, *Bibliothèque* 83
Apollonius de rhodes, *L'Expédition des Argonautes ou la Conquête de la Toison d'or* 54, 56, 57
Belot, Jeanne et **Camescasse**, Adolphe, « La vie enfantine » 252
Bernard, Fred et **Roca**, François, *L'Homme-bonsaï* 230
Bible de Jérusalem (La) 140-155, 158-159
Brisou-Pellen, Évelyne, *Les Portes de Vannes* 100
Brugès, Daniel, *Jouer avec les poètes*, « Quand l'enfant », « Araignée » 169
Buisset, Dominique, *Les Douze travaux d'Hercule* 72
Chamoiseau, Patrick, « La Madame Kéléman » 27 ; « Le Musicien petit bonhomme » 31
Coran (Le) 149, 153
Dahl, Roald, *Fantastique maître Renard* 187
Eckert, Allan W., *La Rencontre* 98
Épopée de Gilgameš (L') 128-135
Ésope, *Fables*, « Le Renard et le Bouc » 187 ; « Le Loup et le Héron » 194
Farce de maître Pathelin (La) 180-181
Friot, Bernard, *Nouvelles histoires pressées*, 234
Gandon, Odile, *Dieux et héros de l'antiquité* 74-75
Gautier, Théophile, *España*, « Au bord de la mer » 166
Grant, Michael et **Hazel**, John, *Dictionnaire de la mythologie* 73
Grimal, Pierre, *Dictionnaire de la mythologie grecque et romaine* 67
Heitz, Bruno, *Le Roman de Renart* 183
Hesiode, *Théogonie* 68
Homère, *Odyssée* 46-51, 58, 190-191
Hugo, Victor, *Notre-Dame de Paris* 41 ; *L'Homme qui rit* 42-43 ; *Les Feuilles d'automne*, « Soleils couchants » 151 ; *Les Contemplations*, « Le poète s'en va dans les champs » 162 ; *L'Art d'être grand-père*, « Fenêtres ouvertes » 174
Jimenes, Guy, *Orphée l'enchanteur* 294
Kobayashi, Issa, haïkus 168
Lacaussade, Auguste, *Poèmes et Paysages*, « À l'île natale » 163
La fontaine (de), Jean, « Épitaphe de M. de La Fontaine faite par lui-même » 193 ; *Fables*, « Le Loup et la Cigogne » 195, « Le Renard et l'Écureuil », « La Génisse, la Chèvre, et la Brebis, en société avec le Lion » 197, « À Monseigneur le Dauphin » 200, « Le Lion et le Rat », « Le Laboureur et ses Enfants » 201, « Le Loup, la Chèvre et le Chevreau » 202, « La Cigale et la Fourmi » 204, « Le Coq et le Renard » 205
Laforgue, Jules, *Des Fleurs de bonne volonté*, « Aquarelle en cinq minutes » 170
Lagerlöf, Selma, *Le Merveilleux Voyage de Nils Holgersson à travers la Suède* 95
Leconte de Lisle, *Poèmes antiques* 170
Leprince de Beaumont (Madame), « La Belle et la Bête » 32-36
Loyer, Jean-Luc, *Le Chat botté* 13

Lubicz Milosz (de), Oscar Venceslas, *Les Éléments*, « Le Vent » 166
Malot, Hector, *Sans Famille* 96
Molière, *Les Fourberies de Scapin* 211-213 ; *Le Médecin volant* 215 ; *Le Médecin malgré lui* 216 ; *Le Bourgeois gentilhomme* 217 ; *Le Malade imaginaire* 218, 250
Moritake, Arakida, haïkus 168
Mourlevat, Jean-Claude, *La Rivière à l'envers* 97, 101
Muzi, Jean, « L'Île au monstre » 28
Neruda, Pablo, *Troisième livre des odes*, « Ode à la vague » 163
Noailles (de), Anna, *L'Ombre des jours*, « Chaleur » 172 ; *Le Cœur innombrable*, « Le Jardin et la Maison » 173
Nonnos de Panopolis, *Les Dionysiaques* 69
Olive, Guillaume et **Zhihong**, He, « Nian le terrible » 29
Ovide, *Les Métamorphoses* 51, 60-68
Perrault, Charles, *Le Maître Chat ou le Chat botté* 14-15 ; « Le Petit Poucet » 24, 270
Peyo, *Les Schtroumpfs noirs* 326
Phèdre, *Fables*, « Le Loup et la Grue » 194
Pinguilly, Yves, « Le Chasseur plus fort que le lion qui avale l'orage » 29
Piquemal, Michel et **Garcia**, Dominique *Petite anthologie de la mythologie* 71
Place, François, *Les Derniers Géants* 110-117
Platiel, Suzy, « La fille caillou » 38
Prokoviev, Sergueï, *Pierre et le Loup* 20-21
Prudhomme, David, *La Farce de maître Pathelin* 181, 189
Py, Olivier, *La Jeune Fille, le Diable et le moulin* 220-227
Queneau, Raymond, *Paris-ci, Paris-là et autres poèmes*, « Apprendre à voir » 167
Renard, Jules, *Histoires naturelles* 168-169
Riordan, Rick *Percy Jackson* 54
Roba, Jean, *Boule et Bill*, « Bill, nom d'un chien ! » 306
Roman de Renart (Le) 182-186
Roubaud, Jean, *Les Animaux de personne*, « Le Téléphone » 268
Saint-Exupéry (de), Antoine, *Le Petit Prince* 124-125, 304
Shakespeare, William, *Le Conte d'hiver* 92
Soupault, Ré et Philippe, « Le Vounioupi » 30
Supervielle, Jules, *Le Lac endormi et autres poèmes*, « Un sapin, la nuit... » 167
Tolkien, John Ronald Reuel, *Le Hobbit* 78-88, 324
Tournier, Michel, *Vendredi ou la vie sauvage* 124-125
Twain, Mark, *Les Aventures de Tom Sawyer* 103-109 ; *Journal d'Adam et Journal d'Ève* 344
Verhaeren, Émile, *Les Villages illusoires*, « Le Vent » 165
Verlaine, Paul, *Poèmes saturniens*, « Marine » 164
Verne, Jules, *Le Tour du monde en quatre-vingts jours* 118-122
Vilain Mire (Le) 178-179
Virgile, *Énéide* 44-45, 52, 59, 191 ; *Géorgiques* 161

Pour les œuvres des éditions Gallimard, voir : www.gallimard.fr et www.gallimard-jeunesse.fr

Mentions de copyright et crédits photographiques

couverture : DeAgostini/akg-images; Jonathan Barry, Barbebois, 1998, huile sur toile (50,8 × 35,5 cm), collection privée © Bridgeman Images; BnF; **p. 6** : Giorgia Grippo Belfi/Le Square éditeur 2013; www.bridgemanimages.com; akg-images/Pictures From History; **p. 7** : Lagerloff Selma; © Éditions Casterman; **p. 8** : Zabelle C. Boyajian -Tous droits réservés; akg-images; **p. 9** : © Éditions Milan; www.bridgemanart.com; akg-images; MP/Leemage; BnF; akg-images; **p. 12** : Prod DB © Dream Works/DR/TCD; Prod DB © Studio Ghibli – Buena Vista Home Entertainment – Dentsu – Toho/DR/TCD; **p. 16** : Christian Leiber – Opéra national de Paris; **p. 18** : Prod DB © Studio Ghibli – Buena Vista Home Entertainment – Dentsu – Toho/DR/TCD; **p. 19** : Prod DB © Studio Ghibli – Buena Vista Home Entertainment – Dentsu – Toho/DR/TCD; **p. 22-23** : Victoria & Albert Museum, London, UK/Bridgeman Images/Adagp, Paris, 2016; **p. 24** : © Jean-Paul Dumontier/La collection; **p. 25** : © PrismaArchivo/Leemage; **p. 26** : (g) akg-images; (b) akg-images; **p. 27** : (h) Giorgia Grippo Belfi/Le Square éditeur 2013; (m) illustration de Gustave Doré, akg-images; (b) Jean-Luc Chossat, *Le Conseil des Sages, sous un acacia*, 1997; **p. 28** : Stéphanie Rubini; **p. 29** : Coll. Jonas/Kharbine-Tapabor; **p. 30** : Coll Dagli Orti/Aurimages/The Picture-Desk; **p. 31** : Giorgia Grippo Belfi/Le Square éditeur 2013; **p. 32** : Magali Fournier © Éditions Magnard 2010; **p. 33** : Magali Fournier © Éditions Magnard 2010; www.bridgemanimages.com; **p. 34** : Magali Fournier © Éditions Magnard 2010; **p. 35** : Rue des Archives/DILTZ; Eskwad/Pathe Production/TF1 Films Productions/Achtzehnte Babelsberg Film/DR/TCD; **p. 36** : Magali Fournier © Éditions Magnard 2010; **p. 37** : Musée Jean Cocteau collection Séverin Wunderman, Menton/© Adagp, Paris, 2016/Remerciements au Comité Jean Cocteau; Magali Fournier © Éditions Magnard 2010; **p. 38** : Bridgeman image; **p. 39** : Éditions Thierry Magnier, 2011; **p. 40** : Kharbine-Tapabor; Éditions Soleil, 2013; **p. 41** : Pascal Victor/ArtComArt; Maisons de Victor Hugo/Roger-Viollet; **p. 42** : Bianchetti/Leemage; **p. 43** : Prod DB © T. Valletoux – Incognita Films – Europa Corp./DR/TCD; **p. 45** : © Aisa/Leemage; **p. 46** : © Superstock/Leemage; akg-images/Erich Lessing; **p. 47** : K. Juillien; p. 48 : © Mary Evans/Rue des Archives; akg-images/Erich Lessing; **p. 49** : l'école des loisirs; **p. 50** : www.bridgemanimages.com; Gilles Mermet/La Collection; **p. 51** : Collection Kharbine-Tapabor; **p. 52** : akg-images/Erich Lessing; **p. 53** : akg-image; The Art Archive/The Picture Desk; **p. 54** : *Jason et la Toison d'or*, illustration de Morgan © Gautier-Languereau; **p. 55** : Prod DB © Fox 2000 Pictures – Sunswept Entertainment – 1492 Pictures/DR/TCD; Prod DB © Fox 2000 Pictures – Sunswept Entertainment – 1492 Pictures/DR/TCD; **p. 56** : Granger NYC/Rue des Archives; **p. 57** : RMN-Grand Palais (musée du Louvre)/Hervé Lewandowski; akg-images; **p. 58** : Nigel Turner of Los Angeles Fine Art Gallery/Adagp, Paris, 2016; **p. 59** : ©Photo Josse/Leemage; **p. 60** : www.bridgemanimages.com; ©Aisa/Leemage; **p. 61** : akg-images/Album; **p. 62** : akg-images; Leemage; **p. 63** : www.bridgemanart.com; Gilles Mermet/La Collection; **p. 64** : Luisa Ricciarini/Leemage; **p. 65** : www.bridgemanart.com; **p. 66** : Gérard Blot/RMN-GP; BnF; **p. 67** : Album/Oronoz/photo12; akg-images/Erich Lessing; **p. 68** : akg-images/Pictures From History; **p. 69** : akg-images; Stéphanie Rubini; **p. 70** : Gérard Blot/RMN-GP; **p. 71** : Electa/Leemage; **p. 72** : © Photo RMN/Herve Lewandowski; **p. 73** : akg-images/Erich Lessing; **p. 74** : Artothek/La Collection; **p. 75** : www.bridgemanart.com/Adagp, Paris, 2016/Remerciements au Comité Jean Cocteau; **p. 76-77** : Bridgeman Images; **p. 78** : Bill Potter/Camerapress/Gamma-Rapho; **p. 80** : Prod DB © Metro-Goldwyn-Mayer – New Line Cinema – 3Foot7 – WingNut Films/DR/TCD; **p. 83** : Fototeca/Leemage; **p. 84** : Eric Fraser's Estate; **p. 85** : Prod DB © Metro-Goldwyn-Mayer – New Line Cinema – 3Foot7 – WingNut Films/DR/TCD; **p. 89** : Jonathan Barry/Bridgeman Images; **p. 90-93** (toutes les photos) : Prod DB/© Warner Bros./DR/TCD; **p. 94** : © Éditions Flammarion, 1989; **p. 95** : Günther Jakobs; Jean Vigne/Kharbine-Tapabor; **p. 96** : www.bridgemanart.com; **p. 97** : Princeton University Art Museum\Art Resource NY\Scala, Florence; **p. 99** : Smithsonian American Art Museum, Washington, DC, Dist. RMN-Grand Palais/image SAAM; **p. 101** : DeAgostini/Leemage; **p. 102** : Aisa/Leemage; Mike Wimmer; **p. 103** : BnF; **p. 104** : Prod DB © B. Spauke – Neue Schönhauser Filmproduktion – Majestic Filmproduktion – Arte/DR/TCD; **p. 105** : BnF; **p. 106** : Mckay, Donald/www.bridgemanart.com; Granger NYC/Rue des Archives; **p. 107** : Granger NYC/Rue des Archives; **p. 108** : Granger NYC/Rue des Archives; **p. 109** : www.bridgemanart.com; akg-images/Album; **p. 118** : Selva/Leemage; Collection particulière; **p. 119** : illustrations de Cyril Farudja © Magnard Jeunesse, 2015; **p. 120** : Aisa/Leemage; **p. 121** : Coll. Vaussenat/Kharbine-Tapabor; **p. 122** : illustrations de Cyril Farudja © Magnard Jeunesse, 2015; **p. 123** : illustrations de Cyril Farudja © Magnard Jeunesse, 2015; www.bookwormhistory.com/DR; **p. 124** : © Gallimard Jeunesse; Caom; **p. 25**: © Rue des Archives/CCI; aquarelle de Saint-Exupéry © Éditions Gallimard; **p. 126-127** : Zabelle C. Boyajian-Tous droits réservés; **p. 128** : akg-images/Erich Lessing; **p. 130-135** : Zabelle C. Boyajian-Tous droits réservés; **p. 135** : Luisa Ricciarini/Leemage; **p. 136** : © Photo Josse/Leemage; The Art Archive/The Picture Desk; Mary Evans Picture Library 2006/Rue des Archives; **p. 137** : Photo Scala, Florence; www.bridgemanimages.com; Kseniavasil/Shutterstock; William Sturgis Bigelow Collection/Museum of Fine Art, Boston; **p. 138** : Centro de Estudios de Asia y África de El Colegio; art_of_sun/Shutterstock; fbf/Shutterstock; **p. 139** : Shutterstock; www.bridgemanart.com; Shutterstock; www.bridgemanimages.com; **p. 140** : The British Library Board/Leemage; **p. 141** : Electa/Leemage; **p. 142** : Electa/Leemage; **p. 143** : Peter Barritt - www.agefotostock.com; Photo Scala, Florence; **p. 144** : www.bridgemanart.com; **p. 145** : www.bridgemanart.com; **p. 146** : DeAgostini/Leemage; **p. 147** : akg-images/Erich Lessing; p. 148 : akg-images/Erich Lessing; **p. 149** : coll. Dagli Ort/Musée de l'Art turc et islamique, Istanbul/Gianni Dagli Orti; **p. 150** : © Selva/Leemage; **p. 151** : akg-images; **p. 152** : akg-images; **p. 153** : BnF; akg-images; **p. 154** : www.bridgemanart.com; **p. 155** : Look and Learn/Bridgeman Giraudon; **p. 156** : United Archives/Rue des archives; BnF; **p. 157** : BnF akg-images/CDA/Guillemot; akg-images/Cameraphoto; The Gallery Coll./Corbis; akg-images; **p. 158** : akg-images; **p. 159** : © Photo Josse/Leemage; **p. 160** : akg-images; **p. 161** : Photo Josse/Leemage; l'école des loisirs; **p. 162** : SuperStock/Leemage; **p. 163** : The Picture Desk; **p. 164** : Tate Photography/RMN-GP; **p. 165** : Photo Josse/Leemage; **p. 166** : www.bridgemanart.com; **p. 167** : Luisa Ricciarini/Leemage; **p. 168** : www.bridgemanart.com; **p. 169** : Daniel Brugès; **p. 170** : saint_antonio – Fotolia; *Tigre et Léopard*, Dahlov Ipcar © Éditions Albin Michel; **p. 171** : RMN/Agence Bulloz © Adagp, Paris 2016; **p. 172** : akg-images; Avel Krieg - Fotolia; **p. 173** : © Photo Josse/Leemage; Artothek/La Collection; **p. 174** : akg-images; Vladimir Liverts; All Rights Reserved © Sergey Ryzhkov; **p. 175** : Artothek – Christie's/La Collection; andriigorulko – Fotolia; underworld – Fotolia; Maslov Dmitry – Fotolia; **p. 176-177** : Martine Franck/Magnum Photos; **p. 178** : © The British Library/Rue des Archives; **p. 179** : akg-images/Isabelle Picarel; **p. 180** : Victor Tonelli; **p. 184** : akg-images; akg-images; **p. 185** : BnF; BnF; **p. 187** : Famille Aractingi; Pascal Victor; Prod DB © Twentieth Century Fox – American Empirical Pictures/DR; **p. 189** : © Éditions Gallimard; © Éditions Magnard; © Éditions Flammarion; *Le roman de Renart*, volume 1, Mathis – Martin, © Éditions Delcourt, 2007; **p. 190** : Jean-Gilles Berizzi/RMN-GP; **p. 191** : www.bridgemanart.com; **p. 192** : www.bridgemanart.com; akg-images; **p. 193** : Stéphane Jorish/Editions Doutre et Vandal/Tous droits réservés; **p. 194** : www.bridgemanart.com; Musée de Montserrat; akg-images; **p. 195** : Gusman/Leemage; akg-images; Famille Aractingi; Roland and Sabrina Michaud/akg-images; Photo12/Adagp, Paris, 2016; **p. 196** : akg-images/Erich Lessing; Bertrand Rieger/hemis.fr; Bridgeman Images; Photo Josse/Leemage; akg-images/Erich Lessing; Sonnet Sylvain/hemis.fr; **p. 197** : Famille Aractingi; IAM/akg-images; **p. 198** : Jean-Paul Dumontier/La Collection; BnF; **p. 199** : DR; Jean-Paul Dumontier/La Collection; Collection Kharbine-Tapabor; Jean Vigne/ Kharbine-Tapabor; **p. 200** : www.bridgemanart.com; BnF; BnF; © Éditions Milan; **p. 201** : Éditions Thierry Magnier, 2016; Famille Aractingi; **p. 202** : Collection Ray 1900/La Collection; **p. 203** : Collection Ray 1900/La Collection; p. 204 : Martine Franck/Magnum Photos; Marc Enguerand; **p. 206** : Roman Bonnefoy, CC-by-sa; RMN-Grand Palais (musée du Louvre)/Christian Jean/Hervé Lewandowski; Photo Scala, Florence - courtesy of Soprintendenza di Roma; **p. 207** : Costa/Leemage; Costa/Leemage; **p. 208** : MP/Leemage; BnF; akg-images; **p. 209** : BnF; Costa/Leemage; **p. 210** : Les Films du Soleil et de la Nuit/TCD; Les Films du Soleil et de la Nuit; The Art Archive/The Picture-Desk; The Art Archive/The Picture-Desk; Selva/Leemage; Costa/Leemage; **p. 211** : adoc-photos; **p. 212** : Pascal Victor/ArtComArt; **p. 213** : Production Théâtre Royal du Parc à Bruxelles (Belgique)/Copat/DR/TCD; Coll. Comédie-Française; **p. 214** : Les Films du Soleil et de la Nuit/TCD; Vincent Parot/www.regietheatrale.com; Les Films du Soleil et de la Nuit/TCD; akg-images; **p. 215** : Bernard Lipnitzki/Roger-Viollet; Rue des Archives/RDA; **p. 216** : Les Films du Soleil et de la Nuit; Coll. Comédie-Française; Christie's Images/Bridgeman Images; Coll. Comédie-Française; Gusman/Leemage; **p. 217** : Arte production/TCD; **p. 218** : C. Angelini, coll. Comédie-Française; Bruno de Hogues/Gamma-Rapho; Pascal Victor/ArtComArt; **p. 219** : Laurencine Lot; Pascale Bordet; **p. 220** : Cie Voix Public; Jean-Marc Zaorski/Gamma-Rapho; **p. 221** : Agnès Mellon; **p. 222** : Alain Fonteray; BnF/Avec l'aimable autorisation d'Olivier Py – **p. 223** : BnF/Avec l'aimable autorisation d'Olivier Py – **p. 224** : réalisation Vitold Krysinsky/Copat/DR/TCD; Jean-Michel Grard/www.jeanmichel-g.com; Nicolas Foyé/Cie Voix Public; **p. 225** : Alain Fonteray; **p. 226** : Christophe Raynaud De Lage; **p. 227** : BnF/Avec l'aimable autorisation d'Olivier Py; **p. 230** : Albin Michel Jeunesse; **p. 232** : Albin Michel Jeunesse; **p. 237** : Magnard Jeunesse; **p. 238** : Collection Christophel; **p. 240** : Pascal Victor/ArtComArt; **p. 243** : Photo Josse/Leemage; **p. 245** : www.bridgemanart.com; **p. 246** : Bridgeman Images; **p. 249** : Isadora/Leemage; **p. 251** : Victor Tonelli/ArtComArt; **p. 252** : Réseau Canopé – Le Musée national de l'Education; **p. 255** : Luisa Ricciarini/Leemage; **p. 257** : Isadora/Leemage; **p. 259** : akg-images; **p. 260** : DeAgostini/Leemage; **p. 261** : Leopold Collection, Vienne, Autriche/Bridgeman Images; **p. 262** : Vincent Bergier; **p. 263** : La Collection/Imagno; Selva/Leemage; **p. 265** : Photo12/Oronoz; **p. 266** : Walt Disney/DR; **p. 269** : Vittoriano Rastelli/Corbis; **p. 270** : Isadora/Leemage; **p. 272** : The Art Archive/British Museum : The Picture Desk; **p. 273** : Artothek/La Collection; **p. 277** : Carole Maes; **p. 281** : bridgemanimages.com; **p. 283** : Leemage; **p. 288** : Famille Aractingi; **p. 292** : Hugo Van Look/Cartoonbase/Photononstop; Erik Isakson/Tetra Images/Corbis; **p. 293** : Bridgeman Images; **p. 295** : Gilles Mermet/La Collection; **p. 296** : courtesy of Aberdeen Art Gallery & Museums Collections; **p. 299** : www.bridgemanart.com; **p. 302** : Collection Grob/ Kharbine Tapabor; **p. 303** : www.bridgemanart.com; **p. 304-305** : Antoine de Saint-Exupéry, Le Petit Prince © Gallimard; **p. 309** : Fototeca/Leemage; **p. 314** : Famille Aractingi; **p. 317** : www.bridgemanart.com; **p. 320** : Gérard Blot/RMN-GP; **p. 325** : Collection Christophel/© 2012 Warner Bros Entertainment Inc/Metro Goldwyn Mayer Pictures Inc; **p. 329** : The British Library Board/Leemage; **p. 330** : wikipedia; **p. 332** : Claude Lapointe; **p. 334** : Coll. Kharbine-Tapabor/© Adagp, Paris, 2016; **p. 335** : akg-images; **p. 340** : Franck Vogel, www.franckvogel.com; **p. 341** : Ivy Close Images/Alamy/Hemis.fr; **p. 343** : The Art Archive/Bibliothèque des Arts Décoratifs Paris/Dagli Orti/The Picture Desk; **p. 345** : mozZz – Fotolia.

Couverture : Laurence Moinot (maquette), Philippe Roux (illustrations)
Création maquette intérieure : Delphine d'Inguimbert, Valérie Goussot, Frédérique Deviller
Mise en pages : Delphine d'Inguimbert, Valérie Goussot,
Marylène Dutkiewicz (APS-Chromostyle), Frédérique Deviller
Iconographie : Valérie Dereux
Relecture : Vanessa Colnot
Cartographie : Marie-Christine Liennard, Valérie Goncalves, Christel Parolini
Illustrations : Juliette Baily (p. 280), Vincent Bergier (p. 241, 258, 274, 284, 287, 300, 308, 316, 322, 336, 338), Isa Python (p. 312), Stéphanie Rubini (p. 37), Sabrina Thauvin (p. 44), Yohann Turi (p. 78-89)
Schémas : Christophe Pierrot (IDÉ)
Responsable d'édition : Mirna Bousser
Édition : Marie Maunier, Emmanuelle Mary, Mathilde Lahoute,
assistées de Pauline Labbé, Alice Neurohr, Chloé Sylvestre, Nicolas Durieu, Gwendal Fossais

DANGER
LE PHOTOCOPILLAGE TUE LE LIVRE

Aux termes du code de la propriété intellectuelle, toute reproduction ou représentation intégrale ou partielle de la présente publication, faite par quelque procédé que ce soit (reprographie, microfilmage, scannérisation, numérisation...), sans le consentement de l'auteur ou de ses ayants droit ou ayant cause, est illicite et constitue une contrefaçon sanctionnée par les articles L.335-2 et suivants du code de la propriété intellectuelle. L'autorisation d'effectuer des reproductions par reprographie doit être obtenue auprès du Centre Français d'exploitation du droit de Copie (CFC), 20 rue des Grands-Augustins – 75006 Paris – Tél. : 01 44 07 47 70 – Fax : 01 46 34 67 19.

IMPRIM'VERT
Votre imprimeur agit pour l'environnement

PEFC
10-31-2065

© Magnard – Paris, 2016
5, allée de la 2e D.B. – 75015 Paris
www.magnard.fr
ISBN : 978-2-210-10596-6

Achevé d'imprimer en juillet 2020 par Pollina en France - 12976 - N° éditeur : MAGSI20200217 - Dépôt légal : mai 2016

Orthographe : outils de mémorisation

Les accords dans le GN

féminin = *e*   pluriel = *s* ou *x*

déterminant	+	nom	+	adjectif(s)
un	+	chien	+	noir
ma	+	chienne	+	noire
les	+	chiens	+	noirs
ces	+	chiennes	+	noires

↪ *les petits chiens noirs* : qui est petit ? qui est noir ?

Les accords du verbe avec le sujet

pluriel = *-nt*

❶ **Trouver le verbe** conjugué

❷ **Repérer son sujet** qui peut être placé **avant, après,** ou **éloigné** du verbe

↪ qui est-ce qui ? ou c'est... qui... ou ce sont... qui...

Les frères du petit Poucet dorment.

↪ Qui dort ? Ce sont les frères (ils)   ↪ Ce sont les frères qui dorment.

Au loin, se dressent de hautes montagnes enneigées.

↪ Qui se dresse ? Ce sont les montagnes (elles)   ↪ Ce sont les montagnes qui se dressent.

Dans la forêt, les petits enfants découvrirent une maison en pain d'épice.
Sont-ils présents chaque matin ?
Le pauvre bucheron pense à ses enfants perdus avec beaucoup de regrets.

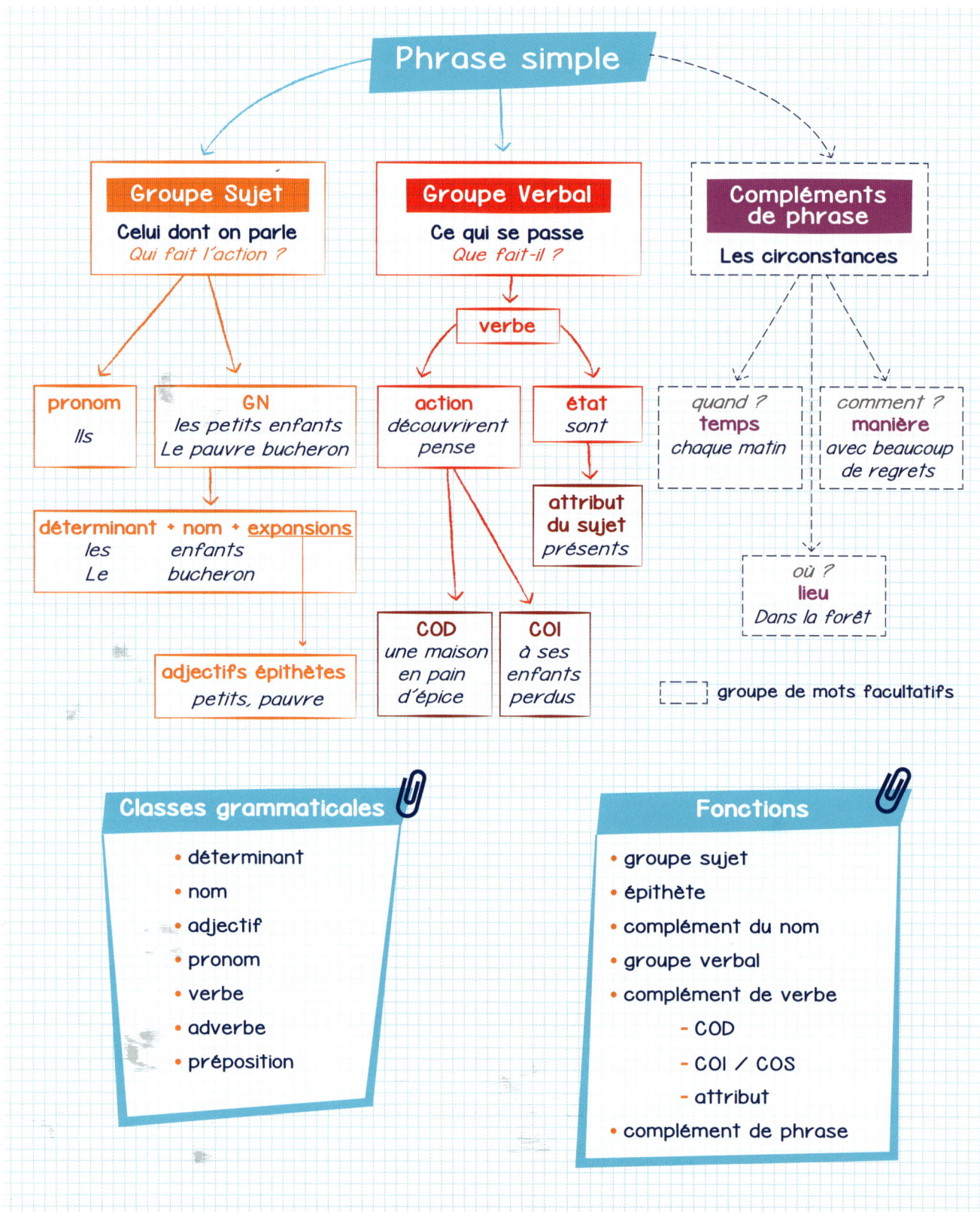